2016

BLUE BOOK OF NINGXIA'S
ECONOMY
宁夏经济
蓝皮书

★ 宁夏社会科学院蓝皮书系列 ★

丛书主编 张 廉

BLUE BOOK OF NINGXIA'S
ECONOMY

2016
宁夏经济蓝皮书

主编 郭正礼 段庆林

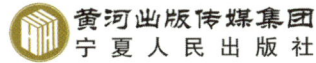

黄河出版传媒集团
宁夏人民出版社

图书在版编目(CIP)数据

2016宁夏经济蓝皮书/郭正礼,段庆林主编. —银川:宁夏人民出版社,2015.12
(宁夏社会科学院蓝皮书系列/张廉主编)
ISBN 978-7-227-06269-1

Ⅰ.①2… Ⅱ.①郭…②段… Ⅲ.①区域经济发展—白皮书—宁夏—2016 Ⅳ.①F127.43

中国版本图书馆CIP数据核字(2015)第318930号

| 宁夏社会科学院蓝皮书系列 | 张　廉 主编 |
| 2016宁夏经济蓝皮书 | 郭正礼　段庆林 主编 |

责任编辑　白　雪　周淑芸
封面设计　闫青华
责任印制　肖　艳

黄河出版传媒集团
宁夏人民出版社 出版发行

出 版 人　王杨宝
地　　址　银川市北京东路139号出版大厦(750001)
网　　址　http://www.yrpubm.com
网上书店　http://www.hh-book.com
电子信箱　renminshe@yrpubm.com
邮购电话　0951-5052104
经　　销　全国新华书店
印刷装订　宁夏精捷彩色印务有限公司
印刷委托书号　(宁)0000169

开　本　720mm×980mm　1/16
印　张　27.75
字　数　380千字
印　数　2500册
版　次　2016年1月第1版
印　次　2016年1月第1次印刷
书　号　ISBN 978-7-227-06269-1/F·466

定　价　66.00元

版权所有　翻印必究

目 录

总报告

宁夏"十三五"时期经济新增长点研究
——2015~2016年宁夏经济形势分析与预测总报告 …………………（3）

综合战略篇

宁夏"十三五"规划基本思路研究 …………………………………………（27）
宁夏开放引领发展战略研究 …………………………………………………（41）
宁夏创新驱动发展战略研究 …………………………………………………（59）
宁夏共享发展战略:小康社会与脱贫攻坚 …………………………………（70）
宁夏协调发展战略研究 ………………………………………………………（85）
宁夏绿色发展战略研究 ………………………………………………………（94）

分析预测篇

宁夏"十二五"时期经济总体运行情况及"十三五"政策建议 …………（105）
宁夏"十二五"时期农业和农村经济形势及"十三五"政策建议 ………（117）
宁夏"十二五"时期工业发展形势及"十三五"政策建议 ………………（126）

宁夏"十二五"时期服务业发展形势及"十三五"政策建议 …………… （133）
宁夏"十二五"时期财政税收运行情况及"十三五"政策建议 ………… （142）
宁夏金融改革发展报告 ……………………………………………… （154）
宁夏"十二五"时期固定资产投资形势及"十三五"政策建议 ………… （162）
宁夏居民收入"十二五"增长特点及"十三五"政策建议 ……………… （176）
宁夏"十二五"时期消费品市场分析 ………………………………… （185）
宁夏"十二五"时期对外贸易分析与"十三五"政策建议 ……………… （192）

改革开放篇

关于国家出台的涉及宁夏经济社会发展重大政策梳理分析情况的报告 …… （203）
宁夏融入"一带一路"发展战略研究 ………………………………… （215）
宁夏地区治理体系和治理能力现代化研究 …………………………… （224）
宁夏高载能企业用电问题的改革思考 ………………………………… （237）
宁夏国有企业改革若干重大问题研究 ………………………………… （243）

专题研究篇

大银川都市区规划研究 ……………………………………………… （255）
把公共服务放在扶贫攻坚重要位置 …………………………………… （266）
宁夏精准扶贫机制研究
　　——从贫困农户家计特征视角分析 ……………………………… （271）
以扩大服务消费为重点　带动宁夏消费结构升级 …………………… （280）
新型城镇化背景下对"十三五"住房和城乡建设事业发展规划的思考 …… （290）

产业经济篇

宁夏经济转型升级评价报告（2014~2015年） ……………………… （303）
宁夏"十三五"生产性服务业发展研究 ……………………………… （313）
基于宁夏投入产出表的产业结构变动因素影响分析 ………………… （324）

目 录

宁夏现代农业发展研究 …………………………………………………（332）
宁夏煤炭经济转型升级研究 ……………………………………………（343）
宁夏工业企业发展调查报告 ……………………………………………（353）
宁夏电子商务调查报告 …………………………………………………（361）
"一带一路"背景下宁夏清真产业集群发展研究 ………………………（369）

区域发展篇

银川市"十二五"经济发展状况及"十三五"规划思路 ………………（381）
石嘴山市经济社会"十二五"发展状况及"十三五"规划思路 ………（392）
吴忠市经济社会"十二五"发展状况及"十三五"规划思路 …………（402）
固原市经济社会"十二五"发展状况及"十三五"规划思路 …………（411）
中卫市经济社会"十二五"发展状况及"十三五"规划思路 …………（419）

附　2015年宁夏经济大事记 …………………………………………（429）

总报告
ZONGBAOGAO

宁夏"十三五"时期经济新增长点研究

——2015~2016年宁夏经济形势分析与预测总报告

段庆林

"十二五"期间，受国际经济危机影响，中国经济开始进入新常态，开始从高速增长向中高速增长转换。十八大以后国家开始调整重大发展战略，十八届五中全会颁布的《中共中央关于制定国民经济和社会发展第十三个五年规划的建议》中，提出必须牢固树立创新、协调、绿色、开放、共享的发展理念，加快实现发展动力转换。正如习近平总书记指出的：中国经济发展"四个没有变"，"新的增长点正在加快孕育并不断破茧而出，新的增长动力正在加快形成并不断蓄积力量。"[①] "十三五"时期是全面建成小康社会的决胜期，培育经济新增长点和加快产业转型升级，是"十三五"时期重要的任务。

作者简介：段庆林，宁夏社会科学院综合经济研究所所长，研究员，宁夏回族自治区人民政府特殊津贴专家。主要研究方向为内陆开放型经济与中国—阿拉伯国家经贸关系、中国农村经济、西北区域经济、宁夏经济社会重大发展战略研究等。

① 习近平2015年7月17日下午在长春召开部分省区党委主要负责同志座谈会讲话。

一、宁夏"十二五"时期经济增长影响因素分析

（一）地区生产总值

"十二五"时期，是我国发展战略、宏观经济政策、经济发展方式的转型期。在自治区党委、政府的领导下，宁夏经济社会发展取得了巨大成就，基本完成了"十二五"规划确定的预期目标。受国际金融危机和国内经济过剩的影响，宁夏经济也面临严峻的挑战。

"十二五"期间，宁夏GDP呈现总量逐步增加，综合实力大幅提升，而增长速度迅速下降的趋势。全区地区生产总值预计年均增长9.9%，低于12%左右的计划速度。2011~2012年，在国家刺激经济增长政策带动下呈现高增长状态。2013年以来，受经济危机的影响，GDP增长速度开始明显降低。特别是2014年宁夏工业重镇石嘴山市GDP仅增长6.7%，而新兴工业城市中卫市GDP仅增长5.4%。2015年，受腾格里沙漠污染事件影响，中卫市全社会固定资产投资仅增长3.3%，地区生产总值仅增长5%。

表1 "十二五"时期宁夏各地GDP增长情况

单位：亿元，%

地区	指标	2010年	2011年	2012年	2013年	2014年	2015年预计
全区	GDP	1643.4	2060.8	2326.6	2565.1	2752.1	2900.0
	增长率	13.4	12.0	11.5	9.8	8.0	8.0
银川市	GDP	792.6	986.7	1150.9	1289.1	1395.7	1450.0
	增长率	14.8	12.0	12.5	10.0	9.5	8.5
石嘴山市	GDP	298.6	368.0	410.0	446.4	467.2	500.0
	增长率	13.5	13.3	12.1	10.0	6.7	9.8
吴忠市	GDP	217.2	272.0	305.0	351.9	383.4	414.0
	增长率	11.9	13.1	13.8	10.6	7.6	8.5
固原市	GDP	105.8	133.7	158.5	185.4	199.6	217.0
	增长率	9.6	14.0	12.0	11.9	9.3	8.0
中卫市	GDP	173.2	221.6	250.6	287.5	296.9	313.0
	增长率	13.3	13.6	12.2	10.9	5.4	5.0

备注：2010~2015年绝对值为现价，增长率按可比价格计算。2015年预计数来源于各市"十三五"规划或统计分析报告。

(二) 三次产业对经济的贡献

1.三次产业结构变化。从三次产业贡献来看，2008~2012年，对宁夏GDP贡献中，工业贡献率达到32.68%；在经济快速下降的2012~2014年，工业对GDP贡献率下降到18.44%，下降了14.24个百分点。近两年宁夏经济衰退主要是工业经济的问题。两个时期建筑业贡献率从15.63%提高到26.29%，金融业贡献率从9.03%提高到16.32%。

从三次产业结构来看，2010~2014年，第一产业占GDP比重从8.97%下降到7.88%，第二产业比重从49%下降到48.8%，第三产业比重从42.03%上升到43.32%。金融业比重从5.79%提高到8.52%，房地产业比重从3.58%提高到4.18%。预计2015年三次产业比为7.7：49.6：42.7。在经济危机时期，工业因过剩经济而发展滞缓，而第三产业比重上升，不一定是产业转型升级的结果。

2.工业结构变化。从产业组织来看，2001~2009年，国有经济比重从58.9%下降到48.4%，集体经济比重从4.3%下降到0.2%，民营经济比重从36.8%提高到51.4%。国有经济抓大放小，进行结构调整，民营经济发展迅速。重工业比重从76.6%提高到81.6%。中型企业比重从16.5%提高到36%，而大型企业和小型企业比重下降。2009~2012年，国际经济危机后，中国采取经济刺激计划，国有经济比重和重工业比重持续提高，大型企业比重也有所提高，中小型企业则因为抵御经济危机能力较弱而比重下降。

从产业结构来看，2014年，宁夏规模以上工业企业利润总额102.5亿元，比上年下降33%，比2010年增长30.4%。2014年，利润总额中电力、热力供应业占46.5%，煤炭采掘业占27.5%，纺织业占15.7%，而制造业受产能过剩影响利润降低。

产业结构转型升级取得初步成效。一是"十二五"期间电力装机量增长81%。由于煤炭价格暴跌，采矿业利润降低，而电力、热力供应业利润提高。建成了宁东至山东±600千伏直流输电工程，正在建设宁东至浙江±800千伏特高压直流输电工程。二是新型煤化工产能增加2.9倍，宁东成为全国最大的煤制烯烃生产基地，正在建设的400万吨煤制油将成为世界最大的煤炭间接液化示范项目。三是宁夏羊绒工业产业链逐步延伸，引进如意、恒丰等大型纺织企业，轻工业占工业比重提高到16%。四是建设国家新能源综合示范区。《宁夏创建新能源综合示范区实施方案》获国家能源局批复，引进中民投在同心、盐池等地建设新能源综合示范区。新能源装机占电力装机的比重达37%。

（三）"三驾马车"对经济的贡献

1.贡献率。将近期宁夏经济划分为2001~2010年和2010~2014年两个增长时期，前者GDP增长率为12.04%，后者为10.3%。其显著变化是，投资对经济增长拉动率从99.19%提高到144.99%，拉动GDP从11.94个百分点增加到14.93个百分点。消费对经济增长拉动率从43.85%提高到60.59%，拉动GDP从5.28个百分点增加到6.24个百分点。净出口对经济增长拉动率从-43.04%降低到-105.58%，拉动GDP增长百分点从-5.18个百分点减少到-10.87个百分点。净出口贡献率大幅度降低，投资贡献有所增加，而消费贡献率增加非常小。

表2 宁夏"三驾马车"对GDP增长贡献率

	2001~2010年		2010~2014年	
	拉动率(%)	贡献百分点(个)	拉动率(%)	贡献百分点(个)
增长率		12.04		10.30
消费	43.85	5.28	60.59	6.24
投资	99.19	11.94	144.99	14.93
净出口	-43.04	-5.18	-105.58	-10.87

资料来源：《宁夏统计年鉴2014》。

2.投资。"十二五"期间，宁夏全社会固定资产投资分别突破2000亿元、3000亿元大关。2011年，在国家刺激经济增长政策的带动下，固定资产投资增长较快，之后固定资产投资增速逐年回落，尤其是2014年固定资产投资增长率降至19.4%，其中，中卫市增长5.5%，石嘴山市增长8.5%。"十二五"期间，宁夏固定资产投资预计年均增长23.2%，与规划目标25%以上的增长速度存在一定差距。

固定资产投资大概可以划分为产业投资、房地产投资和基础设施投资三大类。2014年，制造业投资占固定资产投资的24.7%，近两年制造业和采掘业投资增长率双双减速，只有农林牧渔业投资仍然保持较高增长率。

房地产投资占总投资的28.4%，房地产业已经结束了前几年高速增长态势，但目前投资仍然保持较高比例。建筑业投资已经呈绝对减少局面。近两年电力、热力、燃气及水的生产和供应业，交通运输、仓储和邮政业，信息传输、软件和信息技术服务业，金融业，科学研究和技术服务业，水利、环境和公共设施管理业，以及卫生和文化等投资保持了较高增长率。而批发和零售业、住宿和餐饮业、居民服务业、教育等产业投资呈现负增长。基础设施投资已经成为近期投资主要增长点。

表3 "十二五"时期宁夏各地全社会固定资产投资增长情况

单位：亿元，%

地 区		2010年	2011年	2012年	2013年	2014年	2015年预计
全 区	投资额	1464.7	1648.5	2109.5	2681.1	3201.0	3580.0
	增长率	30.9	30.8	27.5	27.1	19.4	12.0
银川市	投资额	626.0	692.5	889.9	1127.6	1392.8	1600.0
	增长率	26.5	28.5	26.7	12.4	21.2	15.0
石嘴山市	投资额	270.0	300.0	381.0	459.2	498.0	548.0
	增长率	30.9	31.1	27.0	20.5	8.5	10.0
吴忠市	投资额	183.8	257.7	365.1	476.7	602.1	705.0
	增长率	36.3	41.7	30.6	26.3	21.2	17.1
固原市	投资额	64.0	116.7	154.1	207.3	300.8	336.0
	增长率	30.0	32.0	30.6	49.4	30.1	12.0
中卫市	投资额	158.8	182.5	242.1	296.9	334.0	345.0
	增长率	29.3	32.6	22.6	12.5	5.5	3.3

资料来源：历年《宁夏统计年鉴》。2015年预计数来源于各市"十三五"规划或统计分析报告。

3.贸易。我国外贸依存度从2002年的43.1%提高到2006年的65.3%，之后又下降到2014年的41.5%。宁夏外贸依存度也存在相似的趋势，从2002年的9.7%提高到2006年的15.8%，2012年又降至6%，2014年又反弹到12.1%。2013~2014年，宁夏外贸依存度在全国下降的形势下却逆势上扬，主要是宁夏引入异地法人外贸企业，出口外地产品而统计计入宁夏出口额，异地法人企业出口占宁夏出口额的60%~80%。2008年以来的国际金融危机，显然对宁夏对外贸易的负面影响比沿海地区大。

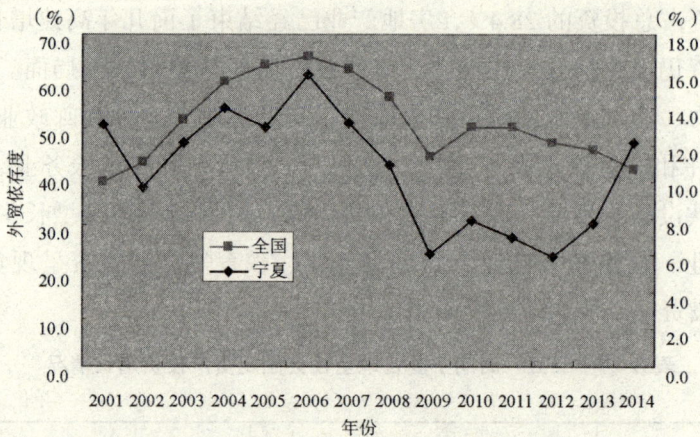

图1 宁夏与全国外贸依存度变化情况

2010~2014年，宁夏进出口总额从19.6亿美元增加到54.36亿美元。其中，出口额从11.7亿美元增加到43.02亿美元，增长2.68倍；进口额从7.9亿美元增加到11.33亿美元，增长43.4%。预计2015年宁夏进出口额降低为43亿美元，比2014年降低20.9%，主要是与政策变化使异地法人企业退出有关。2015年宁夏羊绒纱线、泰乐菌素、机床及铸件等特色优势产品出口增速较快，而金属镁、碳化硅、增碳剂、活性炭等重化工业产品出口下降。

4.消费。从城乡居民收入和社会消费品零售总额三项指标名义增长率来看，都以2008年为分界线，2008年以后增长率几乎逐步下降。这说明宁夏居民收入和消费受国际金融危机影响较大。宁夏城乡居民人均可支配收入分别只占全国平均水平的80.7%和80.2%，差距比较明显。宁夏城镇居民人均可支配收入与全国平均水平的差距主要表现在工资性收入和财产性净收入，而农村居民人均可支配收入与全国平均水平的差距主要表现在工资性收入、经营净收入和转移性净收入。

宁夏城镇居民人均消费支出只占全国平均水平的85%，除了医疗保健支出外，其他消费支出均低于全国水平，尤其是食品支出人均少1400元，文化娱乐支出也相对减少。农村居民人均可支配收入与全国平均水平差距较小，每年人均只有135.8元差距，居住和医疗保健支出高于全国平均水平，而食品和文化娱乐支出则比全国平均水平低。扩大宁夏消费支出，一要加快新型城镇化建设步伐,二要提高城乡居民收入水平,三要促进文化、旅游、教育等投入。

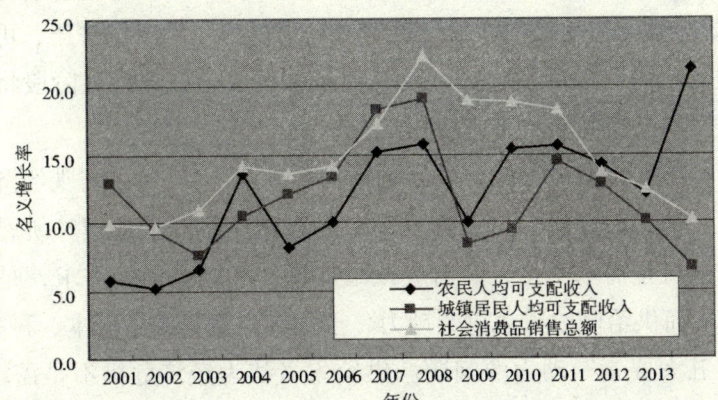

图2 宁夏城乡居民收入和社会消费品零售总额增长情况

二、宁夏"十三五"时期发展动力转换思路分析

(一)中国经济新常态及其动力问题

十八大以来,以习近平为总书记的党中央从坚持和发展中国特色社会主义全局出发,提出并形成了全面建成小康社会、全面深化改革、全面依法治国、全面从严治党的战略布局。"十三五"时期是全面建成小康社会决胜阶段,十八届五中全会对"十三五"规划进行了全面部署,正在加快实现发展动力转换。

2008年,美国开始出现经济危机,并迅速向欧洲等地蔓延,中国在四万亿投资刺激下,似乎控制了危机的影响。在"十二五"规划编制时期,我们还没有意识到至今都没有走出这场世界经济危机的阴影,各项规划指标沿用了2001年以来高速增长的趋势。

中国经济高速增长,主要动力来自于对外开放特别是加入WTO等,国际市场需求拉动,中国改革降低制度成本,劳动力成本优势及其人力资本提高。目前全球金融危机使外需急剧收缩,国内劳动力成本优势基本丢失,资源环境承载能力趋于临界点,真实利率急升与人民币高汇率对实体经济的打击等。扩大内需特别是扩大投资的效果在递减,而供给体系总体上呈现中低端产品过剩、高端产品供给不足的状况。传统制造业和房地产业两大前期经济增长支柱已经弱化，过去中国主要依靠成本优势来争取增长空间，今后将主要依靠创新来拓展增长空间。当前中国由于受到发达国家（具有创新优势）和发展中国家（具有劳动力优势）的双重挤压，可能会陷入中等收入陷阱，以后发优势以及其他条件促成的高速发展阶段将面临终结，中国经济已经开始从奇迹回归常态。

中央经济工作会议强调"供给侧结构性改革"[1]。过去宏观经济政策注重从投资、消费、净出口"三驾马车"来强化总量需求管理。凯恩斯主义认为经济危机是需求不足，政府应该增加投资和刺激消费需求，是短期反周期调节。而供给侧改革注重劳动力、土地和自然资源、资本、科技创新、制度等"五大要素"动力源问题。供给主义认为经济危机不是需求不足，而是生产结构性过剩，供给侧管理更加注重中长期和全局增长潜力培育，特别是结构优化问题。

目前我国经济在"三期叠加"形势下，有效需求不足与有效供给不足并存，影响经济增长的突出问题有总量问题，但结构性问题更为突出。主要矛盾就是供给与需求不匹配、不协调和不平衡，而矛盾的主要方面不在需求侧，而在供给侧。[2]中国经济的新常态需要新动力机制。[3]应该平衡供给侧改革与需求侧管理政策关系，在适度扩大总需求的同时，着力加强供给侧结构性改革，去产能、去库存、去杠杆、降成本、补短板，着力提高供给体系质量和效率，增强经济持续增长动力，推动我国社会生产力水平实现整体跃升。必须通过全面深化改革，优化劳动力、资本、土地、技术、管理等要素配置，把创新培育成引领发展的第一动力。促进经济发展方式从要素驱动、投资驱动向创新驱动、效率提高转变。

（二）宁夏培育新经济增长点的两大问题

宁夏"十二五"后期经济增长特别是重化工业出现衰退现象，"十三五"规划面临着在一些重大问题上的政策选择。宁夏应该注重以下两大问题。

---

[1] 新华社.中央经济工作会议在北京举行.新华网，2015-12-22.
[2] 人民日报评论员.锐意进取 注重供给侧结构性改革.中央政府门户网站，2015-12-26.
[3] 贾康.为何今天中国需要搞供给侧改革.环球时报，2015-12-25.

一是投资拉动问题。宁夏市场狭小，消费主要拉动外地经济增长，出口短期内难以大幅度突破，主要还得依靠投资拉动。发挥投资对增长的关键作用，重点是改革投资体制和优化投资结构。通过PPP和混合所有制，加强政府资本与社会资本合作，有效化解地方政府债务风险，防范化解金融风险。应该加强基础设施投资，尤其是高铁、智慧城市等建设。优化存量资本，引导增量投资，在转型升级中调整产业投资结构。作为对经济增长拉动效应最大的产业，房地产对稳增长具有重要作用。应该通过需求和供给两方面来化解房地产库存。增加金融贷款对合理住房需求的支持，保持房地产投资适度增长，防止房地产业崩盘。

二是工业化问题。个别地区提出"从以工业主导型经济向服务业主导型经济转型升级"。目前中国仍然处于工业化中后期阶段，宁夏川区仍然处于工业化中期，山区还处于工业化初期，宁夏应该仍然以工业经济为主导，充分发挥投资对增长的关键作用，促进新型工业化、城镇化、信息化、农业产业化同步发展。不应该"去工业化"，应该提"三次产业协同带动"，积极促进高端制造业、现代服务业和现代农业发展，打造现代产业体系。

(三) 宁夏培育经济新增长点的三大方向

"十三五"时期宁夏培育经济新增长点，应该注重培育新动力、拓展新空间、构建新体系三大发展方向。

一是培育发展新动力。在经济增长"三驾马车"中，继续发挥投资对拉动经济增长的关键作用。近年来宁夏投资效率急剧下降，投资拉动型经济已经难以为继，应该重点深化投融资体制改革，优化投资结构，增加有效投资。基础设施投资仍然是宁夏投资重要方向，应该发挥财政资金撬动功能。

发挥出口对经济增长的促进作用。近年来宁夏外贸依存度大幅度降低，尤其是重化工业初级加工品滞销，传统工业的产能过剩依然严重，所以必须淘汰落后产能，大力发展轻纺工业，培育以技术、标准、品牌、质量、服务为核心的对外经济新优势。

发挥消费对经济增长的基础作用。我国经过以吃穿主导的消费阶段，正在从住行主导的消费阶段向服务主导的消费阶段转变。目前汽车工业和房地产等传统增长动力已经衰退，所以应该积极促进必需品消费和耐用品消费进而进入高质量消费时代，积极以扩大服务消费为重点带动消费结构升级，积极促进信息消费、绿色消费、休闲旅游、健康养老家政、教育文体、住房消费等服务型消费。收入分配不平衡、社会保障水平较低，也会使得有效需求严重不足。促进经济增长由主要依靠投资、出口拉动向依靠消费、投资、出口协调拉动转变。

二是拓展发展新空间。用发展新空间培育发展新动力，用发展新动力开拓发展新空间。积极参与"一带一路"发展战略，坚持全方位开放。发挥宁夏沿黄经济区辐射带动作用，扩展区域发展空间。通过产业结构调整，从传统产业中裂解出产业新增长点，通过向创新驱动转变从新兴产业中培育产业新增长点，通过体制机制变革从制度创新中释放一批产业新增长点。[①] 大力发展节能环保、生物技术、信息技术、智能制造、高端装备、新能源、新材料等战略性新兴产业，扩展产业发展空间。目前，服务业、高端制造业发展滞后，中西部和农村地区基础设施的供给依然严重不足。所以，应该积极争取上马大柳树水利枢纽等工程，加快推进银西高铁等大型工程建设步伐，加快智慧宁夏等城市基础设施建设，拓展基础设施建设空间。实施"互联网+"行动计划，建设大数据云技术中心，适度推进电子商务，拓展网络经济空间。

三是构建现代产业体系。深入实施创新驱动发展战略。强化企业创新主体地位和主导作用，扩大高校和科研院所自主权。促进经济增长由主要依靠增加物质资源消耗向主要依靠科技进步、劳动者素质提高、管理创新转变。积极实施工业强基工程，开展质量品牌提升行动。实施智能制造工程，实现制造业的自动化、网络化、智能化。加快发展现代服务业，大力推进农业现代化，促进经济增长由主要依靠第二产业带动向依靠第一、第二、第三产业协同带动转变。积极促进宁夏经济从特色优势产业体系向现代产业体系转变。

---

① 盛朝迅. 新常态下产业新增长点发展的三种路径及培育策略. 中国发展观察, 2015 (12).

三、宁夏培育经济新增长点的政策建议

培育"十三五"经济新增长点，必须牢固树立创新、协调、绿色、开放、共享的发展理念。用五大发展理念统领"四个宁夏"建设，大力实施开放引领、创新驱动、协调发展、富民共享、生态优先战略。

（一）实施创新驱动战略，着力提高发展的质量和效益

创新是引领发展的第一动力。应该以创新发展、转型追赶为主线，近期重点做好去产能、去库存、去杠杆、降成本、补短板等供给侧结构性改革。

1.拓展基础设施建设空间。《中共中央关于制定国民经济和社会发展第十三个五年规划的建议》，把"拓展基础设施建设空间"作为拓展发展新空间的重要方面，并提出实施重大公共设施和基础设施工程。目前，我国中西部和农村地区基础设施的供给依然严重不足，扩大基础设施投资有利于充分发挥投资对经济增长的关键作用。"十三五"时期，"一带一路"互联互通，加快构建新一代信息基础设施、新型城镇化及城乡基础设施建设，完善水利、高铁、民航等重大基础设施网络建设，以及宁夏回族自治区成立60周年大庆等，都为宁夏重大基础设施建设提供了难得的机遇。应该重点围绕国家重大基础设施建设项目推进机制，以及信息电网油气等重大网络、清洁能源、油气及矿产资源、粮食水利、交通、生态环保、健康养老七大工程包，积极争取重大基础设施项目。

应该注意政府投资政策转型对宁夏基础设施建设的影响。一是五中全会提出深化投融资体制改革，发挥财政资金撬动功能，推广政府和社会资本合作模式，急需创新公共基础设施投融资体制。二是政府投资重点将放在关系国家安全、涉及全国重大生产力布局、战略性资源开发和重大公共利益等项目上，并加快开放电力、电信、交通、石油、天然气、市政公用等自然垄断行业的竞争性业务，确立企业投资主体地位。甚至有学者提出应该弱化"十三五"政府基础设施建设规划。我国大规模基础设施建设已经进入中后期，宁夏应该抢抓"十三五"重大基础设施建设的机遇，在高铁、水利，以及农村、小城镇、城市社区基础设施上加大投资力度，拓展宁夏基础设施建设空间。近年来投资效率降低，需要继续优化投资结构，

增加有效投资。三是地方政府预算硬化，传统的地方投融资平台、土地财政、资源换投资等行为被逐步规范，要求建立规范的地方政府举债融资机制。政府主导型经济、投资拉动型经济面临转型。

一是强化重大基础设施建设与经济社会发展需要，特别是产业支撑、人口规模的协调性、适应性。

宁夏重大基础设施项目，应该既从发挥优势角度，也从规避劣势视角来谋划。世界银行认为经济发展的三大地理特征是密度、距离和分割，其中前两个都与基础设施建设有关。人口规模和经济密度代表市场规模，是基础设施建设的重要投资门槛，对招商引资也有重要影响。另一个重要因素是与发达地区和主要市场的距离，代表着运输成本。在我国内陆地区中，重庆、四川、陕西等具有密度优势，河南、安徽等具有距离优势，而宁夏、青海则基本具有密度、距离、分割三大劣势，这种区情对宁夏经济和基础设施建设影响很大。政府应该通过公共制度、基础设施、激励措施等政策促进区域经济一体化。

近年来，政府提出把宁夏作为一个大城市来规划建设、建设宁夏沿黄经济区等战略，促进人口集聚和产业集群发展，有利于提高宁夏区域经济密度。通过高铁、高速公路建设可以缩短宁夏与北京、西安、兰州和沿海发达地区等主要市场的距离，通过航空港建设充分发挥向西开放优势和规避内陆区位劣势，都具有重要意义。未来我国将进入劳动力短缺和人口争夺新时期，产业衰退地区将面临人口流失，并进一步影响基础设施建设需求。宁夏应该注重构建外向型产业体系，注重产业对基础设施建设的支撑。提高重大基础设施建设与地区经济社会发展需要的协调性，解决宁夏城乡居民迫切的基本公共设施建设问题。

二是以银川国际航空港综合经济试验区为核心，促进大银川都市区和宁夏沿黄经济区基础设施建设。

城市的发展总是依托当时最先进的交通方式。在陆路运输时代，一般在公路和铁路等便捷的地方形成集市和城市。而在航空运输时代，随着航空技术进步、资本的充裕和全球商业网络发展，航空运输成本和价格将越来越便宜，将围绕飞机场形成产业区、物流区等临空经济，逐步从以前以城市为中心、机场为边缘的模式转变为以机场为中心的航空大都市。航空大都市以国际化大型枢纽机场为核心，依靠通达的全球航空网络与世界各地相连，汇聚各地优势资源要素，成为国家或地区对外开放的窗口和融入全球产业体系的节点，成为新时期增强国际竞争力的战略选择。这种依托综合航空运输体系迅速崛起的未来城市形态，将成为城市化的新模式，是全球城市的未来。

自治区政府近日批复了《银川国际航空港综合交通枢纽规划方案》。我们建议，一方面，要积极争取建立银川国际航空港综合经济试验区或国家级滨河新区。整合现有银川河东机场、综合保税区、临空经济区、滨河新区的管理体制。另一方面，航空大都市建设过程并非老城区人口向机场附近聚居，而是围绕航空货运为主的临空经济成为新增长点。应该重点引进适合航空物流的产业，积极建设银川—贺兰—综保区—灵武—吴忠轻纺产业带、宁东基地—银川市—石嘴山高新技术产业带、宁夏沿黄经济区现代服务业和现代农业产业带。在大银川都市区规划中，适当提高银川国家航空港、临空经济区及其产业带的地位，并相应加大重大基础设施建设力度。

三是加强对中南部贫困地区建设全面小康社会和脱贫攻坚的基础设施支持。

全面建成小康社会和脱贫攻坚是"十三五"时期最重要的任务。宁夏中南部山区是建设全面小康社会的难点和脱贫攻坚的主战场。不应该把固原认为是宁夏的边远地区，或者仅仅是宁南中心，应该把固原市作为陕甘宁区域中心城市来建设，提高其战略地位。应该强化政府公共服务在贫困地区小康决胜和脱贫攻坚中的责任。从基础设施等硬件和精准扶贫等软件两方面来促进贫困地区发展。

交通运输方面。争取兰州—固原—庆阳—延安快速铁路立项，连通西兰高铁、银西高铁和西部高铁，促进贫困地区和革命老区发展。争取建设银川—中卫—固原城际铁路、中卫—西吉—隆德—天水高速公路，促进宁夏山川一体化发展。改造提升六盘山机场、固原火车站基础设施。完善固原—平凉—泾源高速公路，构建大六盘山旅游圈。

水利设施方面。实施六盘山地区水源涵养保护工程，完善"引黄入固"

工程，实施"南水北调""北水南引""库井改造"三大水利工程，加快实施中南部城乡饮水安全工程，建成清水河产业带综合供水系统，推进盐化工扶贫示范区循环用水工程，实施中南部地区基础设施扶贫行动计划。

文化旅游方面。固原曾经是丝绸之路上的重镇，目前市内文化遗存与天水、武威等地差距显著。建议实施固原古城复原保护项目，重建固原古城墙及钟鼓楼、禹王庙铁塔、文澜阁等胜迹。引进大型旅游公司，借鉴云南丽江、山西平遥古城旅游开发经验，加强旅游扶贫开发。西海固是"三西"地区之一，是我国开发式扶贫发源地，到2020年我国将结束重点扶贫县历史，建议筹建中国扶贫开发展览馆。建议在泾源六盘山森林公园景区附近，建设宁南风情小镇，集中展示宁夏民俗和回族风情，把泾源建成宁南明珠城市。

2.加快传统产业的转型升级。一是延长特色优势产业链。宁夏工业经济以煤电化为主导，"两高一资"是主要特征，工业初级产品和原材料产品比重大，高端产品少，附加值低，市场竞争力弱。宁夏矿产资源主要是煤炭，宁夏是世界羊绒集散地和羊绒纺织服装业重要基地，应该积极延长煤电化产业链，发展新型煤化工产业，并争取利用过境油气发展石油工业，形成塑料产业和化纤产业集群。积极发展羊绒高端服装业以及纯棉和亚麻等纺织业。实施循环发展引领计划，通过发展循环经济产业链，降低成本，提高效率。构建银川—贺兰—综保区—灵武—吴忠轻纺产业带、宁东基地—银川—石嘴山高新技术产业带、沿黄经济区现代服务业与现代农业产业带，打造宁夏经济升级版。

二是加强全产业链建设。要处理好专业化生产与多元化经营的关系。宁夏过去一些很好的企业，前几年错误估计市场形势，盲目投资电解铝、房地产、钢铁、光伏等产业，使企业陷入危机。现代产业竞争主要是产业链竞争，宁夏企业主要是生产基地，不能够掌控全产业链，应该围绕特色优势产业延长产业链，并从研发、资源、制造、市场渠道、品牌等方面，提高企业在国内和国际市场的地位。

三是要提高生产集中度。宁夏有一批企业，其产品在世界市场上占有率较高，是因为高耗能、高污染，国外早已经退出生产领域，我国沿海地区也不生产，就成为西北地区的特色优势产业。这些行业生产集中度并不高，近年来更是恶性竞争。我们不能以落后产能的高占有率而自豪。这样的企业不能认为是优势产业或高新产业，不能让其坐等"春暖花开"。鼓励通过市场竞争、优胜劣汰、兼并重组，加快淘汰僵尸企业和落后产能，有效化解过剩产能，提高龙头企业的市场占有率和定价话语权。

四是降低对涉煤行业的依赖。2013年以来经济危机加剧，是以煤炭行业结束十年黄金期为特征，国内处于经济衰退前列的地区，也是一般以煤炭或重化工为主的地区。中国煤炭消费占全球消费量的一半，国务院开始设定煤炭使用量上限，使煤炭在能源消费量中的比重从目前的69%降低到2020年的62%。专家预计国际油价将长期低迷，影响煤炭价格也将低位运行。这将对宁夏经济产生深刻影响，特别是石嘴山市是资源枯竭型城市，但产业结构中对煤炭、煤机、煤化工的依赖依然较重。应该多发展光伏、风能等新能源，加强节能减排工作，逐步淘汰落后产能，尤其是煤机制造等行业应该加快转型升级步伐。完善煤电价格联动机制，推进电价市场化改革，降低电力价格，帮助企业降低成本。

3.积极推进三次产业协同带动。 一是加快现代服务业发展。放松政策管制，大幅降低服务业门槛，以市场力量突破供给瓶颈，解决服务业供给不足问题。消除过分依赖房地产业、金融业对实体经济支持不力等弊端。扩大学校、医院、科研院所等事业单位的自主权和社会资本的办学权。重点发展现代物流业、文化旅游、健康养老、电子商务、金融业等现代服务业。

实施文化强区战略。树立共同的社会主义核心价值观，健全公共文化服务体系，全面提高公民道德素质。健全现代文化市场体系，增强文化整体实力和竞争力，大力发展文化产业，丰富人民精神文化生活。提高文化开放水平，积极发展文化创意产业，把宁夏打造成中阿版权贸易中心。

迎接大众度假时代。依托宁夏旅游集团，整合旅游资源，顺应观光旅游向休闲旅游和度假旅游转变趋势，把增加居民收入作为侧重点。以塞上江南新天府、贺兰山历史文化、六盘山红色生态三大旅游板块为主，积极开发休闲自驾、葡萄酒庄体验、工业遗迹、回族风情、农家乐等特色旅游产品。重点探索旅游扶贫方式，恢复建设固原古城，把固原市和泾源县建设成为宁夏南部独具区域和民族特色的文化旅游中心。

二是大力推进农业现代化。农业现代化是农业发展的根本方向，也是国家现代化的基础和支撑。在紧紧围绕保障国家粮食安全核心任务基础上，实施"五百三千"计划，着力打造十大特色农业产业集群，走特色、高质、高端、高效的"一特三高"发展道路。大力发展农业产业化，用工业的理念发展农业，推进生产、加工、物流、营销等一体化发展。促进农业可持续发展，重点念好"减、退、转、改、治、保"六字诀。深入推进农村土地制度改革，大力培育新型经营主体，积极发展多种形式适度规模经营。逐步形成"一县一业、多元互补"的发展格局和"龙头企业 + 基地 + 农户"的发展模式。

4.积极培育战略性新兴产业。大力发展节能环保、新一代信息技术、生物、高端装备制造、新能源、新材料等战略性新兴产业，拓展产业发展空间。

实施网络强区战略，发展互联网经济。积极发展银川 IBI 育成中心、电商产业园、中卫西部云计算中心、银川大数据中心、跨境电子商务试点等载体，促进以云计算、物联网、大数据为代表的新一代信息技术与现代制造业、生产性服务业等的融合创新，以信息技术改造传统产业，大力培育发展新产业、新业态，打造新的产业增长点。

发展高端装备制造产业。大力发展数控机床、特种铸钢等通用设备制造，促进煤炭机械、煤化工机械、石油化工机械等专业设备制造业转型，以及变电、配电设备、风力发电设备等。选择一批规模大、技术创新能力强、具有明显辐射带动能力的优势骨干企业，加大扶持力度。

5.实施创新驱动发展战略。建立以企业为主体、以市场为导向、产学研结合的技术创新体系，提高自主创新能力，积极发展高新技术产业，加强公共创新创业平台建设，建立和完善多元化科技投入体系。积极发展工业4.0，实施《中国制造2025》规划与智能制造工程，在银川市、吴忠市等地打造中国自动化生产基地，提高制造业智能化、自动化、网络化水平，推进信息化和工业化深度融合，促进特色优势产业体系向现代产业体系转型。

（二）实施开放引领战略，建设宁夏内陆开放型经济新高地

开放是繁荣发展的必由之路，应该以开放激活发展活力，培育竞争新优势，建设更高层次的开放型经济。

1.建设宁夏参与"一带一路"建设的交通枢纽中心。宁夏近年来货物运输因铁路运价上涨而被公路运输替代部分货运业务，而客运则是航空运输大幅度增长，铁路运输比重上升。宁夏高铁建设已经落后于全国形势，应该加强互联互通，把建设交通枢纽中心作为"十三五"时期重要任务。

应该建设"四个丝绸之路"。对接海上丝绸之路，建设陆上丝绸之路，并以空中丝绸之路和网上丝绸之路来规避区位劣势。

宁夏发展外向型经济的主要方向仍然依赖传统的东部出海口。应该加强惠农陆港与天津港的合作，落实惠农—天津陆水中转模式的启运港退税政策，建设惠农陆港国际经济区。

建设面向阿拉伯国家和穆斯林地区的银川国际航空港枢纽和国际门户机场，把石嘴山建设成为宁夏面向东部和北方开放的交通运输枢纽中心，把中卫建成丝绸之路经济带向西交通枢纽中心，把固原建成西兰银区域交通枢纽中心。

2.建设承接产业转移示范区。一是把东西部合作作为开放重点。宁夏应该充分发挥比较优势，注重产业经济务实合作。积极举办中国东西部开发区合作发展论坛，把承接东部产业转移作为重点。积极建设宁夏银川—石嘴山国家级承接产业转移示范区。继续加强口岸建设，改善与东部沿海港口的通关协作。

二是实施优进优出战略。围绕特色优势产业实施产业链招商，积极形成技术、品牌、质量、服务为核心的出口竞争新优势，促进出口商品结构调整。实现由传统出口商品结构向优势产品结构转变，进一步转变外贸发展方式，稳定对外经济贸易增长规模。

三是加强招商引资力度。应该继续深化对招商引资工作的认识，狠抓承接产业转移不放松，要整合资源，转变招商方式，突出产业链招商，实施引进央企入宁、民企入宁、外企入宁行动计划，开展建链、补链、延链、强链集群式招商，继续优化"两优"投资发展环境。

3.积极实施宁夏企业"引进来、走出去"战略。积极扩大对"一带一路"沿线新兴市场出口,实施企业"走出去"战略,加快产能输出。宁夏一些企业是原料和市场两头在外,充分利用国际国内两种资源、两个市场,提高利用外资和对外经济合作水平,是建设开放型经济的重要内涵。提高利用外资综合优势,把利用外资从主要依靠生产成本优势转到主要依靠人才、环境、市场上来。推动引资、引技、引智有机结合。加大对先进机械设备和重要矿产资源的进口。积极参与中阿博览会、中国—亚欧博览会等,加强与阿拉伯国家、中亚国家、蒙古国等在能源等方面的合作,力争在引进外资上取得突破。

(三)实施协调发展战略,重点解决区域、城乡两大统筹发展问题

宁夏协调发展重点关注山川协调和城乡协调两大问题。新型城镇化是发展的最大红利。时隔37年之久举办第二次中央城市工作会议,表明中央对城市工作的重视。提出从速度型城市建设转变成质量型城市建设,努力促进以人为本的城市化。

1. 推动城乡协调发展。一是发挥新型城镇化对经济社会发展引擎作用。宁夏2014年城镇化率只有53.6%,山区县城镇化率绝大多数在30%以下,宁夏推动城镇化发展仍然具有较大潜力。应该积极推进农民工市民化,加快提高户籍人口城镇化率。但山区的彭阳、西吉、隆德县总人口开始减少,势必会影响到大县城建设的效果。石嘴山市人口增长缓慢,2013年大武口区、惠农区城镇化率分别高达91.27%和81.91%,城镇化空间已经不大,随着产业衰退,人口呈净迁出状态。

随着全国劳动力供给短缺,未来的城市化将是各个城市吸引移民的故事,是内地城市"抢"人口的故事。大规模的人口迁移、集聚和安居,意味着庞大的基础设施建设,意味着大量居民消费品的置办和更新,新型城镇化将为中国经济增长和现代化建设提供持久动力与源泉。

二是积极开展固原市国家新型城镇化综合试点。建立农业转移人口市民化合理成本分担机制,建立多元化可持续的城镇化投融资机制,改革完善农村宅基地制度,探索建立行政管理创新和行政成本降低的新型管理模式,综合推进体制机制改革创新。积极构建以固原市区为核心、四县县城

为骨干、中心镇为支撑、美丽村庄为基础的"四位一体"城镇化体系。把固原市建设成为宁夏南部区域中心城市。

2.推动区域协调发展。一是打造宁夏沿黄经济三大组团式大城市。中央提出以城市群为主体形态，在中西部地区培育一批城市群、区域性中心城市。宁夏的城市绝大部分是中小型城市，在全国城市体系中缺乏规模效益和社会影响。应该积极实施《宁夏空间发展战略规划》，把宁夏按照一个大城市规划建设，拓展区域发展空间，大力促进宁夏沿山川一体化和城乡一体化，提高宁夏沿黄经济区整体竞争实力，充分发挥大银川都市区辐射带动作用，建设清水河产业走廊。积极加快相邻城市同城化步伐，促进银川—贺兰—永宁—宁东基地、大武口—平罗县城—惠农、吴忠利通区—青铜峡三大组团式大城市。

二是实施不分城乡、区域、民族的全面二胎政策。2010年宁夏妇女总和生育率只有1.36，其中城市1.02、镇1.28、农村1.63，均低于国际人口学上达到世代更替水平的2.1。宁夏是人口小省，长期实施"一、二、三孩"人口政策，山川人口失衡，羊绒工业等劳动密集型产业早已经出现招工难问题。近年来宁夏已经实施单独二胎政策以及取消生育间隔等政策，中央已经实施全面二孩政策。建议宁夏实施不分城乡、区域、民族的全面二胎政策，并允许山区农村居民及少数民族生育3胎。

（四）实施富民共享战略，与全国同步取得全面小康和脱贫攻坚胜利

必须坚持发展为了人民，发展依靠人民，发展成果由人民共享，走共同富裕道路，重点关注全面小康社会和脱贫攻坚两大任务，促进机会平等，以共享式发展促进社会和谐，使全体人民有更多获得感。

1.增加公共服务供给。增强政府在就业、教育、医疗等社会事业建设中的职责，提高公共服务共建能力和共享水平。

一是努力办好人民满意的教育。深化教育领域综合改革，实施优质教育资源扩面工程。促进教育公平，促进优质教育资源在城乡、县区和校际之间均衡配置。重视和加强学前教育，推进义务教育均衡发展，普及高中阶段教育，完善职业教育管理体制。实现家庭经济困难学生资助全覆盖。

二是推动实现更高质量的就业。坚持就业优先战略，围绕产业转型和结构调整，依托开发区和工业园区，强化创业载体、创业融资、创业培训"三个平台"建设，推行终身职业技能培训制度，促进创业带动就业，鼓励多渠道多形式就业。做好高校毕业生、农村转移劳动力、城镇困难人员、退役军人就业工作。

三是提高人民健康水平。推进健康宁夏建设，全面加强公共卫生服务体系和能力建设，推进基本公共卫生服务均等化。积极推进公立医院改革，破除"以药补医"机制，推广实施医院"先住院后付费"服务模式。进一步强化基层医疗服务体系建设，建立健全药品供应保障体系，加强中医医疗服务体系建设。

2.以保障和改善民生为发展的出发点和落脚点。一是缩小收入差距。形成合理有序的收入分配格局，健全科学的工资水平决定机制，实行有利于缩小收入差距的政策，着重保护劳动所得。完善劳动、资本、技术、管理等要素按贡献参与分配的初次分配机制。多渠道增加居民财产性收入，解决好宅基地、土地流转等农民迫切关注的生计问题，保障农民获得合理的补偿和回报。完善再分配机制，规范收入分配秩序。

二是实施脱贫攻坚工程。做好精准扶贫，分类扶持贫困家庭。坚持开发式扶贫，加大扶贫开发力度，加大产业扶贫、金融扶贫、旅游扶贫力度。积极通过闽宁合作，提高慈善园区建设水平，加快贫困山区劳动密集型产业发展。努力做好生态移民工作，更多地实施"插花移民"和劳务输出等方式，切实解决移民收入可持续和社会融合问题。高度重视城市贫困问题，努力解决就业困难家庭、失地农民等问题。

三是建立更加公平与可持续的社会保障制度。实施全民参保计划，扩大社会保障覆盖范围，逐步建立覆盖城乡所有劳动者的社会保障体系。建立兼顾各类人员的社会保障待遇确定机制和正常调整机制。统筹推进企业和机关事业单位社会保险制度改革。加快健全覆盖城乡居民的社会保障经办管理体制和便民快捷的服务体系，适当降低社会保险费率。

（五）实施生态优先战略，为人民提供更多优质生态产品

坚持绿色发展，走可持续发展道路，加快实施主体功能区，建设资源节约型社会和环境友好型社会，促进人与自然和谐共生。

总报告

1.加强生态文明建设。一是积极创建生态文明城市。树立尊重自然、顺应自然、保护自然的生态文明理念。坚持节约优先、保护优先、自然恢复为主的方针。积极创建国家生态文明先行示范区、全国生态文明建设示范市。大力开展生态园林城市、低碳城市、循环经济示范市以及生态旅游示范区、生态镇、生态村、绿色学校、绿色社区等创建活动。

二是加强生态廊道建设。加快主体功能区建设，积极建设以沿黄经济区为主的经济中心、以固原市为主的中南部生态文明中心。加大黄河金岸、贺兰山东麓、清水河流域三大生态走廊建设。加强宁东能源化工基地低碳经济、循环经济建设。

三是大力建设美丽宁夏。加大对自然资源系统和环境保护力度。实施美丽乡村建设"八大工程"，即规划引领、农房改造、农民收入倍增、基础设施建设、环境综合整治、生态建设、公共服务设施提升、文明村镇创建等工程。推进造林绿化工程。实施森林抚育，加快低效林改造，提高森林资源生态功能和景观效果。推进工业园区周边生态隔离带等工业生态防护林建设，完善提升沿河、沿湖水源涵养林建设质量。

四是加强生态文明制度建设。把资源消耗、环境损害、生态效益纳入经济社会评价体系，完善生态文明建设体系。深化资源性产品价格和税费改革，建立资源有偿使用制度和生态补偿制度。积极开展节能量、碳排放、排污权、水权交易试点。

2.全面推进资源节约工作。一是积极发展循环经济。宁东基地、石嘴山市重化工企业废物排放严重，要坚持循环经济的减量化、再利用、再循环原则，实现资源减量化、废物资源化、无害化，也可以提高经济效益。如平罗县大地化工通过循环经济提高了抗风险能力。

二是严守生态和耕地红线。优化国土空间开发格局，严格土地、生态、水资源红线，给子孙留下天蓝、地绿、水净的美好家园。分类分级严格管控生态红线区域，建立生态红线考核管理和覆盖全部红线区域的生态补偿机制。实行最严格的耕地保护制度，衔接耕地与生态红线布局，强化耕地数量和质量占补平衡，建立多部门相协同的耕地数量与质量同步建设体制。全面落实水资源开发利用、用水效率和水功能限制纳污等"三条红线"管控措施。

3.加强环境保护。一是实施环保行动计划。实施自治区环保行动计划,严格环保准入和污染物排放标准,抓好农村面源污染治理,争取在全国率先实现农村环境综合整治全覆盖,推广绿色生活行动。

二是实施大气污染治理行动计划。实施大气污染防治行动计划,关停一批煤耗高、污染大的燃煤机组,通过集中供热、煤改气、煤改电等措施,加快淘汰城市建成区供暖燃煤小锅炉。实施重大生态修复工程,抓好煤炭集中区、工业园区、采煤塌陷区等重点污染区域治理。

综合战略篇
ZONGHE ZHANLUE PIAN

宁夏"十三五"规划基本思路研究

自治区发展和改革委员会

"十三五"期间，宁夏坚持发展第一要务，以"四个全面"的战略布局为统领，以改革创新为动力，积极贯彻创新、协调、绿色、开放、共享发展理念，以绿色发展为导向，以转型升级提质增效为核心，以增进民生福祉为根本，奋力建设开放、富裕、和谐、美丽宁夏，确保与全国同步建成全面小康社会，为实现第二个百年奋斗目标奠定更加坚实的基础。

一、以空间发展战略为引领，统筹区域协调发展

（一）优化空间布局

落实《宁夏空间发展战略规划》，着力构建"一主三副、两带两轴"的总体空间战略格局。高水平建设以银川市、吴忠市、宁东新区构成的"大银川都市区"和石嘴山市、固原市、中卫市三个副中心城市，增强中心城市的辐射带动能力，全面提升生产生活综合服务功能，构建区域空间组织核心。依托黄河和清水河，以沿线城市和产业园区为支撑，加快产城融合，推进形成沿黄城市带、清水河城镇产业带；依托太中银铁路正线和银川联络线，以城镇为支撑，以资源开发和生态保护为重点，推进形成"太中银发展轴"和"银宁盐发展轴"。以山河为脉，坚持"点、线、面"结合，划定基本生态保护空间，构建蓝脉绿网生态防护屏障。全面推进市县"三规

合一"及"多规融合",搭建空间规划信息联动平台,划定城镇、基本农田、产业园区等控制线,落实空间用途管制,健全配套政策体系,制定差别化绩效考核评估体系,促进形成集约高效的生产空间、宜居宜业的生活空间、山清水秀的生态空间,推进资源、环境、人口、经济协调可持续发展。

(二) 统筹山川协调发展

提升沿黄城市带发展水平。以打造精品城市带为目标,以现代化、国际化为方向,统筹规划城市及周边园区、乡镇配套设施,实现基本公共服务城乡接轨,完善城市综合服务功能;全面推进新型工业、现代农业、现代服务业发展,重点促进特色鲜明、竞争力强的产业集群化发展,增强集聚辐射能力,打造沿黄经济区升级版。建设清水河城镇产业带。以推进中南部地区扶贫开发为目标,以交通水利等基础设施建设为重点,继续实施区域中心城市和大县城建设,做好固原市国家新型城镇化综合试点,提升固原区域中心城市的辐射带动力;培育壮大特色优势产业,加强公共服务,引导人口向城镇集聚,产业向园区集聚,培育中南部地区经济增长极。完善区内"三环八射九联"高速公路网,建成永宁、滨河等黄河大桥,加快建设银川—宁东、吴忠—中卫城际轨道,加强城市间的互联互通,引导中南部地区人口向沿黄城市带集聚,促进山川协调发展。

(三) 推进新型城镇化

坚持走以人为本的新型城镇化道路,顺应现代城市发展的新趋势,推进创新城市、绿色城市、人文城市、智慧城市建设。加快大县城建设步伐,培育一批特色精品小城市,重点打造42个特色镇、2000个中心村,形成都市区、副中心城市、大县城、重点镇、中心村级配合理的城镇和乡村体系。强化城镇产业发展支撑,推动产城融合发展,增强特色产业和人口集聚能力。提升城镇综合服务功能,优先发展城市公共交通,完善城镇住房供应体系,推进老城区改造,加快完善电力、通讯、供热等市政公用设施,加强绿化、亮化、美化、教育、卫生、体育等公共服务设施建设,提升城市宜居宜业水平。推进"美丽乡村"建设,以中心镇和中心村建设为重点,实施规划引领、农房改造、收入倍增、基础配套、环境整治、生态建设、服务提升、文明创建"八大工程",引导农村居民适度集中居住。建立健全城乡发展一体化体制机制，以解决农民市民化问题为抓手，加快推进户籍制度改革，逐步让进城务工人员与城镇居民同等享受就业、养老、医疗、住房、子女就学等政策，推动形成以工促农、以城带乡、工农互惠、城乡一体的新型工农、城乡关系。

二、以创新驱动战略为引擎，增强内生发展动力

（一）推进科技创新

以"四化"融合发展为契机，围绕自治区产业转型升级重大任务，突出企业主体地位，大力发展支撑当前经济增长、具有广泛辐射渗透力、经济效益显著的主体技术。打造创新产业链。实施循环经济技术创新工程，打造煤制油、煤制烯烃及下游精深加工产业创新链，引领煤化工产业向高端化、集群化方向发展；实施装备制造高智能化计划，促进智能机床、仪器仪表、煤矿机械、特种轴承、先进铸造等产品向高端化、智能化发展。实施高端材料工程，促进钽铌铍特种材料、铝镁锰有色金属合金材料向高效益、产业链发展。实施数字化宁夏计划，发展云计算、大数据等产业，促进装备制造业数字化发展和服务业现代化。建设现代农业技术体系。实施集雨抗旱工程、优质种子工程、特色农业品牌计划，重点推广优良品种、标准化种养、病虫害防治、高效节水、测土配方施肥、农业全程机械化六项技术，提高现代农业技术支撑能力。加强科技创新平台建设，实施创新园区共建行动，高起点建设银川高新区、IBI育成中心等重点科技创新园区，培育壮大一批科技孵化器、技术中心、工程实验室等创新平台，推动国家、自治区重大研究项目和重大工程在园区落地转化。提升高等院校基础研究能力，建设一批特色学科国家重点实验室，引导和推动高校特色优势学科发展。实施"丝路之光"科技行动，促进以中东、中亚为主的科技成果与人员国际交流。

（二）推进制度创新

营造激发创新主体动力的制度环境，完善有利于创新的市场监管机制，破除限制新技术新产品以及新商业模式的不合理制度障碍，更好地建立有利于公平竞争的创新制度体系。推进产学研联盟健康发展，促进科技资源

共享，提高协同创新能力。加大科技研发投入，建立奖励和风险补偿机制，引导产业投资基金、创业投资基金投向"四基"（核心基础零部件、先进基础工艺、关键基础材料、产业技术基础）领域重点项目，确保科技投资成果化、科技成果产业化。落实企业技术创新后补助政策，建立主要由市场决定技术创新项目、经费分配、研发方向和路线选择、成果评价和传导扩散的新机制，提高企业在宁夏自主创新中的主体地位。实行严格的知识产权保护制度，建立有利于创新的市场监管机制。

（三）优化创业创新环境

大力实施"两创"行动，营造良好的创新创业生态环境。培育创业创新平台，加快推进"互联网+"创业创新行动，充分利用国家级和自治区级高新技术开发区、科技孵化器、生产力中心、大学生创业园、科研院所等有利条件，推广创客空间、创业咖啡、创新工场等新型孵化模式，构建一批低成本、便利化、全要素、开放式的众创空间。加快推进石嘴山市小微企业创业创新示范城市基地建设。鼓励企业建立服务大众创业的科技创新平台，鼓励科技人员和大学生创业，支持创新创业的公共服务建设。营造宽松便捷的准入环境，深化商事制度改革，降低创新创业门槛。落实就业创业资金，更好发挥政府创业投资，引导基金带动创业投资支持早期创业的作用，提高创业贷款额度，落实创业优惠政策，完善创业投融资机制，健全创业风险分担机制，在全社会形成想创业、敢创业、能创业的良好环境，形成大众创业、万众创新的生动局面。

三、以融入"一带一路"为契机，奋力建设开放宁夏

（一）融入"一带一路"大格局

主动融入"一带一路"战略，加快推进宁夏内陆开放型经济试验区建设，打造丝绸之路经济带战略支点。在巩固扩大港澳台地区、欧美日韩等国家开放合作的基础上，充分发挥独特的人文优势，深入推进与阿拉伯国家和穆斯林地区的文化经贸往来，重点加强能源化工、装备制造、文化旅游、金融投资等领域的务实合作，建设中阿人文交流、投资贸易便利化、金融合作示范区。对接国家京津冀一体化、长江经济带战略，以银川—石

嘴山承接产业转移示范区建设为主要平台，加强与中东部发达省区的战略合作，全面引进东部地区的资金、技术、人才等要素资源，提升产业竞争水平，建设承接东部产业转移示范区。推进能源"金三角"一体化进程，深化与陕甘蒙晋毗邻地区在能源开发、交通、水利、文化、旅游、扶贫等领域的一体化合作，推动宁蒙陕甘在黄河综合整治、生态环境治理方面合作，合力推进南水北调西线工程、大柳树水利枢纽工程尽早开工建设。

（二）打通对外开放大通道

以打通国家向西开放大通道、建设丝绸之路经济带交通枢纽为目标，重点加快建设陆路、空中、网上三条通道，形成高效运输、便捷换乘、无缝衔接的完善综合运输网以及现代化的信息通道。建设陆上丝绸之路，加快建设向西开放4条通道，以建设乌银高速、京呼银兰客运专线、银川至乌力吉铁路为重点，畅通通往蒙俄的西北通道；以建设中卫至武威客运专线为重点，畅通通往欧洲的中通道；以建设乌玛高速、青兰高速为重点，畅通通往中亚、西亚及中巴的西南通道；以建设银昆高速为重点，畅通通往南亚、东南亚的南通道；加快建设陆海联运3条通道，以建设东乌铁路惠农线为重点，畅通连接京津冀地区沿海港口的东北通道；以建设青岛—济南—太原—银川客运专线为重点，畅通通往山东沿海港口的东向通道；以建设银川至西安、西安至百色高速为重点，畅通通往华南地区及东南沿海港口的东南通道。加快空中通道建设，完成银川河东机场三期扩建工程，建设沙湖支线机场和红寺堡、同心等通用机场，提升中卫、固原机场服务功能，加密航班航线；推进银川河东国际机场综合交通枢纽建设，启动四期扩建工程，增加至中亚、中东国家的航班，打造面向阿拉伯国家和地区门户枢纽和国际性航空枢纽。加快网络通道建设，加强与国内外大型互联网企业战略合作，加快推进中卫云基地、银川大数据基地建设，推动建设国际电信出口局，打造国际网络通道和区域信息汇集中心。落实国家信息丝路计划，建设跨境电子商务中心、网上交易结算中心、中阿国际航空邮包和快件分拨转运中心等，打造中阿网上丝绸之路。

（三）建设对外开放大平台

提升中阿博览会国际影响力，打造中阿首脑会晤机制、中阿博览会、中阿合作论坛"三位一体、宁夏承接"的中阿合作机制。整合宁东核心区、滨河新区、河东机场、综合保税区、临港产业园、生态纺织园等，形成宁东新区。加快建设两国或多国合作产业园区，构建开放型产业园区体系。建设好惠农、银川开发区和中宁陆港口岸以及河东机场航空口岸，加强与重点省区口岸的无缝对接，建立大通关机制，提升通关效率。

（四）培育开放型经济

实施"双十"工程，培育开放型产业体系，促进对外产业合作。扩大对外贸易，创新加工贸易方式，推动传统出口产品升级；加大先进技术和装备的引进及短缺资源的产品的进口，更好弥补宁夏资源禀赋和技术能力的不足。大力推进跨区域贸易协作，扩大宁夏对外贸易组货规模和种类，建设向西开放的国际航运货物贸易中转基地。积极发展服务贸易，加强与欧美、日韩、中东、中亚、东盟等重点地区的文化旅游、特色农业、教育卫生、生态环保、科技等领域的交流合作，加快六盘山国际旅游休闲度假区暨狩猎场、中阿科技大学、中阿国际商学院，以及"丝路影视桥工程""丝路书香工程"等建设，实施旅游互动、留学生互派、服务外包等一揽子计划。深化中阿技术交流合作，全力推进中阿技术转移中心建设，加快治沙技术、农业技术等优势技术走出去步伐。借鉴上海自贸区经验，建立投资贸易便利化机制，广泛吸引海内外资本来宁夏投资。重点引进阿拉伯金融机构，设立中阿产业、新能源、农业等投资基金，打造中阿贸易结算中心，积极争取亚投行、丝路基金投资中阿合作项目，为中阿贸易和投资提供金融服务平台。加快"走出去"步伐，鼓励企业在丝路沿线国家设立商务代表处，加快重点面向阿拉伯国家的营销网络建设，鼓励企业在境外建设展示中心、分拨中心、批发市场、零售网点等；大力推进国际产能和装备制造合作，鼓励支持有条件的企业积极承包海外劳务、建筑、基础设施、资源勘探等建设，投资能源、装备、建材、纺织等产业领域，有效转化过剩产能，实现互利共赢。

四、以产业转型升级为重点，奋力建设富裕宁夏

（一）加快转变农业发展方式

按照"一特三高"的现代农业发展思路，突出绿色、精品、高端，推动农业由"生产导向"向"消费导向"转变。夯实农业发展基础，继续加大农田水利基础设施建设，大力实施"三大农业示范区"的水利建设及改造工程和土地开发整理、沃土工程，不断改善农业生产基础支撑条件。围绕提高粮食综合生产能力，坚持稳定面积、优化品质、主攻单产，实施产粮大县高标准农田建设工程，"五个百万亩"粮食产能提升工程，大力发展以水稻、小麦、玉米、马铃薯四大作物为主的优质粮食生产。全力推进"五百三千"产业发展计划实施，突出发展瓜菜园艺、酿酒葡萄、枸杞和以清真牛羊肉、奶产业为主的草畜产业，大力发展"一县一业"，推进产加销深度融合，延长产业链条，加快形成特色农业增长极，推动农业产业优化升级和结构调整，提升全产业链综合竞争力。加快新品种、新技术推广，推进标准化生产，着力提升农产品品质，打响品牌。促进农业机械化新技术的推广应用，提高农业生产效率。继续实施农业产业化龙头企业带动工程，推进农产品加工园区建设，大力发展农产品精深加工。创新农业生产经营体制，完善农产品流通体系，着力构建集约化、专业化、组织化、社会化相结合的新型农业经营体系，提升农业现代化水平。

（二）全面提升工业竞争力

贯彻落实《中国制造2025》，促进制造业创新发展，加快新一代信息技术与制造业深度融合，提升工业竞争力，推进工业强区。坚持园区发展与产业培育相结合，大企业与中小微企业并重，扩增量、调存量，提升工业的质量、效益。做强煤电化主导产业，以煤电化高端化、集群化为方向，加快建设煤电外送通道及电源点项目，推进实施煤制油、煤制气、煤制烯烃、炼化一体化项目，引进国际先进技术，推进煤化工下游精深加工，打造宁东基地升级版。做大纺织产业，以特色化、高端化为方向，加快实施PX、PTA纺织原料项目，发展绒纺、棉纺、麻纺、化纤纺、回族服饰等，打造国家级轻纺产业基地；做精特色农产品加工，以绿色、精品、高端为

方向，加快实施清真饮料、清真乳制品、清真肉制品、葡萄酒加工等项目，推动清真食品、葡萄酿酒等特色农产品加工产业规模化发展，建设清真产业集聚区。做优战略性新兴产业，以高新技术、高附加值为方向，支持建设宁夏中关村产业园、云计算产业园等信息产业工程，实施光伏发电、风电及光伏、风电装备等新能源项目，推进汽车及零部件、大型铸件、智能仪器仪表等先进装备制造项目，加快建设稀有金属、碳基材料、铝镁合金、锰合金等新材料项目，积极推进生物发酵、节能环保等项目，形成先进装备、新材料、新能源、信息技术、生物医药等产业集群，培育新的经济增长点。改造提升传统产业，以优化存量为目标，通过新工艺、新技术、新设备，全面推进钢铁、有色、化工、建材、印染等传统制造业绿色改造，加快实施电解铝、铁合金、电石、焦炭等高载能产业提升改造工程，促进传统产业转型升级。

（三）培育壮大现代服务业

顺应消费结构升级换代、消费需求多元化发展趋势，进一步培育壮大现代服务业，有效扩大内需、拉动消费、带动就业，提高服务业在国民经济中的比重。推进文化与旅游融合发展，彰显回族文化、西夏文化、黄河文化、红色文化特色，丰富旅游产品内涵，加强贺兰山东麓旅游板块、沿黄旅游板块、大六盘生态旅游板块联动发展，加强旅游基础设施建设，完善旅游产品体系，延伸旅游链条，加强与周边省区及丝路沿线国家旅游合作，推动建设"丝路经济带旅游国际合作联盟"，打造西部国际文化旅游基地。提升壮大现代物流业，发挥四个口岸的龙头带动作用，建设银川西夏公铁物流城、宁夏国际航空货运物流中心、固原西兰银物流中心等，推进港园联动、多式联运，提高物流效率，降低物流成本；加快全区物流园区资源整合，推动物流业专业化、集群化、差异化发展；优化农产品市场布局，加快公益性农产品市场建设；推进物流信息化改造，大力发展第三方物流，促进物流产业与制造业无缝对接，将宁夏打造成丝绸之路经济带上重要的国际物流中心。培育信息服务业，建设好西部云基地，实施好自治区"八朵云"、银川市跨境电子商务、"千村电商"等信息化工程；大力发展软件产业，着力引进和培育软件服务外包企业，开拓面向阿拉伯国家及穆斯林地区的特色服务外包市场，将宁夏打造成为国内重要的云计算、云服务基地。创新金融服务，建立健全支持实体经济发展的现代金融服务体系，鼓励商业银行扩大贷款规模，进一步做大资本市场，加快引入信托、证券、保险、基金、金融租赁等现代金融机构，建设宁夏股权交易中心，建设"四板"直接融资市场；大力实施上市企业培育工程，支持企业在资本市场进行直接融资，建立完善企业信用体系，加大地域性、系统性信用风险防范。推进创意策划、研发设计、会展服务、营销服务、咨询中介等商务服务业发展。大力发展健康、养老、体育产业，有序发展社区服务业，实施社区商业"双进"工程，支持连锁超市、便利店、标准化菜市场、大众餐饮进社区，建立完善社区服务网络，打造"51015"商业生活服务圈，满足群众多元化、多层次消费需求。

（四）实施"互联网+"行动计划

推进实施"互联网+"行动计划，加快信息技术向制造业、农业、服务业的渗透拓展和深度融合，推动传统制造业设计数字化、产品智能化、生产自动化和管理网络化发展，促进传统产业向高端制造和智能服务型转变。将信息化嵌入现代农业产业体系和价值链，利用移动互联网等信息技术手段，推动精准农业、安全农业和高效农业发展。加快电子商务创新发展，促进配套物流、金融等服务体系建设，重点建设银川电商创业园、产业园和电商快递物流园，通过互联网、大数据、云计算等推动传统产业生产组织方式重构和商业模式创新，促进分散化生产与个性化消费的高效对接，大幅提升分工合作的水平与生产效率。加快部署建设新一代移动通信网络和下一代广播电视网络，推进宽带信息网"最后一公里"和宽带互联网建设，全面提升信息化层级与水平。

五、以绿色低碳发展为导向，奋力建设美丽宁夏

（一）转变资源利用方式

要节约集约利用能源资源，推动能源资源利用方式根本转变，大幅提高能源、水、土地利用效率和效益。大力推动能源生产和消费革命，严格控制能源消费总量，加强节能降耗，支持节能低碳产业，加快可再生能源

发展，进一步提高可再生能源在能源消费中的比重。推进煤炭洗选和提质加工，发展超低排放燃煤发电，稳步推进现代煤化工产业发展，开展煤炭分质分级梯级利用，提高综合利用效率。落实最严格的水资源管理制度，严格取水许可，加强用水总量、用水效率、水功能区限制纳污"三条红线"控制管理，加快灌区节水改造等重大节水工程建设，稳步推进水价改革，建设节水型社会。严守耕地保护红线，严格土地用途管制，提高土地节约集约利用水平。加强矿产资源勘查、保护、合理开发。

（二）加大节能减排力度

建立完善节能降耗全面量化控制和目标体系倒逼机制，创新节能标准化管理机制，健全节能标准体系，强化节能标准实施与监督，提高行业准入门槛，严格控制高耗能、高排放行业新增产能。实施重大节能工程和"万家企业节能低碳行动"，强化能耗限额管理，降低单位产品能耗。加大淘汰电解铝、水泥、焦炭、铁合金、电石、化肥等行业落后产能力度。大力发展循环经济，建设国家级绿色示范工厂和绿色示范园区；推进工业园区废水集中处理，实施重点工业行业废水深度处理工程，实现污水达标排放。强化工业废气治理。加强固体废物污染防治。完善污染减排政策体系，确保完成国家下达的主要污染物总量减排目标任务。

（三）加强生态保护

围绕构建六盘山水源涵养林和水土流失防治生态屏障、贺兰山防风防沙生态屏障、中部防沙治沙带和宁夏平原绿洲生态带的生态格局，在继续实施好退耕还林还草、"三北"防护林建设、天然林保护、禁牧封育、防沙治沙等工程的基础上，重点实施400毫米雨量线以南地区造林工程、六盘山地区水源涵养生态保护工程、生态移民迁出区生态修复工程、灌区防护林带升级换代工程、重点水系绿化工程，加强湖泊、湿地保护和水源涵养，加快主要河道综合整治和流域治理。加快环城、环镇、环村生态林带、绿道和休闲森林公园建设，提升城乡人居生态水平。继续做好泾源、彭阳、盐池国家主体功能区建设试点示范，探索在保护生态环境过程中创造生态产品、增加生态财富、提升生态价值的途径和方法。

（四）强化环境治理

针对主要环境问题，实施重点环保工程，加大监管力度，确保环境系统安全和质量改善。实施水环境分区、分类保护计划，优先保护饮用水源地，确保城乡饮水安全。实施土壤环境保护改善计划，加强土壤污染治理，改善和提升耕地质量。多措施消减大气污染物排放量，强化 PM2.5 监测，改善空气质量。继续完善城镇污水、垃圾综合利用和处理设施，严格控制扬尘、噪声等污染。加强农村环境综合整治，防治农业面源污染。加强环境综合执法能力建设。

六、以改善民生福祉为根本，奋力建设和谐宁夏

（一）推进中南部脱贫攻坚

坚持以工促农、以城带乡、以川济山的方针，以产业扶贫和易地扶贫搬迁为主战场，增强中南部地区和贫困群众的自我发展能力。建成中南部城乡饮水安全工程，实施六盘山连片特困地区扶贫开发水资源综合利用工程、抗旱应急水源工程，提高水资源保障能力。推进产业扶贫提质增效，积极发展草畜、马铃薯、冷凉蔬菜、中药材等"一县一业"特色农业，支持发展特色农产品深加工、清真食品和穆斯林用品深加工、羊绒深加工以及新材料、新能源等节水节能产业，在有条件的地方适度发展能源化工产业。创新产业化扶贫模式和产业扶贫利益联结机制，鼓励、引导企业和社会资金参与扶贫，着力开展电商、光伏、乡村旅游、金融、信息等新型业态扶贫。创新安置方式，继续实施适量的易地扶贫搬迁。实施技能移民工程，强化贫困人口技能培训，促进人口转移就业增收。坚持精准扶贫，以整村推进为平台，加快重点贫困村基础设施到村、产业项目到户、培训转移到人、帮扶责任到单位的"四到扶贫"。加大对中南部地区的公益类项目支持力度，取消县以下（含县）及固原市的资金配套。实施川区横向对口支援山区的扶贫协作，强县带贫县，强化项目、资金、人力资源帮扶，加快中南部地区扶贫攻坚进程。

（二）实施就业优先战略

把稳定和扩大就业放在经济社会发展更加突出的位置，作为宏观调控

和政绩考核的优先目标,千方百计增加就业岗位。实施积极的就业政策,加大财税、金融、产业等政策以及信息、技术、市场、资金、人才等方面的支持力度,建立健全政府促进就业的责任制度、城乡均等的就业创业服务体系。增强产业吸纳就业能力,积极发展电子商务、旅游休闲、健康养老、家庭服务等劳动密集型产业和服务业;发挥小微企业就业主渠道作用,开展小微企业创业创新基地城市示范;积极推进创业带动就业,加大对创业平台、融资、担保的支持,促进以创业带就业;把高校毕业生就业摆在就业工作首位,加强对大专院校毕业生的就业创业指导服务。加强对城镇就业困难人员援助,推进农村劳动力转移就业,促进退役军人就业。完善公共就业服务体系,积极开展多层次、多形式的职业培训。积极预防和有效调控失业风险,积极促进就业公平。

(三) 推进基本公共服务均等化

强化财政投入保障能力,创新公共服务提供方式,优化资源配置,提升设施标准化、服务规范化、管理信息化水平,构建覆盖城乡、普惠可及、差异缩小、可持续的基本公共服务体系。坚持优先发展教育,健全现代教育体系,强化基础教育的普惠性、公平性,增强高等教育的适应性、创新性,推动职业教育规模、结构、质量、效益协调发展,全力打造"机制一流、特色领先"的西部职业教育高地。实施健康宁夏行动计划,继续深化医药卫生体制改革,健全基本医疗卫生制度,加强公共卫生计生服务能力建设,实施医疗卫生服务体系扩面提标工程,积极发展中医药和回医药事业,为城乡居民提供更加安全、有效、方便、价廉的基本医疗卫生服务,提高全区群众健康保障水平。加快构建现代公共文化服务体系,建设布局合理、规模适度、标准较高、运转高效的公共文化设施网络,坚持面向基层、服务群众,扩大文化惠民工程实施范围和公共文化设施免费开放范围,加大文化和自然遗产保护力度,更好地保障群众基本文化权益。以政府为主导,发挥社会力量作用,全面推进基本养老服务体系建设,满足特殊困难老年人的养老服务需求,确保人人享有基本养老服务。

(四) 健全社会保障体系

着眼于化解风险、增进福利、兜住底线,按照全覆盖、保基本、多层次、可持续方针,全面建成覆盖城乡居民的社会保障体系。加快实现基础养老金全区统筹,完善城镇职工养老保险制度和保险关系转移接续机制。完善城乡统筹的基本医疗保险制度,进一步推进社会保障"一卡通"工程建设,实行全区基本医疗保险基金统一结算支付,搭建区市县社会保险基金监控网络。扩大失业保险覆盖面和统筹层次,扩大失业保险基金支出范围。构建工伤预防、经济补偿与职业康复"三位一体"的工伤保险管理和服务机制。扩大生育保险覆盖范围,适当提高生育保险待遇。完善以低保为核心的社会救助制度,全面实施临时救助制度,推进并加强重大疾病医疗救助等专项救助制度建设。统筹推进扶老、助残、救孤、济困等福利事业发展,筑牢织密民生保障底线和基础社会安全网,防止脆弱人群因灾因病致贫返贫。推进现代慈善事业创新发展,改善城市困难群众住房条件和农村人居环境,加大保障性住房建设,确保群众住有所居。

七、以强化制度保障为基础,着力提升治理能力

(一) 全面深化改革

坚持社会主义市场经济改革方向,更加注重改革的系统性、整体性、协同性,坚决破除各方面体制机制弊端,为建设开放富裕和谐美丽宁夏提供强大支撑。要紧紧围绕使市场在资源配置中起决定性作用深化经济体制改革,坚持和完善基本经济制度,加快完善现代市场体系、宏观调控体系、开放型经济体系,加快转变经济发展方式,加快建设创新型宁夏,推动经济更有效率、更加公平、更可持续发展;坚持党的领导、人民当家作主、依法治国有机统一,深化政治体制改革,加快推进社会主义民主政治制度化、规范化、程序化,建设社会主义法治国家,发展更加广泛、更加充分、更加健全的人民民主;紧紧围绕建设社会主义核心价值体系、社会主义文化强国,深化文化体制改革,加快完善文化管理体制和文化生产经营机制,建立健全现代公共文化服务体系、现代文化市场体系,推动社会主义文化大发展大繁荣;紧紧围绕更好保障和改善民生、促进社会公平正义深化社会体制改革,改革收入分配制度,促进共同富裕,推进社会领域制度创新,推进基本公共服务均等化,加快形成科学有效的社会治理体制,确保社会

既充满活力又和谐有序；紧紧围绕建设美丽宁夏深化生态文明体制改革，加快建立生态文明制度，健全国土空间开发、资源节约利用、生态环境保护的体制机制，推动形成人与自然和谐发展现代化建设新格局；紧紧围绕提高科学执政、民主执政、依法执政水平深化党的建设制度改革，加强民主集中制建设，完善党的领导体制和执政方式，保持党的先进性和纯洁性，为改革开放和社会主义现代化建设提供坚强政治保证。

（二）全面推进依法治区

坚持党的领导、人民当家作主、依法治国有机统一，坚定不移走中国特色社会主义法治道路，坚决维护宪法法律权威，全面推进科学立法、严格执法、公正司法、全民守法，着力提高法制化水平，为建设开放宁夏、富裕宁夏、和谐宁夏、美丽宁夏提供有力法治保障。完善立法体制机制，强化人大及其常委会在地方立法工作中的主导作用；健全立法机关和社会公众沟通机制，开展立法协商。加强重点领域立法，按照宪法和民族区域自治法规定的权限行使自治权，提高运用民族自治地区立法权的能力和水平，增强地方立法的特色性和可操作性。加快法治政府建设，推进机构、职能、权限、程序、责任法制化，推行政府权力清单制度，健全依法决策机制，把公众参与、专家论证、风险评估、合法性审查、集体讨论决定作为重大行政决策的法定程序，不断提高行政决策科学化水平。严格规范行政执法行为，严格规范行政执法自由裁量权，完善执法程序，强化对行政权力的制约和监督，推进政务公开常态化，严格落实责任追究和行政问责制度。保证公正司法，提高司法公信力。弘扬社会主义法治精神，建设社会主义法治文化，推动全社会树立法治意识，增强全社会厉行法治的积极性和主动性。充分发挥各类社会主体在法制社会建设中的积极作用，建设完备的法律服务体系，建成覆盖城乡居民的公共法律服务体系，完善法律援助制度和司法救助体系，健全依法维权和化解矛盾纠纷机制。依法管理宗教事务，巩固民族团结大好局面，创建民族团结示范区。

宁夏开放引领发展战略研究

宁夏社会科学院课题组

2015年7月，宁夏回族自治区第十一届委员会第六次全体会议审议通过了《关于加快开放宁夏建设的意见》。全会充分肯定了改革开放以来特别是近年来宁夏扩大开放取得的成绩。指出当前和今后加快开放宁夏建设的总体要求，要把宁夏打造成中阿合作的先行区、内陆开放的示范区、丝绸之路经济带的战略支点。宁夏党委书记李建华做了《主动融入"一带一路"，加快开放宁夏建设》的讲话，对加快开放宁夏建设做出部署。深入贯彻中央"一带一路"战略部署，正确评估宁夏内陆开放型经济试验区的经验与教训，务实办好中阿博览会，以开放促进改革和发展，具有重要意义。

一、建设开放宁夏的成就及其制约因素

（一）开放的成就

一是政策支持提高宁夏开放地位。国家批准宁夏建设内陆开放型经济

作者简介：课题组成员：张进海，宁夏社会科学院党组书记，教授；段庆林，宁夏社会科学院综合经济研究所所长，研究员；张耀武，宁夏社会科学院综合经济研究所研究员；郭亚莉，宁夏社会科学院综合经济研究所研究员；田晓娟，宁夏社会科学院综合经济研究所助理研究员；尚亚龙，宁夏社会科学院综合经济研究所助理研究员。统稿：段庆林。

试验区，设立银川综合保税区，批准第五航权试点，获批筹建进口肉类指定口岸和全国跨境贸易电子商务试点城市，开展伊斯兰金融试点等。国家一系列政策支持，大大提高了宁夏在国家全方位开放格局中的战略地位。

二是初步搭建了内外开放平台。在2010~2012年连续成功举办三届中阿经贸论坛的基础上，2013年成功举办首届中阿博览会，2015年又成功举办了中阿博览会。大大增强了中阿经贸合作交流。

三是对外开放载体功能不断完善。阅海湾"三园一轴"基础设施建成，银川国际交流中心启用。灵武羊绒工业园、贺兰生态纺织业园区、中国（吴忠）清真产业园等已成为承接国内外产业合作的基地。

四是互联互通取得初步进展。银川河东机场三期扩建项目加快建设。实现包括所有省会城市在内的54条国内航线全覆盖，开通了6条国际航线和至哈萨克斯坦货运包机，铁路、公路与外界的互联互通也更加便捷。

（二）制约因素

一是软环境制约。官本位思想根深蒂固，市场观念缺乏，投资发展环境不够优良。政策落实难，在宁夏全境实行一些特殊政策几乎不具有可行性。如近几年，自治区级一些开放项目往往被部委、各市县一些想法被自治区厅局，以与现有政策相抵触而摒弃。

二是内陆区位劣势。宁夏存在密度、距离和分割三大劣势，经济密度小制约招商，距离远增加成本，特别是对中东阿拉伯国家经贸缺乏区位优势，国际间市场分割更难以在短期内克服。

三是经济结构不合理。宁夏在国际国内产业链分工中处于低端位置，产业结构上重工业过重、轻工业过轻，企业转型升级困难，外向型经济比重小，参与丝绸之路经济带建设的能力不足等。

四是基础设施建设滞后。宁夏是全国两个目前没有开通高铁的省区之一，在交通运输网络中处于被边缘化地位，铁路、公路运输能力不足，与周边互联互通程度较低。中南部贫困地区发展严重滞后。

五是国际金融危机影响。受国际金融危机持续恶化、世界经济未见明显复苏、国外市场需求萎缩的影响，宁夏本地产品出口形势不容乐观。

二、建设开放宁夏的总体思路

建设开放宁夏，首先要回答"向谁开放""开放什么""如何开放"等问题。

（一）市场决定宁夏向哪里开放：全方位开放，还是向西开放

与哪些国家做贸易，受国际政治和经济等诸多因素影响。但分工及其比较利益是国际贸易的基础，充分发挥市场在资源配置中的决定性作用。不能单纯把中阿经贸合作作为政治任务来做，应由市场来决定宁夏向哪里开放。

宁夏必须坚持全方位开放方针。充分利用国际国内两种资源、两个市场，加快转变对外经济发展方式，推动开放朝着优化结构、拓展深度、提高效益方向转变。不能一说宁夏内陆开放型经济，就是向西开放；一说向西开放就是面向阿拉伯国家和穆斯林地区开放。向西开放是宁夏全方位开放中的特色，我们应该慎言宁夏重点面向哪个地区开放，因为市场经济中客户越多越好。以宁夏所能、尽中阿所需，是发挥宁夏优势、争取政策资源的策略，不能反而作茧自缚。

向西开放主要包括中阿多元化合作和丝绸之路经济带战略支点。中阿博览会议程中强化中阿贸易投资便利化谈判力度，宁夏建设丝绸之路经济带战略支点适合把互联互通作为前期重点。伊斯兰国家也有富国与穷国之分，不要直盯着海合会国家，多与海合会国家开展金融等服务贸易，多与一些北非、中亚、东南亚等并不太富裕的伊斯兰国家做货物贸易。

（二）宁夏开放什么

开放什么是系统工程，"一带一路"的内涵主要是"五通三同"[①]，在"一带一路"规划中，西北地区主要任务是发挥综合文化和民族人文优势，形成面向中亚、南亚、西亚等国家和地区的通道、商贸物流枢纽、重要产业和人文交流基地。充分发挥民族人文优势，利用宁夏穆斯林在文化、语

[①] "五通"是政策沟通、设施联通、贸易畅通、资金融通、民心相通，"三同"是利益共同体、命运共同体和责任共同体。

言、信仰、习俗等与阿拉伯国家相通之处，发展民间外交，是促进中阿合作的一个方面。

我国正在扩大对外开放领域。进一步促进一般制造业开放，推进服务业领域有序开放。宁夏必须充分尊重国际贸易、跨国投资等经济规律。在中阿共建"一带一路""1+2+3"合作格局中，宁夏应该在基础设施建设，贸易投资便利化两翼，中阿金融、新能源、文化创意产业合作以及企业"走出去"等方面下功夫。把服务贸易作为中阿经贸合作的突破口。有序推进金融、教育、文化、医疗、商贸、服务外包等服务领域对外开放。

（三）宁夏如何开放？既要充分发挥比较优势，也要重视化解内陆的劣势

宁夏对外开放具有一定的区位优势、人文优势、能源优势、农业优势、旅游优势、政策优势等，在一定程度反映出宁夏区情的特点。充分发挥比较优势，是从事国际经贸合作的基础。然而，以优势为出发点的对外开放并未取得显著成绩。

宁夏是内陆开放型经济试验区，应该重点关注"内陆"开放问题，宁夏对外开放面临着经济密度小、运输距离远、市场分割三大劣势。经济密度小严重制约外商直接投资，宁夏招商引资绝大多数是得力于能源优势，充分发挥沿黄经济区的整体竞争优势，尤其是提高银川等城市的规模效应，都是弥补密度问题的重要举措。宁夏无论向西开放还是向东开放，其实都不具有区位优势，对阿拉伯国家贸易尤其不具有区位优势，建设空中和网上丝绸之路，是规避距离劣势的重要措施。市场分割，更是国际贸易普遍存在的壁垒。

在充分发挥比较优势的同时，积极去克服内陆劣势，从优势和劣势两方面辩证地看待开放问题，尊重国际经济规律，是我们应有的态度。

宁夏举办中阿经贸论坛已经五年之余，建设内陆开放型经济试验区任务也十分迫切，必须从以下几方面加快建设开放宁夏。

三、构筑内陆开放型经济核心区

（一）把内陆开放型经济战略高地作为宁夏试验区建设重要目标

国务院出台的《宁夏内陆开放型经济试验区规划》中，把宁夏试验区定位于"国家向西开放战略高地"等。对宁夏来说,没有产业支撑就没有内陆开放高地;没有内陆开放型经济高地的实力,就没有向西开放战略高地的地位。

2010年中共中央、国务院《关于深入实施西部大开发战略的若干意见》中,提出"打造重庆、成都、西安等内陆开放型经济战略高地"。2015年《推动共建丝绸之路经济带和21世纪海上丝绸之路的愿景与行动》中,提出"打造重庆西部开发开放重要支撑和成都、郑州、武汉、长沙、南昌、合肥等内陆开放型经济高地","打造西安内陆改革开放型高地"。建设内陆开放型经济战略高地一直是国家促进内陆开放的重要抓手。

建议宁夏把努力建设内陆开放型经济战略高地作为开放宁夏建设的目标之一。确立内陆改革开放新战略高地的定位,就是要依托沿黄经济区,打造外向型产业体系,以产业支撑开放。不能局限于发挥人文优势,仅仅作为面向中东阿拉伯国家开放的定位。

(二)将沿黄经济区打造成内陆开放型经济试验区核心区

沿黄经济区、大银川都市区、滨河新区,都先后被确认为宁夏试验区的核心区。试验区核心区一般具备以下条件:一是城市新增长点;二是产业集群区;三是制度创新区;四是人口集聚区。宁夏内陆开放型经济试验区的核心区是沿黄经济区,外围区是宁夏中南部地区,辐射区是蒙陕甘毗邻地区。未来区域竞争主要是城市群之间的竞争,沿黄经济区作为核心区有利于充分发挥整体竞争优势。

充分发挥各地开放优势。给予各市县自主权,激发改革开放活力,鼓励先行先试,并加速交通、通讯、金融、社保、教育等全区同城化。银川市是核心的核心,争取建设国家级滨河新区。注重石嘴山市作为面向沿海及中蒙俄经济走廊的铁路枢纽地位,强化中卫在丝绸之路经济带中的重要铁路物流枢纽和货物分拨中心的地位,发挥吴忠市中国清真产业集聚地作用,固原市建设开放式扶贫试验区。

(三)以"三位一体"为主体整合建设国家级滨河新区

2012年滨河新区启动建设以来,确立了建成国家级新区的目标,提出建设生态城、文化城、产业城、旅游城的功能定位。为了加强协调发展,

2014年银川市提出推进滨河新区、综合保税区、临空经济区"三位一体"一体化运作、实体化操作。

国家级滨河新区定位为我国内陆开放和向西开放的战略高地，西北地区特色优势产业体系向现代产业体系转型升级的示范区，中国—阿拉伯国家经贸合作战略平台，丝绸之路经济带战略支点，带动宁蒙陕甘毗邻地区经济的重要增长极，中国西部独具特色的航空港经济实验区和航空大都市新城区。

2014年《宁夏空间发展战略规划》提出宁东新区概念，推荐方案新区范围包括宁东基地、灵武市区、盐池高沙窝镇、白芨滩。第二方案包括宁东基地、银川河东地区、盐池县域。我们认为，未来的国家级新区最好以综合保税区为龙头、临空经济区及外向型产业园区为主体。宁东基地是以国内市场为主的能源化工基地，出于加强新型煤化工下游材料产业与轻纺等加工业的产业链发展，也可以纳入新区。

（四）促进中南部山区开放，建设"三大示范区"

建设国家级开放式扶贫示范区。宁夏中南部地区是开放宁夏不能遗漏的重要组成部分，应该构建政府、市场、社会协同推进的大扶贫开发格局，积极开展产业扶贫、金融扶贫、旅游扶贫、生态扶贫等开放式扶贫示范区建设。把固原市、泾源县建成宁夏南部展示回族穆斯林风情和地方历史文化民俗的文化旅游明珠。加强六盘山片区、三西地区、陕甘宁革命老区等区域合作，重视贫困地区的精准扶贫和区域发展，发展特色优势产业，加强贫困地区基础设施建设和社会保障体系建设，努力与全国全区同步实现全面小康社会。在完成"十二五"时期生态移民任务之后，不再下达大规模县外移民指标，鼓励通过劳务输出、自发移民、插花移民等更为市场化方式解决问题。加强针对贫困人口的社会保障制度建设。

建设我国西部生态文明示范区。宁夏水资源短缺，中南部地区基本上被确定为限制开发区和禁止开发区，应该在建设生态文明、美丽宁夏上下功夫，形成以沿黄经济区为经济核心区、以中南部地区为生态核心区新格局。一是统筹解决宁夏水资源短缺问题。继续深入开展节水型社会建设，争取国家在南水北调东线、中线建成形势下适当增加黄河中上游用水指标，统筹推进南水北调西线工程,争取尽快上马大柳树水利枢纽工程。二是探索生态补偿机制。应该实行资源有偿使用制度和生态补偿制度,坚守生态保护、耕地、水资源三条红线。三是加强国际防沙治沙合作。建好中国防沙治沙大学,将宁夏的防沙治沙技术推广到中东、北非等沙漠化灾害比较严重的国家。四是积极开展碳汇交易试点。把中南部地区的林地、草地等生态系统纳入碳汇交易系统,努力打造国际适应气候变化示范区。

建设统筹城乡发展示范区。按照把宁夏作为一个大城市规划建设要求,促进人口适当向沿黄经济区流动聚居。实现基本公共服务均等化,促进医疗卫生、文化教育、基础设施投资等向中南部山区倾斜。积极建设清水河产业走廊,打造草畜业、马铃薯、冷凉蔬菜、道地中药材、特色农产品加工"五大特色优势产业集群"发展,建设清真食品和绿色农产品加工出口基地。统筹城乡规划建设,强化固原市作为宁南区域核心城市和六盘山区域中心城市地位,改善固原市及各市县与周边地区的互联互通条件。

四、建立外向型产业体系

(一)实施特色优势产业供应链工程

中央鼓励内陆交通干线沿线地区形成若干国际加工制造业基地和外向型产业集群。建设外向型产业体系,是开放的优先次序,没有产业支撑,博览会、通道、综保区、口岸、人文等,都没有坚实基础,只花钱、不挣钱,没人气、没货源、没商机,不具有可持续性。建设开放宁夏要以龙头企业为主的产业链招商为抓手,如重庆招商惠普、郑州招商富士康,使开放形势豁然开朗。

宁夏前些年主要围绕建设特色优势产业体系做了大量工作。今后应该把延长特色优势产业链作为宁夏产业转型升级的重点,加强产业链招商。实施先进装备制造业、羊绒工业与生态纺织、新能源、新材料、煤电化、生物医药、清真产业、葡萄酿酒、现代农业、特色农产品加工十大特色优势产业供应链管理。立足宁夏能源优势和特色优势产业基础,加快转型升级,打造经济升级版。

(二) 实施开发区转型升级与创新发展工程

积极打造产业园区升级版。改造提升工业园区、物流园区、慈善园区等，加强对老旧园区的基础设施投资，盘活土地等资源。优先发展五大优势产业，加快壮大五大特色产业，积极培育五大新兴产业，限制发展五大传统产业。[①]宁夏有一些高耗能、高污染产业，国外和沿海都不做，而宁夏的产量却比重较高，恶性竞争也较严重，通过兼并重组可以提高特色优势产业的生产集中度和市场占有率。加快外贸出口基地建设，培育高端羊绒服装产品、碳基产品、装备制造、钽铌铍和铝镁合金新材料、清真产品、特色农产品等出口基地，从"大进大出"向"优进优出"转变。

(三) 打造现代产业体系：大银川都市区现代服务业中心、轻纺产业带和高新技术产业带

宁夏未来经济增长点，主要在大银川都市区。建设大银川都市区，必须有产业支撑。应该积极发展沿黄经济区的现代服务业、高端制造业、轻纺工业、电子信息产业、低碳产业和循环经济、环保产业、现代农业等，积极打造现代产业体系，建设宁南山区绿色产业体系。

积极建设大银川都市区现代服务业中心，建设银川—贺兰—滨河新区—综合保税区—临空经济区—灵武—吴忠轻纺产业带；建设宁东基地—银川—石嘴山高新技术产业带。发展现代金融、物流、信息技术服务、旅游、商贸服务、文化教育、医疗保健、研发设计等现代服务业。

宁夏必须抢抓《中国制造2025》规划的机遇，以信息化改造传统产业，加快制造业转型升级。宁夏属于劳动力资源相对稀缺地区，发展劳动密集型产业面临劳动力短缺的制约，过去根本不可能吸引超大型劳动密集型企业投资，但工业智能化和自动化，有利于宁夏克服劣势，承接沿海产业转移。应该重视银川市、吴忠市中国自动化产业园区建设，重点提高生

---

① 宁夏五大优势产业是新型煤化工、煤炭和电力、羊绒纺织、葡萄酒、清真食品与穆斯林用品，五大特色产业是石油化工、新材料、新能源、先进装备制造业、农副产品深加工，五大新兴产业是生物制药、汽车、云计算与电子信息、节能环保和临空临港产业，五大传统产业是电解铝、铁合金、电石、水泥、焦炭。

态纺织业等劳动密集型产业智能化水平。

(四) 闽宁全面合作：从扶贫开发拓展到沿黄经济区

福建是21世纪海上丝绸之路的核心区，福建自贸区是目前四大自贸区之一，泉州的"数控一代"创新示范工程，是《中国制造2025》唯一的地方样版和实践范例。此外，泉州市还提出建设阿拉伯新走廊拓展行动计划和伊斯兰金融中心。闽宁合作已经使宁夏南部山区受益匪浅，而且闽宁扶贫产业园区合作已经越来越成为闽宁山区合作互惠互利的增长点，建议将闽宁合作继续拓展到海上丝绸之路和工业4.0等方面，加强宁夏沿黄经济区各市县与福建各市县的产业协作对接，积极承接产业转移。

五、建立现代综合交通枢纽体系

(一) 建设陆上、空中、网上、海上四大丝绸之路

打造陆上丝绸之路。争取银西高铁按照350公里时速设计并于年内开工建设，积极开展包兰铁路银川至兰州段扩能改造，太中银铁路定边至银川中卫段增建二线，宝中铁路增建二线工程前期工作。争取增建呼包银兰高铁客运专线和银川经延安至郑州高铁客运专线等，建议新增银川至鄂尔多斯客运专线，将庆阳、固原、定西客运专线列入国家"十三五"铁路规划。增强与北京、西安、兰州等重点城市的交通便捷性。利用9条国家高速公路和10条省级高速公路组成"三环八射九环"格局。充分利用亚欧大陆桥，开辟中亚、欧洲等新兴市场，加强沿线地区旅游、能源、农业等合作。

打造空中丝绸之路。积极争取国家将银川河东机场定位为我国面向阿拉伯国家和穆斯林地区的门户枢纽机场。加快机场三期工程建设和四期前期论证工作。充分利用航权开放政策机遇，积极引进大型物流企业落户宁夏，组建合资航空公司。建设宁夏通用航空产业园和宁夏国际航空物流园，发展临空经济区，争取建设银川国际航空港经济实验区，争取境外旅客购物离境退税和国际中转旅客72小时过境免签政策。

打造网上丝绸之路。应充分利用国家确定宁夏为"大型或超大型数据中心建设及运营"三个省份之一，加快智慧城市建设，完善通讯网络等基础设施建设，建设中卫、银川云计算中心。落实与亚马逊公司的战略协议，

积极争取阿里巴巴等知名互联网企业落户银川，努力培育银川 IBI 园区等本地 IT 企业发展。加快银川市跨境电子商务试点城市建设，加强与阿拉伯世界最大电商 soup.com、迪拜杰贝阿里自贸区、阿方 Halal 认证机构的合作，在银川综合保税区建设中阿跨境电子商务产业园。建设中阿信息港。积极发展"互联网+"和"+互联网"，规避内陆开放劣势，培育竞争新优势。

对接海上丝绸之路。宁夏对外货物贸易，主要是通过海洋运输来承担，这是目前宁夏国际物流主通道，目前宁夏主要贸易伙伴如欧盟、印度、新加坡、印尼、香港、马来西亚等均处于海上丝绸之路沿线，且宁夏与阿拉伯国家的货物贸易主要还得依靠海洋运输，宁夏通过中亚到海合会国家的陆上丝绸之路短期内根本走不通。我们不能够因为强调陆上丝绸之路而忽视海上丝绸之路，必须积极维护传统市场关系。海上丝绸之路经过的东南亚、南亚、中东、北非都是穆斯林地区，从宋元开始我国与阿拉伯国家的贸易就是主要通过海上丝绸之路，应该加强与东部沿海港口的战略合作。

（二）对接东部沿海翼和西部沿边翼国际大通道

加强与东部沿海翼国际大通道的互联互通，注重维护传统贸易关系。充分利用包兰铁路、太中银铁路、银川至西安铁路及京藏、青银、福银等高速公路，构建三条东部沿海翼海铁联运用通道，争取打通银川至天津港、青岛港、上海港、连云港等出海通道铁海联运"最后一公里"连接线的制约。通过通道建设缩短运行时间，降低运行成本，提高运行效率。

加强与西部沿边翼国际大通道的互联互通，提高向西开放水平。构建四条西部沿边翼国际大通道。通过兰州—格尔木—喀什铁路对接中阿经济走廊和中国—中亚—西亚经济走廊，通过干武铁路、临哈铁路对接新亚欧大陆桥经济走廊，通过新建银川至乌力吉铁路对接中蒙俄经济走廊。①中巴经济走廊等走廊建设将给宁夏等西北各省区向西开放带来重大机遇，也将有利于通过海铁联运实现宁夏与海湾国家的货物贸易。

（三）构建"一核三极"现代综合立体交通枢纽中心

加强航空、铁路、城际快铁、公路等综合立体交通体系建设，强化各

---

① 自治区交通运输厅.宁夏对外开放的交通体系建设专题调研报告.2015.03.

运输方式的立体无缝对接，构建以大银川都市区为核心，中卫、石嘴山、固原为西北南三极的综合立体交通枢纽中心，加强与周边地区的互联互通。

在银川机场建设中集合高铁、城际铁路、公共交通与航空港，形成综合立体交通网络。继续强化中卫作为丝绸之路经济带和西北地区铁路物流枢纽中心之一的地位。力争庆阳—固原—定西高铁立项，联通银西高铁与西安—兰州高铁。拓展中卫机场、固原机场、红寺堡罗山机场的旅游、通用航空产业等业务。

城际铁路优先考虑充分利用包兰铁路、太中银铁路、宝中铁路、银西高铁，或新建石嘴山—中卫、银川—宁东基地、银川—机场和中宁南、银川—固原等城际快铁。

六、完善对外开放战略平台

（一）全力打造中阿博览会战略平台"金字品牌"

1.把投资贸易便利化作为中阿博览会的主要议题。在中阿博览会设立互联互通协调小组，为中阿各国积极探索海、陆、空、网联通全面合作提供机制保障。积极推动中阿金融、旅游、能源、文化等合作谈判。

2.建立中阿智库联盟，把中阿智库论坛列入中阿博览会议程。中印智库论坛将在中印国家层面上轮流举办，中国—东盟智库论坛、中国—南亚智库论坛也均在省部合作层次上已经成功举办若干年。举办中阿智库论坛，加强宁夏社会科学院与埃及、沙特等阿拉伯智库的交流合作，筹建中阿智库联盟，编辑出版《中阿蓝皮书》。建设国家级中阿研究院，使宁夏成为我国从事阿拉伯国家和穆斯林地区研究的重要基地。

3.努力打造丝绸之路经济带新平台。宁夏面向全方位开放的宁洽会，于2010年升格为中阿经贸论坛，2013年升级为中阿博览会，成为中阿经贸合作的战略平台，但中阿博览会是具有严格区域限制、定格为单数年份举办的国际节会。宁夏具有战略意义且无国家和地域限制的国际节会只有宁夏国际羊绒博览会一个。目前各省都在积极争办丝绸之路节会，打造国际合作新平台，而宁夏恰恰缺乏丝绸之路品牌的节会。因此，在中阿博览会轮空的双数年份，建议举办中国（宁夏）"一带一路"贸易投资洽谈会。

（二）促进银川综合保税区向自由贸易园区升级

一是积极拓展银川综合保税区功能。重点发展保税加工、保税物流、保税服务，发展融资租赁、境内外维修、跨境电子商务、转口贸易等。推动丝绸之路经济带及全国通关一体化。二是积极争取建立中海自由贸易园区。实施自由贸易区战略，加快复制推广上海自贸区的成功经验，努力促进综合保税区向自由贸易区转型升级，积极筹建中海自贸园区。三是精准产业发展定位，加快招商引资进度，发展生态纺织、葡萄酒、清真食品和穆斯林用品、黄金珠宝、生物医药、现代物流等特色产业。四是快速推进进口肉类和进境水果、种苗指定口岸建设。五是在综合保税区外围，规划建设职工住宅区、大型超市、银行、学校、星级酒店、电影院、物流中心等，将宁东临空经济区建设成为一座现代化的新型城镇。

（三）加快完善口岸体系

宁夏目前只有银川航空口岸一个国家一类口岸和银川开发区、惠农、中宁三个自治区批准的二类口岸。惠农口岸受化工类产品出口萎缩影响，铁路运价提高后又受到公路运输挑战，铁路运输未能解决塘沽站到天津港"最后一公里"运输问题。中宁陆路口岸目前尚未通关运行，口岸所在的太中银铁路运价高于中宁工业园区附近的包兰铁路，且口岸与园区之间存在黄河大桥收费问题。

进一步提升银川空港口岸功能，推进单一窗口建设，提升口岸功能和服务能力。积极申请银川综合保税区开通药品、水产品、粮食、整车平行进口等指定口岸，争取在固原六盘山机场、中卫香山机场设立二类航空口岸。积极争取惠农口岸升格为国家一级口岸，实现惠农口岸与天津港的无缝对接。积极拓展与上海港、青岛港、霍尔果斯口岸、乌力吉口岸、策克口岸等的合作。积极申请设立国际邮件分拨中心，为打造跨境电子商务提供便利。争取在中卫设立陆路中转分拨中心和二类口岸，积极争取将中石油海外合资公司原油进口西部分拨中心、粮食进口西北分拨中心设在宁夏。

七、建设全方位开放新格局

（一）更加重视对内开放的地位

1.加快与周边地区一体化步伐。加强与呼包银榆经济区能源合作。充分利用呼包银榆经济区、宁蒙陕甘毗邻地区联席会议等平台，加强宁东能源化工基地与鄂尔多斯、榆林、包头、庆阳等地协同发展。发挥石嘴山市作为银鄂榆能源金三角服务基地和装备基地的作用。加强"蒙煤入宁"和"疆煤进宁"工作，利用新疆和中亚石油、天然气发展石油化工。

2.加强与沿海沿边地区经济协作。加强与京津冀经济圈合作。天津是历史上对宁夏开放影响最大的城市，目前天津港也对宁夏开放至关重要。继续加强与天津港的通关一体化协作。加强与北京交通便捷化，借力京津冀经济圈的辐射带动作用。

加强与长三角、珠三角经济区的合作。积极承接东部产业转移，宁夏主导产业要认真对标国内国际最先进企业，努力提高技术层次、市场份额和市场集中度，掌握产业主动权和产品定价权。高度重视与义乌、广州等阿拉伯商人集聚地区合作，强化宁夏在阿语翻译、中阿商贸活动中的地位。

3.加强与港澳台经贸合作。加强与香港在贸易、投资、金融、会展以及中国伊斯兰金融中心建设等方面的合作。重点吸引台湾电子企业投资，加强与战略性新兴产业的合作发展。推动宁夏与港澳台地区间人才交流合作。

（二）务实推进中阿多元化合作

1.建设中国内陆投资贸易便利化示范区。创新外商直接投资管理体制，统一内外资法律法规，推进准入前国民待遇加负面清单制度的管理模式。积极利用宁夏内陆开放型经济试验区先行先试政策，探索内陆地区贸易投资便利化的模式。推动银川综合保税区与德国帕希姆国际机场保税区、阿联酋迪拜杰贝·阿里自贸区等共建跨境电子商务平台。加强宁夏清真食品认证机构建设，在银川综合保税区设立前置检验检疫和清真标准化认证机构，大力推进与伊斯兰国家清真食品标准互认工作。

2.建设中阿金融合作示范区。将低成本的石油美元引入国内，参与西部大开发及西部欠发达地区的基础设施建设一直是宁夏力求实现的目标，但阿拉伯国家富集的并非产业资金,且建设中国伊斯兰金融中心也面临政策约束。所以,应该努力引进阿拉伯国家和穆斯林地区金融机构。根据宁夏产业升级、经济结构调整以及中阿经贸发展的实际需要,筹设中阿产业投资基金,发行伊斯兰债券。

(三)积极融入新丝绸之路经济走廊

宁夏银川市作为国家丝绸之路经济带规划中的中国—中亚—西亚经济走廊的主要节点城市,应该积极争取与中亚五国、伊朗、土耳其等伊斯兰国家的经贸合作,建设友好城市。加强与中亚五国在能源、农业、清真产业等方面的合作。支持民营企业收购哈萨克斯坦油田项目,在宁夏建设石油化工产业。探索伊朗被解除制裁以后,开展石油易货贸易的可能性。抓住中巴经济走廊建设机遇,积极探索融入中国—巴基斯坦—中东经济走廊的合作渠道。加强中蒙边境铁路线建设,开展与蒙古国在羊绒、煤炭等方面的合作,融入中蒙俄经济走廊。组织企业参加新疆、广西、云南、陕西等地举办的国际博览会。加快与兰州、西安、郑州等节点城市的互联互通,积极融入新亚欧大陆桥经济走廊。

(四)努力维护欧美日韩等传统贸易关系

宁夏传统进出口贸易主要是美国、日本、德国、韩国、印度、澳大利亚、意大利、中国香港、印尼等国家和地区,虽然美日韩等并非"一带一路"对象国家,但应该继续维护传统贸易关系。加强与发达国家在经贸、信息技术、教育、人文等领域的交流合作。积极探索通过亚欧大陆桥实现与欧盟国家的货物运输。引进美国、德国、日本等国家在信息产业、高端制造业等方面的技术。加强与澳大利亚在清真牛羊肉、小麦育种等方面的技术与贸易合作。学习法国波尔多、美国加州纳帕谷酒乡、澳大利亚等国葡萄酒酿造技术及市场营销经验。

八、强化企业的开放主体地位

(一)加大招商引资力度

我国过去以资源换投资、以市场换技术、土地招商、全员招商等方式,已经越来越不能适应新常态需要,必须转变招商模式,拓宽招商渠道,创新招商机制。围绕特色优势产业，重点加强产业链招商，对标国内外产业高标准，延长和提升特色产业链，强化优势产业链，新建和补建新兴产业链，在承接产业转移中赢得主动。增加对高科技型企业研发补贴，落实西部大开发政策优惠。龙头跨国企业往往能够带来生产网络和销售网络，应该抓住行业龙头企业，积极引导和鼓励其优势产业向宁夏集群转移。

（二）实施宁夏企业"走出去"战略

实施企业"引进来、走出去"战略，促进对外开放从政府主导型向企业主导型转变。依托宁夏特色优势产业基础和企业"走出去"的经验，形成"引进来"与"走出去"内外互动发展格局。要像日本综合商社那样，成立隶属于企业的市场信息网络体系，培养在商业信息方面的强大调研能力。鼓励和支持有条件的重点企业积极参与哈萨克斯坦中哈产能合作计划、毛里塔尼亚中毛现代农业产业园区的建设。鼓励在沙特、阿曼和巴基斯坦等国家建设境外产业园区。鼓励宁夏发电和输变电、冶金、建材、化工、装备制造业、现代农业、工程承包等产能和服务出口。健全企业"走出去"服务保障体系。

九、密切科技人文交流合作

（一）广泛开展科技交流合作

实施创新驱动发展战略，着力构建以企业为主体、市场为导向、产学研相结合的基础创新体系。充分利用国家重点实验区、区域产业化示范基地、科技转化服务示范基地、企业工程技术研究中心等，强化协调创新。加强对欧美等高技术设备的进口，提高自主创新能力，鼓励原始创新，重点突出集成创新和引进消化吸收再创新，培育竞争新优势。争取引进国际先进技术和人才，建设主导产业关键技术海内外高层次引才创新创业基地。加强对知识产权的保护和应用，保护传统手工技艺、民族音乐、美术、生物种质资源等地方知识产权，推动非物质文化遗产产品出口。推动中医药、回医药"走出去"，建设中医孔子学院，开展国际医疗合作和穆斯林养生保健合作。共建中阿联合技术研究中心，进一步加强治沙、农业、能源、医疗等领域的科技合作。

（二）建设中阿人文交流中心

建设中阿科技大学、中阿国际学院和中阿人文交流中心。依托宁夏大学、北方民族大学、宁夏医科大学及各高等职业技术学院，将宁夏建成全国最大的阿语人才教育基地。积极扩大相互间留学生规模。建立中阿各国大学校际交流机制，组织开展形式多样的中短期研修研讨交流活动。争取国家设立中阿联合办学奖学金，加快中阿双方急需的熟悉国际经济和阿拉伯国家及穆斯林地区经济事务的翻译、贸易、金融、法律、财会、认证等专业技术人才的培养步伐。

（三）建设中阿版权贸易中心

积极挖掘地方历史文化遗产，建设中阿文化创意产业合作中心。建设中阿文化创意产业园，积极发展针对穆斯林地区和阿拉伯国家的软件外包及文化创意产业。争取宁夏社会科学院、宁夏大学创办出版社，开展中阿典籍互译工程，使宁夏成为传播中华优秀文化和翻译阿拉伯文化的龙头平台、中阿版权贸易中心。定期举办中阿文化宣传周、艺术节、电影电视节、图书展、版权交易等互访互展活动。充分发挥中阿媒体合作的优势，合作开展中阿广播影视剧精品创作及优秀文化作品翻译等活动。

（四）加强旅游合作

通过中外积极协商和沟通，不断提高签证和旅游便利化水平，大力打造宁夏国际精品旅游线路和旅游产品，相互扩大旅游规模。积极提升与美国、欧洲、日本、韩国、泰国、中国台湾的旅游合作。办好中阿旅行商大会，联合推动丝绸之路经济带沿线国家旅游合作，积极开辟银川至沙特、阿联酋迪拜、埃及、马来西亚、哈萨克斯坦、伊朗、土耳其等国家的国际航线，把银川作为周边地区游客赴中东、中亚、东南亚、北非等穆斯林地区旅游的出发地。发展面向国际穆斯林的保健养生休闲旅游，最终将宁夏打造成为面向阿拉伯国家和穆斯林地区的旅游目的地。

十、建设开放宁夏的政策支持体系

（一）打造"两优"投资发展环境

1.开展解放思想大讨论。建设开放宁夏的核心是解放思想，政府要树立强烈的市场主体意识，正确处理好政府和市场的关系，充分发挥企业在市场中的主体作用。通过全面深化改革，充分激活非公有制经济的活力，尤其是要深化国有企业改革。解放思想的关键是各级领导干部要开阔眼界与思路。必须适应"一带一路"新战略需求，转变外贸发展及其工作方式，树立正确的政绩观，打破利益格局。为此，有必要重新开展一次进一步解放思想、全面深化改革开放、打造"两优"投资发展环境大讨论。

2.以低成本、高效率打造"两优"投资环境。建设开放宁夏，突破口是打造"两优"投资发展环境，投资环境最根本的要求是低成本。因此，宁夏要逐步形成低土地成本、低煤电气运成本、低劳动力成本、低融资成本、低物流成本。宁夏打造全面"两优"环境还很难，必须抓住关键环节。

宁夏工业用电价格高于周边地区，应该放开竞争环节，落实国家降低电价政策，允许符合环保要求的企业建设自备电厂，加大电力直接交易量和覆盖面。企业融资成本高也是制约发展的瓶颈，小微企业应当完善治理结构，提高直接融资能力，银行清理整顿不合理金融服务收费，政府设立担保集团风险损失补偿基金。

(二)创新开放型体制机制

1.全面推行权力清单制度。要尽快建立完善宁夏版的"三个清单"制度，继续简政放权和规范行政审批事项。推行权力清单制度，要围绕清权、减权、制权、晒权等主要环节，把与企业生产及群众生活密切相关的行政职权放在优先位置。要切实取消和下放审批权限。强化审批事中、事后监管，要把监督检查纳入权力运行的全过程，对权力运行进行实时跟踪、全程监督，及时发现、纠正和查处权力滥用行为，确保各项权力科学高效运行。

2.创新与沿海沿边通关协作机制。建立外贸综合服务平台，重点推进国际贸易"单一窗口"试点。实现与京、津、沪、深等地"属地申报、口岸验放"的便捷通关。进一步加强各国信息互换、监管互认、执法互助的海关合作和检验检疫、认证认可、标准计量、统计信息等方面的合作，降低非关税壁垒，共同提高技术性贸易措施透明度。加快银川海关与丝绸之路经济带海关区域通关一体化改革，最终实现全国海关无缝通关。认真借鉴上海自贸区海关监管体制的改革经验，创新与沿海沿边通关协作机制。

（三）加大开放战略投入

1.充分发挥政府产业引导基金作用。宁夏回族自治区人民政府已经出台《关于设立政府产业引导基金促进产业加快发展的意见》，取消"小、散、乱"、绩效不明显以及纯竞争性领域的专项扶持资金。按照"政府引导、市场导向、防范风险、滚动发展"的原则，支持农业、工业、服务业、文化、旅游、科技发展和对外开放。产业引导基金，应该向小微型企业、中南部贫困地区、战略性新兴产业倾斜。

2.积极创新基础设施建设融资模式。以往大量的基础设施建设主要由政府资金和国有机构驱动，相关基础设施和公共设施的市场化程度较低。应该鼓励社会资本合作模式，即BT（"建设—转让"模式）、BOT（"建设—经营—转让"模式）、PPP（"公共部门—私人部门—合作"模式）等，将基础设施建设作为对社会资本开放的契机，可以提高财政支出的引导和带动作用，拓宽社会资本发展空间，有效释放市场活力。

3.尽快实施开放灵活的人才政策。认真落实《自治区党委、人民政府关于创新体制机制促进人才与经济社会协调发展的若干意见》，大力吸引海外国内优秀人才来宁创业，更要尽快着力培养属于本土的外向型、复合型人才。建立高效灵活的人才流动机制，要允许高等学校和科研院所设立一定比例流动岗位，研究人员带着科研项目和成果、保留基本待遇到企业开展创新工作或创办企业，同时也允许有创新实践经验的企业家和企业科技人才到高校兼职任教，培养应用型人才。

宁夏创新驱动发展战略研究

霍岩松

十八届五中全会提出"必须牢固树立创新、协调、绿色、开放、共享发展理念","创新是引领发展的第一动力。必须把创新摆在国家发展全局的核心位置,不断推进理论创新、制度创新、科技创新、文化创新等各方面创新"[①]。并强调"深入实施创新驱动发展战略,发挥科技创新在全面创新中的引领作用,加强基础研究,强化原始创新、集成创新和引进消化吸收再创新"。深入实施创新驱动发展战略是创新发展的核心,"十三五"期间,宁夏面临着与全国同步进入全面小康社会和转型发展的两大任务,走创新驱动发展的道路成为必然的选择。

一、创新驱动发展的内涵及宁夏实施创新驱动发展战略的意义

(一)创新驱动发展的内涵

"创新驱动"最早由美国学者迈克尔·波特提出,他将国家经济发展高度概括为生产要素驱动、投资驱动、创新驱动和财富驱动四个阶段,其中,

---

作者简介:霍岩松,宁夏党校经济管理部主任,教授。

① 中共中央关于制定国民经济和社会发展第十三个五年规划的建议.北京:人民出版社,2015.11.

通过创新形成的竞争优势是立足于国际产业分工高端位置的基础。创新驱动就是利用知识、技术、企业组织制度和商业模式等创新要素对有形要素进行重新组合，各种物质要素经过新知识和新发明的组合提高创新能力，形成内生性增长。也就是说，集约的经济增长方式主要依靠科学技术的创新带来的效益来实现，用技术变革提高生产要素的产出率。随着我国经济发展步入新常态，要素驱动带来的诸多问题日益显现，从要素驱动向创新驱动转变是大势所趋。

（二）宁夏实施创新驱动发展的意义

1.创新驱动是认识、适应和引领经济发展新常态的必然选择。对于什么是经济"新常态"，2014年11月10日，习近平在亚太经合组织（APEC）工商领导人峰会上所做的题为《谋求持久发展共筑亚太梦想》的主旨演讲中，较系统地阐述了中国经济新常态问题，认为中国经济呈现出新常态的主要特点是："从高速增长转为中高速增长""经济结构不断优化升级""从要素驱动、投资驱动转向创新驱动"。首先，经济"新常态"不是中国所特有的现象，其实质是由经济发展的客观规律性所决定。法国经济学家托马斯·皮凯蒂在《21世纪资本论》中，通过观察人类社会经济增长和财富分配的长轨迹和大趋势，认为从人类发展历史看，高速经济增长是工业化时期发生的一段特殊历史现象，也可以说是工业化时期区别于其他时期的特征性"常态"。在工业革命之前，人类的经济增长是极为缓慢的；工业化过程中，经济呈高速增长；工业化完成之后，高速增长也将不复存在。也就是说，全球经济增长的"常态"是低速或中低速增长[1]。其次，中国过去三十多年靠投资、要素驱动的经济高速增长模式将难以持续。2000~2013年，全球经济GDP平均增速为3.68%，同期中国经济年均增速10.6%，几乎是全球平均增速的三倍。但是，维持这种高速增长的条件发生了转变。一是高投入难持续；二是高消耗难持续；三是低效益难持续；四是低成本难持续。维持中国经济增长的人口红利正在消失。最后，创新可以解决经济发展中的要素报酬递减和稀缺资源的瓶颈问题。因为创新可以通过不断

---

[1] [法]托马斯·皮凯蒂.21世纪资本论.巴曙松译.北京：中信出版社，2014.

地提高单一或者综合要素的生产率来抵消因为要素投入数量的增加而导致的单一要素或者全要素报酬递减的趋势，同时创新可以通过生产要素的新组合来突破经济发展中由要素或资源的短缺所造成的瓶颈。

2.创新驱动是打造宁夏经济增长内生动力的关键所在。宁夏作为经济欠发达地区，以往经济的高速增长是建立在"后发优势"和"比较优势"的基础上，主要依托资源优势，通过强化投资加速工业化来实现的，推动经济增长靠的是外生动力。这种传统的经济增长模式认为，经济增长是劳动、资本和土地等物质要素投入的函数。新经济增长理论则认为，由知识资本和人力资本推动的科技创新越来越多的内在于物质资本之中。这种认识用于解释创新驱动方式就是：以创新的知识和技术改造物质资本、提高劳动者素质和进行管理创新，就可能产生比物质投入对经济增长更为强大的推动力。用创新是要素的新组合的原理来说明内生性增长就是：以知识、技术、企业组织制度和商业模式等无形要素对现有的资本、劳动力、物质资源等有形要素进行新组合，各种物质要素经过新知识和技术的投入提高了创新能力，就形成内生性增长。也就是十八大所指出的"更多依靠科技进步、劳动者素质提高、管理创新驱动"。

3.创新驱动是推动宁夏开放经济发展的重要推手。目前，宁夏开放经济发展还处在较低层次。一是经济发展模式开放程度低。宁夏的经济发展模式还是以内向型为主，对外依存度低。2014年外贸进出口总额54.36亿美元，占GDP的比重仅为12.2%，实际利用外资1.43亿美元，均处于全国排名靠后水平。二是产业开放程度低。宁夏产业发展还是建立在对自身资源的利用上，以能源为依托的原材料加工工业占主导地位，制造业比重比全国平均水平低20个百分点。工业结构以重工业为主，节能减排压力大，电解铝、铁合金、电石三大高耗能行业用电量占全区工业用电量的60%，但创造的增加值仅占10.3%。"十二五"期间，单位GDP化学需氧量、氨氮、氮氧化物、二氧化硫等主要污染物排放强度均高于全国平均水平。三是管理体制机制开放程度低。目前宁夏全社会开放意识还不强，市场在资源配置中起决定性作用的理念还没有真正树立起来，企业在市场中的主体作用还没有得到真正发挥，企业主动"走出去"的意识和能力较弱。政府对微观经济运行的干预还较多，项目审批、核准和备案过程中部门职能交叉、权责脱节和效率不高的现象仍存在。适应对外开放的管理体制机制还未完全建立，体制机制创新仍滞后于开放型经济发展的需要。因此，只有依靠创新驱动才能扩展宁夏开放型经济发展的空间。创新驱动实质上是人才驱动，构建高水平开放型经济，关键是要促进创新创业型人才、技术、知识向宁夏集聚。首先，要"高水平引进来"。其实质是外向型经济发展，应由依靠物质资本转向依靠人力资本，通过体制机制创新让国内外创新型和创业型人才向宁夏转移，释放他们的创新创业活力，激发宁夏全民创新创业热潮。其次，要"大规模走出去"。通过创新激发宁夏企业家的冒险精神，鼓励宁夏企业组团式走出去，利用当地资源进行再创新、再创业，以增强宁夏企业在全球价值链高端的控制能力。

4.创新驱动发展是宁夏全面建成小康社会的重要保障。"十三五"期间是我国全面建成小康社会的决胜阶段，力争到2020年达到高收入国家的人均GDP1.2万美元的标准，中国经济总量要从目前的10万亿美元提高到17万亿美元，在经济增速放缓的背景下，只有通过创新驱动来实现这一目标。从宁夏全面建成小康社会的实现指标来看，今后的经济发展只能走创新驱动这条路。

二、宁夏创新驱动发展现状分析

（一）创新驱动成为支撑宁夏经济社会发展的主要力量

1.创新驱动有力地促进了宁夏产业结构优化升级。围绕新能源、煤化工、新材料、装备制造、特色农产品加工组织实施了一批重点技术创新计划和重点新产品试产项目，加大了对相关领域企业创新的资助力度。攻克了一批制约产业发展的关键技术。如煤基烯烃、煤制油、3D打印、仪器仪表、超导射频铌腔、旱作节水农业、农业物联网等一批具有国内先进甚至领先水平的重要技术，有效促进了产业结构优化升级。全区科技创新潜力从全国第十六位跃升至第八位，科技进步贡献率达到49%。

2.企业创新主体地位得到强化。目前宁夏企业研发投入占到了全区研发投入的75%，科技创新型企业得到了快速发展。"十二五"期间新增高新技术企业40家，总数达到62家；新增创新型（试点）企业27家，总数达到50家；培育知识产权示范企业52家，科技型中小企业274家，企业成为研发投入和产业技术创新的主体。先后建设了"全面数字化"高端铸造技术、高端智能成套煤矿综采设备、新一代低电压高效节能铝电解槽技术、高性能钽铌稀有金属材料加工、智能调节阀研制等多个具有国内领先、国际先进水平的企业创新研发平台。企业技术中心所在企业实现新产品销售收入占规模以上工业企业新产品销售收入的74.7%。[①]

（二）科技创新在创新驱动中发挥着核心作用

1.研发人员和研发经费增长较快。2014年，全区研发（R&D）人员16385人，比上年增长13.7%。研发经费内部支出238580万元，比上年增长14.1%，占全区GDP的0.87%，比上年提高0.06个百分点，其中，基础研究经费占7.8%，比上年增长3.9%；应用研究经费占9.5%，比上年增长70.6%；试验发展经费占82.7%，比上年增长10.9%。按经费来源分，政府资金占22.6%，比上年增长22.2%；企业资金占75.3%，增长10.8%；其他资金占2.1%，增长97.0%。按国民经济行业分，采矿业占3.5%；制造业占72.9%；电力、热力、燃气及水的生产和供应业占1.8%；建筑业占2.9%；科学研究和技术服务业占6.8%；水利、环境和公共设施管理业占0.2%；教育占8.8%；卫生和社会工作占3.1%（见表1）。按地区分，银川市占65.5%，比上年增长19.9%；石嘴山市占15.0%，下降3.5%；吴忠市占12.6%，增长11.0%；固原市占1.4%，增长0.5%；中卫市占5.5%，增长16.7%。[②]

2.研发项目（课题）和研发机构稳步增长。2014年，全区各类单位共开展研发项目（课题）5280项，比上年增长14.0%。参加项目（课题）人员全时当量8598人年，增长16.1%。项目（课题）经费支出189308万元，增长15.8%。按社会经济目标分，环境保护、生态建设及污染防治项目经费2304万元，占1.2%；促进能源的生产、分配和合理利用项目经费8058万元，占4.3%；促进卫生事业项目经费3023万元，占1.6%；促进教育事

---

①②宁夏回族自治区统计局,科学技术厅.2014年宁夏科技统计公报.

业项目经费1145万元，占0.6%；基础设施以及城市和农村规划项目经费214万元，占0.1%；社会发展和社会服务项目经费1383万元，占0.7%；地球和大气层的探索与利用经费475万元，占0.3%。促进农林牧渔业发展项目经费5943万元，占3.1%；促进工商业发展项目经费161413万元，占85.3%；其他项目经费5350万元，占2.8%。2014年，全区共有各类研究开发机构224个。机构中从事研发活动的人员6045人，比上年增长9.7%。其中，博士和硕士共980人，占16.2%。[①]

3.创新取得了实质性进展。一是创新成果不断增长。2014年，全年登记自治区级科技成果206项，其中，基础理论成果28项，应用技术成果145项，软科学成果33项。全年专利申请量3528件，比上年增长9.2%，其中发明专利2182件，增长21.8%。专利授权量1424件，增长17.6%，其中发明专利授权量243件，增长32%。二是创新平台建设进一步加强。2014年末，全区拥有国家级工程技术研究中心3个；自治区级工程技术研究中心35个，比上年增加5个；国家重点实验室1个，省部共建重点实验室4个，国家重点实验室培育基地3个，自治区级重点实验室12个；国家级企业（集团）技术中心14个，比上年增加2个；自治区级企业（集团）技术中心58个，比上年增加3个；技术创新中心126个。三是创新服务取得了长足进步。全区科技孵化器、生产力促进中心等创新服务平台达到19个，各类中介服务机构发展到310家。四是科技园区和基地建设加快推进，全区国家和自治区科技园区、科技基地等达到72个。[②]

4.对外科技合作取得了新突破。一是与北京、陕西等科技强省及中科院、中国工程院等大院大所联合实施了200多个合作项目，区外专家学者前来进行创新创业指导服务500多人次。二是与40多个国家和地区建立了科技合作关系，引进60多项先进适用技术，有50多家企业、科研院所、高校正在实施50多项国际科技合作项目。三是开辟了中阿科技合作新领域，与迪拜园林农业局签订了科技合作协议，正在迪拜建设中阿椰枣科技园和中阿生态园林绿化与现代农业科技园。2015年，科技部批复中阿技术

---

①②宁夏回族自治区统计局,科学技术厅.2014年宁夏科技统计公报.

转移中心落户宁夏，成功举办了中阿技术转移暨创新合作大会、中阿高新技术及装备展，同时成立了5个阿拉伯国家双边技术转移中心，达成了37项合作协议和意向。

表1 2014年宁夏分行业研究与试验发展（R&D）投入情况

	研究与试验发展(R&D)人员全时当量		研究与试验发展(R&D)经费	
	总量(人年)	比重(%)	总量(万元)	比重(%)
总　计	9500	100	238580	100
农林牧渔业	16	0.17	71	0.02
采矿业	834	8.78	8261	3.46
制造业	4903	51.61	174031	72.95
电力、燃气及水的生产和供应业	61	0.64	4224	1.77
建筑业	1116	11.75	6933	2.91
金融业	0.4		56	0.02
科学研究和技术服务业	651	6.85	16320	6.84
水利、环境和公共设施管理业	28	0.30	380	0.16
教　育	1485	15.63	20919	8.77
卫生、社会保障和社会福利业	406	4.27	7385	3.10

表2 2014年宁夏各地区研究与试验发展（R&D）投入情况

地　区	研究与试验发展(R&D)人员全时当量（人年）	研究与试验发展(R&D)经费（万元）	研究与试验发展(R&D)经费与地区生产总值（GDP）之比(%)
总　计	9500	238580	0.87
银川市	7243	156199	1.12
石嘴山市	1030	35911	0.77
吴忠市	738	30055	0.78
固原市	132	3235	0.16
中卫市	357	13180	0.44

三、宁夏创新驱动发展存在的问题

（一）整体创新驱动能力不强

根据中国30个省、直辖市、自治区（西藏除外）2011～2013年的《中国统计年鉴》《中国科技统计年鉴》《中国高技术产业统计年鉴》及各省市统计年鉴和统计公报等数据分析。从创新驱动条件、创新驱动过程、创新驱动环境、创新驱动绩效等反映创新驱动综合能力的指标得分，对中国区域创新驱动能力进行综合评价，可以看出宁夏在全国创新驱动能力排名靠后，说明创新水平较低、创新驱动能力薄弱。

（二）企业自主创新意识有待进一步提高

目前，作为宁夏自主创新骨干力量的大中型工业企业，其自主创新活动的覆盖面（开展研发活动的企业占全部企业的比重）仅为1/3。可见自主创新活动尚未成为宁夏工业企业的普遍行为，面向未来市场加强自主创新能力实现技术储备的危机感不强，企业自主创新意识有待进一步提高。宁夏早在20世纪90年代就提出了工业企业要建立自己的研究开发（机构）中心的要求，从1998年开始，国家在工业企业中进行国家级企业技术中心认定工作，对成为国家级企业技术中心的企业进行目标监测、研发经费保障和一系列的创新激励机制培育。宁夏也从刚开始只有1家国家级企业技术中心发展到目前的14家，这些国家级技术中心对企业的发展起到了举足轻重的作用。1999年，宁夏开展自治区级企业（机构）中心认定工作，宁夏财政每年都拿出一定数额的经费对自治区级技术中心进行科研项目的扶持，自治区级技术中心也从最初的3家发展到目前的58家，但仍有七成以上的企业没有自己的科技机构，已建立的自治区级科技机构在凝聚人才和经费投入强度上也与国家级技术中心有不小的差距。由于企业研发能力低，不能攻克关键技术、掌握独有技术和申报专利技术，产品缺乏市场竞争力。

（三）企业自主创新人力资源匮乏

"十二五"期间，宁夏工业企业从事研发活动人员增长虽与研发经费的增长幅度基本一致，但开展企业自主创新活动的领军人物依然稀缺。据统计，2013年，宁夏平均每个工业企业办科技机构中拥有硕士及以上学历人员不足3人。由于缺乏自主创新活动的人才和创新团队，使得企业技术创新和研发能力相对较弱，企业以能源、原材料的初级产品为主，技术含量低，产业链条短，产品竞争力不强，多数企业缺乏自主知识产权。

（四）企业研发能力弱，转型升级步伐慢

从宁夏新型工业化进程评价与监测结果看，在反映新型工业化七个指标体系中，企业科技研发能力实现程度（25.4%）低于工业化发展水平实现

程度（63.6%），说明宁夏工业经济高速增长是建立在高投入、高消耗的基础上，高新技术的发展始终慢于工业经济发展的步伐。目前，工业企业开展研发活动的投入强度不足1%。而国际上普遍认为只有研发投入强度达到5%以上的企业才具有足够的市场竞争力。低水平的研发投入，导致宁夏多数工业企业无力进行核心技术和前瞻性技术的战略研究，技术创新活动普遍维持在一般的、低端技术的研发上。

（五）企业科技投入产出效率不高，科研机构和高校科研成果转化率较低

从研发投入效果看，近五年宁夏工业企业拥有发明专利数虽然以年均26.6%的速度在增长，但发明专利绝对量仍很低，平均不足3个企业才拥有一项发明专利，发明专利拥有情况反映出工业企业科技产出仍处于较低水平，研发和成果转化有待加强。

四、推动宁夏实施创新驱动发展的对策

（一）创新政策环境

针对当前宁夏多数工业企业未开展创新活动的现状，各级政府应采取有力措施，担负责任，引导和带动更多企业依托广泛的社会创新资源开展创新活动。对于处在萌芽期的小型企业和处在初创期的高技术企业应给予更多关注，为其提供更多发展机会。宁夏应采取多种方式向社会大力宣传创新精神和创新文化。进一步增强企业家的创新意识，倡导全社会鼓励创新活动、发挥创新才能、肯定创新成果，为企业营造一个能够激发、促进和保护创新的文化环境。

（二）创新机制，加快人才培养

在阻碍创新诸因素中，创新人才的缺乏已成为阻碍企业开展技术创新活动的最主要因素。怎样招揽专门人才、留住、用好人才是稳定科技队伍、吸引优秀科技人才、提高企业自主创新能力的关键。这就要求企业在加快建立技术创新人才培养和使用人才激励机制上下功夫。一要大力引进与培养技术带头人和复合型技术创新管理人才。采取灵活多样、行之有效的形式培养年轻技术人才和管理人才，优化人才结构。支持科技人员兼职从事技术创新和成果转化。在培养创新型人才的具体工作中要充分发挥组织、

人事、科技等部门和企业、科研院所、学校等各方面的职能作用，加强各部门、各单位之间的联系和协作。实践经验反复证明，对创新型人才的大胆使用就是对其最好的培养。二要完善人才使用机制。首先要解决人才流通渠道不畅、不能充分发挥其作用的问题。要彻底打破地域、行业和所有制限制，建立起有利于人才流动的机制。建立功能完备、开放共享的公共科技基础条件平台，为全社会科技活动提供公平竞争的环境，使创新活动得到及时而有效的支持和鼓励。三要建立和完善对创新型人才按业绩效益优先的收入分配制度，鼓励管理、技术、知识等要素参与分配，采用智力要素以期权、股权等形式实现资本化的分配方式，建立科学合理的绩效评价制度，实行科技成果定期评奖和重奖优秀科技人才制度，激发创新型人才的积极性。采取措施鼓励、引导有条件的企业集团，联合有专业优势的高校、科研单位，建立博士后工作站，吸引高层次人才带成果、带技术进入企业。要注意整合科技资源，实行产学研相结合，发挥创新人才群体优势。

（三）创新平台，提高企业自主创新能力

提高企业自主创新能力需要资金、人才、科研条件等多种要素的投入及其有效组合才能实现，创新平台正是这些要素投入的载体和优化科技资源配置的基本组织形式。要大力扶持创新平台建设，因为企业各类创新平台对于建立一支稳定的专业创新队伍，开展长期的创新攻关和积累，形成核心和关键技术的研发能力具有重要意义。为此各级地方政府要通过政策引导，使企业积极参与或自主建立不同类型的技术研发中心，并以研发机构带动研发项目的立项，以及对研发过程的科学管理，通过研发项目的启动和完成，快速形成更多创新成果，以此引领宁夏创新驱动发展。

（四）创新产学研结合机制

科研机构和高校有着较为丰富的研发资源，是宁夏重要的创新基地，每年都有不少创新成果，这些成果只有转化为现实生产力才能实现其价值。这就需要建立促进科技成果推广、流动的机制，大力促进产学研结合，充分发挥科研机构和高等院校科技人才、设备优势，促使其与企业密切合作，联合攻关，优势互补，共同发展。一方面，要激励科研机构和高校的科技人员与企业合作研究开发，鼓励科研机构和高校与企业合办科技机构。另

一方面，要以部分科研院所为主体，建立产业研究开发中心，集中同一产业中所有科技资源，解决产业发展中的技术难题，指导产业内企业的技术开发。要积极培育和发展技术服务市场，为产学研合作提供优质服务，加速科研成果向现实生产力的转化，不断提高宁夏创新驱动发展能力。

参考文献：
[1]洪银兴.论创新驱动经济发展战略.经济学家,2013(1).
[2]金碚.中国经济发展新常态研究.北京:中国工业经济,2015.
[3]宁夏区情数据手册2014~2015.黄河出版传媒集团.

宁夏共享发展战略:小康社会与脱贫攻坚

段庆林

《中共中央关于制定国民经济和社会发展第十三个五年规划的建议》中,把共享列为必须牢固树立的五大发展理念之一。共享是中国特色社会主义的本质要求,中央强调了坚持人民主体地位,走共同富裕道路。宁夏应该实施共享发展战略,实现与全国同步建成小康社会和脱贫攻坚目标,使全体人民有更多获得感。

一、以共享式增长促进社会和谐

2004年,党的十六届四中全会第一次明确提出:"不断提高构建社会主义和谐社会的能力。"这是在党的文件中第一次把和谐社会建设放到同经济建设、政治建设、文化建设并列的突出位置。2006年,中共中央十六届六中全会审议通过《中共中央关于构建社会主义和谐社会若干重大问题的决定》。

2007年,亚洲开发银行经济研究局和驻中国代表处联合开展了一项

作者简介:段庆林,宁夏社会科学院综合经济研究所所长,研究员,宁夏回族自治区人民政府特殊津贴专家。主要研究方向为内陆开放型经济与中国—阿拉伯国家经贸关系、中国农村经济、西北区域经济、宁夏经济社会重大发展战略研究等。

"以共享式增长促进社会和谐"的课题研究,提出共享式增长概念,探讨具体采取什么样的政策手段来缩小贫富差距、构建和谐社会。亚行已经把其战略重心从支持减贫扩展到支持共享式增长。

"构建和谐社会"的核心思想与"共享式增长"的理念有很多共同之处。机会平等是共享式增长的核心,而强调机会平等就是要通过消除由个人背景或所处环境不同所造成的机会不平等,从而缩小结果的不平等[①]。共享式增长是构建和谐社会的有效途径。

时任国家主席胡锦涛分别于2009年和2010年两次在亚太经合组织会议上提出"实现包容性增长"[②],提出着力促进人人平等获得发展机会,努力做到发展为了人民、发展依靠人民、发展成果由人民共享。2012年,十八大报告中把必须坚持人民主体地位、维护社会公平正义、走共同富裕道路、促进社会和谐等作为基本要求。2015年,十八届五中全会第一次提出"必须牢固树立创新、协调、绿色、开放、共享的发展理念",提出使全体人民在共建共享发展中有更多获得感。

习近平总书记多次强调"要坚持以人民为中心的发展思想","国家发展过程也是全体人民共享成果的过程","生活在我们伟大祖国和伟大时代的中国人民,共同享有人生出彩的机会,共同享有梦想成真的机会,共同享有同祖国和时代一起成长与进步的机会"。

以促进社会公平正义、增进人民福祉为出发点和落脚点,让发展成果更多地惠及全体人民,是宁夏改革和发展的主导思想。

二、超越中等收入陷阱

以共享式增长为中心的发展战略需要有两个相辅相成的支柱,一个是通过高速、有效和可持续的经济增长创造大量就业与发展机会;另一个是通过减少与消除机会不平等来促进社会的公平与增长的共享性。[③]十八大报

[①③] 庄巨忠.以共享式增长构建和谐社会:一个战略框架.见:林毅夫等主编.以共享式增长促进社会和谐.中国计划出版社,2008.

[②] 包容性增长是共享式增长的另一种翻译.

告提出"以经济建设为中心是兴国之要，发展仍是解决我国所有问题的关键"。是倾向于强调增长涓滴效应的政策。

改革开放以来，中国经济高速增长，1978~2014年，全国GDP年均增长9.7%，宁夏年均增长9.9%。全国城镇居民人均可支配收入年均增长7.5%，农民人均纯收入年均增长7.7%。据亚行一份研究报告，按照每天一美元标准计算，1990~2005年，中国的贫困发生率从32.5%下降到7.1%。经济发展同样使宁夏等地大幅度减少贫困。

2014年，中国人均GDP达到7500美元，已经属于"上中等收入"的国家（4056美元＜人均GDP＜12476美元），宁夏人均GDP也已经达到6810美元。国际经验表明：很少有中等收入的经济体能够成功地跻身为高收入国家，这些国家往往陷入了经济增长的停滞期，既无法在劳动力价格方面与低收入国家竞争，又无法在尖端技术研制方面与富裕国家竞争。亚行称之为"中等收入陷阱"（Middle IncomeTrap），一般包括经济增长回落或停滞、民主乱象、贫富分化、腐败多发、过度城市化、社会公共服务短缺、就业困难、社会动荡、信仰缺失、金融体系脆弱等现象。

2008年国际金融危机之后，出口萎缩打击了中国外向型经济，大规模经济刺激又引起房地产等泡沫，国民收入分配格局扭曲也使消费难当大任。特别是十八大以来，中国经济开始转型升级，从超常规经济增长阶段进入新常态。经济保持中高速增长，是中国跨越中等收入陷阱的底线，中国面临挑战。

从供给来看，大幅度成本上升削弱经济增长动力。一是劳动力成本上升。劳动力价格低廉是我国开放初期的优势，劳动保护和社会保障滞后，目前人口红利降低，人口老龄化，劳动力价格上涨明显，与东南亚等国家相比，劳动密集型产业已经越来越缺乏比较优势。二是我国传统增长模式中，土地、能源、原材料等自然资源成本较低，环境成本未列入成本，如今土地财政、资源换投资等模式已经难以为继，雾霾等预示环境承载能力已经达到临界点，资源性产品价格改革和生态补偿制度等将反映资源稀缺程度，环境成本大幅度上升。三是技术成本。我国靠技术模仿的发展效应将降低，并受发达国家知识产权保护等影响，越来越依靠自主创新，大量研发投入将增加产品成本。

中国产业转型升级成败，决定着能否成功跨越中等收入陷阱。一是在稳增长、调结构、惠民生、防风险之间找到平衡点。在适度扩大总需求的同时，加强供给侧结构性改革。尽量维持要素驱动增长优势，为创新驱动战略争取时间与空间。二是充分利用我国经济韧性好、潜力足、回旋余地大的基本特征，积极争取承接东部地区产业转移，充分发挥中西部地区在土地、资源、劳动力等方面的比较优势。

宁夏以资源类产业为主，促进产业转型升级，短期内还难以突破技术创新瓶颈，应该抓住国际国内产业转移机遇，一是积极承接劳动密集型产业，特别是纺织服装业和清真产业。二是充分利用能源化工产业优势，积极延伸新型煤化工等特色优势产业链。其主导产业地位短期内不可能改变。三是优化资本、土地、技术等要素配置，吸引对能源、土地等价格比较敏感的产业落户宁夏，积极追求规模效益。四是积极促进宁夏企业走出去，实现产能合作。

实施创新驱动发展战略，一是构建现代产业体系。积极发展高端装备制造业、节能环保、生物医药、新能源、新材料等战略性新兴产业，积极发展现代服务业和现代农业，实施《宁夏制造2025规划》，推动生产方式向柔性、智能、精细转变。二是构建有利于创新的体制机制。推动政府职能从研发管理向创新服务转变。

三、宁夏与全国同步建成小康社会目标

小康，是改革开放总设计师邓小平1979年会见当时的日本首相大平正芳时第一次提出的用于现代化发展战略的一个概念。"所谓小康社会，就是虽不富裕，但日子好过。"[①]首次将中共执政目标同中国古代儒家大同、小康社会理想结合起来。为了规划中国现代化发展的蓝图，邓小平设想了著名的现代化发展"三步走"战略。党的十三大明确而系统地阐述了"三步走"的发展战略，即第一步，到1990年实现国民生产总值比1980年翻

---

①邓小平.争取整个中华民族的大团结.见:邓小平文选(第三卷).人民出版社,1993.

一番，解决人民的温饱问题；第二步，从1991年到20世纪末，使国民生产总值再增长一倍，人民生活达到小康水平；第三步，到21世纪中叶，人均国民生产总值达到中等发达国家水平，人民生活比较富裕，基本实现现代化。[①]

十八大报告提出"两个一百年"目标，即在中国共产党成立一百年时全面建成小康社会，在新中国成立一百年时建成富强民主文明和谐的社会主义现代化国家。是"三步走"战略在新时期的重新阐释和部署。全面建成小康社会目标的主要指标是到2020年实现国内生产总值和城乡居民人均收入比2010年翻一番。按2010年不变价格计算，2020年GDP翻一番将达到17.6万亿美元，城乡居民人均收入翻一番时人均GDP水平将达到12600多美元，即实现了从"上中等收入"向"高收入"的跨越[②]。

《中共宁夏回族自治区委员会关于制定国民经济和社会发展第十三个五年规划的建议》提出"一翻番、三同步"目标：到2020年地区生产总值比2010年翻一番，城乡居民收入与经济增长同步，财政收入与经济增长同步，劳动报酬提高与劳动生产率提高同步。宁夏2010年GDP为1690亿元，按2010年不变价格翻一番，2020年GDP约为3380亿元。2015年宁夏GDP总量为现价2900亿元，折合成2010年不变价格约为2704亿元，占2020年GDP目标的80%。"十三五"时期，宁夏GDP只要年均增长4.56%即可实现GDP翻一番的目标。

从人均收入来看，2010年宁夏人均GDP水平为26860元，折合3968美元；到2020年翻一番为53720元，折合7936美元。2015年宁夏人均GDP预计为43558元，折合成2010年不变价格约为6070美元，约占2020年目标的76%。"十三五"时期人均GDP最低需要年均增长5.5%。但我们应该看到，宁夏2020年翻一番目标与全国目标差距较大，只占全国平均

[①] 沿着有中国特色的社会主义道路前进——在中国共产党第十三次全国代表大会上的报告.1987-10-25.

[②] 刘伟.我们的问题是如何跨越中等收入陷阱.在中国人民大学商学院新年论坛"新生——大变革时代的企业活法"上演讲,2015-12-26.

人均GDP水平的63%。宁夏若实现全国目标，则"十三五"时期需要年均增长15.7%。2014年固原市人均GDP水平为16268元，只占全区平均水平的38.9%，占全国平均水平的34.9%。2015年宁夏固原市人均城镇居民可支配收入、农民人均纯收入分别约为21644元、7099元，只占全区平均水平的城镇居民25418元的85%、农民9167元的77%。宁夏实现全面小康社会，特别是中南部贫困地区实现小康任务还十分艰巨，贫困地区是全面建成小康社会的难点和重点。

实现全面小康社会，不必斤斤计较庞大统计考核体系中个别指标的大小，而是使全体人民在共建共享发展中有更多获得感。必须强化政府责任，提高公共服务共建能力和共享水平。加强对贫困地区、民族地区、边疆地区、革命老区的转移支付。建设全面小康社会，并非仅仅是经济目标的实现，而是需要统筹推进"五位一体"建设，尤其是需要强化社会改革和法治建设，大力维护社会公平正义。

四、宁夏脱贫攻坚战略

如何让中国现有7017万名年收入在360美元以下的贫困人口脱贫，是中国与"小康社会"之间的最大障碍[①]。

《中共中央关于制定国民经济和社会发展第十三个五年规划的建议》中提出，实施脱贫攻坚工程，坚决打赢脱贫攻坚战，我国现行标准下农村贫困人口实现脱贫，贫困县全部摘帽，解决区域性整体贫困。把革命老区、民族地区、边疆地区、集中连片贫困地区作为脱贫攻坚重点。从扶贫开发到脱贫开发，表明中央对解决贫困问题的坚强决心。

宁夏是我国开放式扶贫发源地之一，30多年来的扶贫开发成效显著，被称为"贫瘠甲天下"的西海固地区社会经济面貌发生翻天覆地的变化，绝大多数农村人口解决温饱问题，走上致富道路。宁夏十一届七中全会决定"各市、县梯次提前消除贫困人口，全区到2018年实现现行标准下的农村贫困人口基本脱贫，贫困村全部销号，贫困县全部摘帽"。

---

① 傅莹.贫穷才是中国的头号敌人.环球时报,2015-12-27.

目前扶贫开放还有需要进一步改进的问题。

一是现行贫困标准已经不能与社会经济发展程度相适应。中国现行扶贫标准是2010年不变价的2300元，每年都会根据物价指数等因素相应调整，在此标准下目前还有7000万贫困人口。2015年9月底世界银行将贫困线标准从1.25美元/天上调到了1.9美元/天，1.9美元可换算为12.13元人民币，也就是我们每天的收入或生活费低于这个数就属于贫困。按照新标准，中国目前还大约有两亿人处于贫困线之下。在农村贫困人口日益减少的同时，城市贫困问题却日益突出。脱贫攻坚、消除绝对贫困是阶段性任务，而减少相对贫困则是长期任务。

二是贫困人口没有从扶贫开发中同等受益。开发式扶贫一定程度上关注贫困地区的发展问题，而目前贫困根源的区域性因素降低，而家户特征、因病致贫等社会因素上升，致使贫困县、贫困村中绝大多数农户并非绝对贫困人口。注重基础设施建设的扶贫开发带来的好处更多地被中等收入甚至是高收入家庭享用。宁夏虽然是六盘山集中连片特困地区的主体，但也一定程度存在此类问题。尤其是红寺堡贫困区还在国家重点扶贫范围之外。在信贷、劳动力培训、生态移民、整村推进等诸多扶贫方式中，绝对贫困户往往因自身和社会因素被排斥在项目之外。

三是财政扶贫资金投入不足，金融扶贫作用发挥不够。整村推进是试图短期内集中大量资金来改善贫困村基础设施和生产生活条件等扶贫方式。从2014年起宁夏实施脱贫销号重点贫困村计划，仅2015年全区集中中央和地方各项扶贫开发专项资金26.676亿元，用于生态移民工程和"四到"扶贫攻坚工程。资金短缺是制约整村推进的主要因素。2001年开始的中国农业银行小额信贷项目，更多地贴息贷款发放给了效率高、风险小的基础设施项目、龙头企业和富裕农户。宁夏从2006年开始被国务院扶贫办确定为全国贫困村互助资金试点省区之一，做得比较好的还是盐池及川区县，而中南部贫困山区的互助资金对扶贫开发贡献还不够。

四是扶贫开发中对提高贫困人口自身能力的关注还严重不够。扶贫工作比较关注提高贫困人口收入水平，而忽视对贫困家庭的教育、培训、医疗、社会保障等投入。比如在整合农村中小学布局中，仅仅着眼于提高教育资源效率，给偏远地区农村居民增加了教育负担。贫困地区医疗卫生投资不足，因病致贫现象增多。各项培训效果不高，走过场，缺乏针对性。生态移民中提高了贫困人口的教育、医疗、交通等基础设施服务水平，但移民收入问题难以解决，社会融合问题将长期存在。政府社会责任过度增加，弱化劳务输出等通过市场化解决贫困问题的方式。

习近平总书记在2013年11月于湖南湘西考察时，首次提出了"精准扶贫"概念，2015年在贵州调研时提出扶贫开发"贵在精准，重在精准，成败之举在于精准"，"要因地制宜研究实施'四个一批'的扶贫攻坚行动计划，即通过扶持生产和就业发展一批，通过移民搬迁安置一批，通过低保政策兜底一批，通过医疗救助扶持一批"。精准扶贫是对开发式扶贫思路的重大调整，更加注重对贫困人口的瞄准，更加注重分类精细化解决贫困问题，更加注重社会保障制度对特殊群体减贫的兜底。

2015年9月18日，自治区主席刘慧在全国"三西"扶贫开发现场会上介绍了宁夏扶贫经验。宁夏也即将推出《自治区党委、人民政府关于精准扶贫精准脱贫坚决打赢扶贫攻坚战的决定》。宁夏目前大约有70万贫困人口，计划扶持生产和就业解决49.29万人贫困问题，移民安置8万人，医疗救助7万人，通过低保制度兜底大约10万残疾人等。但我们对脱贫开发任务也不能产生急躁情绪，目前，宁夏农村低保标准为每年1930元，应该积极争取在"十三五"期间通过"四个一批"分类解决贫困问题，而不能采取低保一兜底了之。

五、全面二孩政策及其对宁夏经济社会的影响

中共中央十八届五中全会提出促进人口均衡发展，全面实施一对夫妇可生育两个孩子政策。

我国虽然1962年提倡计划生育，1970年开始实施计划生育政策，但总人口从1949年的5.4亿人增加到1977年的9.5亿人，由于对医疗卫生事业的高度重视及其向农村和中西部地区政策倾斜，人口再生产模式从过去高出生率—高死亡率—低自然增长率模式转为高出生率—低死亡率—高自然增长率，平均预期寿命从1953年的40岁左右增加到1981年的67.77

岁。人口增长为新中国大规模建设提供了足够的劳动力资源。

改革开放以后，中国开始把人口增长看成是实现"四个现代化"追赶型战略的包袱。1980年，中共中央、国务院提出要普遍提倡一对夫妇只生育一个孩子。1982年9月，中共十二大把实行计划生育确定为基本国策。计划生育政策有利于解决人口与经济、社会、资源、环境的矛盾，有利于提高人口质量。然而，随着市场经济对人口再生产的影响，中国社会开始面临"未富先老"、男女比例失调、劳动力短缺等难题，计划生育政策负面效应越来越显现。2013年11月，中央启动一方是独生子女的夫妇可生育两个孩子政策。2015年10月，开始全面实施一对夫妇可生育两个孩子的政策。

中央提出促进人口均衡发展，宁夏人口结构确实也存在一些急需解决的问题，全面二孩政策对宁夏经济社会会有一定的影响。

一是宁夏人口出生率不会大幅度增长。1984年在全国生育政策调整中宁夏确立了"一、二、三孩"政策。宁夏农村居民、城镇少数民族居民早就享受一对夫妇可以最多生育二孩政策，以及山区七县少数民族居民最多可生育三孩政策。实际上管住的只是国家公务员、城镇企事业单位职工。主要是2014年城镇国有单位36.7万人和有限公司31万人。其中"60后"基本过了生育年龄，"70后"和"80后"受生育、教育、住房等成本制约，也不可能大规模生育二胎。2014年放开单独二胎政策后宁夏增加生育远远低于预期就已经说明形势，全面实施二孩政策估计会使2017年左右人口出生形成一个小高峰，但总体影响不大。

二是人口政策会从计划生育向鼓励生育发生一个急转弯。综合生育率偏低。宁夏育龄妇女总和生育率已经从1981年的4.1降低到2010年的1.36，已经远远低于实现人口正常更替所需要的综合生育率至2.2。宁夏人口已经进入低出生率—低死亡率—低自然增长率的现代型人口再生产类型。进入老年型社会。宁夏2010年常住人口中，0~14岁人口占21.48%，15~64岁人口占72.11%，65岁及以上人口占6.41%，目前基本是川区市县早已经进入老年型社会，山区市县也即将进入老年型社会，估计2016年左右宁夏将整体进入老年型社会。宁夏"未富先老"将给建设小康社会和脱贫攻坚带来困难。宁夏人口较少，适当鼓励人口增加有利于发展。

三是实施不分城乡、山川、民族的普遍二胎政策。宁夏"一、二、三孩"生育政策是当时各方妥协的产物，也存在一些需要解决的结构性问题。宁夏山川土地生产力差距显著，山区更受到水资源等条件限制，但山川生育政策差异却鼓励了山区多生育，2014年固原市人口自然增长率为9.74‰，而银川市只有6.71‰，给扶贫开发和解决山区人地矛盾产生困难。在生态移民中也出现到底适用山区还是川区的生育政策问题。宁夏山区人口比重从1978年的42%降低到2014年的34.6%，主要是迁入人口提高了川区人口比重。统一山川生育政策，有利于优化宁夏区域人口分布，提高川区人口密度。随着宁夏城镇化率从1978年的17.17%提高到2014年的53.6%，人口自然增长率从23.02‰降低到8.57‰。2010年宁夏育龄妇女总和生育率城市为1.02，镇为1.28，农村为1.63，农村生育率明显高于城镇。城镇居民收入条件好，文化程度高，却由于政策约束不能生育二胎。统一城乡生育政策有利于增加人力资本投资。1978~2014年，宁夏少数民族人口占全区总人口比重从30.89%提高到36.55%，个别汉族为了生三胎而篡改民族登记，鼓励部分民族实施普遍二孩政策，有利于提高回族人口文化素质。

四是对劳动力市场的影响较小。劳动力短缺是实施全面二孩政策重要诱因，宁夏近些年来轻纺产业、清真产业等劳动密集型产业发展迅速，而招工难时有发生。但全面二孩政策对当前劳动力市场是"远水不解近渴"，还是需要吸引周边地区农民工来解决。反而会由于生育和养育孩子，部分育龄妇女会暂时退出劳动力市场。但全面二孩政策不能改变老年型社会趋势，也不能改变劳动力市场大局。不过，也应该考虑到农民对男劳动力的需要。2008年，宁夏人口计生委已婚育龄妇女生育意愿问卷调查表明：宁夏全区不一定要男孩的占58.07%，一定要生男孩的占41.93%，其中城市的89.27%、汉族的70.61%、川区的77.32%表示不一定要男孩，而农村的58%、少数民族的62.62%、山区的73.73%表示一定要生男孩。[①]可以保留

---

① 来源于宁夏人口计生委2008年"十一五"人口发展规划中期评估抽样调查结果. 见:吴海鹰主编.2009宁夏人口发展研究报告.宁夏人民出版社,2010.

山区少数民族农民最多三孩政策。

五是对经济社会发展的积极作用。近年来中国人口红利正在迅速消失，又遇到国际经济危机影响越来越大，此时全面放开二孩政策，有利于刺激市场需求。新一轮婴儿潮到来，肯定会直接促进婴幼儿市场的发展，随后教育、医疗、住房等领域的需求势必也会增加。对于很多二三线城市来说，将延缓人口净流出局面，城市学区房的地位将更加不可动摇。从社会治理来说，把计划生育等政策与户口登记脱钩，全面解决无户口人员登记户口问题，恢复和保障其在教育、就业、社保等方面权利，解决计划生育政策强制性引起的人权问题，也是共享发展的需要。中国正在实施"一带一路"战略，鼓励企业走出去，需要大量劳动力去开拓市场。但中国人口占世界人口比重却长期持续下降。随着国内劳动力短缺，非洲等欠发达国家大量劳动力却在迅速流入中国，对中国人口安全产生严重负面影响。完善人口政策，有利于实现"中国梦"。

六、提高公共服务共建能力和共享水平

实施共建共享共富发展战略，需要坚持普惠性、保基本、均等化、可持续方向，从解决人民最关心最直接最现实的利益问题入手，增强政府职责，提高公共服务共建能力和共享水平。

（一）缩小收入差距

1.强调增长的核心地位。继续坚持以经济建设为中心，发展仍然是解决所有问题的关键。积极应对国际经济危机的冲击，更加重视保增长、防风险的重要性，积极采取中央出台的结构性减税等政策，努力降低企业成本。加快电力体制改革，降低电力成本对宁夏高载能企业发展意义重大。在强调发展是硬道理的同时，应该淡化片面追求GDP增长速度，努力保持经济高速、有效和持续的增长，更加注重增长对大量就业和发展机会的创造，增强增长的共享性。

2.坚持"两个"同步。坚持居民收入增长和经济增长同步、劳动报酬提高和劳动生产率提高同步。兼顾国家、企业、职工利益，处理好政府与市场在收入分配中的关系，重视初次分配，初次分配和再分配都要兼顾效率

与公平。既不能只顾高速度的增长而忽视增长的共享性，也不能过度依赖政府再分配的手段来实现收入均等化，片面追求福利型社会，打造民生工程仍然应该尊重市场机制。前些年经济高速增长时期，企业在国民经济分配格局中获益比重上升[①]，而近几年企业经营面临严峻挑战。应该努力形成个人、政府以及社会（非政府组织）共同负担社会性支出的格局。职工劳动报酬与劳动生产率、企业效益同步。

3.优化财政支出结构。缩小政府公务活动和办公设施等消费型支出，增大教育等有利于人力资本积累的生产型支出。[②]把基本公共服务作为重点，加强义务教育、就业服务、社会保障、基本医疗和公共卫生、公共文化、环境保护等基本公共服务，加大对革命老区、民族地区、边疆地区、贫困地区的转移支付[③]。创新公共服务提供方式，鼓励政府购买服务，尽量不养人、不养机构，少花钱多办事，提高公共服务效率。

4.抓住缩小收入差距的关键点。近些年来，宁夏收入差距总体呈扩大趋势，主要表现在城乡差距、山川差距及其内部阶层收入差距。[④]有关专家对中国收入差距分解得出结论：中国经济增长的减贫效应非常显著，但是它的很大一部分却被收入差距扩大所导致的贫困人口的增加也即分配效应所抵消。[⑤]宁夏的山川差距和城乡差距主要是"个人背景或所处环境的不同"导致，而城市、乡村内部收入差距则主要是"个人的努力与勤奋程度的不同"导致，我们强调机会平等，就是要努力改变导致城乡差别和地区差距的体制性障碍，促进基本公共服务均等化。

[①]段庆林.宁夏包容性增长研究.见:城与乡——宁夏二元结构变迁研究.宁夏人民出版社,2012.

[②]林毅夫,刘培林.以初次分配实现公平与效率的统一，促进和谐发展:中国改革三十年的简要回顾和展望.见:以共享式增长促进社会和谐.中国计划出版社,2008.

[③]见中共中央关于制定国民经济和社会发展第十三个五年规划的建议.

[④]段庆林.如何稳定提高宁夏城乡居民收入水平.见:张进海主编.小省区要有大作为：[内部课题汇编].

[⑤]林墩,庄臣忠等.1990~2004年中国收入差距与增长益贫性的研究.见:以共享式增长促进社会和谐.中国计划出版社,2008.

（二）促进就业创业

1.实施就业优先行动。将扩大就业作为经济社会发展的优先目标，选择有利于扩大就业的发展战略与增长模式，把增加城镇就业、降低调查失业率等作为地方政府考核目标，增强政府促进就业的责任。着力解决结构性就业矛盾，重点做好高校毕业生和就业困难人员就业工作。探索建立工资集体谈判机制，以及劳资双方依法自主协调集体劳动关系的制度。加强职业培训，提高劳动者就业能力。

2.大力推进大众创业万众创新。推进大众创业、万众创新，是扩大就业、实现富民之道的根本举措。通过深化改革，进一步简政放权、优化服务，加大财政资金支持和统筹力度，完善促进中小企业发展的政府采购政策，营造"两优"创业投资环境，以及鼓励创业、宽容失败的社会氛围。加强创业创新公共服务资源开放共享，完善重点实验室等科研平台（基地）向社会开放机制，加快设立宁夏新兴产业创业投资引导基金和中小企业发展基金。以创业带动就业，加快发展创业孵化服务，支持科研人员创业、大学生创业、外来人才创业、农民工返乡创业等。

3.大力发展劳动密集型产业。宁夏经济以重化工业为主导，带动就业有限。近年来纺织产业、清真产业、农副产品加工业等迅速发展，对带动就业成效明显。应该采取使社会各群体都能够较为均等化地参与增长过程并分享增长成果的发展模式，一是大力促进劳动密集型制造业的发展，比如生态纺织和羊绒产业、清真食品和穆斯林用品产业、葡萄酒、枸杞等深加工产业等。二是发展资本密集型产业中的劳动密集区段。三是积极发展服务业特别是现代服务业和现代农业，促进产业融合发展。当然，必须建立符合比较优势的发展模式，逐步促进产业从劳动密集型向资本密集型、技术密集型转型升级。

4.积极扶持小微型企业发展。宁夏中小微型企业发展，主要面临融资难和行政垄断所造成的进入壁垒。我国以大银行为主的金融结构，倾向于对国有企业和大型项目的支持，对小微型企业发展非常不利。小微型企业以劳动密集型产业为主，具有良好的共享性。劳动密集型产业需要一个有效的金融体系支持，应该大力发展更多的中小型银行和非政府所有的金融机构。另一方面，需要打破行业行政性垄断，放开竞争性环节和业务，积极进入竞争机制，减少对国有企业的倾斜性扶持政策。

（三）加强社会治理

1.深化社会改革。共享发展是社会改革的理念，和谐社会和小康社会是社会改革的目标。从强调"让一部分人先富起来"的经济改革，到更加注重共同富裕的社会改革，中国已经进入全面深化改革新阶段。中国经济面临的新常态，并非仅仅是供需失衡的经济结果，也反映出外向型经济、扩大内需困难背后的社会因素。应该通过社会改革打破既得利益格局，使社会各阶层都能够获得共建共享和阶层流动的机会，积极培育中产阶层，建立支持扩大内需的消费社会。目前开放已经引起各界高度重视，而改革推进则困难重重。应该积极形成共识，加快治理体系和治理能力现代化。

2.提高教育质量。推动义务教育均衡发展。普及高中阶段教育，重点解决山区各县实现12年义务教育面临的困难。促进教育公平，加快城乡义务教育办公学校标准化建设，进一步提高高中阶段教育毛入学率。逐步分类推进中等职业教育免除学杂费，率先从建档立卡的家庭经济困难学生实施普通高中免除学杂费。建立现代职业教育体系，解决职业教育吸引力不够、专业缺乏特色等问题，打造西部职业教育高地。增加普惠性幼儿园供给，解决供需矛盾突出问题。提高高等学校协同创新中心建设水平，遴选特色优势学科。

3.推进健康宁夏建设。全面深化医药卫生体制改革。实行医疗、医保、医药联动，推进医药分开。加快公立医院综合改革试点，健全三大医疗集团管理，坚持公益性质，破除"以药养医"逐利机制。完善医疗卫生公共服务体系。实施健康扶贫行动，加大医疗卫生重大基础设施建设，重点向山区及基层医疗卫生机构倾斜，促进医疗资源向基层、农村流动。发展远程医疗，实施分级诊疗，鼓励社会力量办医，推行医师多点执业，推广"先诊疗、后付费"模式，发展中医药和回医药，努力解决"看病难""看病贵"问题。

4.完善社会保障制度。建立更加公平更可持续的社会保障制度。以保基本为优选目标，坚持精算平衡，合理均衡责任分担，提升社会保障制度的公平性，防止结构性矛盾和社会不公。实施社会保障提标工程。加快推进养老保险制度改革，完善职工养老保险个人账户制度。改革医疗保险制度，健全医疗保险筹资机制和报销比例调整机制，全面实施城乡居民大病保险制度。统筹社会救助体系建设，针对救助对象医疗、住房、就业、教育等方面的特殊情况提供差别化救助。

宁夏协调发展战略研究

自治区党委政策研究室课题组

　　协调是经济社会健康持续发展的内在要求，我们党历来重视协调发展。关于"协调"发展的理念，党的十五大报告中就提出：要"在优化经济结构、发展科学技术和提高对外开放水平等方面取得重大进展，真正走出一条速度较快、效益较好、整体素质不断提高的经济协调发展的路子。"党的十六大进一步提出了，要发展社会主义市场经济、社会主义民主政治和社会主义先进文化，不断促进社会主义物质文明、政治文明和精神文明的协调发展。党的十七大和十八大报告在战略高度，对协调发展进行了全面布局，并指出，"全面协调可持续"是科学发展观的基本要求，"要按照中国特色社会主义事业总体布局，全面推进经济建设、政治建设、文化建设、社会建设，促进现代化建设各个环节、各个方面相协调，促进生产关系与生产力、上层建筑与经济基础相协调。"特别是党的十八届五中全会通过的《"十三五"规划建议》，首次提出"创新、协调、绿色、开放、共享"五大发展理念，为我国"十三五"乃至更长时期的发展描绘出新蓝图，使协调

作者简介：课题组成员：俞学虹，宁夏区党委政研室副主任；张洪斌，宁夏区党委政研室城市经济研究处处长；吴洪娟，宁夏区党委政研室城市经济研究处副处长；解孝龙，宁夏区党委政研室城市经济研究处副主任科员。

发展成为经济社会发展的理论指南。实现"十三五"时期发展目标，就要按照《十三五规划建议》要求，推动区域协调发展，塑造要素有序自由流动、主体功能约束有效、基本公共服务均等、资源环境可承载的区域协调发展新格局；推动城乡协调发展，健全城乡发展一体化体制机制，健全农村基础设施投入长效机制，推动城镇公共服务向农村延伸，提高社会主义新农村建设水平。从国家层面看，促进区域协调发展，重点是促进中西部发展，特别是贫困落后地区发展。宁夏处于西部落后地区，虽经过三十多年的持续快速发展，但由于历史欠账太多，发展基础薄弱，山川城乡发展不平衡不协调的矛盾依然比较突出，成为制约全面建成小康社会的难点。宁夏必须在"十三五"期间全力做好补齐短板这篇大文章，增强发展整体性和协调性。新常态下，如何走出一条宁夏特色的山川城乡协调发展之路，具有重大战略意义，值得加强理论和实践研究。

一、近年来宁夏推进山川城乡协调发展的基本做法

为促进宁夏山川城乡协调发展，十八大以来，宁夏在总结经验基础上，立足区情，制定了一系列政策、战略，召开多次全区工作会议，下大力气，狠抓落实。

按照山川协调发展战略思路，重点加快宁南山区发展。一是召开固原工作会议。2003年，召开第一次全区固原工作会议，首次以专题会议的形式研究探讨一个地区加快发展的问题，确定扶持固原加快发展草畜、马铃薯、劳务和旅游四大支柱产业。2014年9月，召开第五次固原工作会议，支持西海固地区一县一业，加快特色产业发展；加强基础教育和职业教育，推进教育均衡发展，促进就业创业工作，完善社会保障体系；统筹抓好65万贫困群众的扶贫攻坚工作。二是推进宁南区域中心城市暨大县城建设。2011年，宁夏党委、政府着眼于统筹山川城乡发展大局，启动了宁南区域中心城市暨大县城建设。宁南区域中心城市和大县城以规划为龙头、以项目为载体、以产业为支撑、以生态为依托、以开放为平台，实现"一年一小变、三年一大变、五年上台阶、十年新跨越"的战略目标，把山区九县（区）建设成设施完善、功能齐全、环境优美、特色鲜明、具有较强竞争力

综合战略篇

和带动力的大县城，形成了宁夏北有沿黄经济区、南有固原区域中心城市和宁南大县城的新格局。三是实施生态移民搬迁工程。"十二五"开局之年，宁夏启动中南部地区35万生态移民工程。这一生态移民工程是宁夏"十二五"期间最大的民生工程，也是宁夏历史上规模最大的移民搬迁工程，也是一项还一方水土以绿水青山的生态工程。制定了《宁夏回族自治区人民政府关于进一步促进中南部地区生态移民的若干政策意见》，计划5年时间投资105亿元，将极度贫困的35万人安置到近水、沿路、靠城的地区，使之打工近、上学近、就医近、吃水近，让农民靠特色种养、劳务输出、商贸经营、道路运输来摆脱贫困。再用5年时间，让移民脱贫致富。移民迁出区300万亩土地将全部用于恢复生态，遏制水土流失，造就一片"旱塬绿洲"。

按照城乡一体化战略思路，统筹山川城乡协调发展。一是大力推进新型城镇化建设。宁夏党委、政府出台《关于加快推进新型城镇化的意见》，作为指导城镇化建设的纲领，并制定一系列加速城镇化发展的政策措施；编制《宁夏空间发展战略规划》，提出"将宁夏作为一个城市来规划建设"的空间发展理念，以大银川都市区为主中心，以石嘴山、固原、中卫为副中心，构建强大的区域空间组织核心，增强辐射带动能力；以沿黄城市带、清水河城镇产业带和太中银发展轴、银宁盐发展轴为纽带，形成级配合理、优势互补、功能完善、特色鲜明、空间紧凑的新型城镇体系。二是加快新农村建设。充分发挥中心城镇的辐射带动作用，加快乡镇产业培育，支持发展具有乡村特色的休闲旅游、观光农业及特色餐饮等产业。实施农村环境卫生综合整治，做好农村污水处理和垃圾收集转运，拆除农村土坯危房。配套完善卫生医疗、购物网点等基础设施，以乡镇道路建设、村庄绿化、公共服务完善为重点，统筹推进，加大投入，建立充满活力、独具特色、环境优美、风尚良好的宜居城镇。三是抓好特色高效产业发展。按照"一优三高"要求，宁夏启动了"五百三千"计划，出台促进现代农业发展20条，加大农业投入，推动葡萄、枸杞、草畜、瓜菜等产业加快发展，酿酒葡萄、枸杞种植面积分别达51万亩和85万亩，投产酒庄72家，建设现代农业示范基地122个、标准化养殖场408个，建成永久性蔬菜基地10.4万亩，设施农业生产面积达 92.4 万亩，促进了特色优势产业提质增效。四是统筹城乡基础设施和公共服务。在加大城市老城区、旧街巷和城中村改造的同时，建设银川阅海湾中央商务区、银川滨河新区、银川综合保税区、吴忠滨河新区、石嘴山儿童医院和妇幼保健院以及固原和中卫新区，新建和改造了吴忠银西高铁综合服务区、盐池县通用机场、固原文体中心田径场、工会室外运动场、西吉县生活垃圾填埋场等一批公路、航空、给水、排水、供热、燃气、垃圾、污水处理、园林绿化、休闲广场等设施，城镇基础设施逐步完善，发展空间进一步拓展。全面推广"先诊疗后付费"诊疗模式，在全国率先实现了城乡统筹的基本医疗保险制度全覆盖。

二、宁夏协调发展面临的主要问题

近年来，宁夏围绕稳增长、促改革、调结构、惠民生，勇于创新、狠抓落实，山川经济运行平稳、城镇化步伐加快、城乡居民收入连年提高、人民生活持续改善。但我们仍要清醒认识到，在推进山川城乡协调发展进程中仍存在诸多需要解决的问题，面临着新的困难和挑战。

（一）山川经济实力差距较大

长期以来，由于南部山区干旱少雨，生态环境脆弱，资源比较贫乏，经济社会发展处于劣势地位，再加上宁夏重点建设项目大多投放在川区，由此形成了山川经济实力不均衡、不协调的现状。

2014 年宁夏山川主要经济指标差距

单位：亿元

	山 区	川 区	差 距
地区生产总值	266.99	2485.11	2218.12
完成固定资产投资总值	266.99	2485.11	2218.12
地方公共预算收入	20.33	319.47	2991.4

随着宁夏实施山川城乡协调发展的一系列政策、措施，山川经济呈现平稳增长，实力显著增强，但山区与川区在地区生产总值、地方财政收入等方面的差距仍然较大。

（二）山川产业结构不协调

2014 年，山区一、二、三产业增加值分别是 65.46 亿元、97.86 亿元、

103.68亿元，分别占三次产业总值的24.5%、38%、36.7%；川区一、二、三产业增加值分别是151.38亿元、1245.27亿元、1088.45亿元，分别占三次产业总值的6%、50%、44%。2015年1~9月，山区一、二、三产业增加值分别是24.67亿元、150.12亿元、75.52亿元，分别占9.9%、60%和30.2%；川区一、二、三产业增加值分别是127.66亿元、835.82亿元、773.53亿元，分别占7.3%、48.1%和44.5%。可以看出，2014年川区一产比例过低，相比山区低18.5个百分点。而2015年，山区第二产业比重过大，相比川区高11.9个百分点；第三产业发展较慢，相比川区低14.3个百分点。

（三）城乡居民收入差距较大

2010年，城镇居民人均可支配收入15344元，农村居民收入4674.9元，城镇与农村相差10669.1元。2014年，城镇居民人均可支配收入23285元，比上年增加1272元，扣除价格因素后实际增长6.3%；农村居民人均可支配收入8410元，比上年增加1488元，增长21.4%。城镇与农村相差14875元，城镇是农村的2.77倍。2015年1~9月，宁夏城镇居民人均可支配收入18062.2元，比上年同期增加1412.2元，增长8.5%；农村居民人均可支配收入5841.1元，比上年同期增加500.1元，增长9.3%。城镇是农村的3.09倍。究其原因，主要有农产品品种和质量不能完全适应市场需求，农村产业结构还不协调，导致生产性收入下降；同时受经济下行压力影响，部分企业经营收入下滑，停产、半停产企业增多，用工需求减少，农民工资性收入减少，增收速度减缓，城乡居民收入差距持续拉大。

（四）城镇化区域差异明显

近年来，宁夏在推进城镇化进程中，以银川为中心，石嘴山、吴忠、中卫市3个地级市为主干，青铜峡市、灵武市、中宁县、永宁县、贺兰县、平罗县城及若干建制镇为基础的、大中小城市相结合的沿黄城市带，以全区57%的人口、43%的土地创造了全区90%以上的GDP和财政收入，是宁夏经济发展的战略高地和主要增长极，也是宁夏城镇化发展水平最高的地区，城镇化率达到61.94%。而宁夏南部山区因其特殊自然、环境条件，工业基础薄弱，县域经济不发达，经济水平相对落后，城镇化发展缓慢，城镇化水平较低。截至 2014 年底，全区城镇常住人口 354.65 万人，城镇化率为 53.61%，比上年提高 1.6 个百分点，全国排 17 位，户籍人口城镇化率 40.04%。同时城镇化地域差异明显，银川市城镇化率达 75.04%，而固原市只有 26.21%，相差 48.83 个百分点。

(五) 基础设施建设不均衡

一是基础设施建设投资不均衡。2014 年，山川分别完成固定资产投资 266.99 亿元、2485.11 亿元，分别占投资总额的 9.7%、90.3%，两者相差近 9.3 倍。二是交通建设不均衡。川区以银川为中心，建设开通了银川河东机场、银川空港口岸和惠农陆路口岸，交通设施完善，对外交通框架基本形成。银川市区还建成环城高速公路并与全区高速公路主干线相连接，形成以银川为中心、四个地级市为次中心，1 个半小时可通达沿黄城市带区域内主要城市，3 个小时可通达固原市的交通网络，已形成公路、铁路、管道、航空等多式联运为骨架的现代立体式交通网络。而南部山区受历史条件、区位、经济等因素的影响和制约，交通设施不完善，机场、管道、铁路、高速公路等亟须建设。三是山区饮用水基础设施落后。宁夏南部山区经济落后，造成城乡饮水工程投入有限，基础设施落后，加上地形复杂、水源有限，宁南山区，尤其在偏远农村地区，人畜饮水特别困难。

(六) 公共服务不均衡

长期以来，由于城乡二元经济结构一直没有突破，城乡一体化发展还不均衡，导致城乡间公共服务非均等化现象比较突出。一是教育资源配置不均衡。农村学校普遍短缺政治、历史、地理、音乐、体育、美术、英语及信息技术等学科老师和音、体、美教学器材；部分县区对县城学校投入多，对农村和城郊结合部学校投入不够，有的学校两者仅相差一个街区，但办学条件相去甚远。二是医疗卫生资源不均衡。医疗卫生资源配置过分集中在城市，农村卫生发展滞后，农村医疗卫生条件远远落后于城市。2014 年末，全区医疗卫生机构床位 31368 张，其中，基层医疗卫生机构 3019 张（含乡镇卫生院 2689 张，占全区的 8.6%），占 9.62%。全区卫生人员总数 46845，其中，乡村医生和卫生员 3930 人，占 8.4%。三是社会保障体系不均衡，山川、城乡覆盖面和保障水平都存在较大差距。

三、促进宁夏协调发展的对策与建设

中央"十三五"规划建议提出,到 2020 年实现全面建成小康社会的目标奋斗。从宁夏区情来看,山川城乡不协调是影响宁夏全面建设小康社会的重点难点问题,需要我们抓住一切政策机遇集中破解。一是国家"一带一路"战略机遇,为宁夏在战略调整、空间布局、信息化、对外开放等方面协调发展提供了新引擎。二是中阿博览会,为宁夏与阿拉伯国家在经贸合作、文化交流、加快电商发展、建设国际航空中心、跨境金融平台等方面搭建了交流合作新平台。三是建设内陆开放型经济试验区,特别是银川综合保税区的建设,为宁夏构建对外开放新格局,激发区域经济活力,实现区域协调发展注入了新动能。四是国家扶贫攻坚战略,为宁夏南部山区脱贫、促进经济社会发展提出了明确的目标和任务,有助于宁夏区域协调发展实现新突破。

宁夏是一个贫困落后的革命老区,没有成功的发展模式可以遵循,必须按照国家第十三个五年规划建议要求,从本地区的实际出发,遵循经济社会发展客观规律,乘势而为,扎实推进。

(一)强力推进"一主三副"城市空间建设,构建强大的区域发展核心

把银川建设成为中阿合作的先行区、国家能源化工和现代制造业的基地、清真食品和穆斯林产业基地、区域性国际物流中心,把石嘴山建设成国家级承接产业转移示范区、现代装备和新材料生产基地,把吴忠建设成为清真食品和穆斯林用品产业中心、现代制造业基地,把中卫建设成为丝绸之路经济带交通物流枢纽、生态旅游和特色产业城市,把固原建设成为宁南区域中心城市、特色农产品生产加工贸易基地、轻工产品制造基地、特色文化旅游城市。

(二)大力推进"两带两轴"建设,引领城乡统筹发展

做大做强沿黄城市带。以宁东现代能源化工基地为引领,重点发展能源化工、云计算和电子信息、装备制造、新能源与新材料、生物医药、清真食品和穆斯林用品、特色农产品、生态纺织等产业,推动城乡一体化发展;加快建设清水河城市产业带。依托清水河沿线城镇,发挥区域生态环境、特色农产品、加工制造等优势,大力发展绿色农产品加工、清真食品与穆斯林用品、先进装备制造、新能源等产业,整合六盘山旅游资源,依托六盘山旅游资源,提高基础设施配套水平和旅游服务能力,建成固原生态绿色文化旅游区,促进产业转型升级,带动中南部地区新型化城镇发展。大力推进太中银发展轴和银宁盐发展轴。依托太中银铁路交通轴线,充分发挥宁东能源化工基地的产业集聚和带动作用,整合提升沿线产业园区,重点发展能源化工、新能源、节能环保和新型煤化工设备制造、环境保护等产业,形成错位分工的产业格局,推动人口向沿线、重点城镇集聚,使之成为宁夏东部和陕西西北部发展的经济走廊。

(三)推进以人为核心的新型城镇化,加快城乡一体化发展

一是深化户籍制度改革。按照自愿、分类、有序的原则,让有能力在城镇稳定就业和生活的农业转移人口举家进城落户,并与城镇居民享有同等权利和义务。二是加大棚户区和危房改造力度。做好棚户区土地征收、补偿安置、基础设施配套等工作,推进"棚改"货币化,缩短安置周期、节省安置费用;各地根据财政承受能力,制定适合本地区的"棚改"办法,推行由政府购买"棚改"服务。三是保障进城落户农民土地承包权、宅基地使用权、集体收益分配权。加快推进农村土地承包经营权的确权登记颁证工作,完善土地经营权流转服务体系,研究出台现有土地承包关系保持稳定并长久不变的办法;切实做好宅基地制度改革的试点和推广工作,积极稳妥地推进农村土地制度改革;探索农村集体所有制经济实现形式,稳步开展农民对集体资产股份权能的改革试点工作。

(四)均衡配置城乡公共资源,促进协调发展

加大公共财政向农村基础设施建设倾斜力度,特别是宁南山区,要进一步扩大覆盖面,实现城乡间基础设施互联互通、共建共享;大力开展农村人居环境治理,深入推进农村环境连片整治,统筹农村饮水安全、改水改厕、垃圾处理,推进种养业废弃物资源化利用、无害化处理;统筹山区县域城乡义务教育资源均衡配置,完善城乡均等的公共就业创业服务体系;整合城乡居民基本医疗保险制度,加快推进最低生活保障制度城乡统筹发展,加强农村留守儿童、妇女、老人关爱体系建设,扩大社会保险覆盖面,把进城落户的农业转移人口完全纳入城镇社会保障体系。

(五) 实施精准扶贫，加快脱贫步伐

宁夏区域发展不平衡，贫困人口主要集中在南部山区，占全区人口的六分之一，要因人因地施策，加快扶贫进程。科学制订贫困地区产业发展规划，支持贫困村贫困户发展特色农产品及加工业，大力实施乡村旅游扶贫工程，增强自我发展能力，发展特色产业脱贫；继续加大劳务输出培训投入，强化职业技能培训和提升，完善劳务输出与输入地对接机制，加大南部山区劳务输出力度；坚持群众自愿、积极稳妥，细化搬迁规划，继续实施生态移民搬迁工程。

(六) 着力调整产业结构，促进产业协调发展

一是大力发展现代农业。创新农业经营方式，鼓励农民采取专业合作社、家庭农场、种养大户、企业加农户、土地流转、土地入股等多种形式，积极发展农业适度规模经营，推进农业发展方式转变；立足自然资源优势和现有生产基础，因地制宜，依靠科技，大力发展特色优势农业，加快建设优势农产品产业带；着力打造农产品知名品牌，建立农产品安全标准，从源头抓起，确保质量安全，切实推进农业标准化建设。二是大力推进新型工业化。加快资源型加工业创新，提升产品层次，做大企业规模，延长产业链条，实现传统产业转型升级；大力发展装备制造业。以企业改制改革为突破口，重点发展通用设备制造、机床工具、矿山机械、起重运输机械、新能源装备、环保装备、专用汽车、电工电器、仪器仪表、机械基础件、金属制品、铸锻件制造等高端和先进装备制造业，推动产业集聚；大力发展信息产业，建成覆盖全区的五级电子政务网络，打造国家级云计算产业基地，将信息技术融入产业转型全过程，助推产业现代化。三是加快发展第三产业。围绕绿色、健康主题，深度开发沙湖、沙坡头、六盘山等特色旅游项目；大力发展电子商务，建设大宗货物电子交易平台和跨境电商结算平台，推进电商创业园和电商产业园区建设；大力发展物流业，建设自治区级物流信息服务平台，积极引进国内外知名快递企业，重点发展大宗商品物流、冷链物流和第三方物流，推进公铁、海铁等多式联运，实现物流业与制造业联动。

宁夏绿色发展战略研究

米文宝　仲俊涛

发展是人类社会的永恒追求，如何实现又好又快发展值得政府和学术界认真研究与思考。长期以来，中国社会的发展更关注经济的体量增长，片面追求 GDP，对发展的质量关注不够，忽视了发展的可持续性。面对长期形成的经济发展误区，我国付出了沉痛的代价，如资源紧张、浪费，生态退化，环境污染，区域差距持续拉大，城乡二元结构等等，这些问题已严重制约了我国经济社会的可持续发展。为了更好地管制区域发展，逐步规范区域发展，中共十七大决定实施主体功能区战略。主体功能区规划的主旨是服务于特定类型功能类型区因地制宜的发展，合理构建空间格局，明确产业合理规模和布局，引导各种功能要素的合理流动，逐步形成主体功能清晰、发展导向明确、开发秩序规范，经济与人口、资源、环境相协调的区域发展格局。

党的十八届五中全会强调必须牢固树立并切实贯彻创新、协调、绿色、开放、共享的发展理念。坚持绿色发展，必须坚持节约资源和保护环境的基本国策，坚持可持续发展，坚定走生产发展、生活富裕、生态良好的文

作者简介：米文宝，教授，博士生导师，主要研究方向为生态学、区域地理与可持续发展；仲俊涛，博士研究生，主要研究方向为生态学与区域可持续发展。

明发展道路，加快建设资源节约型、环境友好型社会，形成人与自然和谐发展现代化建设新格局，推进美丽中国建设，为全球生态安全做出新贡献。促进人与自然和谐共生，构建科学合理的城市化格局、农业发展格局、生态安全格局、自然岸线格局，推动建立绿色低碳循环发展产业体系。加快建设主体功能区，发挥主体功能区作为国土空间开发保护基础制度的作用。推动低碳循环发展，建设清洁低碳、安全高效的现代能源体系，实施近零碳排放区示范工程。筑牢生态安全屏障，坚持保护优先、自然恢复为主，实施山水林田湖生态保护和修复工程，开展大规模国土绿化行动，完善天然林保护制度，开展蓝色海湾整治行动。因此，更好地实施主体功能区战略，转变经济发展方式，促进生态产业发展，走绿色、可持续的发展道路是宁夏的必然选择。

一、发展要求

（一）指导思想

以人为本、生态文明关注人与自然两大系统，是宁夏绿色发展必须坚持的两大原则。按照"建设人与自然和谐相处、推进绿色可持续发展"的目标要求，树立尊重自然、顺应自然、保护自然的生态文明理念，在科学划定生产、生活、生态空间开发管制界限基础上，强化空间管控，分类调控，突出重点，调整建设内容，创新建设方式，规范建设秩序，提高建设效率，着力构建符合要求的城镇化格局、农业发展格局和生态安全格局，将因地制宜地发展资源环境可承载的特色生态经济产业作为首要任务，着力探索限制开发区域科学发展的新模式、新途径，通过增强生态优势形成资源优势，支撑民生改善，促进城乡、区域及人口、经济、资源、环境协调发展。

（二）基本原则

坚持生态主导，保护优先。要坚持资源开发与生态保护相结合，严格落实节约资源和保护环境的基本国策，全面加强生态环境建设，保护和修复生态环境，增强生态产品供给能力和生态服务功能，保障区域和国家生态安全。

坚持严格准入，集约开发。保护好生态的操作前提是发展产业的选择性。根据《产业结构调整指导目录（修正）》（2011年本）限制类和淘汰类产业清单，对钢铁、有色金属、建材、石油化工、轻工等行业进行限制。同时，把提高空间利用效率作为国土空间开发的重要任务，引导人口和经济相对集中分布布局，走"空间集约"发展道路。严格控制开发强度，把握开发时序，使绝大部分国土空间成为保障生态安全的空间。依托现有城镇，集中布局、据点式开发。各类开发活动都要充分利用现有建设空间，尽可能利用空闲地和废弃地。

坚持科学发展，优化结构。要将国土空间开发从外延扩张为主，转向调整优化空间结构为主。按照生产发展、生活富裕、生态良好的要求调整空间结构，保证生活空间，扩大绿色生态空间，保持农业生产空间。严格控制开发强度，适度控制城镇的扩张，适度压缩工矿建设空间。落实最严格的耕地保护制度，实行基本森林制度、草原保护制度。适度扩大交通设施空间，重点扩大区域对外通道空间。

坚持协调开发，分步推进。要按照人口与经济、土地、水资源相协调的要求进行建设；要引导人口有序转移；要按照统筹城乡的要求进行建设。城镇建设必须为农村人口进入城镇预留生活空间，要将城镇基础设施建设延伸到农村居民点；要按照统筹地上地下的要求进行开发。

二、优化国土开发格局

按照宁夏主体功能区规划，结合宁夏城镇和产业布局现状，确定"一主三副、核心带动，两带两轴、统筹城乡，山河为脉、保护生态"的总体开发战略，为国土开发格局优化指明了方向。

生活空间：一主三副，核心带动。一主是指大银川都市区，由银川市、吴忠市利通区、青铜峡市、宁东能源化工基地和盐池高沙窝镇构成。三副是指石嘴山、固原、中卫三个副中心城市。核心带动是指通过"一主三副"的建设，增强中心城市的服务辐射能力，成为带动宁夏实施对外开放、加快发展的核心地区。

生产空间：两带两轴，统筹城乡。两带是指"沿黄城市带"和"清水河城镇产业带"。两轴是指"太中银发展轴"和"银宁盐发展轴"。统筹城乡是指发挥两带两轴沿河流、沿交通干线的良好基础，在集聚发展的同时，辐射带动周边地区，推动城镇村和一、二、三产业协调发展，形成大中小城市和小城镇合理分工、功能互补、协同发展的城市群。

生态空间：山河为脉，保护生态。山河为脉是指以自然生态为基础，依托黄河、清水河、白芨滩、沙坡头、云雾山，建设两条沿河生态走廊；依托贺兰山、沙坡头、白芨滩、哈巴湖重要生态保护区，建设贺兰山—沙坡头和惠农—盐池防沙治沙生态走廊；依托沙坡头、哈巴湖、罗山、香山、南华山、六盘山、火石寨重要生态保护区，建设南华山—哈巴湖和香山—六盘山水土保持生态走廊，形成区域连通的"六廊十区"生态格局。保护生态是指划定空间管制区，严格保护自然保护区、风景名胜区、国家森林公园、地质公园、湿地公园、饮用水源保护区等重要生态功能区，实现宁夏社会、经济与环境可持续发展。抓好重点流域、重点区域、重点行业、重点企业的环境污染整治与低碳减排，加快解决城乡突出的环境问题，提高区域环境质量和风险防范能力。

三、绿色产业

（一）生态补偿产业——以限制开发生态区为例

虽然生态产品具有公共产品的性质，但世界各国目前均在推进其最大限度市场化，通过经济手段保障生态保护者的利益。国内试点开展生态补偿，退耕还林还草工程、天然林保护工程、流域生态补偿等在各地均有实施。作为国家主体功能战略实施的重要环节，对限制开发生态区的补偿可能性较大。作为国家退耕还林还草的试点示范县，按照国家重点生态功能区的定位，生态保护为主，经济发展并没有明确的指向，所以应当积极争取国家资金补偿，推进县域林草地系统效益评估，测算生态服务价值，由此推动实施生态补偿，把生态补偿作为一项新兴产业来发展。一是积极争取国家资金补偿，支持居民开展生态保护与建设；二是积极参与国内外碳汇交易；三是推进生态产品价值化、市场化，通过生态资源权属改革实验，探索开展资源交易方式方法。

（二）生态旅游产业——以泾源县为例

充分利用好六盘山国家旅游扶贫试验区政策优势，突出生态旅游产业主导地位，全面提升"红绿六盘、生态泾源"整体旅游形象，打造集高原绿岛、避暑胜地、休闲观景于一体的生态旅游休闲度假目的地。

打造精品旅游线路，围绕一日游、多日游，加强要素整合，科学规划、精心设计，实现自然景观与人文景观深度融合，打造精品线路。完善旅游基础设施与配套服务，加快泾河源森林公园、凉殿峡等景区旅游通道与交通设施建设。完善餐饮、娱乐、农家村落、避暑休闲山庄等配套设施和服务功能，加大星级旅游宾馆的建设力度，提升旅游综合服务水平。加大生态旅游产品开发。瞄准国内外高端旅游市场，研究设计开发具有泾源特色、民族特色、内涵丰富、做工精湛、造型优美的旅游纪念品，开发狩猎、户外探险等特色旅游产品，全方位打造刺绣、纸织画、剪纸等特色旅游产品创作和生产。创新营销模式与合作，采取差异化的营销策略，强化品牌包装和旅游形象宣传，加强旅游行业管理，出台旅游行业管理办法，制定景区、旅行社、饭店、农家乐等统一服务标准，推行行业规范化管理。

（三）生态农业——以彭阳县为例

设施蔬菜产业。健全布局规划、宣传引导、政策扶持、科技支撑、龙头培育、市场销售六个环节，坚持中心带园区、带基地、带农户的发展思路，突出区域特色和优势品种，推进标准化生产，确保质量安全；加强以贮藏保鲜库为主的冷链体系建设，促进外销和均衡供应；引进、培育加工企业，延长产业链，实现增值增效；强化技术装备与技术培训，提升生产能力；提升以单产、质量、效益为标志的蔬菜现代化水平，落实蔬菜特色产业生产基地建设工程，带动一批蔬菜生产专业村的建设。

食用菌产业。将双孢菇无公害标准化生产与杏鲍菇工厂化生产相结合，开展新品种引进试验示范，推进食用菌产业向生产规模化、技术标准化、品种多元化方向发展，提升"六盘山珍"食用菌产品品牌。在城阳乡长城塬建立杏鲍菇生产园区，依托原菌种制作中心，在白阳镇任湾村建设六盘山食用菌研究中心，开展菌种制作、培育及杏鲍菇工厂化生产前期工作。

草畜产业。突出发展肉牛，大力发展朝那鸡，稳步发展猪羊，采取分散养殖与规模养殖相结合模式,以肉牛养殖示范村建设为重点,狠抓补栏扩量、品种改良、饲草调制三个重点;加大基础设施、多元化饲草基地(地膜玉米为主)、标准化规模养殖场、龙头中介经济合作组织"四项建设"力度;提升科学化养殖、适度规模化发展、产业化营销、制度化防疫"四个方面"水平;以规模养殖大户、养殖小区和养殖园区建设为重点,走种养结合、养贩结合、以贩促养的产业化经营之路。

特色林果产业。按照流域生态经济沟、庭院经济、设施栽培、嫁接改良提升的四种模式,在红河、茹河、安家川河流域光热条件适宜、立地条件较好、具备一定灌溉条件的区域,按照因地制宜、适地适树、集中连片、规模化布局发展的原则,新建优质林果基地20万亩,优质经济林良种基地1万亩,改造低产山杏林20万亩,做优、做名、做大彭阳果脯等林果品牌,提升林果产业发展层次,推动生态型林业向生态经济型林业转变。

小杂粮产业。以优化品种结构为目标,依靠科技进步,加快小杂粮品种引育、示范与推广力度,加强绿色食品质量认证和市场体系建设,推动小杂粮产业快速发展。以王洼镇、罗洼乡、交岔乡、冯庄乡为核心,辐射带动北部地区建立优质小杂粮产业带。

(四)循环工业——以盐池县为例

盐池工业园为自治区级开发区。2010年6月,吴忠市人民政府批准盐池工业园区设置五个功能分区。"一园五区"规划总面积42.514平方千米,重点发展油气化工、精细化工、农副产品深加工(皮、毛、肉、小杂粮、甘草、蜂蜜、饲草料、蔬菜等)、新型材料、新型建材、机械设备制造等产业。2013年3月,高沙窝工业集中区由自治区经信委批准建设,重点发展电力、煤和石油、天然气、精细化工、新材料等产业。王乐井光伏产业区重点发展风、光伏产业。

严格执行国家产业政策及行业环保标准要求,切实提高建设项目节能环保准入门槛,强化节能、环保等指标约束。严格环境准入,坚持空间准入、总量准入、项目准入"三位一体"和专家评价、公众评价"两评结合"的环境准入制度,所有新、扩、改建项目严格执行环境影响评价制度和"三同时"制度。强化规划环评与项目环评联动机制,引导入驻项目、区域开发规模、产业导向与布局等与规划环评中确定环境承载能力相适应。严格控制化工园区的设立，禁止在人口集中居住区、重要生态功能区、自然保护区、饮用水水源保护区、基本农田保护区以及其他环境敏感区域内设立化工园区，按照循环经济发展的要求加强煤化工园区建设，切实加强煤化工园区的环境监管工作；新建（含搬迁）化工项目必须进入化工园区。严禁新建高耗能、高排放和产能过剩行业产能项目，新、改、扩建项目必须实行等量或减量置换，承接东部产业转移项目必须坚持节能环保高标准。

四、制度保障

（一）完善国土空间开发保护制度

树立国土绿色理念，按照人口资源环境相均衡、经济社会生态效益相统一的原则，控制开发强度，调整空间结构，推进国土整治，构建科学合理的国土空间开发格局，并完善国土空间开发保护制度，国土开发前要进行科学合理的规划，一旦执行，不能随意改动，以期达到对国土空间开发的良好保护。

不断完善最严格的耕地保护制度。积极实施最严格的水资源管理制度，确立水资源开发利用控制红线，用水效率控制红线。建立健全和实施最严格的环境保护制度；严格市场准入制度，提高项目建设过程中占地、耗能、耗水、资源回收率、资源综合利用率、工艺装备、"三废"排放和生态保护等强制性标准；实行矿区环境治理恢复保证金制度，完善城乡污水垃圾收集处理设施；建立综合决策制度，构建科学合理的国土空间开发格局，保证生态环境免遭破坏；开展气候变化对区域水资源、农业和生态环境等的影响评估，严格执行重大工程气象、地质灾害风险评估和气候可行性论证制度，提高对极端天气气候事件、重大灾害监测的预警能力，加强自然灾害的应急和防御能力建设。

（二）对重点生态功能区制定限制开发的制度

按照《宁夏主体功能区划》制定的区域发展方向，遵循国家重点生态功能区的开发管制原则，探索实施管控制度。合理控制区域空间开发范围，将城镇化、工业化经济活动控制在尽可能小的空间范围之内，做到耕地、天然草地、林地、河流等农业和绿色生态空间面积不减少；严格控制区域空间开发强度，逐步减少农村居民点占用空间，将城镇建设和开发区向资源环境承载能力相对较强的县城和中心镇集中，禁止成片蔓延式扩张；建立行业准入标准和退出机制，严把项目准入关，在不损害生态系统功能的前提下，因地制宜地适度发展农林牧产品生产和加工、观光休闲农业等产业；建立合理的人口管理制度，引导人口向区域内的县城和中心镇转移；加强环境监管，健全区域生态环境保护责任追究制度、环境损害赔偿制度、环境公益诉讼制度等；建立体现国家重点生态功能区建设要求的目标体系、考核办法和奖惩机制，将国家重点生态功能区建设政绩与干部任用有机结合起来，全面落实生态环境保护问责制和一票否决制。

（三）禁止开发的管制制度

按照国家和自治区主体功能区划及各类法定规划的要求，对依法设立的自然保护区、风景名胜区、名胜古迹、森林公园等区域范围进行界定，建立科学合理的管控制度。严格保护自然保护区、风景名胜区内一切景物和自然环境，不得破坏或随意改变，禁止在名胜古迹、风景名胜区进行与风景名胜资源无关的生产建设活动；森林公园内除必要的保护和附属设施外，禁止其他任何生产建设活动，不得随意占用、征用和转让林地。探索建立重点乡镇和小流域统筹的生态环境保护修复和污染防治的区域联动制度和机制，形成生态修复与治污合力，以最有效的手段和最低的成本实现县域生态环境保护与修复。

（四）完善生态补偿机制

生态补偿机制是以保护生态环境、促进人与自然和谐为目的，根据生态系统服务价值、生态保护成本、发展机会成本，综合运用行政和市场手段，调整生态环境保护和建设相关各方之间利益关系的环境经济政策。应按照"谁开发谁保护、谁受益谁补偿"的原则，在宁夏限制开发生态区建立完善的生态补偿机制，将生态补偿作为一种产业来发展。

立足区域重点生态功能区定位，制定重点生态功能区转移支付相关标准和实施细则，完善生态转移支付制度，提高生态转移支付的资金使用效益和生态效益；以保护生态功能为目标，以集体所有的森林、草地等生态系统为载体，制定适应县域主体功能定位的生态补偿政策，建立统一的生态补偿制度，将生态补偿金直接支付给与这些生态系统相关的农民；参考各地森林、草地、湿地的土地租金，合理提高生态补偿标准，激发农牧民的生态保护积极性；理顺县域生态保护与国家和自治区相关政策的关系，预防林权改革中出现生态破坏的问题，建立县域生态补偿的长效机制。

参考文献：

[1]国务院.关于印发全国主体功能区规划的通知[DB/OL].2011. http://www.gov.cn/zwgk/2011-06/08/content_1879180.htm.

[2]樊新刚.宁夏限制开发生态区生态经济系统协调发展研究.宁夏大学,2015:90~91.

[3]刘文海.世界旅游业的发展现状、趋势及启迪.中国市场,2012,33:62~65.

[4]米文宝,樊新刚,米楠,等.彭阳县国家主体功能区建设试点示范方案.宁夏大学,2014.

[5]米文宝,仲俊涛,郭永杰.盐池县国家主体功能区建设试点示范方案.宁夏大学,2014.

[6]米文宝,卜晓燕,张娟娟.泾源县国家主体功能区建设试点示范方案.宁夏大学,2014.

[7]汤姆·蒂坦伯格,琳恩·刘易斯.环境与自然资源经济学.北京:中国人民大学出版社,2011:515~516.

[8]Sachs JD, Warner AM. The Curse of Natural Resources. European Economic Review, 2001, 45: 827~838.

[9]Geller HR, Schaeffer A, et al. Policies for advancing energy efficiency and renewable energy use in Brazil. Energy Policy, 2004, 32:1437~1450.

[10]Dasgupta PS, Heal GM. Economic Theory and Exhaustible Resources. Cambridge, UK: Cambridge Univ Press, 1979, 13~14.

[11]Wunder S, Engel S, Pagiola S, Taking stock: A comparative analysis of payments for environmental services programs in developed and developing countries. Ecological Economics, 2008, 65(4): 834~852.

分析预测篇
FENXI YUCE PIAN

分析預測篇

宁夏"十二五"时期经济总体运行情况及"十三五"政策建议

宁夏统计局课题组

"十二五"时期，是宁夏与全国同步建成小康社会的关键期，是改革开放、转型发展的攻坚期，这一时期即充满挑战、任务艰巨，又砥砺前行、成绩斐然。五年来，面对严峻多变的区内外发展环境和复杂繁重的改革发展任务，自治区党委、政府紧紧围绕"四个全面"战略布局，以稳中求进为工作总基调，主动适应引领经济发展新常态，锐意进取、攻坚克难，经济发展实现新突破，改革开放取得新成绩，人民生活达到新水平，"四个宁夏"建设阔步前行。

一、"十二五"期间宁夏经济发展取得的成就

（一）看发展新局面，经济运行稳中有进，综合实力不断增强

1.经济增长保持中高速。"十二五"期间，面对不断加大的经济下行压力，自治区党委、政府坚持问题导向，用发展的眼光看问题，用发展的办法解难题，遵循发展规律，打基础、增底气，把发展的主动权牢牢抓在

作者简介：课题组成员：徐秀梅，宁夏统计局党组成员，副局长，新闻发言人，高级统计师；董金成，宁夏统计局国民经济综合统计处副处长；季翔，宁夏统计局国民经济综合统计处主任科员；焦霙，宁夏统计局国民经济综合统计处主任科员。

手上，实现了经济增速从高速向中高速的转换。2011~2015年，宁夏国内生产总值年均增长9.9%，比全国高近两个百分点。分年度看，2011年增长12.1%，2012年增长11.5%，2013年增长9.8%，2014年增长8.0%，2015年前三季度增长7.6%，预计全年增长8.0%，经济增长换挡不失势。

2.经济总量稳步攀升。从"十二五"开局的突破2000亿，到收官的2900亿元，宁夏地区生产总值已是"十一五"末的1.72倍，年均增加242亿元，相当于1998年一年的经济总量，经济发展成效显著。

3.人均地区生产总值不断提高。"十二五"期间，宁夏经济发展进入新阶段，人均地区生产总值从2010年的26860元提高2015年43558元，年均增长8.7%，连续跨过3万元、4万元两个台阶，与全国的差距不断缩小。

4.粮食生产连年丰收。从2010年的356.5万吨增长到2014年的377.9万吨，宁夏粮食产量在"十一五"的基础上，实现"十一连丰"，粮食生产能力显著提高。

5.工业经济不断前行。工业是全区经济运行的"风向标"。近年来，面对国内产能过剩、需求不足等矛盾，宁夏工业战线积极应对，提质增效，保持了工业经济稳中有进的发展态势。2015年1~11月，全区规模以上工业实现增加值879.5亿元，同比增长7.7%，增速比全国高1.6个百分点。预计规模以上工业增加值将从2011年的724.4亿元增加到2015年的1010亿元，年均增长12.1%，成功突破千亿大关。

6.投资规模快速扩大。五年来，宁夏充分发挥投资对经济增长的拉动作用，投资规模不断扩大。2015年1~11月，全区完成固定资产投资3115.02亿元，同比增长10.9%，增速比全国高0.7个百分点。预计2015年宁夏将完成固定资产投资3580亿元，比2011年增加1926亿元，年均增长23.2%，五年累计完成投资达1.3万亿元。

7.消费市场持续活跃。"十二五"期间，随着城乡居民收入的不断增加、房车博览会等节会的召开以及一系列大型商业综合体的建成，宁夏消费潜能进一步释放。2015年前三季度，全区实现社会消费品零售总额572.2亿元，同比增长6.7%。预计2015年，全区社会消费品零售总额将达到788亿元，是2011年的1.65倍，年均增长12.5%。

8.对外开放再上台阶。"十二五"期间，宁夏积极主动融入国家"一路一带"战略，深化与阿拉伯地区的合作，加快建设内陆开放型经济试验区和银川综合保税区，全力打造丝绸之路经济带战略支点，开放宁夏建设取得新突破。第一届、第二届中阿博览会取得圆满成功。2014年，全区实现进出口总额54.36亿美元，是2010年的2.8倍，2011~2014年年均增长29.3%，高于同期全国平均增速19.6个百分点。四年累计实际利用外资10.37亿美元，外贸依存度由7.0%提高到12.1%，经济外向型水平不断提高。

9.财政实力显著增强。经济的发展带来了财政收支的快速增长。2015年1~11月，全区完成一般公共预算总收入544.16亿元，同比增长6.7%；一般公共预算支出1000.81亿元，增长19.2%。2015年，全区地方一般公共预算收入预计将达到360亿元，同比增长8.0%，是2010年的2.3倍，年均增长19.0%。财力的增加对促进经济社会发展提供了有力的资金保障。全区财政支出将继续突破千亿大关，教育、医疗、卫生、社会保障等民生事业得到较好保障。

（二）看改革新成效，结构调整成绩显著，新动力催生新活力

1.服务业比重持续上升。"十二五"期间，宁夏始终坚持把现代服务业作为转方式、调结构的重要抓手，优先发展金融、消费等行业，不断提高服务业对经济发展的贡献。全区三次产业结构由2010年的9.0∶49.0∶42.0调整为2015年的8.0∶48.0∶44.0，第三产业比重上升2.0个百分点。

2.优势特色农业发展加快。"十二五"期间，宁夏特色农业取得了长足发展，特色优势产业产值占农业总产值比重超过八成。中宁枸杞、灵武长枣、吴忠奶业、盐池滩羊、西吉马铃薯、中卫硒砂瓜等主产区产业规模不断扩大，基本形成了特色优势产业区域化布局、专业化生产、规模化发展、产业化经营的新格局。

3.工业结构调整稳步推进。工业是宁夏经济转型升级的主战场。"十二五"期间，宁夏坚持走新型工业化道路，工业结构不断改善。从"倚重倚能"到"轻重协同"，轻工业持续发力。2011~2014年，宁夏轻工业占比从12.1%提升到14.6%，4年提高2.5个百分点，2015年1~11月更是达到17.9%。

4.城镇化水平加速推进。新型城镇化是"十二五"期间宁夏经济步入新常态下拉动内需、改善民生、实现经济增长的重要推动力量。近年来，宁夏依照《宁夏空间发展战略规划》，又好又快推进新型城镇化建设。城市化水平不断提高。2015年全区城镇化率预计将达到54.6%，5年提高6.6个百分点，近40万农村人口进入城市。交通运输迎来大发展。2014年末，全区铁路营业里程、公路通车里程、高速公路里程分别达到1029.3公里、31276.23公里、1344公里。特别是银西高铁在2015年开工建设，结束了宁夏不通高铁的历史。城镇化的快速推进也为房地产业带来了新机遇。2014年，全区房地产开投资达到654.8亿元，是2010年的2.57倍；城镇居民人均住房建筑面积30.99平方米，比2010年增加0.73平方米。居业联动、产城融合能力不断增强。宁东工业园区、银川经济开发区、石嘴山经济技术开发区等31个工业园区规模不断扩大。

5.市场主体活力日益增强。"十二五"期间，特别是党的十八大之后，各地行政审批制度改革力度不断加大，有力激发了市场主体的活力。2014年，宁夏取消和调整自治区级行政审批事项422项，降幅39.2%，压缩投资领域审批时限50%。在市场准入放宽的同时，政府积极扩大企业投资自主权，极大激发了市场活力，有力地促进了非公经济的较快发展。2015年1~11月，民间投资占全区投资的52.5%；规模以上工业非公有制经济对全区规模工业增长的贡献率达到57.8%，成为宁夏工业持续发展的新亮点。

6.节能降耗成效显著。随着企业转型发展主动性明显增强，"十二五"期间，宁夏能耗水平持续下降，单位地区生产总值能耗累计下降19.3%。

7.新产业、新业态快速发展。"十二五"期间，在新常态下培育新经济增长点，是宁夏经济从量的扩张到质的提升的重大转变。新能源、纺织、新型煤化工等特色产业发展迅速。清洁能源增势良好。截至2015年9月底，全区风电、光伏、水电和生物质等清洁能源装机容量占到电力装机总容量的31.6%；风力和太阳能发电量占全区工业发电量的比重从2010年不足1%提高到2015年1~11月的10.6%。纺织产业不断壮大。随着中银、嘉源、荣昌、如意等骨干企业的成长，2014年，全区纺织业增加值从2010年的16.2亿元增加到2015年1~11月的36.0亿元。新型煤化工产业快速增长。在宁煤、中石化长城、宝丰等能源化工企业的带动下，2015年1~11月，全区化学原料和化学制品制造业增加值达到106.4亿元，占规模以上工业增加值的比重由2010年的6.5%提高到12.1%，精甲醇和聚丙烯等煤化工下游产品从无到有。"互联网+"经济快速发展。2014年前三季度，全区通过互联网实现商品销售32.2亿元，增长11.1%，比社会消费品零售总额增速快4.4个百分点，占社会消费品零售总额的5.6%。1~10月，快递业务量完成1720.2万件，增长49.6%；业务收入完成3.8亿元，增长45.2%；固定互联网宽带接入用户84.46万户，增长8.9%。2014年，移动互联网用户476.3万户，互联网普及率达到45.1%。大数据产业规模不断扩大。"智慧宁夏"建设步伐加快，亚马逊、奇虎360等互联网巨头落户中卫，中兴集团数据中心聚集银川，银川IBI育成中心发展势头强劲。

8.科技创新不断突破。科技创新是宁夏内在发展的核心。"十二五"期间，宁夏R&D经费投入占地区生产总值的比重从2010年的0.68%提高到2105年的0.92%。专利申请量和授权量大幅增加。2014年，申请专利量3528件，专利授权量1424件，分别是2010年的4.8倍和1.3倍。基础研究和前沿技术研究取得一批重大成果，新型煤化工、3D打印、新材料等重大科研项目取得新突破，为产业转型升级提供了强有力的技术支撑。

（三）看民生新福祉，民生保障全面进步，发展成果惠及人民

1.城乡居民收入同步提高。立国之道，唯在富民。"十二五"期间，随着经济的稳定增长和收入分配政策的改革，宁夏城镇居民人均可支配收入从2010年的15093元提高到2015年的25418元，年均增长10.7%；农民人均可支配收入从2010年的5125元提高到2105年的9167元，年均增长12.3%，实现了同步提高。2014年，全区城镇非私营单位在岗职工平均工资达到56811元，是2010年的1.45倍，2011~2014年年均增长9.8%。

2.居民财富稳步增加。"十二五"期间，随着居民收入持续增长，居民储蓄存款快速积累，2014年末，全区城乡居民储蓄存款余额首次突破2000亿元，达到2054.65亿元，是2010年的1.76倍，2011~2014年年均增长15.1%。

3.居民就业保持平稳增长。2014年全区就业人员357.2万人，比2010

年增加31.2万人，年均增加7.8万人。2014年城镇登记失业率为4.0%，比2010年下降了0.4个百分点。

4.居民消费水平不断提升。2015年，全区居民消费率将达到38.0%，比2010年提高4.5个百分点。2014年，全区城乡居民人均消费支出达到17216元，是2010年的1.52倍，其中，食品消费支出占总消费支出比重为27.9%，比2010年降低5.3个百分点。

5.覆盖城乡居民的社会保障体系逐步健全。"十二五"期间，宁夏全面推广"先住院后付费"诊疗模式，城乡居民大病保险制度实现全覆盖，连续提高城乡居民基本医疗保险报销比例，建立城乡居民普惠性健康体检制度。2014年末，全区参加基本养老保险人数为151.4万人，比2010年增加43.7万人。参加基本医疗保险人数578.6万人，是2010年的3.25倍。2014年，全区享受低保救济的困难群众达56.5万人。

（四）看社会新面貌，各项事业稳步推进，公共服务实现均等化

1.教育事业成绩显著。2014年末，全区各级各类学校3093所，小学学龄儿童入学率、初中阶段毛入学率、高中阶段毛入学率、高等教育毛入学率分别达到99.20%、101.87%、89.81%和30.42%。

2.卫生事业稳步推进。启动实施"单独两孩"生育政策，取消了4年生育间隔。2014年末，全区共有医疗卫生机构4258个，医疗卫生机构床位3.1万张，卫生技术人员39867人，分别比2010年增加2673个、0.7万张和10121人。

3.文化、体育事业蓬勃发展。2104年末，全区共有博物馆12个，比2010年增加6个；公共图书馆26个，比2010年增加6个；地方出版报纸19种，比2010年增加4种；有线数字电视用户96.37万户，比2010年增加25.8万户。广播节目综合人口覆盖率为96.2%，电视节目综合人口覆盖率为99.1%，分别比2010年提高3.3个百分点和0.9个百分点。文化产业异军突起。2014年，全区文化及相关产业占GDP比重达到2.3%。体育事业创造新辉煌。2011~2014年，宁夏运动员共获得世界冠军5个，全国冠军47个。

二、"十二五"时期宁夏经济发展遇到的困难

(一) 市场供需矛盾日益突出

近年来,宁夏市场供需矛盾逐渐由工业向其他领域蔓延。产品需求不足导致生产相对过剩,企业产品滞销、库存增加,加剧了价格下跌,进而引发结构性通货紧缩。从生产价格情况看,全区工业品出厂价格自2012年4月开始连续44个月下降,购进价格自2012年6月开始连续42个月下降。1~11月,全区工业生产者出厂价格和购进价格同比分别下降6.3%和7.8%,降幅分别高于全国平均水平1.1个百分点和1.8个百分点,工业产品价格的下降也正在向其他行业传导。2015年前三季度,全区农产品生产价格同比下降1.0%。其中,活牛价格下降3.8%、羊下降18.0%、牛奶下降23.2%、禽蛋下降10.5%。从企业销售情况看,进入2015年以来,全区规模以上工业主营业务收入连续10个月负增长,1~10月下降3.3%,增速比全国平均水平低4.3个百分点,比增加值增速低10.9个百分点;产品销售率仅为93.7%,比全国平均水平低3.8个百分点,"十二五"期间持续低于98%的合理水平。随着市场需求的减弱,企业经济效益不断下降。全区规模以上工业企业利润总额自2013年完成139.11亿元后不断下行,2015年1~10月仅完成62.7亿元,同比下降33.1%。

(二) 经济结构相对落后

从三次产业看,"十二五"期间,由于宁夏第三产业发展较慢,现代服务业水平较低,造成工业比重过重,服务业对经济增长的带动作用较弱。从2015年前三季度情况看,宁夏第三产业仅增长6.5%,位居全国最后一位,占地区生产总值的比重比全国低8.7个百分点;第二产业所占比重仍达49.6%,对经济增长的贡献率为63.7%,拉动经济增长4.8个百分点,分别比第三产业高31.7个百分点和2.3个百分点。从第二产业内部结构看,高耗能工业比重较大。前三季度,宁夏工业保持平稳增长,主要得益于化工、有色、煤炭等行业的较快增长,重工业拉动规模以上工业增长4.5个百分点,贡献率达到59.6%;全区六大高耗能行业增加值占规模以上工业增加值的比重仍超过一半,综合能源消费量占全部规模以上工业企业能耗

能源消费总量的91.2%，高耗能工业比重依然偏高。这种偏重偏能的结构抗风险能力较弱，特别是在市场需求偏弱、化解产能过剩和节能减排刚性任务约束下受到的冲击更大，而轻纺、医药等新兴产业虽然增速较快，但还没有挑起大梁。具有辐射带动作用强的龙头企业和科技含量高的重大项目偏少，暂时难以弥补退出产业的影响。从服务业结构看，重点行业发展较慢，前三季度，全区交通运输、仓储和邮政业增加值下降2.6%，增速比全国低7.3个百分点；批发和零售业下降2.9%，增速比全国低8.9个百分点；房地产业下降9.1%，增速比全国低12.6个百分点。生产性服务业、高端装备制造业、生物技术、节能环保等符合国家产业政策的行业尚不能形成主导型的增长新动力。

（三）经济增长动力单一

投资、消费、净出口是拉动经济增长的三驾马车。而"十二五"期间，宁夏在这三驾马车中却是投资一马当先，消费拉动作用较弱，出口总量偏小。2014年，全区资本形成率为112.8%，高于最终消费率59.5个百分点，高于居民消费率76.5个百分点，消费对全区经济增长的拉动明显弱于投资。宁夏地处内陆，长期以来外贸水平较低，从2015年前三季度情况看，全区进出口总额仅高于西藏自治区和青海省，居全国第29位。外贸依存度比全国平均水平低27.6个百分点，进出口对经济的拉动作用十分有限。自2013年三季度开始，宁夏固定资产投资已连续两年超过地区生产总值，预计2015年固定资产投资与GDP之比将达到1.21，比2010年上升0.34个点。一方面反映出经济增长对投资的过度依赖，另一方面也折射出投资效益低下，结构不合理，增加投资对经济增长的边际效应下降，意味着依靠投资拉动经济增长将越来越困难。

（四）新旧动力转换的阵痛期正在持续

"十二五"期间，市场、资源、环境等经济增长的硬约束逐渐发生改变，宁夏经济增长的新旧动力不断调整变化。一方面，旧动力后劲不足。从投资看，高速增长势头不在。受市场需求不足、价格下降等因素影响，企业的投资意愿不断减弱，自2015年8月开始，宁夏投资增速步入个位数增长区间。尤其是房地产市场自2014年以来，持续深度分化调整，房地产开发投资明显减缓，增速由正转负，房地产销售全面回落。与此同时，与之息息相关的民间投资也不断回调，1~11月，全区民间投资仅增长4.1%，占投资的比重从2014年的55.9%回落到52.5%。从消费看，各类消费主体动力明显不足，消费市场增速明显回落，持续低于全国平均水平。2015年1~11月，全区限额以上社会消费品零售总额下降0.6%，增速比上年同期回落3.2个百分点；限额以上批发业销售额同比下降15.4%，70.1%的企业负增长；限额以上零售业零售额下降1.1%，53.6%的企业负增长；限额以上住宿业零售额下降2.8%，59.8%的企业负增长；限额以上餐饮业零售额下降7.3%，60.7%的企业负增长。石油及制品、汽车、金银珠宝等重点商品销售不断下滑，全区消费市场增长乏力。另一方面，需求旺盛、发展后劲较强的轻工、信息、教育、旅游、健康养老等新动力，规模还较小，难以起到明显的支撑作用。

（五）环境保护面临较大压力

受资源禀赋和产业结构影响，"十二五"期间宁夏经济倚重倚能，能耗总体水平偏高。2014年，全区万元GDP能耗是全国平均水平的2.6倍。单位资源的产出效率低。全区每吨标准煤所创造的GDP为5484元，只有全国（每吨标准煤所创造的GDP为14940元）的36.7%。此外，水资源利用效率不高，农业用水总量占社会用水比重高达86.6%。环境压力日益增大。全区化学需氧量、二氧化硫、氨氮和氮氧化物排放强度为8.0千克/万元、13.7千克/万元、0.6千克/万元和14.7千克/万元，分别是全国平均水平的2.2倍、4.4倍、1.6倍和4.5倍。

（六）创新基础有待进一步夯实

"十二五"期间，全区对于科研和人才越来越重视，相继出台了各种政策支持科研发展和人才引进，但与经济发展和转型升级的需求相比，还远远不够。2014年，全区科学技术支出11.32亿元，同比增长5.9%，比全区公共财政预算支出增速低2.6个百分点，仅占公共财政预算支出的1.1%，远低于中央财政科技支出（3.6%）的比重；研究与试验发展（R&D）经费支出占GDP比重为0.87%，比全国2.09%的比重低1.22个百分点。研究生毕业人数1362人，占普通高等学校毕业总人数的5.3%，与先进地区相比仍有明显差距。科研投入比重偏低、人才短缺，制约着科学技术的进步，难以满足全区经济规模扩大和经济转型升级对人才和技术的需求。

三、对"十三五"时期宁夏经济发展的政策建议

（一）以深化改革为统领，为经济发展提供新动力

全面深化改革，增强经济社会发展的动力和活力，为"十三五"宁夏经济社会发展奠定良好基础。毫不动摇地巩固和发展公有制经济，鼓励、支持、引导非公有制经济发展，加快发展混合所有制经济，落实"非禁即可"产业准入政策，开展负面清单管理方式试点。继续深化国有企业的产权改革，全面实施企业投资管理体制改革，探索建立公共投资领域引入社会资本的机制。深化财税金融制度改革，加快健全资本、金融、产权、股权、技术、知识产权等要素市场和全区统一的综合性产权交易平台建设，稳步推动水、电、气等资源价格改革，加快建设社会信用体系和市场监管体系。深化投资管理体制和行政审批制度改革，推行"三个清单"管理模式，营造良好营商环境。加大金融扶持力度。鼓励金融企业进一步调整信贷投向、优化信贷结构，把更多信贷资金配置到先进制造业、战略性新兴产业和企业技术改造上来，激励实体经济转型发展。加大对中小企业的信贷投入，拓宽中小企业直接融资渠道。

（二）以转型升级为依托，推动工业提质增效

工业是拉动宁夏经济增长的主要动力，要保持工业平稳较快增长，必须加快转型升级，切实提高质量效益。利用科技创新，充分利用宁夏工业生产的基础性资源，大力发展风电、太阳能光伏发电、稀有金属材料及深加工、铝镁合金等轻金属材料及深加工、轴承、大型铸件、轨道交通变压器、智能电网设备等战略性新兴产业，提高自主核心技术和关键环节的自主研发力度，进一步提高宁夏工业产品的竞争力。要支持和引导煤炭、石化、建材、纺织等传统产业转型升级，用先进的工艺和技术，加快对传统落后产业的技术改造。要结合国家和自治区产业转型升级的新形势、新政策和新要求，制定并完善符合宁夏实际的招商引资准入标准，提高招商引资门槛，有选择地接纳外来资本的进入；要继续加强节能减排，严格控制

能耗增量，加强高耗能地区、重点行业和企业的跟踪监测，遏制高耗能产能扩张，严控能耗增长势头，大力发展低耗、高效、循环经济，不断提高资源、能源综合利用水平。

（三）以项目建设为抓手，促进投资结构优化升级

投资项目建设一直是宁夏稳增长的有力抓手。要引导投资投向科技创新、结构调整、节能减排、基础设施、民生保障等关键领域。积极探索投资促进技术进步的新途径，进一步释放民间投资潜力，引导社会资金进入高技术领域。坚持区别对待、有保有压的方针，严格控制高耗能、高污染企业行业和产能过剩投资项目。对煤炭、冶金、化工等支柱行业的投资应以拉长产业链、提升工艺水平、促进科技创新为重点，进一步发挥投资在稳中求进、转型升级的关键作用。要抓好项目资金筹措。充分发挥政府性投资四两拨千斤的作用，积极盘活财政存量资金，把财政存量资金更多地投入到农业水利、扶贫开发、保障性安居工程、重大基础设施、生态建设等补短板、调结构、增后劲、惠民生的大工程、好项目上，提高财政支出效益。

（四）以发展现代服务业为重点，加快经济结构调整

服务业是宁夏经济发展的短板，作为一个能够大量释放需求、大量吸纳就业、大量提升居民收入的重要行业，其快速发展对全区经济转型升级意义重大。要大力发展现代服务业，坚持市场化、产业化、社会化的方向，从体制机制、政策法规、资金投入和改善环境等多方面采取措施，在信息传输、计算机服务和软件业、金融业、房地产业、租赁和商务服务业、科学研究等现代服务业重点领域寻求突破。大力发展生产性服务业。促进生产性服务业和装备制造业的融合，培育一批能够围绕装备制造业的产品生产，在产品设计、系统集成、工程承包、人员培训、设备租赁、产品升级及设备维护、产品报废回收及再制造等环节开展增值服务的生产性服务业企业。培育服务业龙头企业。重点扶持发展行业领军企业和知名品牌，保护一批有宁夏特色的老字号品牌，支持优势服务品牌企业实行跨地区、跨行业、跨所有制的连锁扩张，成为竞争力较强的大型服务业企业集团。

(五) 以保障民生福祉为目标，释放内需拉动的潜能

全区经济持续健康发展的出发点和落脚点都是民生福祉的不断提高。就业是民生之本，要大力拓宽就业渠道。在贯彻落实现有就业政策的基础上，开发更多就业岗位，引导高校毕业生到中小企业、非公经济和基层就业，鼓励自主创业，落实创业培训补贴、小额担保贷款及贴息、税费减免等政策。要调整收入分配结构，实现居民收入的增长与经济发展同步，提高城乡居民的消费能力，充分发挥消费在稳增长中的基础作用。要切实保障居民生活水平的提高。以新型城镇化建设为契机，切实提高教育、医疗、住房和社会保障等基本公共服务水平，不断增进人民群众福祉。

(六) 以"一带一路"为机遇，全面提升对外开放水平

着力推进开放宁夏建设，创新开放模式，将全区的对外开放融入"一带一路"战略。创新对外贸易发展方式。坚持以质取胜，优化出口产品结构，稳定劳动密集型产品出口，扩大传统优势产品出口，控制高耗能、高污染产品出口，提高宁夏产品国际市场占有率和影响力。鼓励加工贸易延伸产业链，扶持一批有规模、有优势的加工贸易企业从贴牌生产、委托设计向自主品牌转型，增强企业的设计研发能力和品牌营销能力。提高利用外资水平。从提升质量、扩大规模入手，努力在利用外资上取得新突破。要加强引资平台建设，以中阿博览会为重点，切实把引资项目做细做实。要更加注重招商选资，抓好重点领域招商，瞄准重点区域招商，突出重大项目招商，提高招商引资的针对性。加大政策扶持力度。加强服务保障，完善服务体系，严格依法行政，尤其要优化人才服务，建设完善的国际化人才市场体系和配套服务管理机制，不断优化开放环境。

(七) 以节能减排为手段，实现生态环境逐步改善

宁夏是典型的能源依赖型经济，要正确处理好节能降耗和经济发展之间的关系。既要削减污染总量，加大淘汰落后产能力度，限产一批高耗能、高污染、低效率的企业；又要严控污染增量，在进一步淘汰落后产能的同时加强企业设备升级改造，严格控制能源消费总量。进一步实现生态环境的改善和修复，打造美丽宁夏。

宁夏"十二五"时期农业和农村经济形势及"十三五"政策建议

张蓓蓓

"十二五"以来，宁夏各级党委、政府认真贯彻落实中央、国务院"三农"工作精神，坚持把"三农"放在重中之重的位置，围绕发展"一特三高"现代农业，深入推进改革创新，全力推动农业经济结构调整，强化各项惠农政策贯彻落实，在确保粮食安全的基础上，突出特色、精品、高端，重点抓好特色优势产业生产布局和经营发展，农业农村经济稳中有进、活力增强、持续向好。"十二五"成为改革开放以来宁夏农业农村经济增长、农民收入增长最快，农民利益得到最多的时期之一。

一、"十二五"宁夏农业农村经济发展成就

（一）农业发展速度平稳，经济总量显著提高

2014年，宁夏农林牧渔业实现增加值229.6亿元，按可比价计算，比2010年增长23.0%，年均增长5.3%。2015年预计可达240亿元，比2010年增加80.7亿元，年均增长16.2亿元。

分年度看，宁夏农林牧渔业发展速度呈现出稳步发展的好势头。2011年农林牧渔业增加值按可比价计算，增速为5.1%，高于全国平均水平0.9

作者简介：张蓓蓓，宁夏统计局农村统计处职员。

个百分点；2012年增速达到近五年的最高点为5.8%，高于全国平均水平1.3个百分点；2013年增速回落到4.6%，仍比全国平均水平高0.6个百分点；2014年增速又上升为5.7%，高于全国平均水平1.5个百分点；2015年前三季度累计增速为5.2%，高于全国平均水平1.3个百分点。

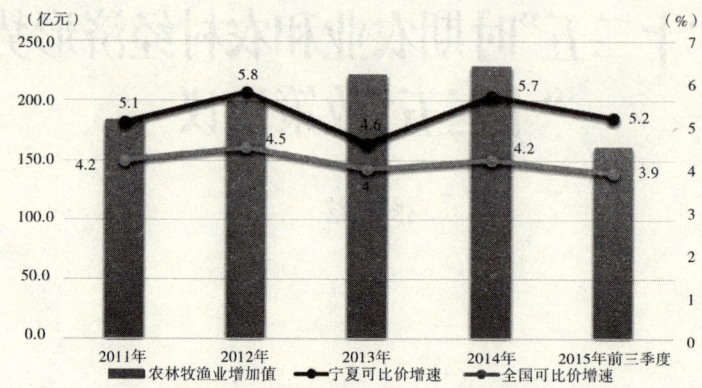

图1 "十二五"宁夏农林牧渔业增加值及增长速度

分行业看，农业年均递增4.7%，林业年均递增3.6%，畜牧业年均递增5.1%，渔业年均递增15.5%，农林牧渔服务业年均递增9.7%。宁夏渔业和农林牧渔服务业增加值年均增速较高。

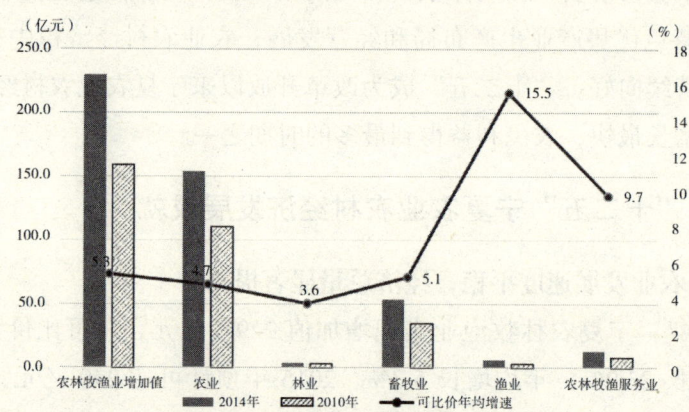

图2 农业牧渔业增加值分行业变化情况

（二）农业产业结构优化升级，调整效果逐步显现

1.农林牧渔业内部结构不断调整优化。近年来，宁夏积极调整农业产业结构，以市场为导向，以效益为中心，把大力发展瓜菜园艺、草畜产业、葡萄和枸杞产业作为富民增收的重要产业来抓。农、林、牧、渔及服务业增加值构成由 2010 年的 69.4∶1.9∶21.9∶2.0∶4.8 优化为 2014 年的 67.1∶1.6∶23.3∶2.5∶5.5。2014 年，宁夏农业优势特色产业总产值占农林牧渔业总产值的 85.7%，比 2010 年提高 2.7 个百分点，其中瓜菜园艺、草畜产业、葡萄和枸杞产业产值占农林牧渔业总产值的 53.5%，比 2010 年提高 6.4 个百分点。

2.农业比重偏高，总体结构仍有差距。2014 年，宁夏农林牧渔业增加值占 GDP 的 8.3%，尽管比 2010 年降低 1.1 个百分点，但与经济发达省区相比仍然偏高（浙江 4.5%，广东 4.8%，江苏 5.9%）。在农林牧渔业中，农业（种植业）增加值占比为 67.1%，高于全国平均水平 8.5 个百分点；林牧渔业合计占比较低，为 27.4%，低于全国平均水平 11 个百分点。农业（种植业）比重偏高依旧是宁夏产业结构的一大劣势。

3.农业、牧业内部结构调整初见成效。一是粮食生产稳步发展，农业（种植业）结构有待进一步调整。"十二五"期间，宁夏认真落实国家扶持粮食生产的各项政策，粮食作物播种面积趋于稳定，粮食总产量创历史最高水平，实现"十二连丰"。2014 年粮食播种面积达 1157.0 万亩，粮食总产量达 377.9 万吨，创历史新高。在保证粮食生产的同时，还注重发展区域优势强、收益高、见效快、市场需求量较大的经济作物。2014 年，宁夏经济作物播种面积占农作物播种面积的 38.4%；经济作物产值 168.2 亿元，占农业（种植业）产值的 61.2%，其中，瓜菜园艺、葡萄和枸杞产业产值为 136.6 亿元，占种植业产值的 49.7%。由此可见，在保证全区粮食安全的前提下，质优价高的特色经济作物在种植业中的比重仍有待继续提高。

二是牧业结构较优。2014 年，全区牧业产值 126.0 亿元，占农林牧渔业总产值的 28.3%；清真牛羊肉产量 18.3 吨，占肉类总产量的 64.2%；草畜产业产值 101.2 亿元，占畜牧业产值的 80.3%。可见，进一步巩固并发展草畜产业规模是加快转变宁夏牧业发展方式的重要手段。

（三）农产品产量大幅度提高，综合生产能力明显增强

1.粮食生产再创新高。"十二五"期间，宁夏加大农业生产的政策和资金扶持力度，大力推广优良品种面积，小麦、玉米、水稻和马铃薯四大粮食作物良种覆盖面积达90%以上。在生产措施得力、气候适宜的条件下，2014年秋粮单产达到357.0公斤，夏粮单产214.4公斤，分别创秋、夏粮单产新高。2014年，全区粮食播种面积达到1157.0万亩，粮食总产量378.0万吨，比2010年增长10.9%；粮食亩产达到326.6公斤，比2010年增加52.0公斤。

2.畜牧业生产稳定发展。"十二五"期间，宁夏克服了市场周期性波动和畜禽疫病等对畜牧业生产的不利影响，积极转变畜牧养殖方式，大力引进推广优良畜禽品种，强化畜禽养殖示范小区建设，畜牧养殖方式发生根本转变。2014年，全区生猪存栏75.4万头，比2010年增长2.3%；牛存栏103.1万头，增长13.7%；羊存栏612.0万只，增长29.4%；家禽存栏1032.4万只，增长28.2%。畜禽存栏的基本稳定为畜产品产量的增长奠定基础，2014年全区肉类总产量28.5万吨，比2010年增长10.9%；奶类总产量达到135.7万吨，增长60.6%；禽蛋产量8.3万吨，增长15.3%。

3.设施蔬菜产业快速发展。在确保粮食生产稳定的同时，宁夏大力推广设施大棚蔬菜种植，进一步提高了土地生产效率，满足了城乡市场蔬菜供应，提高了农民收入。2014年，全区蔬菜种植面积185.0万亩，比2010年增长21.6%；蔬菜产量540.8万吨，比2010年增长32.7%。在蔬菜生产和市场供应中，设施蔬菜起着举足轻重的作用，在蔬菜生产中所占份额越来越大。2014年，全区已建成蔬菜设施58.9万个，其中：日光温室15.9万个，大、中拱棚30.4万个。全区设施蔬菜种植面积63.7万亩，比2010年增长3.4%；设施蔬菜产量195.0万吨，比2010年增长20.3%。设施蔬菜产业的快速发展，不但确保了人民群众生活需要，还有大量的时鲜蔬菜销往外地，大棚蔬菜已经成为农民家庭增收的"钱袋子"。

4.渔业生产发展迅猛。"十二五"期间，宁夏渔业以"高效、生态、安全"为目标，以名优品种养殖扩规模、休闲渔业强基础为抓手，把渔业技术创新推广作为富裕渔民、繁荣渔业市场、振兴渔业经济的重中之重，挖掘资源潜力、推进标准化养殖、转方式、调结构，增强科技创新推广能力，促进全区渔业全面发展。改造、新建养殖基地12.5万亩，依托自治区产业化项目实施，建设集中连片200亩以上标准化养殖示范基地20个，带动全区标准化改造养殖池塘 2.8 万亩，高标准打造了青铜峡二渔场等 5 个现代渔业示范基地。在养殖方式上，开展了高产高效养殖试验示范，实现常规品种亩产 3000~4000 斤、亩效益 5000 元以上，优特新品种亩效益 8000 元以上的高产、高效目标。渔业养殖面积不断增加，2014 年养殖面积达到 70 万亩，比 2010 年增长 15.5%，年均增长 3.7%。水产品总产量保持快速增长，2014 年水产品产量达到 16.3 万吨，比 2010 年增长 81.1%，年均增长 16.0%。

（四）农业机械化进程加快，农业生产效率不断提高

"十二五"期间，宁夏把加快农业现代化进程作为农村经济发展目标，在全区范围内对购置农业机械的农户进行政策补贴，刺激了农村群众购置农机具的积极性，有效推进了农业机械化进程。2014 年，全区农业机械总动力 813.0 万千瓦，比 2010 年增长 11.5%，年均增长 2.8%；大中型拖拉机拥有量由 2010 年的 2.8 万台发展到 4.9 万台，增长 75.6%，年均增长 15.1%；联合收割机由 2010 年的 0.6 万台发展到 0.8 万台，增长 19.5%，年均增长 4.6%；大中型配套农具由了 2010 年的 5.1 万部发展到 8.5 万部，增长 65.9%，年均增长 13.5%；农用排灌动力机械由 2010 年的 2.8 万台发展到 3.2 万台，增长 14.6%，年均增长 3.5%。农机具的增加和使用，有效提高了农业生产效率，解放了生产力。

（五）新型经营主体发力，集约程度稳步提升

生产组织更趋多样。实施"千场千社培育工程"，积极培育多形式、多领域的新型经营主体，开展家庭农场、农民合作社示范创建。2014 年，全区已有农业龙头企业 682 家、家庭农场 1754 家、农民合作社 4821 家。"十二五"以来，宁夏农业规模化经营快速发展，特别是畜牧业生产规模化程度提升较快。2014 年生猪规模养殖占存栏总量的 34.6%，奶牛规模养殖占奶牛存栏量的 71.1%，肉牛规模养殖占存栏量的 9.6%，肉羊规模养殖占存栏量的 14.7%，家禽规模养殖占存栏量的 47.4%，分别比 2010 年提高 12.2、37%、7.2%、5.5%和 17.6%。

（六）农业产业化步伐加快，助推农业现代化进程

加快农产品加工业发展，推进初加工、精深加工和综合加工协调发展。

2015年，宁夏农产品加工转化率达到60%以上，销售收入过亿元的企业超50家。预计2015年完成农产品加工产值520亿元，同比增长15%；实现销售收入500亿元，同比增长14%。加强市场体系建设，全区集镇以上各类农产品市场达到223个，其中农业部定点批发市场15家，年交易额突破80亿元。组织龙头企业参加中阿博览会、全国绿色食品博览会、中国国际农产品交易会等展会，集中宣传推介宁夏特色农产品，拓展区外农产品销售市场。

（七）农村改革稳步推进，增强农业发展后劲

深化农村产权制度改革，发展多种形式的适度规模经营。加快农村土地承包经营权确权登记颁证工作，率先在全国基本完成全省域农村土地承包经营权确权登记颁证工作，累计完成1607.3万亩，占确权任务的90%以上。探索创新适度土地流转和规模经营的方式，有序推进农村土地承包经营权流转，截至2015年6月底，全区农村土地承包经营权流转面积达到291.4万亩，同比增长8.6%。积极开展"2+6"农村集体产权制度改革试点各项工作。

（八）林业产业基础建设进一步夯实，生态建设成效明显

"十二五"期间，宁夏积极巩固退耕还林成果，牢固树立绿水青山就是金山银山的理念，以生态林业民生林业为核心，以深化林业改革为动力，以"五大生态工程"为重点，加快推进植树造林步伐，生态建设成效明显。全区森林覆盖率由2010年的11.4%提高到2014年的13.8%，提高了2.4个百分点。在林地面积增加的同时，气候条件明显改善，经济林产业也取得较快发展。2015年，全区26个市民休闲森林公园全部开工建设，初步建成原州区古雁岭公园、青铜峡市青秀园等5个市民休闲森林公园。

二、宁夏"三农"发展存在的几个主要问题

（一）农村非农产业劳动力比重低，从业结构有待优化

农村劳动力从业结构是反映农村经济发展的重要指标。目前，宁夏农村劳动力从事非农行业的比重较低，与2010年相比，结构调整进程较慢。2014年，全区乡村从业人员216.1万人，其中乡村非农行业从业人员占比

为41.3%。乡村非农行业从业人员比重由2010年的42.6%下降到2014年的41.3%，降低了1.3个百分点。

(二) 农业生产以粗放式管理为主，投入大效益低

目前，宁夏农业生产模式较为粗放，习惯以大规模投入获得大产出，土地产出率较低。2014年，全国每亩耕地农业（种植业）产出（产值）是2703元，是宁夏1420元的1.9倍。这主要是由于宁夏生产成本高，而利润率偏低。

(三) 二、三产业支持力度弱，农民增收更依赖农业

一般来说，反映二、三产业较大规模支持农业的主要标志有四个：一是农业增加值在GDP中的份额下降到15%以下，二是城镇化率达到50%以上；三是农业就业人数占社会就业人数的比重降到30%以内，四是人均GDP达到1500美元以上。从以上四个标志看，宁夏二、三产业已经开始大规模地支持农业，但是与发达省区相比仍存在较大差距，二、三产业支持农业的能力还比较低，农民增收更依赖农业。2014年，宁夏农林牧渔业增加值占GDP的8.3%，城镇化率53.61%，比全国平均水平低1.16个百分点；乡村农业从业人员占乡村从业人员的58.7%，人均GDP为41834元，比全国平均水平低4795元。

(四) 农村居民收入来源单一，增收难度不断加大

"十二五"期间，宁夏农村居民收入中，工资性收入和家庭经营收入占农村居民收入的比重一直维持在90%左右，而转移性收入和财产性收入的水平一直较低。随着农村居民收入基数的增大，农产品价格的波动以及农资、雇工价格的上涨，农民增收的难度将会越来越大，而转移性收入和财产性收入作为农村居民收入的重要组成部分，还有很大的增长潜力。

三、"十三五"时期农业和农村发展的政策建议

(一) 进一步加快农村劳动力向非农产业转移

一是要鼓励发展本地农村民营经济。近年来，随着生活成本的提高，越来越多的农民工更愿意在家门口就业。因此，大力发展农村民营经济对进一步缩小城乡差距、提高农民收入有着极其重要的意义。各地要积极营

造有利于民营企业发展的政策投资环境，努力为民营企业发展提供各项优质服务，促进其健康稳定发展。二是大力发展服务业。重点发展现代物流配送、农业信息化服务、连锁超市、社区服务以及家政服务业等适合新生代农民工的新型服务劳动行业，加强吸纳农民工的能力。三是加快城乡统筹，重点建设以产业园区为支撑的新型小城镇，提高辐射吸收作用，进一步吸纳本地农民进城就业，提高农民的工资性收入。

（二）加快农业现代化建设，转变粗放生产模式

一是进一步加快农业标准化建设，对种养大户进行特定的补贴，鼓励他们在种养业生产中采用精细化管理模式，向管理要效益，向品质要收益。二是大力发展高效农业，提高科技对农业的支撑力度，切实提高全省农业生产效率，将高效生态放在农业生产的首位，彻底改变农业生产的粗放模式。三是大力发展特色优势农业。扶持鼓励各地结合自身农业生产情况，因地制宜，在保证粮食生产安全的前提下，舍"全"求"特"，打造适合本地情况的特色优势农产品，以特色优势农产品生产为抓手，促进本地农业产业结构调整。四是大力发展农业信息化，摸索发展"互联网＋农业""物联网农业""智慧农业"等新型模式。用信息化技术改变农业生产、销售方式，提高农业生产效率，切实做到农民增收、农业增效。

（三）进一步提高二、三产业对农业的支持力度

一是大力推进农业产业化发展。鼓励并扶持发展"农户＋合作社＋龙头企业""农户＋基地＋加工企业"等多种农业产业化发展模式，大力发展订单农业、合同农业，以农产品加工业带动农业发展，提高农产品附加值，增加农民收入。二是充分发挥农产品批发市场、农业现代园区、旅游观光农业和农业社会化服务体系对农业发展的带动作用，在全产业链上充分挖掘农产品价值，进一步吸纳农民就业向服务业转移，提高第三产业对农业的支持力度。三是加强引导，允许符合条件的工商资本投资农业，盘活农村存量资源，建立起以农民为发端的，更加健康、稳固的农业经营体系，提高农村三次产业融合度，最大限度地让农民受益。

（四）拓宽农民增收的渠道

一是提高社会保障标准。提高农村居民的医疗保险、养老保险和最低生活保障标准，继续进行扶贫开发。二是增加农村居民的财产性收入。充分运用"三权改革"的成果，出台"三权"抵押、担保办法，完善农村产权交易平台，把难以流动的资产转化为容易流动的股权，发展提升股份合作制，并在此基础上积极探索适合农村的金融产品，丰富农业保险的种类。三是注重培训，提高农民的素质。培训农业科技知识，支持农民在农业生产中进行科学管理，增加农作物的产量、提高农产品的质量；培训创业知识和经营管理知识，引导农民发展特色手工、休闲旅游、乡村民宿等新兴绿色产业；培训经济知识和金融知识，帮助农民在生产经营活动中使用金融工具来降低成本和风险。

宁夏"十二五"时期工业发展形势及"十三五"政策建议

周 涛

"十二五"时期是宁夏经济结构调整的攻坚期，也是宁夏工业转型升级的关键期，面对宏观经济"三期叠加"的压力，自治区党委、政府紧紧围绕"四个全面"战略布局，主动适应新常态，精准调控、果断决策、攻坚克难，积极应对国内外复杂严峻的经济形势，实现了全区规模以上工业持续稳步增长，工业经济发展达到新水平。

一、"十二五"期间宁夏规模以上工业发展取得的成就

"十二五"时期，宁夏工业经济在宏观经济大环境的影响下逐步进入新常态，"三期叠加"的阶段性特征明显，规模以上工业面对困难稳增长，应对挑战调结构，取得成绩来之不易。

（一）工业规模持续扩大，企业数量不断增加

"十二五"以来，自治区积极培育中小企业，启动"百家成长、千家培育"工程，各项政策、措施保障工业投资项目顺利进展，集中精力推动工业发展，规模以上工业企业数量增加较快。截至2015年11月末，规模以上工业企业单位数已达到1186户，比2011年净增434户。2014年规模以

作者简介：周涛，宁夏统计局工业统计处统计师。

上工业实现增加值954.4亿元，剔除价格因素，年均增长13.1%。主要工业产品产量2014与2010年相比都有较大幅度的增长。其中，服装836.9万件，增长1.3倍；乳制品75.2万吨，增长4.6倍；化学药品原药2.1万吨，增长61.5%；树脂104.3万吨，增长1.2倍；工业自动调节仪表与控制系统80.5万台（套），增长1倍；发电量1200.9亿千瓦时，增长1倍；原油加工量426.2万吨，增长93.4%；电解铝139万吨，增长52%；原煤8563.5万吨，增长29.5%；精甲醇286.8万吨；单晶硅960.4万千克；味精20.2万吨。

（二）工业结构不断优化，调轻调优取得成效

"十二五"以来，宁夏工业坚持走新型化道路，强力推进转型升级，规模以上逐步从"倚重倚能"向"轻重协同"，转变。2011~2014年，宁夏轻工业占比从12.1%提升到14.6%，4年提高2.5个百分点，2015年1~11月更是达到17.9%的历史新高。与此同时，规模以上高耗能工业的比重不断降低，由2011年的55.0%，下降到2015年1~11月的52.4%，5年时间下降2.6个百分点。

（三）工业投资成效显著，奠定转型基础

"十二五"期间，宁夏紧抓大项目带动，以项目促转型，以项目消化产能，工业投资项目成效显著，先后启动实施了宁煤、宝丰、长城能源煤间接液化、如意、恒丰纺织产业、中银羊绒生态纺织园、丽珠药业原药基地、电力外送大力推进等一大批重点项目，为工业发展不断加油给能。2014年，宁夏工业完成投资1424.5亿元，较2010年年均增长23.9%，工业投资占全区固定资产投资额的比重保持在40%以上。特别是制造业投资占工业投资的比重从2010年的49.4%提高到2015年1~11月的52.7%，为工业实现稳步增长提供了不竭的动力，为工业结构的调整以及产业结构的转型升级奠定了基础。

（四）大中型工业稳步增长，龙头企业实力增强

"十二五"期间，宁夏继续实施大集团引领战略，大中型企业稳定增长，企业实力不断增强，成为全区工业发展的推进器和稳定器。2014年，宁夏大中型工业企业达到189户，比2010年净增45户，其中，大型企业

46户,净增28户;中型企业143户,净增17户。大中型企业实现工业增加值741.5亿元,产出规模比2010年扩大了315亿元,年均增长11.0%;实现主营业务收入2692.4亿元,比2010年翻了一倍,年均增长14.6%。大中型企业个数占规模以上工业的比例为20%左右,但产出量和主营收入的占比一直都保持在75%以上,利润占比保持在70%以上,为全区经济社会发展做出了重大贡献。从工业企业看,2014年,年主营业务收入过百亿元企业5户,比2010年增加2户;年主营业务收入过10亿元企业45户,比2010年增加17户。

(五)研发投入不断增加,科研基础不断夯实

"十二五"以来,增加加大研发投入力度,规模以上工业R&D人员投入与经费支出逐年增加,企业自主创新能力不断加强,不断促进产业升级。2014年,宁夏规模以上工业R&D人员投入10110人,比2010年增长1.2倍;R&D经费支出23.9亿元,比2010年增长1.1倍,年均增长17.3%。

近年来,在"千亿"战略的实施和带动下,高技术产业对创新的投入逐渐加大。2014年,全区高技术企业R&D经费投入1.5亿元,增长12.9%。2010年,高技术企业R&D经费投入0.77亿元。2010~2014年,高技术企业R&D经费投入年均增长48.4%。高技术企业R&D经费投入强度(企业R&D经费内部支出与主营业务收入之比)保持在3.4%以上的水平,高于全区工业的整体水平2.9个百分点。

(六)非公经济快速增长,经济活力不断增强

随着国有企业改革的深入深化,宁夏积极推进混合所有制经济发展,国有、集体、非公有资本优势互补,相互融合,共赢发展。国企活力得以激发,非公经济充分发展。2014年,全区规模以上工业中非公经济实现增加值401.3亿元,增长16.3%,远远高于规模以上工业的平均增速,占规模以上工业增加值的比重超过40%,对规模以上工业增长的贡献率也在逐年提高。

二、"十二五"时期宁夏工业经济发展中的问题

"十二五"期间,宁夏工业经济发展成绩不菲,结构调整稳步推进,但

转型升级并非一朝之功。回首过去的5年，全区工业经济保持稳步增长的压力不断加大，工业发展的制约因素积累过度，结构、供需等深层次问题不断积累，工业发展进入结构调整和动力转换关键阶段，增长率回落加速与经济下行压力不断加大，面对新常态下调控的"两难""多难"问题增多，工业经济持续健康较快发展的困难增多。

（一）工业增速大幅回落

"十二五"的后两年，宁夏规模以上工业经济结束近十几年来两位数以上的高增长，从2011年18.1%的高速开局，而后急转直下，2012年增长13.8%，2013年降至12.5%，2014年在巨大的下行压力下，进入个位数增长时代，仅增长8.3%。2015年1~5月回落到5.7%，经过半年的不懈努力，1~11月增长回升到7.7%，距离全年目标仍有不小差距。

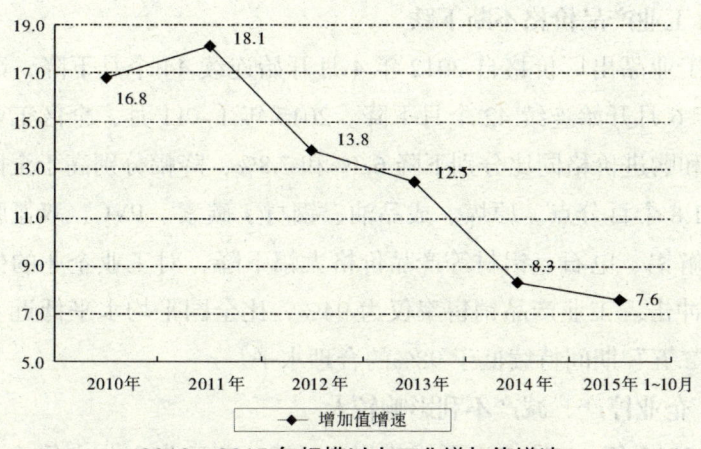

2010~2015年规模以上工业增加值增速

（二）工业投资增速回落

从宁夏工业经济发展的历程来看，规模以上工业的持续较快增长离不开大项目、好项目的支撑，但从"十二五"期间全区工业投资情况来看，2014年，工业投资1424.5亿元，同比增长15.1%，增速较2013年回落6.4个百分点，较2011年增幅回落了一半。其中一般性工业投资1066.7亿元，增长13.9%，增速较2013年回落5.8个百分点。2015年1~11月，工业投资1436.8亿元，同比增长16.4%，与"十一五"末2010年相比回落7.1个百分点。

(三) 工业运行质量下降

由于宏观经济增速整体放缓，市场有效需求增长动力不足，产品价格持续低迷，而原材料、劳动力、财务费用等仍保持一定增速，企业盈利增长难度不断加大。特别是2015年以来，全区规模以上工业主营业务收入连续10个月负增长，1~10月下降3.3%，增速比全国平均水平低4.3个百分点；随着市场需求的减弱，规模以上工业经济效益不断下降，利润总额自2013年达到139.11亿元后高峰，不断下行，2014年利润总额减少到102.5亿元，到2015年1~10月仅仅实现利润62.7亿元，同比下降33.1%。规模以上工业亏损加剧。亏损企业增多加剧。1~10月工业企业亏损额达70.7亿元，同比增长48.1%，亏损企业亏损额增速比全国平均水平高18.8个百分点。

(四) 工业产品价格不断下跌

宁夏工业品出厂价格自2012年4月开始连续44个月下降，购进价格自2012年6月开始连续42个月下降。2015年1~11月，全区工业生产者出厂价格和购进价格同比分别下降6.3%和7.8%，降幅分别高于全国平均水平1.1和1.8个百分点。原煤、成品油、钢材、碳素、PVC、双氰胺、橡胶轮胎、电解铝、电石、铝材等产品价格大幅下降，对工业企业的生产产生了严重的冲击。工业产品销售率仅为94%，比全国平均水平低近4个百分点，"十二五"期间持续低于98%的合理水平。

(五) 企业停产、减产不利影响较大

截至2015年11月，宁夏规模以上1186户工业企业中停产企业111户，占全部规模以上工业企业的9.4%，累计净减少产值62.0亿元，停产企业数量基本保持了稳定，但停产企业涉及行业发生明显变化，涉煤企业激增，基础原材料企业有所增加；有460户企业同比累计工业总产值下降，企业减产面达到39%，累计净减少产值360亿元，减产企业和减少工业总产值的净额度与往年相比却大大增加，已经对当前规模以上工业经济的整体增长，产生了重大的影响。

(六) 规模以上企业成长性下降

2015年，宁夏规模以上新入库工业企业仅有34户，相较前连年的70

多户减少了一半，同时入库企业的规模普遍较小，导致新增企业对全区工业增长的拉动作用明显降低，前三季度新增企业拉动全区规模以上工业总产值增长 0.3 个百分点，新入库企业数量的减少，"质量"的不断下降，从另外一个侧面也反映出当前宁夏工业经济的发展后劲不足。

三、"十三五"时期工业发展的政策建议

当前，国家实施"一带一路"、创新驱动和优先推进西部大开发战略，都是宁夏工业发展重要的机遇，必将给宁夏经济带来新的增长点。在"十二五"发展取得的成绩基础上，要按照自治区党委和政府制定的《宁夏国民经济和社会发展第十三个五年规划建议》精神，紧紧盯住去产能、去库存、去杠杆、降成本、补短板五大任务，加快创新发展，推进转型升级，把握机遇，砥砺奋进，坚持稳中求进、精细管理、精准发力，实现全区工业经济新突破。

（一）切实转变思路

要客观地认识当前工业经济增速放缓是新常态下的必然规律。切实做到转变思路、保持定力，理性对待工业增速换挡，既要摒弃悲观不做不为放任自流，也要防止不顾实际盲目冒进，坚持科学的、合理的、正确的发展导向，改进完善工业考核评价体系，要目标而不唯目标。要充分认识全区工业发展客观条件的变化和国家宏观管理政策的改变，客观分析存在的困难与挑战，理性看待当前工业增速放缓不是简单的减速，而是全国范围整个产业结构的大调整、大优化的大前提，同时也要看到当前中国经济主动调整中蕴含的重大机遇，要善于发现和把握机遇，全力推进宁夏工业的升级版。

（二）推进结构调整

按照供给侧结构性改革要求来规划工业的调整结构，在宏观政策上，要关注国家对市场行为和社会心理预期的引导。要借国家化解产能过剩的东风，加快工业结构调整，淘汰落后产能，推动传统升级转型。在发展上坚持项目带动战略，以项目为抓手，优化投资结构，完善投资环境，以增量来稳增长优结构。特别是传统产业的转型升级要高度关注，要科学统筹

稳增长和转型升级的关系，经济管理部门要真抓实干，拿出科学可行的方案帮协助企业理清转型升级路线，从供给侧、从源头、从市场等基础性条件来考虑政策措施的制定实施，从根本上解决企业经营过度依赖支持和政府政策对经济增长的标记效应衰减的矛盾局面。

（三）优先质量效益

认识新常态、适应新常态、引领新常态，是当前和今后一个时期我国经济发展的大逻辑。新常态下工业发展必须更加注重质量、更加突出效益、更加要求可持续。首先还是要充分发挥资源优势，提高矿产资源转化率，注重技术升级，倡导绿色生产，延长产业链条，提高产品附加值，推进产业层次由中低端、传统型向高端、战略性新兴产业聚集。其次扎实推进制造业的提升发展，全面贯彻"中国制造2025"规划方案，坚持创新驱动，加大科技投入，着力提高制造业的质量，提升品牌价值，全面提升制造业发展水平。

（四）提高管理水平

进一步加快转变政府职能，继续加大简政放权力度，在财税、资金、管理等各方面降低企业生产运营成本。加强产品质量、能源资源消耗、生态环境保护等硬性约束条件的监管，营造企业公平竞争环境。加快推进电价市场化改革，建立完善煤电价格联动的长效机制，促进全区煤、电产业新优势的建立，以此重塑传统产业在市场中的竞争力，确保工业增长基础的牢固。深化区域协调发展，按照空间发展战略规划，统筹发展，加快推进转型升级，积极培育区域经济新的增长点，提高工业经济的抗压能力。

宁夏"十二五"时期服务业发展形势及"十三五"政策建议

杨培林

"十二五"以来，在自治区党委、政府的正确领导下，全区各地、各部门紧紧围绕服务业发展目标任务，克服经济下行压力加大、经济发展中结构性矛盾突出、外部发展环境偏紧的不利影响，不断加大宏观政策调整，加大服务业投资力度，加强服务业发展预警预判，把加快服务业发展作为转方式、调结构的重点，服务业总体保持稳定发展趋势，为促进全区经济社会发展发挥了重要作用，取得了显著成效。

一、"十二五"期间宁夏服务业发展的主要成效

（一）2011~2014年全区服务业发展的主要特点

1.规模扩大，总量超过工业经济。经过多年发展，宁夏已经进入工业化中期接近后期的发展阶段，随着工业化、城市化进程的逐步加快，推动了服务业的稳步发展。2014年，全区实现地区生产总值2752.1亿元，其中第三产业1193.87亿元，比2010年增长了35.4%，年均增长7.8%，服务业增加值占GDP的比重达到43.4%，比2010年提高1.4个百分点，比工业经济高8.0个百分点。服务业比重超越工业，既是宁夏加快工业化进程的结

作者简介：杨培林，宁夏统计局服务业统计处处长。

果，也是促进结构调整与转型升级的具体成效，服务业正逐步成为全区经济发展的主要动力。

2.法人单位数量增多。随着经济体制改革的不断深化，市场化水平不断提高，服务业发展主体活力逐步得到释放，服务业法人单位尤其是企业法人单位数量大幅度增加。2014年，全区服务业法人单位达到34932家，比2010年增加6928家，增长24.7%，其中企业负责人单位数量达到19355家，比2010年增加5547家，增长40.2%。企业法人增幅较大的主要是信息传输、软件和信息技术服务业增长55.9%，租赁和商务服务业增长60.0%，科学研究和技术服务业增长84.7%，文化体育娱乐业增长4.9倍。服务业企业法人单位数量的增多，使得服务业发展市场主体地位不断增强，服务业内生发展动力不断显现，市场活力得到释放。

3.带动就业的能力逐步增强。随着结构调整和转型升级的步伐加快，全区各地把增就业、促民生、保稳定作为民生工作的重点，服务业吸纳就业的能力逐步显现。2014年，全区就业人数357.2万人，比2010年增加31.2万人，其中服务业就业人数达到126.8万人，比2010年增加16.6万人，占全部就业人员比重的35.5%，比2010年提高1.7个百分点。

4.内部结构得到优化。随着经济结构转型升级的推进和城市化进程的加快，宁夏服务业产业结构不断优化。在传统服务业保持平稳增长的同时，现代服务业实现快速发展，占服务业增加值比重明显提升。2014年，全区现代服务业实现增加值626.13亿元，占服务业的52.4%，比2010年提高6个百分点，占全区GDP的22.8%，提高3.2个百分点。得益于近年来自治区对现代服务业发展的政策支持。2010~2014年，全区现代服务业增加值按现价计算年均增长17.4%，增速比全部服务业高3.5个百分点，比传统服务业高6.8个百分点。其中，金融业年均现价增长23.8%，房地产业年均现价增长17.2%，租赁和商务服务业年均现价增长18.2%，科学研究和专业技术服务业年均现价增长18.8%，都明显高于服务业年均增速。现代服务业逐步成为服务业发展的支柱性行业，也成为带动服务业发展的主要动力和引擎。

5.对全区经济增长的贡献稳定。"十二五"前四年，全区服务业增加值年均增长7.8%,对经济增长贡献率稳定在25%~36%,其中,2010~2014年服务业对经济增长贡献率分别为35.8%、24.7%、34.6%、29.6%和32.8%。虽然小于第二产业,但远高于第一产业,对宁夏经济增长具有重要的支撑作用。

6.发展环境不断优化。"十二五"时期,自治区党委、政府高度重视服务业发展,把加快服务业发展作为推进结构调整和转型升级,培育新的经济增长点的重点方向和领域,出台了《全区服务业结构调整和优化升级实施方案》,就加快生产性服务业、健康服务业、养老服务业、科技服务业、信息消费、文化创意和设计服务、物流业、电子商务、体育产业、服务外包、生活性服务业印发了一系列文件,并在金融、财税、土地、工商、质检等方面制定了鼓励服务业发展的政策配套文件。全区各地也按照自治区党委、政府统一部署,将现代旅游、现代物流、现代金融、服务外包、电子商务、文化创意、云计算、传媒和网络技术作为服务业发展的重点领域。以IBI育成中心为代表的一批服务业发展产业园区蓬勃发展,一大批高技术新兴服务业产业在宁夏各地发展壮大,为服务业发展注入新的活力和经济增长新动力。

(二) 2015年宁夏服务业发展的基本情况

2015年,全区服务业发展面临的形势和发展环境比预想的严峻复杂,但运行结果总体向好。

1.保持平稳增长。1~9月,全区实现地区生产总值1987.32亿元,同比增长7.6%;服务业实现增加值849.05亿元,增长6.5%,占GDP比重达到42.7%,比上年同期提高1.6个百分点。分行业看,前三季度其他服务业(包括营利性服务业和非营利性服务业)实现增加值372.19亿元,占服务业比重为43.8%,比上年提高3.9个百分点;金融业实现增加值141.21亿元,占16.6%,提高0.6个百分点;房地产业实现增加值101.44亿元,占11.9%,降低2.5个百分点;交通运输、仓储和邮政业实现增加值100.42亿元,占11.8%,降低1.8个百分点;批发零售业实现增加值92.49亿元,占10.9%,降低1.3个百分点;住宿餐饮业实现增加值31.37亿元,占3.7%,降低0.2个百分点。从增速看,其他服务业、金融业、住宿餐饮业增速均高于服务业增速，分别为14.5%、13.1%、6.6%；交通运输、仓储和邮政业，批发和零售业，房地产业处于下行趋势，分别较上年同期下降2.6%、2.9%和9.1%。总体上看，传统服务业行业拉动经济增长的动力有所减弱，新型服务业带动力明显不足。

2.固定资产投资稳中趋缓。前三季度，全区服务业完成投资1170.53亿元，同比下降0.1%。服务业投资占全部投资比重达到47.8%，比重比上年同期下降3.9个百分点。分行业看，交通运输、仓储和邮政业，信息传输、软件和信息技术服务业以及教育对服务业投资拉动作用较为明显，分别拉动服务业投资增长4.2%、1.5%和1.5%。

3.交通运输业缓中有升。前三季度，公路运输平稳增长，分别完成货运量和货运周转量2.59亿吨、396.6亿吨公里，同比增长均为6.0%，增幅比上半年分别提高1.4个百分点和1.6个百分点；完成客运量及客运周转量6499万人和52.3亿人公里，同比增长2.0%和3.2%，增幅分别提高1.1个百分点和2.2个百分点。全区铁路旅客运输由负转正，完成客运量及客运周转量514.7万人和37.3亿人公里，同比增长2.9%和0.1%，增幅比上半年提高3.0个百分点和4.2个百分点。前三季度，交通运输、仓储和邮政业实现增加值100.42亿元，贡献率为-5.9%，下拉服务业0.4个百分点。

4.邮政电信增势良好。前三季度，全区完成邮政业务总量8.9亿元，同比增长13.5%。快递业继续高速增长，完成1519.7万件，增长50.8%；实现快递业务收入3.3亿元，占全部邮政业务收入的34.0%。前三季度，完成电信业务总量85.4亿元，同比增长28.5%，增幅高于全国3.2个百分点；实现电信业务收入44.5亿元，同比增长0.3%，高于全国1.8个百分点。

5.旅游消费收入稳定增长。随着旅游资源的不断丰富和旅游宣传力度的不断加大，前三季度全区旅游业运行态势良好，共接待国内游客1500.48万人次，同比增长11.1%；实现旅游收入128.08亿元，同比增长14.6%。

6.规模以上服务业重点行业有所增长。1~8月，全区规模以上服务业实现营业收入114.3亿元，同比下降0.2%，降幅比1~5月份收窄2.3个百分点。其中，全区规模以上部分生产性服务业行业收入呈现增长势头。航空运输业增长7.1%，商务服务业增长9.1%，软件和信息技术服务业增长

2.3%，租赁业增长 22.3%。部分生活性服务业行业有所增长，电信、广播电视和卫星传输服务增长 3.7%，物业管理增长 9.1%，公共设施管理业增长 16.3%，教育增长 7.3%，文化艺术业增长 3.9%。其他营利性服务业实现营业收入 15.1 亿元，同比增长 9.7%。铁路运输业和道路运输业有所下降，降幅分别为 18.9% 和 1.3%。

二、宁夏服务业发展面临的主要问题

近年来，宁夏服务业在实现稳定发展、规模不断扩大、质量不断提高的同时，服务业新业态、新模式业不断显现，结构调整进一步加快，但与全国相比，与服务业发展应有的作用相比，服务业仍然是宁夏经济发展的短板，发展过程中面临的问题依然十分突出。

（一）短板特征明显

近年来，宁夏服务业取得长足发展，总量不断扩大，结构不断优化，带动效应不断显现，但总体上与全国平均水平相比尚有较大差距。一是总量小。2014 年，全区服务业实现增加值 1178.79 亿元，仅占全国总量的 0.38%，低于 GDP 占全国总量（0.43%）的水平，总量仅高于青海和西藏。服务业增加值占 GDP 比重为 42.8%，比全国平均水平低 5.4 个百分点。二是增速慢。2014 年，全区服务业增加值增速 6.9%，比全国低 1.2 个百分点，比全区 GDP 低 1.1 个百分点，比第二产业低 2.3 个百分点，比工业增加值低 1.4 个百分点。三是贡献率低。2014 年，宁夏服务业对经济增长贡献率为 32.8%，全国平均水平达到 48.1%，比宁夏高 15.3 个百分点。服务业还没有成为拉动宁夏经济增长的主要动力。

（二）现代服务业发展不足

一是传统服务业单位占比大，现代服务业占比小。据第三次全国经济普查数据显示，2013 年，全区服务业法人单位占全部二、三产业的 83.2%。其中，现代服务业法人单位仅有 9379 个，占全区服务业法人单位数的 26%，而批发零售业 10936 个，占第三产业的 30.3%，公共管理、社会保障和社会组织 11414 个，占 31.7%。当前，国家正在大力推进大众创业、万众创新，现代服务业作为今后发展的主战场，宁夏与全国发达地区还有很大差距，大众创业更多集中于传统服务业，现代新兴服务业发展比较缓慢。二是现代服务业拉动经济增长的动力不足。2014年，虽然全区现代服务业增加值占服务业的比重达到52.4%，但由于房地产业和金融业两个行业就占服务业的55.1%，同期全国两个行业增加值仅占全部服务业的27.7%，说明宁夏服务业其他行业尤其是软件和信息技术服务业、租赁和商务服务业、科学研究和技术服务业、文化体育和娱乐业等现代服务业发展严重不足，发展的动力不强，对服务业发展拉动力有限。

（三）市场化水平低

从服务业企业数量和结构看，除公共管理和社会组织、金融业法人单位占服务业法人单位比重高于全国外，其他各行业均低于全国水平。2014年，全区服务业法人单位中非企业法人单位占55.4%，比2010年提高6.1个百分点。目前，涉及14个服务业行业中，市场化程度较高的主要集中在批发和零售业，住宿餐饮业，交通运输业，信息传输、软件和信息技术服务业，房地产业，居民服务业等行业，科学研究和技术服务业、租赁和商务服务业、文化体育娱乐业虽然市场化程度在加快，但市场竞争仍不充分，教育、卫生和社会工作主要集中在政府直接管理的事业单位，金融业、电信业行业垄断特征明显，社会资本难以进入，一定程度上阻碍了服务业市场化及社会化程度的提高与快速发展，使得服务业领域难以通过公平竞争来提高服务能力、服务质量和服务效率。

（四）企业竞争力弱

据第三次经济普查数据显示，2013年，全区服务业法人单位共有36049个，占全部二、三产业的83.2%。其中，批发和零售业10936个，占第三产业的30.3%，比全国低5.1个百分点；公共管理、社会保障和社会组织11414个，占31.7%，比全国高12.5个百分点；租赁和商务服务业2643个，占7.3%，比全国低4.3个百分点。在36049个服务业法人单位中，具有一定规模的服务业法人企业只有1022家，占服务业法人单位的2.83%，资质以上的房地产企业139家，限额以上批发零售企业448家，住宿餐饮企业170家，规模以上服务业宁夏仅有265家。从规模以上服务业企业看户均营业收入，全国为9535万元，宁夏仅为5626万元，远远低于全国平均水平，也低于西北各省区。2015年上半年，全区销售收入（营业额）达到亿元及以上规模的服务业企业只有192家，占全部限额以上批发零售业、住宿餐饮业、房地产开发业和规模以上服务业企业的12.8%，大部分服务业企业规模小，不稳定，扩张能力弱，市场竞争力弱，发展相对不足。同时，软件和信息技术服务业、商务服务、专业技术服务、节能环保、新闻出版、文化艺术等新业态发展缓慢，领军型服务业企业基本没有，没有形成较多数量、较大规模的发展态势。2013年，全区共有个体工商户288181户，其中批发零售业131908户，占45.8%，交通运输、仓储和邮政业96429户，占33.5%，住宿和餐饮业27279户，占9.5%，居民服务、修理业和其他服务业21798户，占7.6%。从事服务业的第三产业的个体经营户仍然处在提供传统服务的较低层次，文化、教育、娱乐供给不足。

（五）产业投资不足

近年来，宁夏第三产业投资呈较快发展趋势，特别是交通运输业、水利环保和公共设施管理业及房地产业投资规模不断扩大。2014年，宁夏服务业固定资产投资中，投资额最大的仍然是房地产业，达到907.8亿元，占全部投资的28.36%，占服务业投资的55.6%。投资额超过200亿元的有两个行业，其中交通运输、仓储和邮政业完成217.18亿元，水利、环境和公共设施管理业完成260.07亿元，分别占服务业投资额的13.3%和15.9%。以上三个行业投资额占服务业投资额的84.4%，服务业其他11个行业总投资额仅为247.29亿元。从投资增速看，增速最快的是信息传输、软件业和信息技术服务业，增长149.4%，卫生和社会工作增长69.3%，金融业增长66.2%，租赁和商务服务业增长57.4%，水利、环境和公共设施管理业增长45.2%，交通运输、仓储和邮政业增长40.9%，批发零售业完成53.08亿元，增长3.8%，文化体育和娱乐业增长38.1%。由于宁夏服务业固定资产投资更多的集中于交通运输业、水利环保和公共设施管理业及房地产业等3个行业，租赁和商务服务业、批发零售和住宿餐饮业、文化体育娱乐业等市场化程度较高的行业投资明显不足，一定程度上反映出服务业发展市场主体实力较弱，投资力度不强，也将影响今后服务业发展。

三、"十三五"宁夏服务业发展的政策建议

（一）做大经济总量，调整产业结构，为服务业发展创造重要物质基础

基于宁夏经济整体上处于工业化中期发展阶段情况，当前乃至今后相当长一段时期，宁夏仍然要把扩大经济总量、提高发展质量，作为经济发展的主要任务。尤其是要特别注重产业关联度高、产业链长、能带动相关产业发展的工业制造业，控制过度依赖资源的产业发展，不断调整和优化产业布局，提高工业的科技水平和可持续发展的能力，努力为生产性服务业的发展创造更大的发展空间。

（二）准确定位，突出重点，从宁夏实际出发大力发展现代服务业

一是加快发展信息、金融、咨询服务、科技服务和商务服务行业，促进服务业行业结构优化。二是积极发展文化、体育、旅游、教育培训、社区服务、物业管理等需求潜力大的产业，不断拓展新的服务领域。三是运用现代经营方式和信息技术改造提升传统服务业，推进连锁经营、特许经营、物流配送、代理制、多式联运、电子商务等组织形式和服务方式的发展。四是突出发展竞争力强的大型服务企业集团，促进服务业的集团化、网络化、品牌化经营。五是深化经济体制改革，发挥好市场在资源配置中的决定性作用，优化市场竞争环境，为现代服务业发展奠定雄厚的市场基础。提高社会专业化分工程度，特别是促进制造业内部服务活动的外部化和服务交易市场化，大力发展第三方配套服务，提高企业核心竞争力。六是通过产业区位集聚，优化现代服务业发展的生态基础。在多样化、多层次的现代服务业集群基础上，拓展服务辐射空间，使服务价值链向外延伸。

（三）结合产业结构，围绕重点领域，大力发展生产性服务业

生产性服务业是促进经济增长，实现各生产要素中间投入，提高生产效率与质量，保持产销融合的黏合剂。实现宁夏经济转型和结构调整，必须将生产性服务业作为产业结构升级的战略重点。尤其要将现代物流、现代金融、现代商务、现代信息技术、科技研发等新兴战略性服务业作为优先发展的方向考虑，充分抓住"一带一路"建设的历史性机遇，加大服务业招商引资工作，将发展的视野和市场定位于全国范围和中东阿拉伯地区，

打造带动周边、服务全国、开拓国外的信息平台、金融平台、交易平台、产业平台，提升生产性服务业对宁夏的工业制造、商品交易、流通贸易、投融资服务、技术研发引进和转让以及与生产结合的带动作用，促进宁夏经济建设和现代化发展。

总之，推进"十三五"期间宁夏服务业发展，要坚持突出重点，集中有限资源，发挥各方活力，发展产业关联度高，社会需求量大，符合发展趋势，对经济社会发展带动力强的行业和领域，以此带动服务业的整体发展质量和水平，最大限度发挥服务业在转变经济发展方式，调整经济结构，促进和扩大就业，推进经济发展转型升级的重要作用，为打造宁夏经济发展升级版，建成全面小康社会，实现宁夏经济社会的健康发展提供支持和保障。

宁夏"十二五"时期财政税收运行情况及"十三五"政策建议

刘建洲　袁海龙

一、"十二五"时期宁夏财政运行情况

（一）财政综合实力不断壮大

"十二五"期间，宁夏一般公共预算总收入累计完成2521.5亿元（预计），是"十一五"期间的2.7倍，年均增长17.4%；地方一般公共预算收入累计完成1489亿元（预计），是"十一五"期间的3倍，从2011年的220亿元增长到2015年的360.2亿元，年均增长13.1%。

其中，税收收入累计完成1134.7亿元，占地方一般公共预算总收入的75.9%，从2011年的177.1亿元增长到2015年的262.8亿元，年均增长10.4%；非税收入累计完成339.5亿元，年均增长40.6%。2013年，宁夏一般公共预算收入突破300亿元，2014年，所有市县地方一般公共预算收入均过亿元。

作者简介：刘建洲，宁夏财政政策研究中心主任，研究员；袁海龙，宁夏财政政策研究中心干部，研究助理。

分析预测篇

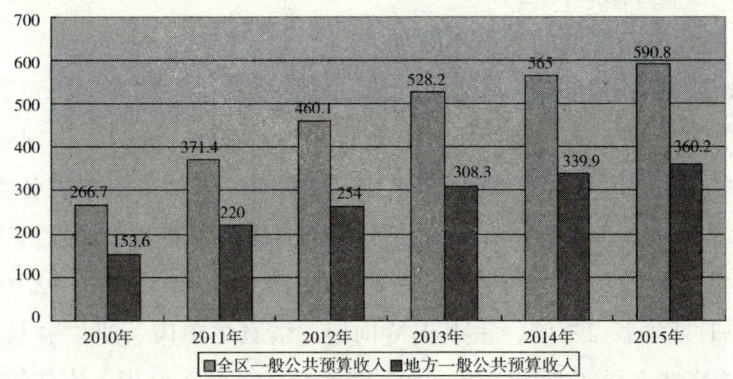

图1 2011~2015年宁夏一般公共预算收入、地方一般公共预算财政收入

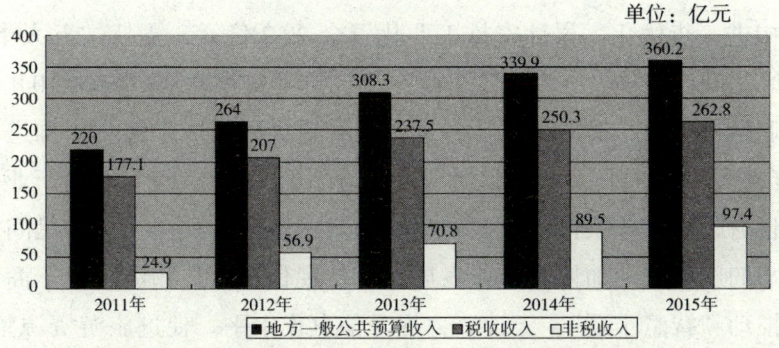

图2 2011~2015年宁夏地方一般公共预算收入情况

"十二五"期间,宁夏一般公共预算支出累计完成4573.2亿元,是"十一五"期间的2.6倍,年均增长11.7%。其中,共争取中央各项转移支付补助2859亿元(含政府债券),由2011年473亿元增加到2015年的669.4亿元,年均增长9.1%。2014年财政支出首次突破千亿元大关,达到1000.5

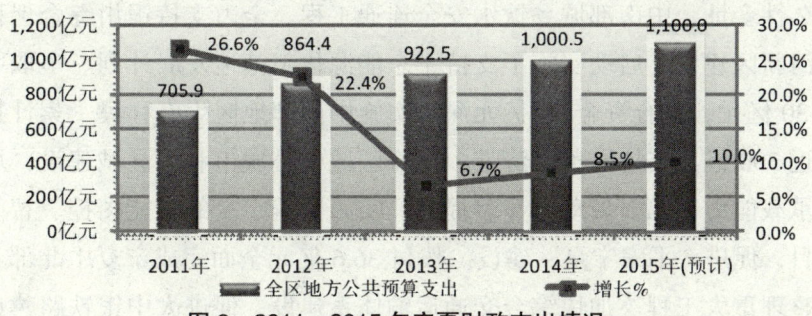

图3 2011~2015年宁夏财政支出情况

亿元，2015年达到1100亿元。

（二）财政支持经济的力度不断加大

宁夏始终把"稳增长、调结构、促发展、惠民生"放在突出位置，不断扩大和加快财政支出，确保积极财政政策落到实处，充分发挥对经济社会发展的强力支撑和保障作用。"十二五"期间，累计争取中央各类补助资金2890.3亿元（含政府债券）支持宁夏经济社会发展。累计投入支农资金725亿元（预计），占公共预算总支出的15.9%，年均增长12.1%，比"十一五"时期增长2.7倍，重点支持枸杞、清真牛羊肉、奶牛、马铃薯、瓜菜五大战略性主导产业和优质粮食、淡水鱼、葡萄、红枣、农作物制种、优质牧草等六大区域性特色优势产业，特色产业带和产业大县基本形成，农业结构进一步优化。累计安排工业化资金22.2亿元，支持"五大十特"工业园区基础设施建设，推进"五优一新"产业集聚发展。安排10.8亿元扶持企业科技攻关，实施科技后补助，引导重大科技成果转化，推进企业创新平台建设，支持国家高新区建设。整合资金10亿元设立政府产业引导基金，将财政对产业扶持由投入转为撬动金融资源、社会力量和民间资本多方参与的新模式。加快服务业发展，支持现代金融、物流、电子商务等发展，推动"智慧宁夏"、云计算，提升信息化水平。促进旅游资源整合，推动成立宁夏旅游集团，加快建设贺兰山东麓旅游文化长廊。

（三）重点项目建设保障不断增强

围绕自治区"三重一改"和"7+2"机制，发挥财政资金的主渠道作用，积极搭建融资平台，整合资金，集中财力办大事。推进项目的实施建设。筹集33.8亿元，支持银西高铁、城际铁路、宁夏大剧院、中阿经贸论坛永久性会址、中南部城乡饮水安全连通工程。全力支持银川综合保税区和滨河新区建设，启动实施了支持宁东能源化工基地发展计划。争取中央专项30亿元，整合资金50亿元深入实施中南部地区生态移民。累计投入资金近300亿元支持沿黄经济带、固原区域中心城市和大县城建设，城市综合承载能力和辐射带动力显著提升。实施覆盖宁夏的智能图控、智能交通项目，促进"平安宁夏"建设。拨付36.6亿元全面完成宁夏中北部土地开发整理重大工程。加快综合交通运输体系建设，促进太中银铁路建成通车,吴忠黄河大桥建成通车,完成河东机场二期扩建,启动实施三期扩建,中卫香山、固原六盘山支线机场建成通航,推进银川市快速公交BRT及石嘴山、吴忠、中卫和固原市城市公交建设,在西吉县开展了城乡客运一体化试点。

(四)民生保障水平持续提高

"十二五"期间,民生支出从2011年的528亿元增长到2015年的779亿元(预计),年均增长13.5%,民生支出占财政支出的比重始终保持在70%以上。其中,教育支出从103亿元增长到134亿元,年均增长6.8%;社保和就业支出从72亿元增长到132亿元,年均增长16.4%;医疗卫生从41亿元增长到72亿元,年均增长15.1%;保障性住房从34亿元增长到64亿元,年均增长17.1%。

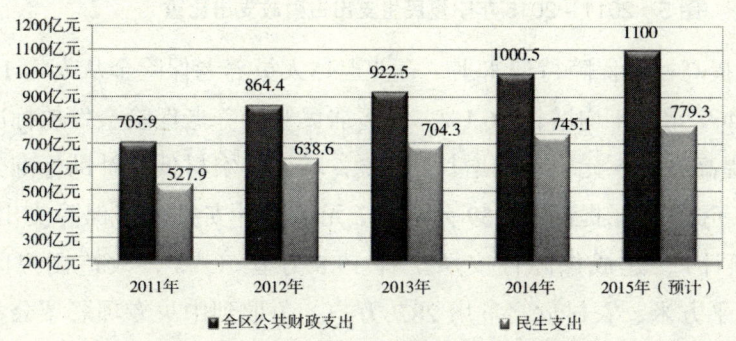

图4　2011~2015年宁夏民生支出情况

5年来,安排教育资金579亿元(预计),重点支持实施学前教育发展与普及工程,缓解入园难问题,实施农村义务教育薄弱学校改造计划、营养改善计划,集中连片特困地区普通高中办学条件明显改善,建立健全了覆盖学前教育到高等教育的学生资助政策体系。支持实施中国(宁夏)现代职业技能公共实训中心、宁夏大学"211"工程、医科大博士点建设,化解高校债务23亿元。安排医疗卫生支出278亿元(预计),先后四次提高基本公共卫生服务经费标准,由人均15元提高到人均40元。全面完成村卫生室标准化建设,通过购买方式解决城市社区卫生服务站业务用房问题。开展了妇幼卫生"七免一救助"、4~12岁儿童麻腮风疫苗补种、城市饮用水监测能力建设等卫生惠民政策。推进公立医院改革,将所有县级公立医院纳入国家试点范围，全部取消药品加成。全力支持高校毕业生等就业困难群体就业，以技能培训积极推动农村劳动力转移，完善小额担保贷款政策，扩大担保基金规模支持创业促进就业。在全国率先实现城乡居民医疗保险统筹管理、大病保险全覆盖。

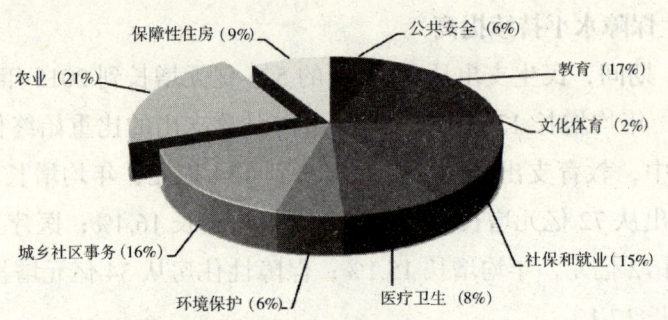

图5　2011~2015年宁夏民生支出占财政支出比重

不断提高社会保障待遇水平，企业退休人员养老保险金从人均1361元提高到2469元，年均增长16.1%，城乡居民基础养老保险金发放标准从人均55元提高到115元，年均增长20.2%，城市、农村低保补助标准分别从人均158元、71元提高到259元、147元。累计安排住房保障支出291.4亿元（预计），建成保障性安居工程19.8万套（户），改造棚户区住房1623.2万平方米、农村危窑危房28.7万户。争取到中央专项彩票公益金专项资金12亿元，规划建设县级老年活动中心25所、农村敬老院25所、社区日间照料中心73所、农村互助养老院34所、农村老饭桌420个。支持实施广播电视"户户通"工程、公共文化体育设施免费开放、送戏下乡、标准化乡镇文化站建设，农村文化生活更加丰富多彩。

（五）城乡区域融合发展

"十二五"期间，自治区财政对市县的转移支付累计达到2212.3亿元（预计），比"十一五"时期增长3倍。自治区财政对市县的各类转移支付从2011年的337.6亿元增加到2015年的500亿元（预计），年均增长10.3%。

财政资金重点向市县倾斜、向贫困地区倾斜，着力推进基本公共服务均等化，逐步缩小城乡差距。扎实推进村级公益事业一事一议财政奖补，在全国率先实现了所有行政村全覆盖。在各县区选取100个村庄，积极开

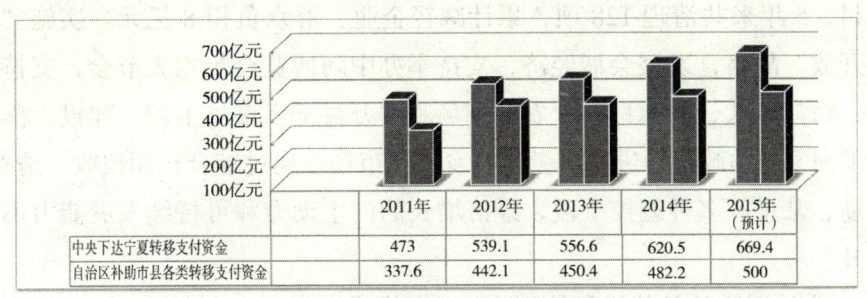

图6 2011～2015年中央下达宁夏转移支付及自治区补助市县各类转移支付资金

展美丽乡村建设。投入15亿元开展宁夏农村环境综合整治，支持农村自来水"百村千户"入户工程、"阳光沐浴"工程，切实改善农村人居环境。支撑消费持续增长，宁夏累计补贴家电下乡产品156.5万台、摩托车下乡12.9万辆。支持实施供销社新网工程项目建设，推动农副产品市场购销网络和日用消费品经营体系建设。深化土地管理制度改革，率先在全国基本完成省域农村土地承包经营权确权登记颁证工作。实施荒山造林、天然林保护、退耕还林补植补造工程，巩固退耕还林成果，生态环境得到明显改善。

（六）宏观调控手段不断丰富

认真落实积极财政政策。5年来，自治区财政适时调度财政间歇资金，大力清理结转结余资金，盘活存量资金，最大限度发挥了财政资金效益。创新财政筹融资模式，搭建起自治区棚户区改造融资平台，融资300.8亿元。吸引国际金融组织和外国政府贷款53.8亿元。2014年，宁夏被国务院确定为全国自发自还地方政府债券试点，累计发行地方政府债券452亿元。通过国库现金管理、中小企业担保、创业就业贷款、妇女小额贷款、农业综合投资等多种渠道积极撬动金融机构贷款，财政资金杠杆作用、乘数效应、倍增功能充分发挥，有效应对了经济下行压力，促进了经济平稳增长。实施结构性减税政策，落实小微企业所得税减半征收、增值税、营业税起征点提高等优惠政策，稳步推进"营改增"试点，煤炭、石油、天然气资源税从价定率计征改革顺利实施。全面执行出口退税政策，支持外贸企业实施"走出去"战略。大力清理和规范宁夏行政事业性收费、政府性基金项目，5年来共清理128项，累计减轻企业、群众负担8亿元。实施"向西开放"战略，发展会展经济，支持举办中阿博览会等六大节会，支持口岸、物流园区、乡镇标准化农贸市场和"万村千乡市场工程"建设，落实各项国家补贴政策，进一步激活城乡消费市场。通过综合运用税收、清费、补助、贴息等多种调控手段，经济增长的内生动力和可持续发展能力不断提升。

（七）财政法治建设和体制改革不断推进

贯彻实施新《预算法》，硬化预算约束，加大预决算公开力度，加强国有资本、资产预算、政府性债务管理，探索开展财政中期规划。推动非税收入立法，出台了《宁夏回族自治区政府非税收入管理条例》。巩固和扩大"小金库"专项治理工作成果，出台了《宁夏回族自治区财政监督条例》。加强财政内控机制建设，完善财政运行、决策、管理、监督机制，积极推进政府购买服务、政府和社会资本合作（PPP）、行政事业单位养老保险并轨及工资改革、公务卡结算等改革工作，推动公车制度改革，改进公务活动出行保障方式。进一步理顺宁东财税管理体制和利通区、红寺堡区、原州区、海兴开发区财政管理体制。

（八）"十二五"时期财政存在的困难和问题

一是财政收入增速普遍放缓，财税来源不够广泛，收入质量不高，市县之间财政收入不均衡；二是部分市县财政暂付款问题较为突出，政府性债务规模大，盘活存量资金困难较大，可支配财力有限；三是专项资金压缩进度慢，部门阻力大；四是国有资本经营收益收取难度较大，财政监管手段偏弱；五是项目储备较少，重大项目编制不细，质量不高。这些问题都需要在今后采取积极措施，认真加以解决。

二、"十三五"财政收支规划主要思路

"十三五"期间，宁夏各级财政部门要贯彻落实党的十八届五中全会精神，牢固树立创新、协调、绿色、开放、共享的发展理念，按照自治区党委、政府部署，主动适应新常态下财政改革发展的新要求，以建立现代财政制度为总目标，进一步增强责任感、紧迫感，深化财税体制改革，确保

取得阶段性成果、实质性成效。

财政收支和改革主要目标：

（一）收入目标

到2020年，宁夏地方一般公共财政预算收入达到482亿元，年均增长率6%，确保全区国内生产总值比2010年翻一番，城乡居民人均可支配收入接近全国平均水平。

（二）支出目标

宁夏一般公共财政预算支出预计达到1772亿元，年均增长率10%。

（三）财政改革目标

以建立现代财政制度为总目标，深化财税体制改革，完善财政制度体系，建立全面规范、公开透明的预算管理制度。稳步推进税制改革，建立有利于科学发展、社会公平、市场统一的税收制度体系。发挥财政"第二只手"作用，推进投融资体制改革和金融创新；处理好中央与自治区、自治区与自治区以下财政关系，建立事权和支出责任相适应的制度。主动适应科学发展需要，更好地发挥财政稳定经济、提供公共服务、调节分配、保护环境、改善民生等方面的综合职能作用。按照国家治理体系与治理能力现代化要求，推进科学理财和预算绩效管理，健全运行机制和监督制度，将财政运行全面纳入法制化轨道。

三、"十三五"时期财政改革发展的重大任务

（一）全力推进财政改革，加快建立现代财政制度

一是强化收入管理。加强收入预测和预算执行分析，严格控制自由裁量权，硬化预算约束。提高资源配置效率，支持创业创新，激发市场活力，广泛培植财源。加强税收征管，依法征收，应收尽收，严格落实国家、自治区各项财税优惠政策，严格减免税管理。提升财政收入质量，通过合理的转移支付奖励制度引导市县提高税收收入，防止和纠正财政"空转"行为。规范非税收入管理，加强行政事业性收费、政府性基金管理，完善非税收入征缴制度和监督体系，禁止通过违规调库、乱收费、乱罚款等手段虚增财政收入。建立健全国有资源、国有资产有偿使用制度和收益共享机

制，以管资本为主加强国有资产监管。

二是提高支出质量。积极盘活财政存量资金，加强转移支付和部门预算结转结余资金管理，定期清理结转结余资金，严格规范财政专户管理，提高资金使用效率。全面清理财政暂付款，严格控制新增暂付款规模，建立与转移支付相挂钩机制。调整财政支出的重点，优先保障自治区党委、政府战略部署的重大项目和涉农资金支出，公共财政资金重点向民生领域、工资收入、基层一线倾斜。严格控制政府性楼堂馆所、财政供养人员以及"三公"经费等一般性支出。

三是建立现代预算管理制度。认真落实新《预算法》，构建规范的现代预算管理制度，将所有财政资金全部纳入预算管理，完善一般公共预算、政府性基金预算、国有资本经营预算、社会保险基金预算，编好"四本"预算，建立起定位清晰、分工明确的政府预算体系。加强国有资本经营收益收缴管理，统筹安排支持全区主导产业、新兴产业和特色优势产业，到2020年，将国有及控股企业国有资本收益上缴比例提高到30%。加强社会保险基金管理，在精算平衡的基础上增强可持续性。

四是稳步实施中期财政规划。按照国务院《关于实行中期财政规划管理的意见》，围绕自治区国民经济和社会发展"十三五"规划，按期编制宁夏中期财政规划，从试点编制农业、教育、卫生、社保、就业等重点项目三年滚动预算总结经验，建立并完善跨年度预算平衡机制。做好中期财政规划与财政"十三五"规划的衔接，与财政收支预测、重大财政政策出台、重大财政改革保持同步，做好年度评估校正工作，改进预算管理和控制。

五是扎实推进税制改革。坚持依法治税，到2020年，全面落实税收法定原则，建立健全地方税收制度，进一步完善地方税收体系。按照国家安排部署，将"营改增"范围扩大到建筑业、房地产业、金融业和生活服务业等领域，完成"营改增"改革。加大对不利于环境保护、社会公平的应税品目和服务的调节力度。调整消费税征收范围、环节、税率，把高耗能、高污染产品及部分高档消费品纳入征收范围，深化个人所得税、资源税、环境保护税、房地产税改革。

六是建立规范的政府举债机制。建立"借、用、还"相统一的地方政府债务管理机制。政府债务实行分类管理，将政府债务全部纳入预算。政府债务实行限额管理，规范政府债务举债途径。建立政府债务风险预警和应急处置机制，通过综合债务风险指标对各级政府进行风险评估和预警，建立风险化解处置机制，切实防控财政金融风险。完善地方政府债券发行长效机制，做好新增债券和置换债券发行使用。逐步完善地方债券市场化定价机制，加强信用评级和信息披露。

七是建立事权和支出责任相适应的制度。完善一般性转移支付增长机制，逐步将自治区对市县的一般转移支付比例提高到60%以上，明显增加对财力薄弱地区的转移支付。清理、整合、规范专项转移支付，严格控制引导类、救济类、应急类专项转移支付，建立健全专项转移支付定期评估和退出机制。研究提出自治区与自治区以下事权和支出责任意见，进一步优化转移支付结构。

八是扎实开展其他各项改革。健全完善预算绩效管理制度体系，建立健全第三方评审机制，逐步实现绩效管理覆盖各级预算单位和所有财政资金，建立以绩效评价结果为导向的财政资金分配机制。稳妥实施行政事业单位养老保险制度改革，建立与城镇职工统一的养老保险制度，形成正常的工资增长机制。全面落实公务用车制度改革任务，合理控制经费支出成本。积极推进司法体制改革，研究建立与之相适应的财政政策，完成宁夏司法体制改革财政保障任务。

（二）增强财政宏观调控手段，进一步拓宽投融资渠道

一是推动财政与金融双轮驱动。围绕国家和宁夏产业发展战略部署，发挥自治区政府引导基金推动作用，采取跟进投资、融资担保多种方式，构建财政资金与金融资源、社会资本之间的系统联动机制。到2020年，力争宁夏吸引社会资本规模达到100亿元以上。完善政府融资担保体系建设，运用工业发展风险补偿基金、搭建财政、担保、保险、银行、企业等多方合作的中小企业融资业务平台，提高金融服务实体经济效率，努力降低企业融资成本。建立财政存款与各金融机构贷款挂钩机制，发挥财政存款撬动银行贷款杠杆作用。推动自治区棚户区改造融资平台建设，加大对外财经合作，吸引和利用更多外资和政策性贷款，放大资金倍增效应，同时建立与政府偿债能力、融资规模相适应的资金筹集偿还应急处置机制。

二是积极稳妥推进政府与社会资本合作（PPP）模式。进一步健全宁夏PPP管理制度，完善PPP相关政策措施，通过"以奖代补"、税收优惠、政府监督等手段，拓宽PPP项目领域和实施范围，加快PPP模式应用，充分利用财政部开发的PPP综合信息平台和PPP咨询服务机构，为PPP项目全生命周期提供服务。做好吴忠至中卫城际铁路、宁东基地水资源综合利用项目、银川至百色公路宁东—甜水堡高速公路PPP项目试点，开发新的PPP项目，不断完善宁夏PPP项目库，储备一批、成熟一批、实施一批。探索和运用政府和社会资本合作（PPP）融资支持基金，建立政府和企业之间的风险分担等机制，调动和吸引社会资本参与PPP项目。

三是大力推进政府购买服务。完善政府购买服务体制机制顶层设计，推动各市县（区）制定相关管理办法及指导性目录，根据公共服务需求及时调整政府购买服务的范围和购买内容。建立年度部门预算编制与政府购买服务相衔接的配套措施及奖补激励机制，将政府购买服务预算与部门预算同步编制、审核和批复，逐步加大利用新增财力用于公共服务项目的支持力度。研究政府购买服务方式支持事业单位改革发展的办法，鼓励全区事业单位及社会组织积极参与政府购买服务，培育承接主体，扩大购买力量。

四是积极争取中央支持。深入贯彻国家《丝绸之路经济带和21世纪海上丝绸之路建设战略规划》《关于加强和改进新形势下民族工作的意见》及《宁夏内陆开放型经济试验区规划》《宁夏空间发展战略规划》、自治区党委《关于融入"一带一路"，加快开放宁夏建设的意见》，进一步解放思想，转变观念，拓宽思路，有效对接，准确把握国家宏观政策变化，积极顺应宁夏改革发展大局，明确争取中央支持的重点方向和重点领域。加强政策研究，完善争取中央资金支持的考核奖励机制，力争中央在空间发展战略规划、"一带一路"发展、城乡基础设施建设、生态文明建设、科技创新发展、扩大对外开放等方面给予宁夏更多的政策倾斜和资金支持。

（三）强化项目质量管理，着力支持和保障项目建设

一是提高项目筛选的编审能力。加强项目顶层设计，围绕国家宏观政策和产业政策，结合自治区发展战略，从区域统筹发展、壮大优势特色产

业、基础设施建设、交通网络体系、扶贫开发、生态环境保护、民生改善等方面谋划项目，筛选、储备一批关乎地区经济社会发展的好项目、大项目，为项目审批争取主动。严格项目论证，全面、科学分析拟申报的项目，对重大项目组织专家或委托专业机构综合评价，规避决策失误和财政风险。

二是保障和推进重大项目建设。加强项目预算编制管理，科学合理编制项目支出预算，确保项目资金及时到位。对财政部门牵头的项目，加快项目建设进度；对财政部门参与的项目，积极提出资金筹集意见，推进项目执行。重点围绕自治区空间发展战略、"一带一路"战略，积极调动和利用各种社会资源，放大财政政策和资金效应，集中财力支持装备制造、轻工纺织、现代物流、云计算等产业项目，能源、科技、清真食品和穆斯林用品等合作项目，基础设施、文化旅游、扶贫开发等重点项目，支持五市做大做强支柱产业和产业集群，推动银西高铁、城际铁路、清水河城镇产业带、中南部地区百万贫困人口扶贫攻坚战略、环境大整治、棚户区改造等重大项目、重点工程取得实质性进展。

三是加强项目监管和绩效评价。提高项目资金使用效率，对项目实施全过程进行管理和监督，制定完善监管措施，规范项目管理，保证工程质量。按照财政科学化精细化管理要求，加大项目考评力度，建立健全项目支出绩效评价办法，科学设置绩效评价体系和评价标准，确保项目实施效果和财政资金投资效益。

宁夏金融改革发展报告

韩玉江

2015年，宁夏回族自治区金融局认真贯彻落实党的十八届三中、四中、五中全会以及自治区金融工作会议精神，紧紧围绕自治区党委、政府重大决策部署和"三重一改"任务，积极协调各金融机构加大支持实体经济力度，超额完成了年初确定的目标任务。全区金融业改革创新发展步伐加快，支持实体经济的核心推动作用不断增强，金融市场的创新活力日益显现，全区各级干部的金融意识得到提升，金融业对推动宁夏的经济社会发展做出了重要贡献。

一、宁夏金融业基本情况

（一）银行业

截至2015年11月末，全区共有银行业机构48家，营业网点1240个，从业人员2.3万人。其中，政策性银行2家、股份制银行5家、邮储银行1家、城市商业银行2家、农村商业银行7家、县（市）农村信用联社13家、村镇银行11家。

（二）证券业

截至11月末，全区共有6家证券机构分公司、36家证券营业部；上

作者简介：韩玉江，宁夏金融工作局综合协调处干部。

市公司12家，总资产493亿元，净资产-4.19亿元；总股本63.90亿股，流通股本51.55亿股；总市值804.87亿元，流通市值676.40亿元，环比增幅分别为19.24%和17.69%。证券交易总额（包括A股、B股、基金、债券及其他证券）805.61亿元，环比增幅40.21%。期货营业部3家，备案的私募股权和风险投资基金46家，管理基金12只，基金规模8.8亿元。挂牌企业共计391家，其中，"新三板"挂牌36家，宁夏股权托管交易中心挂牌278家。

（三）保险业

全区共有19家保险省级分公司，较上年增加2家（新引入华泰财产保险、中国人寿财产保险），其中，财产险8家，人身险11家，分支机构449家。地市级分支机构（地市分公司、中心支公司）54家，较上年增加6家。县级及以下分支机构（支公司、营业部、营销服务部等）376家，较上年增加16家。保险专业中介机构17家，资产总额达到236.86亿元，较年初增长16.55%。

（四）新型金融机构

全区共有村镇银行11家，总资产为91.04亿元，总负债84.12亿元。小额贷款公司235家，注册资金100.6亿元。融资担保机构73家，注册资金89.43亿元，其中，国有参（控）股25家，注册资金60.7亿元。助贷业务机构3家，注册资金5.51亿元。民间借贷登记机构6家，注册资金7500万元。金融仓储公司2家，注册资金2亿元。金融超市1家，注册资金2000万元。

二、2015年宁夏金融改革发展情况

（一）信贷投放保持较快增长

针对经济下行压力，结合宁夏实际，推动出台《改善金融发展环境支持金融业健康发展的若干意见》《金融支持地方经济社会发展表彰奖励办法》《自治区人民政府关于设立政府产业引导基金促进产业加快发展的意见》《关于进一步促进融资性担保机构发展的若干意见》等一系列金融支持稳增长、调结构、惠民生、促发展的政策文件，加强与人行、银监会和各银行

总行的协调,争取信贷规模指标和政策支持,协调扩大信贷投放。截至11月末,全区人民币存款余额4823亿元,同比增长11.6%,1~11月新增人民币存款620亿元;人民币贷款余额5062亿元,同比增长10.4%,1~11月新增人民币贷款484亿元,其中,人民币中长期贷款余额2971亿元。10月,全区银行业金融机构一般贷款加权平均利率6.54,为2008年以来月度利率最低值。1~9月,小微企业贷款余额1313.05亿元。10月末,全区涉农贷款余额1708.76亿元,比年初增加87.87亿元,同比增长5.85%。

(二) 引进组建机构取得突破

将机构建设作为一项基础性工程来抓,坚持引进、组建、培育三管齐下,机构建设实现历史性大丰收。全区共引进、组建和筹建各类金融机构38家。3家全国股份制银行(华夏、光大、民生)、5家村镇银行(盐池汇发、青铜峡贺兰山开业,红寺堡、惠农正在筹建,同心已获批)、8家证券公司、2家保险公司、2家国有独资专业融资性担保机构、9家国有独资(控股或参股)的县级融资性担保机构、3家助贷机构、6家民间借贷登记服务机构及1家资产管理公司(顺亿资产公司)、1家财务公司(宝塔财务公司)落地开业或获准筹建。这些金融机构大部分已正式运营并开始发挥作用,一个类型多样、功能健全的组织机构体系逐步形成。

(三) 推动债券融资首次超过新增贷款规模

运用各种债券融资工具,支持企业面向境内外市场融资。推动发行债券632.87亿元,首次超过新增贷款484亿元的规模,融资结构发生历史性变化,较去年同期增加348.4亿元,超额完成150亿元发债任务。其中,银行间债券市场317.6亿元,金融企业债26亿元,地方政府债券288.9亿元,区域性股权市场中小企业私募债0.4亿元。推动国家发改委核准银川滨河黄河大桥管理公司非公开发行20亿元项目收益债券,这是宁夏获批的第一支项目收益债,也是今年国家关于《项目收益债券管理暂行办法》印发后,核准发行的全国第二支项目收益债。

(四) 推进企业挂牌上市取得重大突破

支持符合条件的中小微企业通过主板、"新三板"等进行多层次融资。391家企业在"新三板"和区域性股权交易市场挂牌,超额完成了累计挂牌100家的任务，其中2015年新增326家。355家在区域性股权交易市场挂牌；36家企业在"新三板"挂牌，通过发行股份、股权质押等方式融资10.2亿元；27家在天交所挂牌，融资1.19亿元；50家在上海或深圳股权托管交易中心挂牌。推动企业上市工作取得突破，嘉泽能源向中国证监会正式上报主板上市申请资料，成为宁夏12年来首家申报主板IPO的企业。上市公司实现再融资25亿元。

（五）产业引导基金开始发力

推动出台了《关于设立政府产业引导基金促进产业加快发展的意见》，设立总额30亿元（首期10亿元）政府产业引导基金开始运作，财政资金基金化、市场化、有偿化的步伐加快；投资子基金11支，规模总计达100亿元。设立了4亿元工业企业风险补偿基金。建立区、市、县三级融资性担保风险补偿基金，从2016起连续3年，每年安排3000万元，用于建立融资性担保风险补偿基金。全区备案的私募股权和风险投资基金达46家，管理基金12只，基金规模8.8亿元。

（六）发挥保险保障支持作用

推动出台《关于加快发展现代保险服务业保障和促进经济社会发展的意见》，启动蔬菜价格政策性保险试点，试点由1个县扩大到全区12个市、县（区），试点险种由1个增加到10个，为菜农提供风险保障5233万元；推广农房保险，为农户提供8160万元风险保障。扩大农业保险责任范围，新增泥石流、山体滑坡、地震、病虫鼠害等险种。全年为社会提供风险保障3.81万亿元；上缴税收2.17亿元，同比增长1.4%；全区保费收入88.7亿元，同比增长24.8%，增速排名全国第10位、西部12省第5位；累计赔付支出26.4亿元，同比增长14%。

（七）深入推进农村金融改革创新

开展财政支农资金与金融合作试点，彭阳、盐池、灵武、永宁四县（市）农村金融改革创新试点有力推进，自治区财政拨付四县（市）试点资金150万元。推动出台《财政支农资金与金融结合试点方案》，在贺兰、利通、同心、西吉4个县（区）开展产业政策创设、产业基金创立、产业金融创新试点，共整合各类资金8802万元。贺兰、利通区等5个县区开展农业和林业产业资金打捆到县，撬动金融资金试点。协调财政拨付支农与金融合作试点资金4500万元，支持枸杞等产业发展。利通区与吴忠农村商业银行合作设立323万元的特色产业发展保证金，撬动银行贷款3230万元。扩大订单农业贷款和涉农补贴贷款。安排财政资金7760万元建立奶产业、清真产业、枸杞产业等基金，撬动银行贷款。争取到中央财政林业贴息贷款1361万元，支持林业龙头企业及林产品加工发展。吴忠市发放订单农业贷款1.26亿元。大力发展产业链金融。全区银行业金融机构已全部开办产业链金融业务，建立产业链金融产品库，针对不同产业提供专业化服务，大力支持产业链龙头企业，拓宽产业链上下游中小企业投融资渠道。共支持产业链龙头企业200余户，支持行业涉及煤炭、交通、制药、羊绒、制造、贸易、种养殖等，累计放贷总额650亿元，贷款余额330亿元。

（八）实施金融助推脱贫攻坚工程取得新成效

盐池"金融扶贫"模式得到国务院扶贫办高度认可。彭阳县设立农村金融综合服务站，实现156个行政村全覆盖；永宁县闽宁镇设立村级互助担保基金，实现6个行政村全覆盖。支持惠农、利通、贺兰等县（区）设立6家农村产权交易中心，试点开展农村"三权"抵押融资。联合人行、银监局出台《关于做好银行业金融机构抵质押贷款工作的通知》，推动引导金融机构扩大抵质押物范围，缓解融资难。在平罗县试点开展农村"三权"抵押融资工作，县域内5家金融机构共办理农村产权交易8.46亿元，惠农区农村产权交易中心已办理抵押贷款登记业务207笔，发放贷款952.8万元。大力发展普惠金融，全区农村中小金融机构在乡镇设立217个营业网点，在空白乡镇和劳务移民区域设立网点6个，ATM机2011台，POS机10.23万台，其中行政村POS机3339个，覆盖192个行政乡镇2249个行政村，基本实现行政村全覆盖。保险服务覆盖2265个行政村，覆盖面达99.7%，打通农村金融服务"最后一公里"。

（九）新型金融业态活力迸发

推动首家区域性股权交易机构、首家财务公司、首家地方资产管理公司组建运营。宁夏股权托管交易中心开业，注册资金6000万元，填补了宁夏"四板"市场空白，11月末达到挂牌278家；宝塔石化财务公司获批筹建，注册资金20亿元，填补了宁夏非银行金融机构空白；宁夏顺亿资产管理公司运营，注册资金10亿元，填补了宁夏法人资产管理公司空白。3家助贷业务机构累计为262家企业和个人发放转贷资金25亿元；5家民间借贷登记服务机构累计为817户企业和个人办理贷款2.04亿元；2家金融仓储（物流）公司为小微企业累计担保贷款14.4亿元。

（十）引导小贷公司规范化发展迈出新步伐

开展小额贷款公司"规范发展年"活动，出台配套评级办法和细则，实行分级分类监管，落实监管评级差别化扶持政策，让从业人员走进"模拟法庭"接受教育，促使其依法合规经营。75家公司在"四板"挂牌，累计发放贷款368亿元，成为金融体系的有益补充。召开10场次小贷公司创新融资产品推介会，5家公司通过不良资产收购反委托清收业务融资2.9亿元；资产证券化融资1亿元，支持"三农"和小微企业发展。

（十一）完善融资担保体系取得巨大进展

大力发展区、市、县、村四个层级多元综合担保体系，重点支持政策性融资担保机构建设，重组宁夏再担保集团，金融杠杆撬动作用明显提升。新组建政府支持的县级融资担保机构9家，国有资金出资13.4亿元，民营资金出资3.1亿元，其中县（区、市）级9家，固原市实现县域全覆盖。试点开展村级互助担保基金13家。设立金葡萄、宁贸通2家自治区级国有独资专业融资性担保机构。目前，全区共有融资担保机构73家，注册资金89.43亿元，在保余额298.7亿元。国有参（控）股25家，注册资金60.7亿元，其中市级的6家、县级11家，在保余额168亿元。

（十二）扩大金融对外合作与交流领域

推动出台《改善金融发展环境支持金融业健康发展的若干意见》和《金融支持地方经济社会发展表彰奖励办法》。多途径搭建中阿对接平台，拓展中阿金融合作领域。支持浦发银行银川分行离岸中心开设立离岸账户16户，国际结算量3.5亿美元，离岸融资余额1.8亿美元。跨境人民币结算突破100亿元。全区共有202家企业办理跨境人民币业务，占全区有实际贸易进出口企业总数的67.3%，业务涉及46个国家和地区。全区银行结售汇总额38.9亿美元，同比增加49.9%，创同期新高。

（十三）密集举办各类金融专题培训效果显现

开展"送金融服务到基层"活动，采取办班、讲座、沙龙等各种方式，会同"一行三局"对党政机关干部、金融机构和重点企业负责人培训320期、2.5万人参培，各地党政干部和企业家运用金融工具撬动经济发展的意识和能力显著增强。编发《金融知识读本》等10余种专业读物20余万份，在全区营造了"学金融、懂金融、用金融、促金融"的良好氛围，有力地推动了全区金融改革、创新和发展。

（十四）防范和化解风险能力不断提升

组织召开了全区金融工作会议。建立防范和处置非法集资联席会议机制，健全制度体系。开展"防范打击非法集资宣传月"和金融风险排查活动。妥善处置"云南泛亚"和"e租宝"风险。密切关注和监测重点区域和有关企业资金断裂风险，通过专题协调会、组建银团、担保介入等方式，帮助申银特钢、中银绒业等51户企业协调贷款92亿元。完善金融风险防范和化解机制，坚决守住不发生系统性、区域性金融风险底线。

三、2016年宁夏金融工作思路及政策建议

（一）金融助推扶贫攻坚工程

"十三五"期间，全区首要任务是扶贫攻坚。要研究出台金融助推扶贫攻坚专门意见，谋划未来5年金融支持扶贫攻坚的思路、目标和主要举措，通过政策引导和市场运作，建立区、市、县、乡、村五级纵向联动，财政、银行、证券、保险横向协同机制，打好运用多种融资工具支持贫困地区产业发展、民生改善的"组合拳"，撬动、引导更多金融资源聚集贫困地区，推动扶贫攻坚战略顺利实施。进一步完善金融组织体系，引进和组建进出口银行、民营银行、村镇银行等机构。推进宁夏银行、黄河银行综合改革。引导现有机构、网点下沉，送金融服务下基层。发展村级互助担保基金、小额贷款保证保险等。

（二）困难企业融资辅导工程

针对经济下行、企业融资难度加剧问题，在对困难企业排查摸底的基础上，分类指导、精准施策，提高融资可获得性，降低融资成本。对自治

区确定或关注的重点困难企业（项目），实行一企（项目）一策；对一般性困难小微企业，每月安排一次辅导讲座，建立常态化培训机制；每周举办一次"资金项目对接沙龙"，为其提供精准融资服务。用足、用活政府产业引导基金、工业调控专项基金、小微企业贷款风险补偿基金、融资性担保风险补偿基金，支持企业渡过难关。出台扩大抵（质）押办法和农村"三权"抵押办法，落实评价激励机制，促推金融机构联动支持。

（三）资本市场效能发挥工程

资本市场是我区整个金融体系的一个"短板"，也是未来5年的工作重点。在资本市场体系基本健全、资本意识基本形成的基础上，重点推动市场深化，让更多企业上市、挂牌、发债。研究出台股权投资企业优惠政策，推动一批基金落地。开展保险资金与重大项目的投资对接活动，扩大利用保险资金规模。研究出台"新三板"和"四板"互动机制，支持宁夏股权交易托管中心做大做强、发挥作用。充分发挥好资本市场子基金作用，支持推动更多企业进入更高级资本市场。探索推进互联网金融业务，激活民间资本。

（四）担保体系推进提升工程

建立区、市、县、村四级担保体系，发展扶贫、农业、创业、外贸、科技等专业担保机构，形成条块结合、覆盖全区的担保网络。发挥宁夏担保集团、再担保集团和市县政府背景担保机构的功能作用，规范发展商业性融资担保机构，推进市、县（区）建立政府背景的担保公司；建立融资性担保风险补偿机制；扩大村级互助担保基金试点。推动担保机构与银行、基金、保险等建立互信合作机制，形成良好互动，发挥组合、增信、放大的功能和作用。

（五）金融风险防范化解工程

防范和化解金融风险是金融工作的生命线。结合我区实际，建立规范化、常态化的监管协调机制，加强监管协同。按照"积极、规范、有序、安全"的原则，推进小额贷款公司、担保公司规范化、特色化发展。重点关注个别地区资金链风险，研究采取针对性措施，防范化解潜在区域性风险。充分发挥市、县（市、区）政府在防范化解风险中的作用，明确处置责任。

宁夏"十二五"时期固定资产投资形势及"十三五"政策建议

崔 琳 杨瑞博

"十二五"以来，在自治区党委、政府的正确领导下，宁夏积极参与国家"一带一路"建设，在"四个全面"重要战略布局下，加快推进"四个宁夏"建设，以中阿博览会和内陆开放型经济试验区为平台，以沿黄城市带和清水河城镇产业带建设为抓手，围绕丝绸之路经济带战略支点建设，大力实施"一主三副、核心带动"战略，加大招商引资力度，深入贯彻实施项目带动战略，积极开展投资结构调整和产业转型升级，推进重点项目建设步伐，全区固定资产投资规模不断扩大，投资结构进一步优化，投资建设成效显著，为全区经济社会平稳较快发展奠定了坚实基础。

一、"十二五"时期固定资产投资形势分析

（一）投资规模不断扩大

"十二五"前四年，全区共完成全社会固定资产投资达 9645.80 亿元。其中，2011 年完成 1654.15 亿元，同比增长 31.2%；2012 年完成 2109.52 亿元，同比增长 27.5%；2013 年完成 2681.14 亿元，同比增长 27.1%；2014

作者简介：崔琳，宁夏统计局固定资产投资处处长，高级统计师；杨瑞博，宁夏统计局固定资产投资处主任科员，经济师。

年完成3200.98亿元,同比增长19.4%(见下图)。2015年1~11月,全区完成固定资产投资3115.02亿元,同比增长10.9%。预计2015年全区完成全社会固定资产投资3580亿元,比2011年增加1926亿元,年均增长23.2%。五年累计完成全社会固定资产投资达1.3万亿元,是"十一五"期间的2.9倍。在投资的有力拉动下,宁夏综合经济实力明显增强,GDP由2010年的1689.65亿元增长到2014年的2752.10亿元。

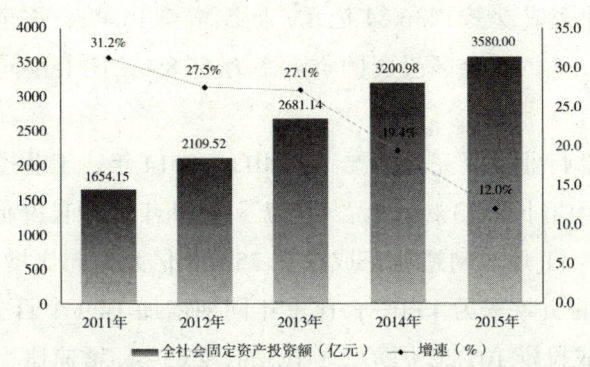

宁夏"十二五"时期全社会固定资产投资走势图

(二)投资结构不断优化

"十二五"时期,按照国家产业政策和投资重点,宁夏以"两区"建设为引领,按照加强第一产业、调整第二产业、发展第三产业的整体思路,合理引导投资方向,逐步调整三次产业的投入力度,投资结构进一步优化。全区三次产业投资结构由"十一五"末期的2.8∶50.3∶46.9转变为2014年的4.0∶45.0∶51.0。2015年1~11月,全区三次产业投资结构由上年同期的3.9∶44.5∶51.6转变为4.5∶46.5∶49.0。

1.第一产业投资形势持续向好。农业兴则百业旺,农村稳则天下安,农民富则人心齐。近年来,国家高度重视农业工作,逐步增加农业投入,保证适度农业投资规模,打牢农业基础,不断提升农业产业化、现代化水平。2011~2014年,全区第一产业累计完成投资337.19亿元,四年投资总量是"十一五"期间五年总量的1.6倍,年均增长38.6%,比"十一五"时期年均增长高28.2个百分点。2015年1~11月,全区第一产业完成投资139.44亿元,同比增长26.4%。

2.第二产业投资内部结构调整继续推进。2011~2014年,第二产业累计完成投资4573.74亿元,年均增长23.8%,比"十一五"期间年均增长降低5.8个百分点。其中,工业四年来累计完成投资4478.77亿元,年均增长23.9%,微高于同期第二产业年均增速,比"十一五"期间年均增长降低5.5个百分点。工业投资占全部投资的比重由2010年的49.7%下降到2014年的44.5%。2015年1~11月,第二产业完成投资1449.76亿元,同比增长16.1%;工业完成投资1436.84亿元,同比增长16.4%,占全区固定资产投资比重为46.1%,对全区投资的贡献率为65.8%,比上年同期增加26.4个百分点。

从工业内部行业投资完成情况看,2011~2014年,工业投资中占比最大的制造业年均增长27.3%,比"十一五"时期年均增长降低4.5个百分点。2015年1~11月,制造业完成投资757.28亿元,同比增长7.4%,对全区投资增长的贡献率为17.0%,比上年同期增加14.9个百分点。其中,装备制造业完成投资107.22亿元,同比增长25.5%,增速比1~10月提高1.2个百分点,比上年同期回落1.2个百分点,比全部制造业投资增速高18.1个百分点。主要装备制造行业中,金属制品业投资增长23.8%,通用设备制造业投资增长28.2%,专用设备制造业投资增长57.7%,电气机械和器材制造业投资增长29.2%。消费品制造业完成投资172.74亿元,基本与去年同期持平,增速比1~10月提高3.0个百分点,比上年同期回落18.0个百分点,比全部制造业投资增速低7.8个百分点。主要消费品制造行业中,农副食品加工业投资增长34.8%,食品制造业投资增长29.0%,酒饮料和精制茶制造业投资增长29.0%,医药制造业投资增长41.5%,纺织业投资下降51.9%。

从高耗能工业投资增长情况看,2011~2014年,全区高耗能行业累计完成投资2758.55亿元,年均增长20.2%,占全区固定资产投资的比重为28.6%,分别比"十一五"时期降低10.8个百分点和3.6个百分点。2015年1~11月,全区高耗能行业完成投资993.03亿元,同比增长31.8%,占全区固定资产投资比重为31.9%,分别比上年同期上升14.1个百分点和5.1个百分点。

从工业投资性质情况看，2014年，全区以改建和技术改造为主的内涵扩张型投资完成269.71亿元，占全区固定资产投资的比重为8.4%，比"十一五"末的2010年上升了1.3个百分点；全区以新建和扩建为主的外延扩张型投资完成2182.57亿元，占全区固定资产投资的比重为68.2%，比"十一五"末的2010年下降了3.0个百分点。这意味着宁夏经济增长方式正在发生转变，投资由"外延扩张型"逐步转向"内涵效益型"，必将对优化全区产业结构、提高企业效益、增强企业竞争力产生引领作用。

3.第三产业投资活力稳步增强。"十二五"以来，在国家产业政策的指导下，全区第三产业投资在"十一五"期间大规模扩张的基础上，继续保持较快增长的态势，成为三次产业中发展最快的产业。"十二五"期间的前四年累计完成投资4734.87亿元，年均增长27.7%，比"十一五"时期年均增长高1.9个百分点。2015年1~11月，第三产业完成投资1525.83亿元，同比增长5.4%，对全区投资增长的贡献率为25.2%。

第三产业投资的增长主要得益于基础设施建设步伐的加快。"十二五"时期的前四年，全区用于交通运输、水利设施、城市建设等基础设施的投资1212.68亿元，年均增长26.9%，高于投资增速3.7个百分点。2015年1~11月，全区基础设施完成投资511.76亿元，同比增长25.1%，高于同期全区投资增速14.2个百分点，对全区投资增长的贡献率为33.5%，比上年同期提高6.7个百分点。其中，交通运输完成投资220.47亿元，同比增长47.4%；信息传输和信息技术服务业完成投资32.16亿元，同比增长59.1%；水利设施完成投资259.13亿元，同比增长8.3%。

"十二五"期间，宁夏坚决贯彻执行中央宏观调控政策，房地产投资增长基本平稳，开发结构进一步调整，商品房销售渐趋平稳、理性，城镇居民居住条件不断改善。2011~2014年，全区房地产开发累计完成投资1979.15亿元，年均增长26.7%，增速高于同期全社会投资3.5个百分点。其中，住宅累计完成投资1270.85亿元，年均增长21.8%，占房地产开发投资的64.2%。2015年1~11月，全区房地产开发完成投资574.50亿元，是2010年的2.3倍，投资总量较2010年实现了翻番。随着房地产开发市场持续稳定发展，商品房供给充足，五年来全区商品房竣工面积累计已超5300

万平方米。其中，住宅竣工面积累计达4000万平方米，为改善城镇居民住房条件提供了较充足的房源。五年来全区商品房销售面积累计超4550万平方米。其中，住宅销售面积约3900万平方米。房地产开发的同时推进了小城镇建设和旧城改造，提升了住宅小区周边居住环境、基础设施、公共服务配套水平。

第三产业投资活力的稳步增强，对促进全区经济增长、优化产业结构、增加就业能力、带动居民增收提供了有力保障。

（三）重点项目加快推进

坚持实施重点项目带动战略，以重点项目作为支撑投资增长的主要载体，进一步夯实全区经济社会发展基础。"十二五"期间，全区共安排自治区级各类重点建设项目235个，前四年累计完成投资达2105.79亿元，占全区全社会固定资产投资比重的21.8%。2015年1~11月，全区重点项目实际开工建设38个，完成投资828.94亿元，完成年度计划的98.2%，为全区经济稳定较快增长发挥了重要支撑作用。

一是重点工业项目建设取得重大进展。"十二五"时期的前四年，重点工业项目投资累计完成1281.29亿元，年均增长8.2%，投资规模不断扩大。2015年1~11月，重点工业项目投资完成381.10亿元，完成年度计划的93.3%，占全区工业投资比重的26.5%，占全区固定资产投资比重的12.2%。麦垛山煤矿、金家渠煤矿、神华宁煤煤化工副产品深加工、中民投同心光伏发电项目、宁夏大地化工有限公司年产2010万条子午轮胎项目二期工程、中国自动化集团（吴忠）自动化产业基地项目、宁夏宁东—浙江绍兴特高压直流输电工程及配套电源项目等一大批煤炭、煤化工、新能源、装备制造、电力等重大基础产业项目相继开工建设。梅花井煤矿、红柳煤矿、捷美丰友合成氨、尿素项目、宝丰集团废气综合利用制烯烃项目、华电宁夏宁东风电项目、中电投宁夏青铜峡铝业有限公司中卫香山风电项目、宁夏大地化工有限公司年产2010万条子午轮胎项目一期工程、沙湖750千伏输变电工程等项目顺利投产。王洼煤矿600万吨改扩建项目、银峰铝业循环经济综合产业园项目、宁夏如意科技时尚产业有限公司纺织项目进一步加大了宁夏工业结构调整力度，加快产业升级步伐。

二是重点交通基础设施项目建设实现新的突破。2014年，全区重点交通基础设施项目完成投资73.42亿元，超年度计划投资的1.9%。2015年1～11月，全区重点交通基础设施项目完成投资112.60亿元，完成年度计划的93.8%，一大批交通物流重点项目相继开工或建成投产。福银高速同心至沿川子段、国道211线灵武至甜水堡段及古窑子至青铜峡联络线公路、省道202线西吉至毛家沟公路相继建成通车。青银高速银川至宁东段改扩建、固原原州区至王洼铁路等项目进展顺利。国道344线青石嘴至泾源段公路、银川到西安铁路、银川河东国际机场三期扩建工程等一批重大项目开工建设。

三是重大民生工程和社会事业项目建设明显加强。2011～2014年，全区重点项目中，教育、社会保障、医疗卫生、文化体育、旅游休闲等直接与民生相关的投入达到354.98亿元，年均增长高达62.5%。随着经济的不断发展，全区民生及社会事业领域内的投资力度也在不断加大，2015年1～11月，重点民生及社会事业项目完成投资325.28亿元。广大人民群众直接受益于宁夏大剧院、自治区儿童医院、宁夏艺术学校新校区、青铜峡黄河金岸建设项目、中华回乡文化园、煤矿棚户区改造等一批民生、社会事业项目的投产。宁夏中南部城乡饮水安全工程、保障性安居工程、美丽乡村建设、社会养老服务体系建设、市民休闲森林公园建设项目等一大批民生工程和生态环境重大项目稳步推进。

二、"十二五"时期投资建设成效显著

"十二五"时期，全区交通基础设施发展迅速。交通供给能力显著提升，运输条件明显改善，初步形成了综合交通网络。前四年，累计完成投资590.66亿元，年均增长19.2%。2015年11月，完成投资249.02亿元，比上年同期增长39.3%。到2015年底，全区公路总里程达3.32万公里，较2010年增加约10700公里，公路网密度将从2010年的33.9公里/百平方公里提高到50公里/百平方公里。其中，高速公路通车里程将超过1520公里，较"十一五"末增加360余公里，建成银川至巴彦浩特、古窑子至青铜峡、灵武至白土岗、银川至青铜峡等高速公路项目，高速公路网更加

完善；二级及以上公路达到6600公里，较"十一五"末增加2200余公里。公路网建设超额完成了"十二五"规划确定的各项目标。黄河吴忠段航运一期工程项目竣工，黄河中卫、银川段航运工程前期工作完成并开工建设。

"十二五"时期，全区客货运输持续增长，服务水平整体提升。"十二五"以来，全区运输规模快速增长，客货运输量和周转量年均增幅基本维持在两位数以上。2014年，全区客运量、客运周转量分别达到9213万人次、146.8亿人公里，货运量、货运周转量分别达到4.2亿吨、877.33亿吨公里。其中，2014年公路客运量、客运周转量分别达到8311万人次、65.7亿人公里，分别占全社会客运量、客运周转量的90.2%、44.8%；公路货运量、货运周转量分别达到3.43亿吨、530.5亿吨公里，分别占全社会货运量、货运周转量的80.9%、60.5%。航空运输方面，新开辟多条国内国际航线，实现了所有省会城市航线全覆盖。道路客运方面，通过增加城市公交、农村客运、长途班线线路和车辆的方式，实现道路客运覆盖广度和通达深度"双提升"，新增道路客运线路超过350条。综合交通客运网络基本形成。宁夏和天津的口岸合作进一步深化，在全国率先推行了"铁水联运"示范项目合作；开通西部货运快列，开辟了银川至青岛、连云港、秦皇岛等出海通道，多式联运实现突破。全区登记注册规模以上物流企业数量逐年上升，A级以上物流企业比重逐年增加，物流公共信息平台建设初见成效。

"十二五"时期，全区水利基础设施建设取得明显成就。前四年，累计完成投资644.25亿元，年均增长40.0%。2015年11月，完成投资259.13亿元，同比增长8.3%。建成了一大批事关全区经济社会发展和民生改善的重点水利工程，被授予全国唯一的省级节水型社会建设示范区。总投资39亿元，旨在解决西海固地区110多万城乡居民饮水难题的中南部城乡饮水安全工程全线开工建设，提前解决了西吉县城等18.2万饮水最困难群众的吃水问题。农村饮水安全实现全覆盖，建成集中供水工程148处、分散供水工程1400多处，解决了139万人饮水不安全问题，农村自来水入户率达80%，全区316万城乡居民告别了"水贵如油"的苦涩历史，保障了全区农村饮水安全。以农业灌溉为重点，坚持总量控制、各业兼顾，确保了800多万亩农田适时灌溉、均衡受益，为全区粮食生产"十一连丰"和农民持续增收做出了重要贡献。建成宁东、太阳山、上海庙等工业供水工程，确保了宁东等工业园区供水安全，保障了全区工业供水安全。深入推进节水型社会示范省区建设，实行严格的水资源管理制度，千百年传统大水漫灌方式发生历史性转变，水资源利用效益进一步提高，以有限水资源保障了全区经济社会可持续发展，保障了全区发展用水安全。扎实推进水生态文明建设，开展山、水、林、田、湖系统治理，全区水土流失治理措施保存面积达1.7万平方公里，重要水功能区水质达标率提高到75%，保障了全区水生态环境安全。建成402公里黄河标准化堤防，完成203座中小型病险水库除险加固，加快实施清水河、苦水河及69条中小河流治理，实现了黄河安澜，保障了人民生命财产安全。

投资环境不断优化，着力保障改善民生。按照自治区空间发展战略规划，全区加大对生态环境、城市绿化、村庄规划整治和美丽乡村建设等领域的投资力度，狠抓城乡及主干道路大绿化大整治，不断扩整湖泊水系，城市老旧小区改造稳步推进，美丽小城镇、美丽村庄建设步伐进一步加快，投资效果良好。银川滨河新区、固原西南新区初具规模，银川荣获"2014亚洲都市景观奖"，石嘴山跻身国家森林城市，吴忠荣获"中国人居环境范例奖"，固原被列为国家新型城镇化综合试点城市，中卫成功创建国家园林城市，全区城镇化率不断提高，增速位居全国前列。标准化乡镇文化站全区开花，文化活动室、民间文艺团队、农民文化大院扶持力度加大，不断向全社会投入全民健身器械、器材，文化产业不断发展。整村推进，精准扶贫，全力实施中南部地区扶贫攻坚进程，让贫困地区群众感受到党和政府的温暖。保障性住房、农村危窑危房、农村饮水安全、生态移民等民生工程建设力度继续加大，城乡人居环境进一步得到改善。2015年1~11月，全区文化及相关产业投资完成111.10亿元，用于中南部地区生态移民工程、保障性安居工程和美丽乡村建设工程分别为17.83亿元、116.73亿元、80.33亿元。

三、"十二五"时期投资存在的突出问题

(一) 工业投资增长偏低,倚重倚能现象突出

受产能过剩、企业用工和融资成本上升、市场需求不足的影响,工业投资出现增长滞缓、投资比重不断下滑的迹象。"十二五"的前四年,工业投资年均增长23.9%,低于"十一五"时期(29.4%)年均增速5.5个百分点。2015年1~11月,工业投资增长16.4%,比上年同期回落1.0个百分点。2014年,全区高耗能工业投资完成867.62亿元,重工业投资完成1212.82亿元,占全区工业投资比重的60.9%、85.1%,均超全区同期工业投资六成以上。由于资源禀赋特点,宁夏工业投资主要以高耗能和重工业投资为主,2015年1~11月,全区高耗能工业投资完成993.03亿元,重工业投资完成1244.84亿元,占全区工业投资比重的69.1%、86.6%,所占比重分别比上年同期高8.1个百分点和1.8个百分点,全区工业投资倚重倚能现象仍然比较明显。

(二) 项目储备不足,支撑作用下降

全区在建项目特别是新开工项目个数和计划总投资规模偏小、增速偏低,难以支撑投资保持持续较快增长。2015年1~11月,全区在建项目个数4171个,同比增长0.9%,比上年同期下降8.5个百分点,其中,本年新开工亿元以上项目334个,同比下降10.5%,比上年同期下降21.8个百分点;在建项目计划总投资同比增长10.0%,低于同期全区固定资产投资增速0.9个百分点,比上年同期下降4.6个百分点。全区在建施工项目储备不足,计划总投资规模下降,直接影响和制约全区后期固定资产投资的规模及增长速度。

(三) 资金筹措难度加大,融资环境趋紧

目前,宁夏金融体系尚不健全,企业投资缺乏有力的金融支持,融资渠道狭窄,融资困难的状况突出。四大国有银行等正式金融体系所提供的资金远远不能满足企业的现实需求,企业很难从银行筹措到足够的资金。2014年到位资金中银行贷款同比增长31.1%,比2010年37.0%的增长幅度下降5.9个百分点,2015年1~11月银行贷款同比增长0.6%,比上年同期

29.8%的增幅下降了29.2个百分点。投资主体主要依靠企业自身积累。2014年到位资金中自筹资金占本年全部到位资金比重的54.3%，比2010年的比重上升了7.3个百分点。2015年1~11月自筹资金占本年全部到位资金的比重为53.9%，超五成以上的资金来源于企业自筹。另外，宁夏企业普遍规模小、产业层次低，客观上加大了上市的难度，难以获得证券市场直接融资资格，利用债券等方式融资的难度大、空间小。2014年到位资金中债券占比仅为0.04%，2015年1~11月占比为0.07%。

（四）民间投资增速回落，投资领域有待拓展

受国内外市场需求不足、产品价格下滑甚至倒挂、产能过剩、产品重复度高等因素影响，传统民营企业开工率不足，再加上安全、环保和人工成本的刚性上涨，导致民营企业经济效益下滑，投资增速回落。2014年，全区民间投资1787.99亿元，增长17.8%，对全区全社会固定资产投资的贡献率为52.0%，分别比"十二五"初的2011年降低13.9个百分点、2.9个百分点。2015年1~11月，全区民间投资1635.89亿元，增长4.1%，比上年同期回落14.0个百分点，占全区固定资产投资比重的52.5%，对全区固定资产投资的贡献率为21.2%，分别比上年同期下降3.4个百分点和30.5个百分点。宁夏民营企业大多位于产业链的低端，难以延伸，投资领域比较窄。近几年，尽管国家政策为民间投资提供了广阔的舞台，但在现实中，由于宁夏民间投资主体总体实力不强，应对市场风险的能力较弱，民间投资的投资领域仍然受限制。民间资本在进入高新技术产业领域时，会面临投入多、资源缺、难度大、风险高的困境；在进入基础设施、科教文卫等领域时，仍会遇到种种资质限制，在投资补助、贷款贴息、税费征收、供水供电、安全监督、竣工验收、人才引进等方面还存在差别政策。部分基础设施建设项目社会效益大于经济效益，投资规模大，回收周期长，且缺少主动权，民间资本缺乏投资兴趣。

（五）房地产投资下降，销售乏力

宁夏房地产开发市场目前仍处于调整期，供销市场普遍投资意愿都不高。一方面存量住房规模较大，市场消化需要时间；另一方面购房需求相对不足，对住房有刚性需求的购买者观望情绪浓厚，部分家庭平均拥有两三套住房，改善性需求不足。同时受价格下滑和政策限制的影响，住房投资性需求减弱。供需矛盾导致房地产开发市场低迷，销售乏力，企业利润大幅下滑，投资意愿减弱。2014年房地产开发企业利润总额同比下降50.5%，远低于2010年的利润水平；房地产开发投资增长17.1%，增速比2010年回落39.2个百分点；房地产企业销售面积和销售额增长7.7%、4.8%，增速分别比2010年回落20.0个百分点、24.3个百分点；待售面积是2010年的1.4倍。2015年1~11月，投资和销售呈继续下降态势，投资、销售面积和销售额下降7.2%、26.4%和20.1%，分别比上年同期下降23.8个百分点、40.4个百分点和30.7个百分点；待售面积增长25.6%，比上年同期增长11.0个百分点。

四、"十三五"促进全区固定资产投资增长的建议

（一）要从思想上高度重视，下大力气抓项目投资

作为西部省区，投资和项目是拉动经济增长的基本动力。要从思想上对项目投资工作高度重视，紧紧抓住项目建设这个"牛鼻子"。要认识到，宁夏是欠发达省区，产业转型升级需要一个长期过程，抓发展第一位的还是抓项目、增投资，没有一定的投资规模，稳增长、调结构就没有支撑，就业、收入、民生就没有保障。一方面，要立足当下，切实抓好在建拟建项目。把项目建设摆在更加突出的位置，围绕自治区确定的"7+2"项目和重点项目，突出重点抓、建立台账抓、建立清单抓，一定要抓得紧而又紧、实而又实、细而又细，决不能有丝毫马虎。另一方面，要着眼长远，精心谋划一批重大项目，确保项目梯次跟进、源源不断。重点围绕稳增长，谋划和落实一批明年能开工、能见效的项目；以自治区成立60周年大庆为契机，精心谋划好60大庆的项目，争取中央给宁夏量身定做一批有特色、含金量高的重大项目、献礼工程；围绕2020年实现全面建成小康社会的目标，谋划一批有利于稳增长、强后劲、惠民生的重大项目，特别是要谋划好河东机场四期、黑山峡水利枢纽工程、400万吨煤制油二期等一批大项目，要加大对接协调力度，争取进入国家大盘子。

（二）营造良好的投资环境，打造丝绸之路经济带战略支点

宁夏是丝绸之路经济带国内沿线的重点省区之一。当前，国家正在实施"一带一路"战略，中央出台了《关于构建开放型经济新体制的若干意见》，自治区也制定了《关于融入"一带一路"，加快开放宁夏建设的意见》，宁夏经济发展面临难得的历史机遇。我们要抓住这一机遇，坚持引进来与走出去并重，内引外联，围绕丝绸之路经济带战略支点建设，以中阿博览会平台为依托，加强与丝路沿线国家和地区的交流合作，进一步加强和拓展与京津冀、长江经济带、珠三角、中东阿拉伯国家和主要穆斯林地区的合作，密切能源金三角、陕甘宁蒙毗邻省区、呼包银榆毗邻城市的合作。加快银西铁路建设、京呼银兰客运专线、城际铁路、高速公路建设，融入全国"五纵五横"综合运输大通道；加快河东机场三期和综合交通枢纽建设，促进银川空港、临空经济区与滨河新区、综合保税区融合发展；加快"智慧宁夏"建设，通过企业投资、政府购买服务的方式，加快推进西部云基地、银川大数据中心建设，打造陆上、空中、网上三条丝绸之路。

加快建立行政审批清单、政府责任清单、项目准入负面清单"三个清单"，学习借鉴上海自贸区经验，最大限度放宽投资准入，最大限度激发企业活力。围绕建设服务型政府，提升行政效能，推进政务公开，优化办事流程，大力推行一站式服务，推广银川市建立行政审批服务局和市民大厅的做法，对一些重点企业和项目特事特办、开辟绿色通道，从用电、用地、用水、道路、技术、市场等方面提供快捷、优质服务。完善金融等支持政策，运用财税、金融杠杆，保持宏观经济政策的稳定，增强投资者的信心，加强银企对接，发挥政府担保平台、风险补偿基金的作用，不断拓宽投融资渠道，为企业发展创造良好投资环境，不断加快丝绸之路经济带战略支点建设进程。

（三）进一步盘活存量资金，着力保障与改善民生

4月以来，李克强总理先后5次部署盘活财政存量资金，并强调"统筹使用的财政资金重点向中西部倾斜，带动有效投资，增加农村贫困地区的公共产品和服务供给"。要坚持问题导向和民本理念，加快推进公共服务体系建设，在医疗卫生、基础教育、文化体育等方面补好短板，提高优质

公共服务供给能力和均等化水平。加大中南部地区扶贫攻坚进程，继续加大保障性住房、棚户区改造、农村危窑危房、农村饮水安全等民生工程建设力度，积极协调解决项目建设中的困难和问题，不断加大项目推进力度。同时，我们还要加大向上跑的力度，力争中央统筹使用财政资金的切块大一些；另一方面，要切实发挥好财政资金的引导和带动作用，通过产业基金引领、投资补助、担保补贴、贷款贴息等方式，尽快把财政资金下达到项目单位，落实到具体项目上，变成实物投资量，切实发挥好政府投资四两拨千斤的作用。

（四）优化投资结构，加快产业转型升级和发展效益

扩大有效投资，既要追求投资总量的增长，更要追求有质量、有效益的投资。在产业结构调整转型方面，一定要深入贯彻落实好自治区党委、政府产业转型升级和结构调整"1+3"方案，按照既定的方向把结构调优、效益调高、竞争能力调强。充分利用《中国制造2025》、"互联网+"等新机遇，大力推进创新驱动战略。加快做大做强新能源、现代煤化工、石油化工、先进装备制造等特色优势产业，培育发展生态纺织、高新技术、电子信息、葡萄酒等新兴产业，推动工业从产业链低端向高端发展，增强工业经济整体竞争力。加快推进农业机械化、规模化、标准化、精品化进程，提升农业产业化、现代化水平。大力发展现代服务业，做优做强现代物流、电子商务、文化旅游等特色服务业，充分发挥服务业对促进经济增长、优化产业结构、增加就业能力、带动居民增收的重要作用。重视把握全社会投资导向，合理调整和统筹区域投资布局及发展，明确区域投资发展的功能定位，发挥优势，突出特色，一个区域确定1~2个主导产业，培育和形成一批特色产业和重点企业，避免同质化竞争，逐步形成结构优化、产业链完整、竞争力明显的产业体系。

（五）化解房地产库存，促进房地产业持续健康发展

目前房地产行业最大的问题是供需矛盾较大，商品房库存量太大，而房地产的投资需求大幅度萎缩，消化房地产库存将是长期过程，应保持房地产宏观调控政策的稳定性，不能为了保增长而盲目刺激房地产业。要主动压缩投资与减少市场供给，合理确定住房建设和住房用地供应总量，强化规划引领，严格控制住宅开放总量和用地规模，优化住房供应结构，使市场供给逐渐地与需求相适应。要完善住房供应体系，着力构建商品住房、保障性住房和共有产权住房"三位一体"的住房供应体系，对房地产去库存化采取政府"托底"社会政策，对库存量大的地区可采取政府回购或政府补贴鼓励社会资本参与运营等方式，将库存商品房转为保障性住房或者共有产权住房，有效消化商品房存量。要营造良好金融环境，在防范金融风险的前提下，支持房地产开发企业合理融资需求，加大对首套自住型住房和中小套型住房的金融信贷支持力度，发展多元化的房地产融资体系。要强化市场监管，加强商品房预售许可管理制度，严格按照制度规定进行预售许可审批，规范房地产市场秩序。根据市场情况，加强舆论引导，提供更多权威市场信息，合理引导企业有序开发和市场消费预期。同时，大力推行不动产登记制度，打击囤房炒房，遏制投机需求，改善楼市供求关系，促进房地产业持续健康发展。

宁夏居民收入"十二五"增长特点及"十三五"政策建议

苏春燕

"十二五"以来特别是党的十八大以来,中国坚持把经济增长建立在就业基本稳定、收入同步增长的基础上,不断健全以基本公共服务为核心的民生保障制度,多措并举增投入、补短板、兜底线、织密网,将财政用于民生的比例稳定在70%以上,使发展成果更多、更公平地惠及全体人民,人民福祉得到大幅增进。党的十八大提出,到2020年城乡居民收入要比2010年翻一番。2015年6月,习近平总书记在贵州调研时指出,要努力补齐短板,科学谋划好"十三五"时期扶贫开发工作,确保中国的贫困人口到2020年如期脱贫。即将收官的"十二五",正是为实现收入翻番、如期脱贫蓄势推进的五年,也是进一步深化改革、继往开来的五年。

一、宁夏居民收入"十二五"增长特点

"十二五"期间,宁夏始终把促进居民持续增收作为民生工作的重中之重。据国家统计局宁夏调查总队城乡一体化住户调查资料显示,2015年全年,宁夏全体居民人均可支配收入预计将达到17220元,比2010年增加

作者简介:苏春燕,国家统计局宁夏调查总队居民收支调查处主任科员,高级统计师,主要从事城乡居民收入调查研究工作。

7356.0元（本文2013年以后数据为可支配收入，2013年以前为老口径城镇居民可支配收入和农民纯收入推算出可比口径的城乡居民可支配收入），其中，城镇居民人均可支配收入25147.0元，比2010年增加10054.0元，年均增长率为10.7%；农村居民人均可支配收入预计为9167.0元，比2010年增加4042.0元，年均增长率为12.3%，5年内增速均高于GDP增速。城乡居民收入差距连续5年缩小，由2010年的2.94∶1下降到2015年的2.74∶1。居民生活水平明显改善，2015年全年预计宁夏城镇居民人均生活消费支出19109.0元，比2010年增长7775.8。农村居民人均生活消费支出8828.0元，比2010年增加4815.0元。城乡居民家庭恩格尔系数分别从2010年的33.2%、38.4%下降到30.9%和32.0%，食品消费支出比重明显降低，为建成全面小康社会奠定了坚实基础。

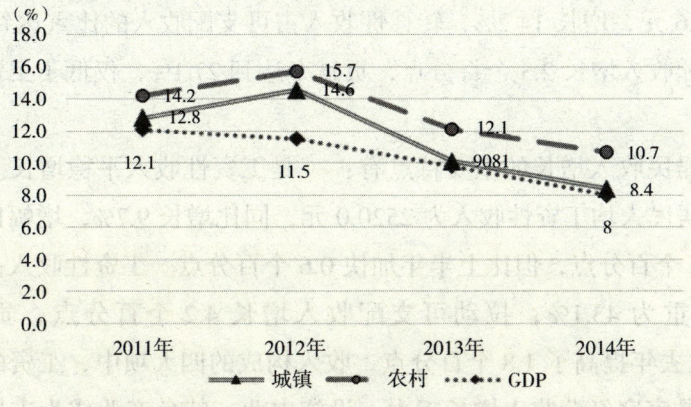

图1　2011~2014年宁夏城乡居民收入增速

（一）2015年前三季度宁夏城乡居民可支配收入特点

2015年前三季度宁夏全体居民人均可支配收入为12010.4元，比去年同期增加1000.3元，增长9.1%，其中，城镇居民人均可支配收入18062.2元，比去年同期增加1412.0元，名义增长8.5%，增幅比去年同期低0.1个百分点；农村居民人均可支配收入5841.2元，比去年同期增加499.8元，名义增长9.4%，增幅比去年同期低1.4个百分点，基本实现了居民收入与经济增长同步。

城镇居民收入增长主要特点有：一是工资性收入稳步增长。前三季度，城镇居民人均工资性收入11929.6元，同比增加949.5元，增长8.7%，增幅比去年同期高1.2个百分点，比上半年加快0.8个百分点。工资性收入占可支配收入的比重为66%，拉动可支配收入增长5.7个百分点，对收入增长的贡献率为67%，比去年同期高出8.5个百分点。今年自治区政府出台的行政事业单位工资改革及提高津贴等多项政策增加了职工的工资收入，保证了居民收入的稳定增长。二是家庭经营收入增幅明显回落。城镇居民人均家庭经营收入为2260.7元，同比增长2.7%，增幅比去年同期回落4.7个百分点，占可支配收入的比重为12.5%，同比低了0.8个百分点，拉动可支配收入增长0.3个百分点，贡献率仅为4.1%。市场疲弱，需求不足，导致大部分私营企业经营困难，业绩下滑，利润下降，造成家庭经营收入增长乏力。三是转移性收入成为城镇居民收入增长的重要因素。人均转移性收入3041.6元，增长14.2%，转移性收入占可支配收入的比重达到16.8%，拉动可支配收入增长2.3个百分点，贡献率达到27.1%，仅低于工资对收入的贡献率。

农村居民收入增长的主要特点有：一是工资性收入平稳增长。前三季度，农村居民人均工资性收入为2520.0元，同比增长9.7%，增幅比去年同期回落1.1个百分点，但比上半年加快0.6个百分点。工资性收入占可支配收入的比重为43.1%，拉动可支配收入增长4.2个百分点，贡献率为44.7%，比去年提高了1.8个百分点，收入构成的四大项中，工资的贡献率最大。二是家庭经营收入增长乏力，设施农业、特色产业成为支撑农民增收的有利因素。农民人均家庭经营净收入2254.9元，同比增加128.8元，增长6.1%，增幅比去年同期回落1.6个百分点，但比上半年加快2.7个百分点，家庭经营收入占农民人均可支配收入的比重为38.6%，同比下降了1.2个百分点，拉动可支配收入增长2.4个百分点，贡献率降为25.5%，比去年同期降低2.7个百分点。人均第一产业净收入为1299.7元，同比增长7.7%，其中：农业净收入754.7元，同比增长16.0%；牧业净收入502.6元，同比下降10.4%，畜牧业生产形势依然严峻是今年农民家庭经营净收入增幅回落的主要因素；二、三产业人均净收入955.1元，增长3.9%，比去年同期低了3个百分点，也处于较低水平。三是财产性收入增幅回落明显。人均财产净收入150.8元，增长14.7%，增幅比去年回落11.4个百分点，比重为2.6%，拉动可支配收入增长0.4个百分点，贡献率为3.9%。主要是利息和房租下降比较明显，人均转让承包土地经营权租金净收入仍在快速增长。四是转移净收入成为农民增收的重要途径。农民人均得到的转移净收入915.4元，同比增加130.0元，增长16.6%，比重为15.7%，拉动可支配收入增长2.4个百分点，贡献率达到26%，收入构成的四大项中仅次于工资性收入的贡献率，与家庭经营净收入持平，为多年来的首次。

（二）"十二五"期间宁夏居民可支配收入的主要特点

1.居民可支配收入增速前高后低。"十二五"初期宁夏居民收入延续"十一五"的高速增长，但农民增收高度依赖于务工人数和时间的增长，表现出后劲不足，城镇居民收入增长也主要依靠各项新出台的增资政策，随着农村务工人数的饱和以及城镇各项增资政策基本趋于稳定，宁夏城乡居民收入增速明显趋缓，城乡居民收入增速均出现前高后低的走势。2010年宁夏城乡居民人均工资性收入分别增长12.8%和17.7%，到2015年前三季度工资性收入增幅分别降至8.7%和9.7%。预计2015年全年，农村居民人均可支配收入增长9.0%，比增幅最高的2012年低6.7个百分点；城镇居民人均可支配收入增长8.0%，比增幅最高的2012年低5.6个百分点。

2.收入结构调整取得突破。"十二五"期间宁夏居民收入结构得到进一步优化，城镇居民工资性收入占总收入的比重由2010年的61.7%增至2014年的70.7%，经营净收入和财产净收入占比变动不大，转移性净收入由2010年的24.6%降至2015年的15.9%；农村居民财产性收入和转移性收入出现了高速增长（见图2），年均增长率在17%左右，比"十一五"期间13.7%的年增长率高3.3个百分点。长期以来，宁夏农村居民家庭经营收入占可支配收入的比重与其他西北省份相比一直居高不下，同时财产性和转移性收入占可支配收入的比重又在西北五省中处于最低水平，这也是制约宁夏农民收入快速增长的一个重要因素，但是"十二五"期间这一状况得以逐步改善。

3.城乡收入差距进一步缩小。城乡居民收入差距过大，不仅影响着改革的顺利进行、经济的持续发展以及社会的长治久安，而且关系到全面建

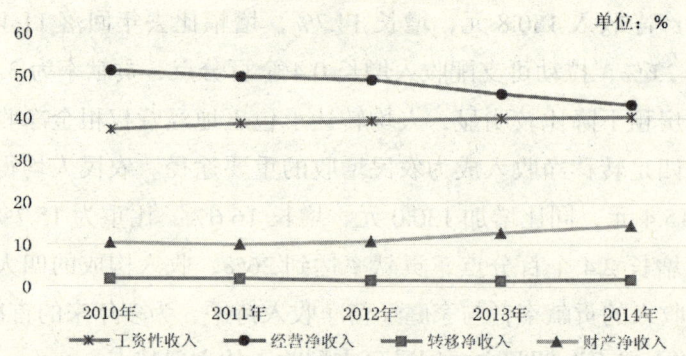

图 2　2010～2014 年宁夏农村居民收入结构变动情况

设小康社会目标的实现，为了缩小城乡居民的收入差距，各级政府致力于完善收入分配制度，规范收入分配秩序，采取措施提高农民及城乡中低收入者的收入水平。"十二五"期间缩小城乡居民收入差距取得明显成效。2015 年，预计宁夏城乡居民可支配收入比为 2.74∶1，而在 2010 年这一比重还高达 2.94∶1（见图 3）。

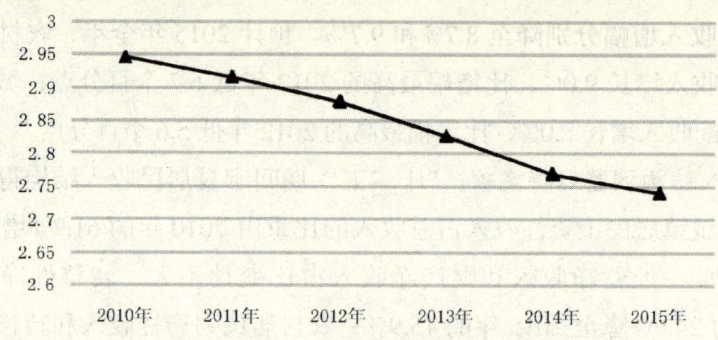

图 3　2010～2015 年宁夏城乡居民收入比变动情况

二、现阶段宁夏居民增收的制约因素

"十二五"期间，在世界经济增长总体放缓的背景下，中国经济运行在实现速度变化、结构优化、动力转换的同时保持了总体平稳、稳中有进的态势。各级政府始终把解决好民生问题作为工作重点，在工业化、信息化、城镇化发展进程中同步推进农业现代化，出台了一系列惠民政策措施，开创了居民生活显著改善、城乡社会和谐稳定的新局面，但居民增收在不断向好的同时也出现了新的问题。

（一）结构性失业减缓居民工资性收入增速

在产业转型升级和结构调整过程中必然伴随着结构性失业问题，产业要转型升级，意味着一部分企业要关停甚至破产、退出市场，也就意味着一部分劳动者要从传统产业转入新产业，这对知识技能的要求将更高。在城镇，由于一些大型企业停产或者降低产能，导致部分一线工人只能待业，同时中高层管理人员的工资水平基本都有降低。在农村，受房地产行业不景气的影响，很多长期在建筑工地从业的农民工都遭遇找活难，而且连续多年上涨的工资标准从2014年开始再未上涨，甚至还有所下降。

（二）农牧产品价格波动大影响农民稳定增收

第一产业收入一直是农民收入的主要构成部分，但是近几年农牧产品价格的大幅波动对农民稳定增收影响较大，2014年蔬菜价格一跌再跌，严重的时候甚至有跌破50%的，导致部分菜农损失惨重；牛奶价格的下跌致使绝大多数奶牛养殖户都低价出售奶牛、停止养殖；羊肉价格的下跌使一些养羊专业户不得不改变生产经营模式；2015年秋收时节的玉米价格下跌更是让大范围的玉米种植户目前只能选择存粮观望。农民种养殖业多是小规模经营，规避风险能力差，承受损失能力弱，一旦出现大的经营亏损要两三年才能恢复再生产能力，也不利于收入持续稳定增长。

（三）工业产能低、服务业发展不足限制居民二、三产业收入增长

宁夏工业基础薄弱，发展相对滞后，缺少高精尖的工业企业，很多高附加值的工业行业在宁夏都是空白，工业产品在全国知名或畅销的品牌少，竞争力弱，这对居民收入的持续提高有明显的制约。另外，宁夏居民从事服务业行业基本集中在交通运输业和批零贸易业，受经济转型影响，近两年交通运输业发展不景气，导致宁夏城乡居民的三产收入也随之降低。

（四）劳动力文化程度低制约居民收入增长

劳动力文化程度低一直是制约宁夏居民增收的主要因素之一。一方面是用工单位长期招聘技术工，另一方面是闲散劳动力就业难，在进行收入调研时我们发现，大多数技术工收入在产业结构调整中并未受影响，还有一部分人收入反而上涨，就业难的人基本都是受教育文化程度低或者年龄

大者。在新常态经济下，劳动力市场将发生深刻变革，随着产业结构调整向中西部地区逐步扩散和转移，低技能者务工难的情况将会长期的存在并不断深化。

三、新常态下宁夏居民增收的新契机

（一）新型城镇化建设将有效推动宁夏城乡居民收入增长

我国新型城镇化的总体思想是有序推进农业转移人口市民化，推动大中小城市和小城镇协调发展，提升城市可持续发展水平，通过改革释放城镇化发展潜力。从这个思路来看，首先，新型城镇化建设的发展重心下移到县城和中心镇。在资源环境约束日趋突出的现实背景下，县域层面继续走工业带动的传统城镇化道路的难度很大，大力发展第三产业将是今后经济增长的主要方向，而新产业的发展在提供更多的就业机会的同时也会带动农牧业的发展。其次，新型城镇化的重点是人口城镇化。城镇化建设将解决大批进城劳动力的就业、安居、发展问题，提供更多低门槛的就业岗位，建立更加完善的社会保障制度也有利于城乡居民中低收入者的稳定增收。最后，新型城镇化强调提升质量。通过城乡互动发展可以优化城乡居民收入结构，通过发展资源环境服务业建设绿色城镇可以有效实现居民收入可持续性增长，通过发展信息服务业提高城镇智能化程度的同时也可以实现居民收入来源的多样化等。

（二）"一带一路"的重大机遇将推动城乡居民收入增长

随着宁夏全面落实内陆开放型经济试验区规划，先行先试"一带一路"重大项目合作方式，物流配送、融资租赁、跨境电商、转口贸易等一批服务行业将在各方支持下蓬勃发展起来，这在提升服务能力的同时，也使城乡居民收入来源更加多样化、收入增长更具持续性；大力培育清真食品和穆斯林用品、葡萄酒、马铃薯、枸杞等特色产业，在农牧业收入增加的同时，也有效增加营销行业的就业量，通过带动就业促进经济增长；借助宁夏陆上、空中、网上丝绸之路的建设，为旅游业、物流业等发展提供更加便利的条件，产业结构进一步调整有效促进城乡居民收入内部结构的调整。

(三)"精准扶贫"工作的深入开展将推动低收入群体增收

低收入群体增收是居民收入增长的关键，在宁夏22个市、县（区）中有8个被划定为国定扶贫开发重点县，而这8个县（区）的居民收入水平均不及全区平均水平。2015年初，中央召开扶贫开发工作会议，明确提出要坚持精准扶贫、精准脱贫，宁夏也高度重视扶贫开发工作，宁夏精准扶贫工作将瞄准建档立卡贫困村和贫困人口，力争到2020年，实现贫困县全部脱贫，与全国同步进入全面小康社会。进一步加大扶贫攻坚力度，聚焦经济薄弱村和低收入农户，更多的扶贫政策和措施在解决贫困问题的同时也为提高贫困地区居民收入增加新来源，今后宁夏扶贫工作将大力发展特色农业和乡村旅游，促进农民就业创业，以结构调整带动低收入群众脱贫致富，确保率先全面建成小康社会。

四、"十三五"期间宁夏居民增收的政策建议

(一) 加强劳动力技能培训，保证工资性收入持续增长

随着宁夏产业转型升级和结构调整，对劳动力技能要求将会越来越高，现代农业经营也须以农民的大规模转移和培养一批懂技术、会经营的现代农民为前提，所以加强劳动力技能培训刻不容缓。建议各级政府一方面应加大公共培训机构资金投入力度，构建骨干培训机构，完善教学实习设备设施，增加培训机构专业人员，加强师资队伍建设，提升培训质量，增强培训吸引力，使城乡低技能劳动者由"要我培训"自觉变为"我要培训"。另一方面要将初、高中毕业后未继续升学的群体作为培训的主要对象，对初、高中不再升学的人及时有组织地进行技术和技能培训，特别是应面对当前农业转型升级，有针对性地加大农村农业实用技术和技能培训，以及现代农业规模经营管理知识。

(二) 推动城镇第三产业全面发展，拓展增收新空间

随着城镇居民收入水平的提高，享受型的休闲娱乐消费、发展型的文化服务消费均不断提高，特别是医疗、养生、旅游等涉及健康的产品和服务更受消费者的重视，且健康消费需求呈现多元化态势，居民的健康、娱乐消费需求已由单一的、基本需求型的刚性消费需求向健康保健、身心提

升型的非刚性需求转变，对健康体检、养生保健、心理咨询、旅游度假、健身美容等新兴服务行业的需求将会快速增加，但相关方面的市场还不够完善，还不能有效刺激消费从而带动行业收入增长。今后，相关行业的兴起和完善在改善居民消费环境的同时将为居民增收拓展新空间。

（三）以"互联网+农业"发展方式为依托，激发农业增收新活力

随着有实力的互联网企业大力布局农村，今后"互联网+农业"的发展模式必将为农村经济增长添加新活力，类似北京出现的农夫市集等从农户到餐桌的农产品直售模式亟待引导，例如用户可以通过线上预订、线下到指定地点自提的方式来购买半成品生鲜；与此同时，还可以将大棚种植与农业体验经济结合，推出类似"偷菜"一样的采摘体验。另外，搭建平台帮助农民兴办森林人家、农业观光园、农村疗养等休闲旅游项目也可为农村经济增长提供新来源。

（四）加快户籍制度改革，进一步缩小城乡居民收入差距

长期以来严格的户籍制度阻碍了城乡人口的自由流动，导致大量劳动力滞留在农村，不利于统一的劳动市场体系建立。因此，要借助这次户籍制度改革，建立城乡统一的劳动市场，彻底打破"二元用工制度"，使劳动力市场机制发挥基础的资源配置作用。另外，要取消各种限制劳动力正常流动的政策，出台相关政策和法律法规，保证劳动力在城乡之间、地区之间的合理流动，保障农民工能享受与城市居民一样的待遇，从而进一步缩小城乡居民收入差距。

宁夏"十二五"时期消费品市场分析

何胜兰 周莹

"十二五"时期以来，宁夏认真贯彻国家扩大内需的政策，促改革、调结构、惠民生，大力提高城乡居民收入，不断改善消费环境，消费体系日趋完善。随着各类新型业态不断发展，消费市场规模持续扩大，消费热点不断显现，消费结构明显升级，市场格局发生全新变化。2013年以来，随着中国经济进入新常态，经济增速放缓，下行压力贯穿始终，宁夏消费品市场表现出"稳中趋缓，缓中有进"的运行态势。

一、"十二五"时期消费品市场的主要成就

（一）消费品市场规模持续扩大，商业经济整体实力增强

"十二五"期间，宁夏消费品市场规模持续扩大，2014年实现社会消费品零售总额737.2亿元，比2010年增加318.7亿元，年均增长15.2%（见图1）。人均消费品零售额从2010年的6611.6元攀升至2014年的11143.4元，年均增长13.9%。随着消费市场规模持续扩大，社会消费品零售总额占经济总量的比重有所增加，商业经济整体实力增强，社会消费品

作者简介：何胜兰，宁夏统计局贸易外经处处长，高级统计师；周莹，宁夏统计局贸易外经处主任科员，高级统计师。

零售总额占GDP的比重由2010年的24.8%上升到2014年的26.8%，提高了两个百分点。

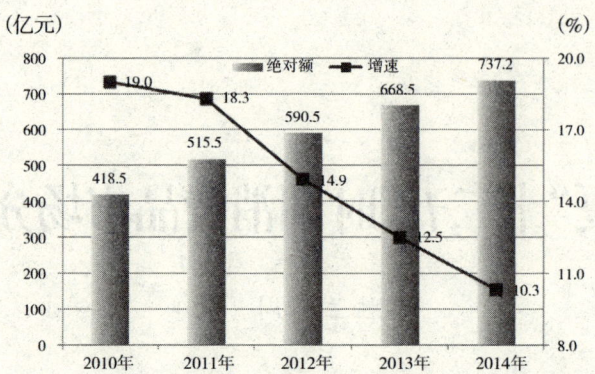

图1 2010~2014年社会消费品零售总额及其增长速度

限额以上贸易企业增长迅速。2014年，全区共有限额以上企业（单位）635家，比2010年增加40家，限额以上企业（单位）实现消费品零售额366.8亿元，比2010年增长75.6%，年均增长15.1%。无论是数量还是规模都远远超出历史水平。

2015年，消费品市场呈现"稳中趋缓"的发展趋势。2015年1~9月，全区社会消费品零售总额增长6.7%，比2014年同期回落3.7个百分点，比上半年提高0.2个百分点。2015年1~11月，限额以上企业零售额343.5亿元，同比下降2.8%，增速比2014年同期回落5.4个百分点。（按照国家统计局2015年《批发和零售业统计报表制度》规定，从2015年开始按季度发布全口径社会消费品零售总额数据，因此，本文中只提供2015年1~9月社会消费品零售总额数据和2015年月度限额以上零售额数据。）

（二）城镇市场优势凸显，带动作用更加突出

"十二五"期间，宁夏城镇化进程不断加快，2014年城镇化率达到53.6%，比2010年提高5.6个百分点。城镇市场零售额所占比重日益提高，作用更加凸显。2014年，宁夏城镇市场实现消费品零售额672.1亿元，占全部零售总额的比重达91.2%，比2010年提高0.4个百分点，年均增长15.3%，对全区社会消费品零售总额贡献率达85%，拉动其增长8.8个百分点；乡村市场实现零售额65.0亿元，占全部零售总额比重为8.8%，比

2010年降低0.3个百分点，年均增长14.2%（见图2）。城镇市场优势明显，带动作用更加突出。

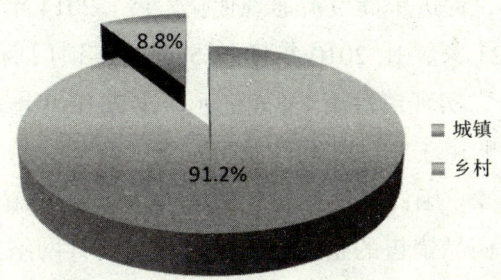

图2　2014年城镇、乡村零售额占社会消费品零售总额的比重

（三）以商品市场集散地为依托，商品零售总量继续扩大

"十二五"时期，商品交易市场厚积薄发，快速发展，对活跃商品流通，提升区域经济发展竞争力发挥了重要的推动作用。2014年，宁夏亿元以上重点商品交易市场有35个，比2010年增加了8家，随着重点市场的不断增加，全年总成交额达到314.4亿元，年均增长11.4%。商贸市场对宁夏及其周边地区的经济发展起到了积极的促进作用。大型商品交易市场作为日用消费品和生产、建设所需物资的重要集散地，为全区流通业的快速发展发挥了积极作用，为商品零售的快速增长提供了物质基础。2014年，宁夏实现商品零售625.5亿元，占社会消费品零售总额84.8%，年均增长15.6%；限额以上批发和零售企业（单位）达到445家，比2010年增加44家，实现零售额年均增长15.8%，有力带动了社会消费品零售总额快速增长。

（四）住宿餐饮行业变革中求生存，结构优化创新发展

"十二五"时期，在政策和市场的双重影响下，面对经济发展新常态以及市场需求的新要求，餐饮服务逐渐向大众化、个性化、多元化的市场方向转变，为餐饮市场发展增添了新的活力。2014年，宁夏住宿和餐饮业收入达到111.7亿元，比2010年增加43亿元，年均增长12.9%；全区限额以上住宿和餐饮企业（单位）有190家，营业额年均增长26.2%。住宿、餐饮行业面对新形势，不断尝试转型，积极创新发展，促进餐饮行业健康持续发展。

（五）连锁企业稳步发展，网络销售快速起步

"十二五"期间，宁夏批发和零售企业连锁经营取得快速发展，极大提高了商品流通效率，促进了商贸流通现代化发展。2014年，宁夏批发和零售业连锁企业有23家，比2010年增加5家，连锁门店数1639个，比2010年增加148个，实现销售额138.6亿元，比2010年增加11.7亿元。

近几年来，网购由于它的便利性及价格上的优势，越来越受到消费者尤其是年轻人的追捧，因此发展迅猛。2014年，宁夏限额以上批发和零售业通过互联网进行商品销售的企业有6家，通过公共网络交易平台取得订单的住宿餐饮企业有54家，通过互联网实现商品销售额34.7亿元，同比增长15.0%，高出2014年社会消费品零售总额增速4.7个百分点。

（六）消费结构明显升级，消费热点不断显现

随着宁夏经济总量持续扩大，居民消费能力快速提升，消费结构升级明显加快，大众消费已由数量型向质量型、享受型、健康环保型转变，居民消费呈现个性化、时尚化，消费热点和亮点不断涌现。据限额以上企业（单位）统计数据显示：

一是金银珠宝和化妆品类商品持续热销，尤其是金银珠宝类商品消费成为居民保值增值的新手段和综合避险的新产品。2014年，金银珠宝类零售额14.3亿元，比2010年增长1.3倍，年均增长23.7%；化妆品类零售额4.9亿元，比2010年增长1倍，年均增长19.5%。

二是汽车是推动市场消费的热点商品，成为消费市场新的支撑点和增长极。2014年，汽车类零售额115.8亿元，比2010年增长近1倍，年均增长18.3%。

三是房地产市场的增长，促进了家具类、家用电器的更新换代和升级。2014年，家具类零售额1.9亿元，年均增长39.5%；家用电器和音像器材类零售额17.0亿元，年均增长4.9%。

四是新型时尚文化消费逐渐引领市场潮流，成为消费品市场的又一新亮点。2014年，文化办公用品类和娱乐体育类零售额5.6亿元，年均增长1.2%；电子出版物及音像制品类零售额年均增长37.8%。2014年，城镇居民家庭用于教育娱乐文化服务的消费性支出比2010年增长52.3%，年均增

长11.0%。

五是通讯器材类升级换代较快，逐渐成为时尚、休闲娱乐等消费品。2014年，城镇居民家庭每百户拥有移动电话的数量比2010年增长15倍，年均增长1倍；城镇居民家庭用于通信的消费性支出比2010年增长30.3%，年均增长6.8%。

二、存在的问题

（一）城乡发展不平衡，农村消费品市场发展滞后

"十二五"期间，"万村千乡"市场工程、"家电下乡""家电以旧换新"等政策刺激了农村市场的消费，短期效益明显。但是农村消费品市场的比重总体偏低的局面依然很突出。农民收入水平比城镇居民收入水平明显偏低，随着收入差距不断拉大，市场有效需求不足的问题将更加凸现。在绝对量上，城镇消费品零售额大幅高于农村。2014年，宁夏城镇实现社会消费品零售总额是乡村的9.3倍，农村消费品零售额仅占全区社会消费品零售总额的8.8%。在人均可支配收入上，城乡居民人均可支配收入差距明显。2014年，农村常住居民人均可支配收入8410元，比2010年增加3285元；城镇常住居民人均可支配收入23285元，比2010年增加8192元。另外，农村流通基础设施不足、市场体系不完善、经营秩序不规范等问题比较突出，也导致农村流通现代化水平远滞后于城市，商贸流通业的发展缓慢。

（二）大宗商品销售影响消费品市场的发展

一直以来，石油及制品、汽车类等大宗商品销售是宁夏消费品市场的晴雨表，这两类商品的市场表现直接影响着全区消费市场的走势。2014年，限额以上企业商品零售中，石油及制品类和汽车类商品实现零售额178.0亿元，占全区限额以上零售额比重达50.4%。2010年，宁夏汽车消费出现井喷式增长，拉动全区社会消费品零售总额增长5.3个百分点。随着汽车消费出现高增长以后，三年来，汽车类消费对全区社会消费品零售额的贡献逐年递减。因此汽车和与之关联的石油及制品类大宗商品的市场表现举足轻重，这两类商品占比较大的销售结构，一定程度上制约了宁夏消

费品市场健康持续发展。

（三）网购对传统商业实体冲击明显

网购对传统消费造成的分流作用明显，在很大程度上造成了购买力分散，影响本地传统商业企业的发展，进而对消费品市场的发展产生影响。2014年，全国限额以上单位网上零售额增长55.9%，比宁夏社会消费品零售总额增速高45.6个百分点。

（四）企业信息化水平不高，现代化进程步伐缓慢

由于企业经营规模偏小、区域间经济发展水平参差不齐和行业配套管理措施滞后，以满足初级交易为主的传统经营方式及业态大量存在，连锁经营、物流配送、电子商务等现代流通方式发展步伐缓慢，企业规模和经济实力偏小。当前，宁夏贸易企业信息化水平不高，内部电子网络、网上销售、电子订货等管理技术还跟不上发展的需要。2014年统计调查显示，宁夏限额以上批发和零售业通过互联网进行商品销售的企业有6家，纳入第三方电子交易平台统计的企业也只有4家。目前，宁夏通过互联网实现商品销售仅占全部零售额的5.1%，淘宝、天猫、京东等法人注册地在区外的网购平台仍是居民购物的首选。

三、促进宁夏消费品市场发展的对策建议

（一）有效增加城乡居民收入，增强大众消费能力

要增加收入，让群众能消费。多渠道促进城乡居民增收，努力实现居民收入增长和经济发展同步。城乡居民收入是扩大消费的最基础条件，扩大消费、搞活消费品市场，不能仅仅依靠各种短期的刺激政策和寄希望于企业经营的改善，更要关注消费的主体，既要吸引百姓消费，更要给予百姓大胆消费的底气和实力。

（二）稳定大宗商品消费，加快培育消费增长点

汽车类、石油及制品类大宗商品左右着全区消费品市场的走势，因此，保持大宗商品市场销售稳定增长，有助于保持全区消费品市场稳步发展。培育新的消费热点，促进养老家政健康消费，壮大信息消费，提升旅游休闲消费，推动绿色消费，稳定住房消费，扩大教育文化体育消费。扩大消

费要汇小溪成大河，让群众的消费潜力成为拉动经济增长的强劲动力。

(三) 促进中小商贸流通企业发展，积极落实稳增长促消费政策

中小商贸流通企业是宁夏流通业的主体，激发中小商贸流通企业发展活力，创造更多就业创业机会，是带动居民收入持续提高、发挥消费对经济发展支撑作用的重要手段。重点支持公共服务平台建设，帮助企业解决融资困难，扶持创业就业，以及鼓励中小企业应用电子商务，提高科技水平。积极促进中小商贸流通企业实现平台式发展、连锁式发展、创新式发展、融合式发展，积极推进中小商贸流通企业服务体系建设。

(四) 加强"互联网+"实施规划，助力实体商贸企业发展

"互联网+"作为实体贸易企业的转型方向，一些企业已积极尝试并取得了较好的经营业绩。但对大多数企业来说，对"互联网+"的营销模式还比较陌生，怎样选择"互联网+"，并促进其快速发展，还需要相关部门结合宁夏实际，掌握商贸企业整体经营状况，贯彻落实《国务院关于大力发展电子商务加快培育经济新动力的实施意见》，对商贸企业发展"互联网+"给予指导性意见，加强制定实施规划予以引导培育，为宁夏经济发展增添新动力。

宁夏"十二五"时期对外贸易分析与"十三五"政策建议

张文杰

"十二五"期间，宁夏抢抓建设丝绸之路经济带和内陆开放型经济试验区的战略机遇，采取多种有力措施，以打造"西部最优，比东部更优"的发展环境为抓手，以提升贸易便利化水平为重点，全面推动外贸政策支撑体系建设，积极培育外贸主体，调整优化出口商品结构和出口市场布局，推动外贸快速健康发展，全区对外贸易呈现出结构优化、质量提升的良好态势。

一、"十二五"期间宁夏外贸总体情况

（一）对外贸易规模不断扩大

2011～2014年，宁夏对外贸易实现进出口总额分别为22.86亿美元、22.17亿美元、32.18亿美元和54.36亿美元，增速分别为16.6%、-3.2%、45.17%和69.9%，预计2015年将达到43亿美元，年均增长17%，预计"十二五"累计实现对外贸易总额174.6亿美元，比"十一五"增长116%。其中，出口135.9亿美元，年均增长率为16%；进口38.7亿美元，年均增长率为3%，对外贸易规模稳步扩大。2012年，受国际金融危机、欧洲主权债务危机和国际市场需求下滑的影响，宁夏外贸首次出现负增长。

作者简介：张文杰，宁夏商务厅外贸处职员。

2013年，随着宁夏内陆开放型经济试验区、银川综合保税区的成立及各种政策的落实，宁夏外贸出现较快增长，较2012年度增长了45.17%，比全国平均增速（7.6%）高出37.6个百分点，扭转了2012年负增长的局面。

2015年以来，受各种错综复杂的因素影响，宁夏外贸出现了前所未有的困难，外贸下滑趋势明显。1~10月，全区实现进出口额31.6亿美元，同比下降28.6%。其中，出口26亿美元，同比下降26.7%；进口5.5亿美元，同比下降36.2%。从出口商品看，部分转型升级效果较好的传统优势特色产品依然维持良好增长态势，如羊绒纱线、泰乐菌素、机床及铸件等特色优势产品，出口额分别是9133万美元、8794万美元、7548万美元和1614万美元，同比分别增长20.6%、18.9%、18.0%。部分资源性产品抵御国际市场风险能力较弱，产业同质化竞争严峻，出口持续下滑。金属镁、碳化硅、增碳剂、活性炭分别出口484万美元、1608万美元、192万美元和4328万美元，同比分别下降74.3%、47.1%、74.3%和23.3%，拉低全区出口增长1.1个百分点。从出口企业看，全区30家重点企业实现出口8.8亿美元，仅有11家实现增长，其余呈下降态势。同时鼓励性政策取消后，外贸代理出口大幅下降也是导致今年出口下降的重要原因。

2010~2014年宁夏进出口总额情况表

	年 份	2010年	2011年	2012年	2013年	2014年	2015年1~10月
进出口总额	绝对额（亿美元）	19.60	22.86	22.17	32.18	54.36	31.6
	增速（%）	63.16	16.59	-3.02	45.17	69.92	-28.6
出口总额	绝对额（亿美元）	11.70	15.99	16.41	25.52	43.02	26
	增速（%）	57.52	36.67	2.61	55.53	68.56	-26.7
进口总额	绝对额（亿美元）	7.90	6.86	5.76	6.65	11.33	5.5
	增速（%）	72.31	-13.15	-16.14	15.63	70.28	-36.2

资料来源：海关数据。

（二）出口商品结构持续优化，特色优势商品比重不断增加

"十二五"期间，宁夏加快调整优化出口商品结构，鼓励企业进行科技研发、品牌创建和转型升级，引导企业加大知识产权保护力度，积极培育具有自主知识产权、具有较强竞争力和特色优势出口商品。截至目前，宁夏出口商品达到1000余种，出口500万美元以上的商品有32种，出口超

1亿美元的商品有两种，分别是抗菌素和羊绒制品，产品出口能力不断增强。机电、高新技术、纺织服装、生物医药、农产品和精细化工等六大类商品年均增速在两位数以上。2014年，六大类产品出口额分别占全区出口总额的30.2%、6.3%、15.8%、3.7%、4.4%和3.7%。机电、高新技术、生物医药和农产品等特色优势商品出口比重不断上升，"两高一资"商品出口比重持续降低。2014年，以上四大类商品出口占全区出口总额的一半以上，铁合金、金属镁、碳化硅等商品出口比2010年下降74%，占全区出口比重下降到1.8%。出口商品结构不断优化，质量和附加值不断提高。钽制品、氰胺产品、无毛绒、四环素和硫氰酸红霉素出口占全球市场份额分别为40%、60%、40%、80%和50%。

（三）多元化市场格局进一步形成

目前，与宁夏有贸易关系的国家和地区达170多个，亚洲、欧洲和北美洲仍然是对外贸易的主要市场。其中，出口超1亿美元的市场有12个，出口在5000万～1亿美元的市场有10个，出口在1000万～5000万美元的市场有34个。宁夏传统出口市场是美国、欧盟、日本、韩国、印度等，一直处于宁夏出口国别的前几位，贸易量占全区对外贸易的一半。宁夏对美国出口从2011年的2.73亿美元增加到2014年的3.59亿美元，增幅较大，宁夏对美国出口产品主要以农产品为主。宁夏对欧盟出口规模5年间扩大了1倍，涉及的产品已有1500多个类别。近年来，随着中阿博览会平台作用的凸显，宁夏对阿拉伯国家贸易增速加快，2012～2014年，宁夏对阿进出口总额分别为5164万美元、1.71亿美元、6.4亿美元，年均增长率为251%。宁夏对阿贸易主要国别为阿联酋和沙特。同时，宁夏对印尼、马来西亚、越南、巴基斯坦等新兴市场开拓步伐加快，出口规模不断扩大。

2015年以来，传统、新兴市场出口均呈下降趋势，只有个别市场出口保持增长。1～10月，全区对亚洲、欧洲和非洲等传统市场分别出口14.2亿美元、4.7亿美元和1.3亿美元，同比分别下降30.3%、10.4%和42.8%。尽管新兴市场不断拓展，但受新兴经济体增速放缓、国际市场需求疲软影响，宁夏对以阿拉伯、印度、马来西亚、印度尼西亚、柬埔寨等为代表的新兴市场出口同比分别下降73.4%、29.9%、19.9%、41.9%和7.0%。宁夏重要出口市场中，仅对韩国、越南、中国香港和中国澳门保持了较大幅度的增长，增速分别为100.7%、165.7%、43.1%和54.1%。

(四) 贸易方式趋于多样

近年来，宁夏一般贸易继续扩大，占比有所减小，加工贸易强势突起，占总体份额持续扩大，一般贸易从2011年的22.5亿美元增加到2014年的44.53亿美元，规模扩大近一倍，占当年进出口额从98.4%下降到81.91%；2011年加工贸易仅为0.32亿美元，到2014年银川综保区的封关运营，加工贸易呈现爆发式增长，达到了3.06亿美元，占到当年进出口总额的5.6%。2015年1~10月，一般贸易实现进出口28.7亿美元，同比下降25%。其中，出口25.1亿美元，同比下降24.3%，进口3.6亿美元，同比下降29.8%。加工贸易进出口1.4亿美元，同比增长40%，占全区进出口总额的4.4%。目前，宁夏除一般贸易方式仍占主导地位外，来料加工装配贸易、进料加工贸易、外商投资企业作为投资进口的设备、保税仓库进出境货物等贸易方式均出现大幅增长。

(五) 出口主体不断壮大

随着企业进出口经营权的放开，不同所有制企业平等竞争的格局已经形成。全区拥有进出口经营权的企业有3200家。2014年，全区有出口实绩的410家企业中，出口超1亿美元的企业有15家；出口在5000万~1亿美元的企业有17家，出口在1000万~5000万美元的企业有33家。宁夏外贸主体主要由国有企业、民营企业和外资企业构成，在国家对民营企业发展支持政策不断加大力度，为民营企业开拓国际市场、通关、融资、退税等提供多种服务，促进民营企业的外贸业务快速发展，推动外贸主体格局发生了积极变化。目前，宁夏民营企业已成为对外贸易的主导力量，民营经济活力日益显著，出口拉动作用不断增强，国有企业份额进一步缩小，外资企业增长缓慢，贸易额占比逐步减小。

(六) 进口增长加快，结构逐步优化

随着宁夏推进新型工业化进程的加快，以满足工业化需求的稀缺资源氧化铝、天然橡胶、钽铌锰矿砂和机械设备、零部件2014年共计进口8.2亿美元，占全区进口总额的80%。其中，氧化铝、天然橡胶、钽铌锰矿砂等资源类进口占全区进口总值的35%，机电产品进口占全区进口总值的41%。2015年1~10月，宁夏农产品进口1334万美元，同比增长57.7%；高新技术产品进口202万美元，同比增长29.5%；机电产品进口2.4亿美元，同比下降56.2%。

（七）五市外贸发展不平衡

全区各地市外贸规模差异较大，地区发展不均衡，由于区位条件、产业结构、基础设施、资源禀赋等因素，五市对外贸易增长速度差别较大。银川市起步早、发展快，加上综合保税区的建立带来的外向型经济的集聚效应，带动银川外贸高速发展，外贸企业不断聚集，外贸总量占全区外贸总额的89%；受国际需求不足影响，石嘴山市工业产品出口持续下滑，外贸规模进一步萎缩，仅占全区外贸的8.4%；吴忠市主导产业为清真食品及穆斯林用品，企业规模小，出口量小，仅占全区外贸总额2.5%；中卫市占比1%左右；固原市2014年外贸额仅10万美元。2015年1~10月，银川市进出口26.3亿美元，同比下降32.4%；石嘴山市进出口3.0亿美元，同比下降23.1%；吴忠市进出口0.5亿美元，同比下降47.5%；固原市进出口220万美元（2014年同期进出口额为0）；中卫市进出口1.8亿美元，同比增长252.8%。

二、宁夏对外贸易面临的主要问题

一是规模偏小，对经济拉动作用小。纵向比，宁夏外向型经济发展较快；横向比，差距较大。2014年，宁夏进出口总额仅占全国的0.13%，在西部地区的占比为1.6%。截至2014年底，宁夏共有进出口业绩的企业412家，其中有出口业绩的企业306家，在宁夏企业中比例较少，仅相当于陕西省进出口企业数量的1/8。外贸依存度比全国平均水平低30个百分点，净出口对GDP的拉动率不到1%。

二是产业基础薄弱。宁夏经济结构依能倚重特征明显，出口产品以资源型为主，占比达80%以上，且结构单一，竞争优势减弱。清真食品、生态纺织、装备制造、信息技术等外向型产业尚未形成规模，短期替代性出口产品缺乏，外贸竞争新优势需要长期培育。

三是便利化程度较低。口岸功能不完善。电子口岸建设滞后，企业通关效率较低。基础设施投入不足，交通设施、电子信息平台、查验处理设施等还比较落后，公、铁、海不能有效衔接，信息无法共享，通关便利化程度低。政策支持体系不健全。外经贸发展主要依靠中央转移支付资金支持，地方尚未设立配套资金，政策支撑保障能力有限。中央制定的一些外经贸发展政策措施，有些因门槛高，宁夏企业无法享受。国务院出台的促进外贸发展、支持走出去、加快口岸通关、推动会展业和电子商务发展等政策文件，地方配套政策尚未及时跟进，政策效应没有得到充分发挥。

四是外贸企业运营成本较高。首先是物流成本高，据统计，自2010年以来，宁夏社会物流总费用与GDP的比率每年保持在24%以上，高于全国平均水平6个百分点，说明宁夏每创造100元GDP，耗费物流费用24元以上，比全国高6元。物流成本的高位运行，加大了外贸企业运营负担，也成为营商环境建设的一大短板。其次，融资成本较高，宁夏金融业态以传统的银行贷款为主，缺乏股权融资和债券融资等金融工具。近期调研发现，64%的企业综合融资成本高于10%，给企业的生产运营带来较大压力，在银行贷款中，贷款资源、担保资源供需矛盾突出，加大了企业财务负担，制约了企业业务扩张。同时，能源资源约束力日益增强，土地、劳动力等生产要素价格上涨导致生产成本持续上升，特别是劳动力成本逐年上升，从2012年至今，宁夏接近八成的企业劳动力成本累计上升10%以上。其中，中小企业劳动力成本大幅上涨，累计上升了25%左右，比大、微型企业分别高了5.6个百分点、8.7个百分点。成本上升导致了企业出口竞争力下降。大多数企业境外融资能力弱，土地、劳动力等生产要素价格上涨导致生产成本持续上升，出口竞争力明显下降。

三、"十三五"时期宁夏对外贸易预测

（一）宁夏对外贸易趋势展望

"十三五"时期，宁夏各项外贸指标将呈现大幅上涨态势。外贸将止跌向好，稳定增长。

1.一般贸易将快速增长，加工贸易比重将持续上升。"十三五"时期，

随着宁夏对外开放步伐加快，外向型产业集聚效应和"一带一路"战略深入推进，宁夏的一般贸易将大幅增长，预计一般贸易年均增速将达20%左右。随着宁夏承接东部加工贸易产业梯度转移成效的显现和综保区平台作用充分释放，未来五年宁夏加工贸易将呈现几何级增长，加工贸易比重将提升到15%左右。宁夏贸易方式将发生结构性变化，宁夏在品牌、技术、产品附加值等方面将取得新进展。

2.对外出口将企稳回升，进口将强势增长。受各种错综复杂的因素影响，2015年以来出口下滑明显，但"十三五"时期，随着宁夏各种稳定增长措施效果显现、国际贸易"单一窗口"的建成、新型贸易方式的快速发展，宁夏出口增长逐步恢复正常，增速不断回升。同时，由于宝塔石化集团正式获批原油非国营贸易进口资质，进口原油允许量的逐年增加，将使得宝塔石化进口出现井喷式增长，牵引宁夏进口快速发展，预计进口年均增速达到40%。

3.资源类产品出口将持续下降，特色优势商品将强势突起。受国际市场需求不旺以及国家对资源类产品的出口限制，今后资源类产品出口依然会低迷不振，宁夏的金属镁、碳化硅、增碳剂、活性炭将会在低位徘徊，难以扭转下滑局面，平均降幅将会维持在50%。随着中阿务实合作持续推进、国际市场的优化布局和跨境电商的快速发展，宁夏的特色优势商品将会迎来蓬勃发展的春天，农副产品、生态纺织品、生物医药、机电设备等将会呈现上升态势，出口平均增幅将达到15%。

4.对传统市场出口增速加快，对新兴市场将出现分化。随着发达国家经济复苏态势逐步稳固，传统市场需求将逐步增大，宁夏对韩国、美国、欧盟、俄罗斯、香港等传统市场贸易往来将更加紧密，贸易额将逐年提升，增速将保持在30%左右，对以上国家贸易额将显著高于其他发达市场。与此同时，宁夏对新兴市场贸易将会呈现分化，对东盟、巴西、哈萨克斯坦、阿尔及利亚等国家和地区出口将会呈现快速增长，而宁夏对阿联酋、印度、马来西亚、泰国等国家贸易增速将有所放缓。

5.服务贸易将快速发展，贸易整体结构将不断优化。随着宁夏空中、陆上、网上丝绸之路建设不断推进，宁夏服务贸易将快速起步发展，宁夏将重点推动中阿技术转移中心、清真食品和穆斯林用品的设计、研发中心建设，打造中阿合作产业基地，推动国际金融、物流等服务业交流合作，引导企业积极承接境外服务外包业务，积极培育服务新业态，今后将在国际物流、商务服务、国际金融、旅游教育、医疗健康和服务外包等领域快速发展，由此推动服务贸易在对外贸易中的比重持续攀升。

（二）"十三五"时期宁夏外贸预期目标

目前，宁夏对外贸易遇到了前所未有的困难，面临着转型升级的压力，但宁夏外贸有基础，有条件渡过难关，在新的增长区间实现平稳健康发展，预计到2020年实现进出口总额120亿元，年均增长22.7%，其中，实现出口80亿美元，进口40亿美元。并将实现"四个转变"：一是外贸结构实现转变，形成市场多元，经营主体协调发展，货物贸易和服务贸易融合推进，进出口平衡发展的外贸结构；二是外贸方式实现转变，形成传统贸易和跨境电子商务、市场采购型贸易、加工贸易、供应链服务等新型贸易方式协调发展的外贸方式；三是产业集聚效应实现转变，形成以银川综保区、国家级开发区、外贸出口基地和中阿商贸园为支撑的外向型资源集聚载体；四是外贸发展环境实现转变，形成低成本的便捷通关机制、现代会展、金融等功能健全的服务机制和支撑有力的财税政策体系等"三位一体"的外贸发展环境。

四、"十三五"时期宁夏对外贸易主要政策建议

（一）提升贸易投资便利化水平

推进电子口岸和国际贸易"单一窗口"建设，在口岸监管和服务单位之间涉外审批事权实施"一站式"办理，实现信息互换、监管互认、执法互助。对标阿拉伯国家贸易便利化标准和规则，推动与迪拜国际贸易"单一窗口"平台对接，形成银川与迪拜间的低成本贸易通道，畅通海外优质产品通过迪拜—银川进入中国，中国优质产品通过银川—迪拜进入中东、西亚、北非的物流通道，实现"优进优出"。推进宁夏外贸企业综合服务平台建设，充分发挥"宁贸通"平台作用，为宁夏外贸企业提供物流、报关、信保、融资、收汇、退税等供应链服务，促进外贸企业实现将有限资源投

入到产品研发、市场开拓、品牌维护等核心竞争力培育。

（二）加强口岸建设，提升服务能力

一是提升银川航空口岸功能，加快航权开发利用，巩固和新辟更多国际客货运航线。充分发挥宁夏低成本空中通道优势，借力迪拜国际航空枢纽地位，推动与阿联酋航空公司合资成立以银川为基地的混合所有制航空公司，增开国内外航线，打造银川—迪拜空中丝绸之路，辐射欧洲和非洲，把银川河东国际机场打造成面向阿拉伯国家的门户机场，形成便捷高效的空中通道。二是以陆路口岸为节点，打通东向出海、西向出境的公铁、公海贸易大通道。深化与天津、青岛、内蒙古、新疆口岸合作，推动"中阿号"国际货运班列稳定运行，适时申报国家一类铁路口岸。

（三）推动跨境电子商务发展

以建设网上丝路宁夏枢纽工程为目标，发展面向阿拉伯国家的互联网经济。加快中卫西部云基地、银川大数据基地建设，构建与阿拉伯国家相互承认的电子认证和云服务体系；建设网上交易结算中心、中阿国际航空邮包和快件分拨转运中心；推动跨境电商在丝路沿线国家建设海外仓和物流分拨基地，逐步打造对阿特色产品国际转运中心、跨境电商分拨中心。

（四）加快建设中阿商贸园

以中阿国际商贸城为依托，统筹规划、分步建设商贸流通、清真美食、文化旅游、休闲娱乐等功能分区，设立中东、中亚和东南亚国家产品展销馆，争取市场采购型贸易方式试点政策和内外贸结合市场，形成面向丝绸之路沿线国家的清真食品及穆斯林用品集散地和区域跨境商品销售中心。

（五）加快发展清真产业，培育自主品牌，提升竞争新优势

锁定阿拉伯国家和我国高端消费市场，引入新加坡淡马锡集团成立合资公司，以欧盟食品标准建设吴忠清真食品产业园，加快清真牛羊肉肉类制定口岸建设，打造清真牛羊肉交易中心，建设面向丝绸之路沿线国家的清真食品和穆斯林用品集散地。

支持宁夏企业更多地参与中国对阿拉伯国家的援助与合作项目，尤其是农牧业种植和养殖项目，对企业境外投资项目中生产的粮食及制品适当提高返销比例。

改革开放篇
GAIGE KAIFANG PIAN

关于国家出台的涉及宁夏经济社会发展重大政策梳理分析情况的报告

刘　雨　孟光永　周国宁

一、国家出台的相关政策梳理情况

近年来，国家出台了一系列涉及宁夏经济社会发展的重大政策，这些政策在宁夏的有效实施，对宁夏产业转型、深化改革、保障民生、加快发展，产生了巨大的推动作用。总体看，这些政策可分为三类：一是国家根据西部地区、贫困地区差异出台的专惠性政策，二是国家专门针对宁夏经济社会发展定向出台的特惠性政策，三是党的十八大以来国家围绕稳增长、调结构、惠民生、促改革适时出台的相关普惠性政策。

（一）区域性支持政策

进入新世纪以来，围绕加快中西部贫困地区和民族地区发展，国家陆续制定和实施了46项重点方针、政策和措施，大力推进扶贫攻坚力度，加快改善基础设施条件，着力缩小地区经济差距。如在西部大开发方面，出台了《中共中央、国务院关于深入实施西部大开发战略的若干意见》《国务

作者简介：刘雨，宁夏区党委政策研究室副主任，宁夏社会科学院、宁夏科技厅、宁夏教育厅外聘专家，研究方向为综合与战略性问题研究；孟光永，宁夏区党委政策研究室综合与战略研究处处长；周国宁，宁夏区党委政策研究室综合与战略研究处副处长。

院关于实施西部大开发若干政策措施的通知》《国务院关于中西部地区承接产业转移的指导意见》等22项政策措施；在推进扶贫开发方面，出台了《中国农村扶贫开发纲要》《六盘山片区区域发展与扶贫攻坚规划的通知》等12项政策措施；在加快民族地区、革命老区建设发展方面，出台了《中共中央、国务院关于加强和改进新形势下民族工作的意见》《陕甘宁革命老区振兴规划》《呼包银榆经济区发展规划》等12项政策措施。这些政策措施，明确在资金投入、项目安排、税收优惠、扩大对外对内开放、人才科技教育等方面，对包括宁夏在内的12个西部省（市）区进行扶持。特别是中央财政加大转移支付力度，实行企业所得税优惠，设立中西部地区产业投资基金和创业投资基金，实施差别化的土地政策，修订中西部地区外商投资优势产业目录，建设国家重要的能源化工基地，在民族地区实行资源有偿使用制度和生态补偿制度等优惠措施，为推动宁夏加快脱贫致富步伐，通过改善民生推进区域发展，提供了有力的政策支撑。

（二）定向性支持政策

专门针对宁夏发展，国家近年来出台了一系列政策措施，进一步明确了宁夏的战略定位、发展方向和支持重点。一是出台了促进宁夏经济社会发展的系列支持政策。2008年宁夏回族自治区成立50周年大庆前夕，国务院下发了《关于进一步促进宁夏经济社会发展的若干意见》，随后，国家22个部委相继出台了31个支持性政策文件，如《关于进一步促进宁夏工业和信息化发展的意见》《关于进一步促进宁夏环境保护工作的意见》等，给予宁夏提高中央财政转移支付和中央预算内投资支持力度，组织生态移民搬迁，延长"三西"资金使用期限，将宁东基地列为国家重点开发区，加快建立资源开发补偿机制和衰退产业援助机制，支持举办国际性贸易投资博览会和加快大六盘生态经济圈建设等扶持措施，为宁夏探索走出一条符合区情实际、具有特色的兴区富民之路提供了决策依据。二是出台了系列支持宁夏开放型经济发展的政策措施。2012年8月，国务院批复同意宁夏设立内陆开放型经济试验区，建立银川市综合保税区，国家33个部委、央企、机构陆续制定出台了66项支持政策，如《关于支持宁夏内陆开放型经济试验区生态林业建设的若干意见》《关于同意银川河东国际机场口岸开展口岸签证工作的批复》《关于同意筹建宁夏进口肉类指定口岸的复函》等，对宁夏给予加大均衡性转移支付力度，实施扶贫贷款和相关产业贷款贴息，探索构建防沙治沙和退耕还林草土地贷款抵押方式，适当增加试验区建设用地指标，支持开展低丘、缓坡、荒滩等未利用地开发利用试点，鼓励建设项目充分利用未利用地，加大对铁路、公路、民航和水利等项目中央投资力度，支持组建股份制航空公司等多项优惠措施，为宁夏发展内陆开放型经济提供了强大的政策推动力。

（三）普惠性支持政策

党的十八大以来，立足深化改革释放红利，激发各类市场主体活力，增强经济内生动力，推动转型发展，国家密集出台了一系列重大政策措施。稳增长方面，包括增加合理有效投资、扩大国内消费需求、促进外贸稳定增长、促进国有企业稳增长和提质增效、推进新型城镇化建设等，如《推动共建丝绸之路经济带和21世纪海上丝绸之路建设的愿景与行动》《政府核准的投资项目目录（2014年本）》《关于培育外贸竞争新优势的意见》等；促改革方面，包括纵深推进简政放权、深化财税体制改革、围绕服务实体经济推进金融改革等，如《国务院关于取消和调整一批行政审批项目等事项的决定》《深化财税体制改革总体方案》等；调结构方面，包括推动产业结构优化升级、加强大气污染治理、实施创新驱动发展战略、推进农业现代化等，如《中共中央、国务院关于全面深化农村改革加快推进农业现代化的若干意见》《国务院关于加快发展节能环保产业的意见》等；保障和改善民生方面，包括棚户区改造、保障性安居工程建设、养老和健康服务业、完善社会保障体系等，如《国务院关于加强城市基础设施建设的意见》《关于做好新时期易地扶贫搬迁工作的指导意见的通知》等。这些政策的全面实施，为宁夏进一步通过改革释放红利，激发各类市场主体的活力，增强经济内生动力，推动转型发展指明了方向。

二、国家政策措施在宁夏的运用落实情况

近年来，宁夏认真贯彻落实国家重大决策部署和利好政策措施，有力地推动了经济发展、环境改善、民族团结和社会稳定。但同时也存在部分

政策没有用、用不足的情况,主要表现如下。

部分政策存在"深眠"现象。受宁夏经济总量低弱、产业结构调整转型压力较大、规划和投入不足等因素制约,部分国家出台的政策措施没有完全落地,"利好"支撑和带动作用难以凸显。一是部分产业性政策尚未贯彻落实。如宁夏一些特色重点产业虽已纳入《西部地区鼓励类产业目录》和《中西部地区外商投资鼓励类产业目录》,享受15%企业所得税政策,但因企业缺乏了解等原因,实施效果不尽理想。二是个别保障性政策执行乏力。如《中国农村扶贫开发纲要(2011~2020年)》提出"建立生态补偿机制,并重点向贫困地区倾斜。加大重点生态功能区生态补偿力度",目前,宁夏与国家相关部委的对接效果不明显,没有取得实质性的进展。三是部分基础设施建设优惠政策落实受限。如2012年国务院发布《关于城市优先发展公共交通的指导意见》,宁夏虽然出台了实施意见,但由于缺乏完善的法规保障和政策支撑体系,政府投入支持力度和公共交通发展水平仍然相对滞后。

部分政策用不好、用不足。部分国家出台的政策措施在宁夏的贯彻落实存在不衔接、不配套的现象,一些利好政策难以转化为项目,政策落实力度不够。一是部分政策措施贯彻落实相对滞后。以旅游企业用水用电收费为例,有的市(县)还执行原来的标准,有的市(县)实行阶梯或限时价格,旅游企业负担较重。如2013年国家批准建设宁夏六盘山地区产业扶贫试验区和固原国家农业科技园区以来,宁夏在中南部贫困地区科技基础建设方面的投入总体较少,一定程度上制约着农业科技园区作用的充分发挥。二是部分金融优惠政策落实难度较大。如近两年人民银行先后四次定向下调或普调存款准备金率,但2014年宁夏金融机构存贷比高达110.7%,是全国唯一超过100%的省区,受此因素影响,金融机构无法将所释放的全部资金发放贷款,支持实体经济的能力明显不足。如《关于中小企业信用担保机构免征营业税有关问题的通知》规定三年内免征营业税的政策,宁夏大部分融资性担保机构享受不到。三是个别政策争取和落实成效不明显。如"海绵城市"和"地下综合管廊"试点,是中央新推出的提升城市基础设施综合配套能力的财政综合性投资政策,技术集成度高、政策连续性强、投资强度大，但宁夏推荐的试点建设城市尚未通过相关部委组织的初审。如证监会对西部12省市企业首次公开发行股票募集资金（简称IPO）审核实施"绿色通道"，宁夏目前申请辅导备案的拟上市的4家公司均未向证监会上报IPO申请材料，对政策利用不足。四是个别政策创新落实力度不强。如《中共中央、国务院关于进一步深化电力体制改革的若干意见》中，推进电力交易体制改革实行"按电压等级分级分批放开用户参与直接交易"，调研中企业反映，宁夏周边省份在这方面迈出的步子很大，甘肃省对用电企业实行100%直接交易，而宁夏今年直接交易量为120亿度，仅占企业用电总量的17%左右，企业用电负担依然较重。

三、政策争取和落实过程中遇到的困难

宁夏在发挥政策作用、推动改革发展方面，总体成效明显，但由于种种原因，在政策的理解、对接和实施中仍然存在一些实际困难。

一是政策争取难度加大。当前，国家对区域性政策正在收紧趋同，定向性政策少，原则性表态多，要争取新的优惠政策难度越来越大。在内陆开放型经济试验区建设上，国家允许我们先行先试，这是最大的利好政策，但国家部委出台的配套政策，可操作性强的措施相对较少。如在重点招商政策上，国家给予的税收政策还是2012年修订到现在仍在执行的"三免三减半"，并无针对中阿合作项目的特别政策。在生态补偿政策上，如党的十八届三中全会提出"实行资源有偿使用制度和生态补偿制度，改革生态环境保护管理体制"；《关于加强和改进新形势下民族工作的意见》明确"率先在民族地区实行资源有偿使用制"。据测算，固原市泾河源头内生态系统服务功能价值、水资源价值、居民生产生活方式转变损失及生态专项工程自身投入等应补偿16.28亿元，但要求甘肃、陕西两省对该区域生态资源与水资源给予一定生态经济补偿的协调难度较大，要求国家出台全额补偿政策的可能性也比较低。

二是政策挖掘深度不够。由于政策水平、工作经验和力量配备有限，有些部门、地方不同程度存在对有关政策研究不深不透、理解把握不够准确、政策走样的情况，影响了政策的实际效果。如近几年随着各地城市规

划的调整，致使一批已落地农业项目的土地被纳入城市规划区，同时还存在项目建设单位或地点随意变更的现象，延迟了项目执行的进度。有些领导干部片面地理解"市场在资源配置中的决定性作用"，而忽视"更好地发挥政府作用"，并以此为由，在向国家争取政策和政策落实中搞"无为而治"。如宁夏虽取得境外旅客落地签政策，但目前尚未发生实质性业务。

三是部分政策实施进展不畅。近年来，宁夏各地各部门充分发挥政策在促进发展中的重要作用，收到了明显的实效。但由于种种原因，在一些方面仍然存在工作协调、落实不到位等问题。如国家于2000年批复设立六盘山旅游扶贫试验区，宁夏先后拨付资金3.2亿元用于试验区基础设施建设，但从这些年的发展情况看，政策对接、整体规划、资源开发与保护等方面的工作总体还比较滞后，存在管理体制不顺、交通不畅、产业化程度低等问题，没有用好用足这个金字招牌。如国家2005年以来密集出台了"非公有制36条"、《关于进一步支持小型微型企业健康发展的意见》等多项扶持小微企业发展的政策，宁夏在政策执行和创新上呈现迟滞性。

四是缺乏落实协同机制。在政策具体落实过程中，由于涉及有关职能部门的扶持优惠政策不够明确，与客观情况结合不够紧密，加上部门与部门之间缺乏沟通衔接，造成政策落实困难。如在企业扶持方面，针对破解融资信贷困难的瓶颈问题，宁夏相关政策扶持力度还不明显，许多企业的发展动力没有得到有效激发。如在对小额贷款公司的涉农业务实行财政补贴政策方面，国务院下发《关于鼓励和引导民间投资健康发展的若干意见》后，宁夏还未制定落实相关政策的实施细则。再如，去年自治区采取差别电价等扶持措施，虽取得明显成效，但也存在个别政策设置门槛过高、惠及面窄的问题，一些需要享受扶持政策的企业享受不到，部分专项资金到位比较迟缓。

五是地方自身财力制约。一些政策因地方自身财力有限，配套资金难以到位，导致出现有政策不敢用、不能用。如国务院在促进宁夏经济社会发展的相关政策中，要求对中央安排中南部八县一区的公益性建设项目，逐步减少或减免县及县以下配套资金，同时要求自治区也要统筹加大资金投入，但宁夏因地方配套资金不足造成部分政策落实困难。以重点水利项目为例，近年来国家安排的相关项目投资有40.8亿元，其中，中央投资26.35亿元，地方配套14.45亿元，投资比例为6∶4，地方配套资金比例太高，筹措压力较大，对工程建设顺利实施造成较大影响。如宁夏根据《中国农村扶贫开发纲要（2011～2020年）》相关要求，实行"530养殖计划"和"扶贫到户、责任到人"的帮扶措施支持贫困农户发展产业，但由于补助资金额度小，相当一部分贫困户因无力自筹，只能放弃政策扶持的机会。

六是评估问责力度不足。个别部门对地方执行政策的评估流于形式，存在政策执行"走空""走偏"现象。如宁夏行政审批制度改革中，不同程度存在下放审批权不同步、上下衔接不顺畅、精简下放审批权不彻底、企业和群众对行政审批流程知晓率不高等问题。这些属于工作层面的问题，是由于部门工作不到位造成的，但这种情况很少受到问责。

四、争取国家新的支持宁夏发展政策的主要方向

政策引导是推动经济社会又好又快发展的关键和基础。越是欠发达地区，越要在政策的落实和创新上狠下功夫。宁夏作为西部欠发达的民族地区，发展不充分、不协调、不平衡仍然是当前最大的区情，加快发展，如果没有政策支持就没有好的突破口。当前，宁夏步入全面建成小康社会的关键时期，同时也将迎来自治区成立60周年的重要发展节点，因此，必须紧盯突出问题，确定政策发力"靶心"，根据稳增长的需要，根据企业发展的需要，结合中央大政方针，积极争取国家出台支持宁夏发展新的政策，确保相关政策及时落地，增强政策的实效性。

一是争取国家在民族地区政策上予以倾斜。新世纪以来，国家先后出台了一系列支持少数民族和民族地区经济社会发展的政策性文件，对于有重点、有步骤地推进民族地区又好又快发展发挥了重要作用。宁夏作为西部地区、民族地区、贫困地区，与东部地区发展差距很大，建议国家在"十三五"规划和各部委的发展规划上，重点向民族地区倾斜，实现各民族共同团结进步、共同繁荣发展。如，争取国家进一步完善差别化支持政策，提高对宁夏的一般性财政转移支付比例，加大对宁夏中南部地区城镇化建设项目、资金的投入力度。再如，宁夏具有发展清真产业的独特优势，建

议积极争取中央批准宁夏建设国家清真食品和穆斯林用品产业基地，争取国家相关部委设立发展专项资金、基金，尽快出台《清真产业国家标准》，为建立统一的清真食品认证体系提供支撑。

二是争取重大基础设施建设项目政策支持。加快宁夏区域经济发展，基础设施建设始终是关键性、战略性支撑。宁夏经济总量小，财力有限，在重大项目建设上必须依靠国家的资金和项目支持。建议宁夏认真分析研究国家"十三五"规划、"一带一路"总体规划的方向和重点，各项规划的编制和报批，尽可能往国家大战略上靠，往国家建设的"大盘子"上挤。如，在铁路建设上，积极争取国家规划北京—呼和浩特—包头—银川—兰州等高铁线路，同时加大对《国家公路网规划》中宁夏境内段项目建设的支持；在水利建设上，争取将大柳树水利工程列入"十三五"规划，并尽早开工建设。建议积极争取国家适当提高基础设施建设中央投资比例，减轻宁夏配套资金压力，加快基础设施建设改造步伐。建议在自治区成立60周年大庆之前，认真梳理宁夏需要国家资金和政策扶持的重点建设项目，争取中央出台相关支持性政策。

三是争取更多更具"含金量"的扶贫政策。宁夏贫困地区占全区总面积的65%，贫困面广、贫困程度深，尤其是中南部地区，是宁夏重点贫困地区，也是国家六盘山集中连片特困地区，脱贫难度较大。建议宁夏积极争取国家更多的资金支持，加大贫困地区与全国全区同步实现小康的推动力度。如，建议争取国家把固原市作为六盘山片区区域中心城市来扶持，协调国家相关部委和大中型企业进一步加大对固原的定点帮扶力度。如考虑到宁夏生态保护的特殊性和扶贫开发的艰巨性，建议争取国家在扶贫开发专项政策、项目建设、资金调度等方面给予倾斜，重点在电商扶贫、生态扶贫搬迁等扶贫工程上支持宁夏推进精准扶贫，助推宁夏如期实现全面建成小康社会目标。

四是重点争取生态建设优惠政策。宁夏地处祖国腹地，三面环沙，生态脆弱，立地条件差，造林难度大，生态问题直接关系到周边省区生态安全。加之宁夏经济主要是资源消耗型的，更容易破坏生态，因此必须高度重视生态建设，积极争取国家出台专门的政策，加大支持力度。如宁夏相

改革开放篇

关区域尚未纳入国家重点生态功能区，中央财政支付范围未能做到全覆盖，建议积极争取国家扩大生态补偿范围，提高对宁夏重点生态脆弱区和贫困人口集中区基础设施建设的中央投资比例，提高退耕还林（草）和禁牧休牧区农民补助标准。同时，争取在宁夏沿黄湿地扩大湿地生态效益补偿试点，继续实施草原生态保护补助奖励机制政策。高载能产业的发展在宁夏有其特殊性，宁夏在将清洁能源输往东部的同时，也将环境压力留给了自己，建议争取国家给予节能减排的差别化政策，争取国家在"十三五"能源消费总量、污染物排放总量、单位地区生产总值综合能耗下降比例等指标分配方面，对宁夏予以倾斜照顾。

五是充分释放出内陆开放的政策效应。宁夏获准建设内陆开放型经济试验区，具有先行先试的政策优势。近年来，随着国家系列支持性政策的落地实施，内陆开放型经济加速发展，但同时仍然存在资源、财力、人才等方面的现实困难，因此要进一步加强政策对接力度，通过国家支持，释放政策效应，借助外力和自身努力实现加快发展。如在税收优惠政策上，建议争取国家对在西部地区投资建设的鼓励类项目继续实行"三免三减半"的企业所得税优惠，推动产业向西部转移，同时力争将跨境贸易电子商务产业、对阿服务外包产业等宁夏对外开放的特殊产业，纳入中西部地区鼓励类产业目录，享受相关税收优惠政策。如，在开放通道建设上，建议争取将银川至郑州客运专线纳入国家"十三五"规划，尽快开工建设银西铁路。

六是全力争取产业优惠政策。特色优势产业既是推动宁夏产业转型升级的潜力所在，同时也是提升经济发展质量和效益的基础所在，宁夏要抢抓机遇，主动作为，积极争取国家给予更多的扶持政策。农业上，争取国家支持建设沿黄经济带科技创新改革试验区，对宁夏旱作高效节水特色农业科技示范工程予以专项支持。争取中央财政继续加大对宁夏农业科技基础条件建设支持力度，设立宁夏农业科技基础条件建设专项资金，进一步提升支撑引领宁夏现代农业发展的能力和水平。积极争取中央继续提高标准，延长"三西"资金使用期限至2020年。工业上，争取对宁夏实行差别化扶持政策，参照燃煤火电项目核准权限，煤炭和煤化工项目也在国家依据总量控制制订的建设规划内下放由自治区人民政府核准。全国首批资源枯竭型城市经济转型试点市政策今年到期，但石嘴山市距离"历史遗留问题基本解决，可持续发展能力显著增强，转型任务基本完成"目标还有很大差距，建议协调国家有关部委，将资源枯竭城市财力性转移支付政策从2016年延长至2020年。旅游业上，争取中央财政设立六盘山旅游扶贫试验区建设发展专项资金，或设立贫困地区旅游扶贫发展专项资金，分年度连续支持，重点用于旅游扶贫试验区旅游开发规划编制、基础设施建设、环境改善等。固原是丝绸之路东段北道的必经之地，是古丝绸之路的经贸重镇和重要节点，但未能列入《世界遗产名录》，建议宁夏协调国家相关部委启动"申遗"扩展项目，力争将固原北朝与隋唐墓地、须弥山石窟、开城遗址、固原古城四个点列入项目推荐名单，通过"申遗"，争取国家相关资金支持，进一步扩大宁夏的文化影响力。

七是力争在民生保障政策争取上有新的突破。针对宁夏作为民族地区的复杂性和特殊性，立足于改善公共服务、就业、教育、社保、住房等民生问题，积极加大国家政策扶持力度，切实提升民生保障水平。对接国家相关部委，争取支持宁夏在扩大失业保险基金支出范围方面先行先试，完善和拓展失业保险预防失业、促进就业功能，稳定和扩大就业。争取国家支持宁夏建立高层次人才特殊津补贴制度，用于吸引和稳定高层次人才队伍，调动各类人才来宁创新创业的积极性。宁夏中南部地区处于六盘山集中连片特困地区的核心区，农村危窑危房规模大，建议争取国家加大宁夏危房改造项目和建筑节能示范项目建设任务额度，更好地改善贫困农民的居住条件。

八是争取一批支持宁夏深化改革的定向政策。近两年，宁夏根据中央和国家相关部委的工作部署，自治区十一届三次、四次全会精神，确定了262项重大改革事项，从改革任务的落实成效看，国家政策、资金在宁夏实现了有效集聚，推动了经济社会创新发展。下一步，建议自治区在对宁夏发展影响比较大的改革试点任务和创新工作上，积极争取国家政策支持。如在智慧城市和信息化建设上，争取国家针对"智慧银川"解决方案得到世界最权威机构认可的重大成果，加大对银川市"一云一网一图"的资金支持力度，助推宁夏积极对接"一带一路"战略，打造网上丝绸之路，进而推动宁夏智慧城市建设成为可以复制推广的案例。如在试点改革任务的争取上，建议宁夏积极争取深化小型水利工程管理体制改革试点列入国家专项试点，获得更多的资金支持；争取宁夏穆斯林旅游商品品牌建设纳入国家试点范围，进一步提升宁夏文化内涵，提高相关文化产品的附加值。

五、进一步做好政策争取和落实工作的建议

国家出台的涉及宁夏经济社会发展的系列政策措施，是宁夏发展的一大优势，也是最大的机遇、资源和生产力。必须大力提升各级领导干部的政策意识，合理运用政策的水平和能力，认真学习领会政策精神，深刻理解政策内涵，准确把握政策要求，发挥自身的积极性、主动性，创造性地开展政策争取和落实工作。

一是积极搭建政策宣传平台。搭建覆盖全区的公共政策信息平台，实现国家重大政策措施和宁夏相关政策的有效集合和无缝对接，明确政策解释主体，开展网上政策问答，进一步营造"低成本、高效率、零障碍"的服务环境。开通政策服务"直通车"，推动各市、县建立"政策服务中心"，广泛深入开展"送政策（技术）进千村"活动，切实提高公共政策知晓度，为群众提供快捷高效的政策咨询服务。

二是大力推进政策创新。对一些关联度高的政策要搞好配套衔接，打好"组合拳"。建立重大政策评估制度，采取由自治区人大常委会或其专门委员会专项评估、委托第三方评估的方式，对中央系列政策措施和宁夏有关配套政策实施情况，进行定期评估，并根据评估结果，及时制定、调整和完善相关政策。要抓好重点领域、关键环节的政策创新，在中阿合作、"两区"建设方面，可以探索出台一些前瞻性、差异化的政策，增强政策的针对性。要统筹协调各方面的利益关系，把握好政策出台的时机、方式、节奏和着力点，使各项政策举措符合客观规律，切合宁夏实际，体现发展需求。

三是建立政策协调联动机制。充分发挥方方面面的积极性、主动性，在重大政策措施的落实上，加强部门联动、政策协调，健全统筹推进政策落实的工作机制，确保国家出台的各项政策落实到操作层面，增强政策的实效性。要创新政策兑现流程，进一步简化办事程序，涉及群众切身利益的相关政策资金的兑现,审核、确认权下放到县区政府,切实缩短审批流程,简化申报手续,及时帮助群众解决实际问题。

四是狠抓政策落实督查工作。全面落实政策落实工作责任制,加强对中央政策和宁夏重大政策措施的督查力度,力促政策措施落到实处,工作部署得到落实,执行力得到增强。建立健全问责制,对搞选择性执行、落实政策缩水走样,甚至截留政策的,要严肃问责追究,切实打通政策落实的"最后一公里"。

宁夏融入"一带一路"发展战略研究

宁夏社会科学院课题组

2013年9月，习近平主席出访中亚四国时，提出共同建设丝绸之路经济带的重要战略构想，得到了沿线国家的积极响应，也吹响了丝绸之路沿线各省区向西开放的号角。在我国经济社会发展中，区域发展不平衡一直备受各界关注。同时，习近平主席在"中阿合作论坛第六届部长级会议"上，做了题为《弘扬丝路精神，深化中阿合作》的重要讲话，为宁夏积极参与丝绸之路经济带建设，推进中阿合作以及向西开放带来了千载难逢的重大机遇。

一、宁夏建设丝绸之路经济带战略支点的机遇与地位

（一）丝绸之路经济带建设为宁夏带来发展机遇

通过中阿合作论坛和中阿博览会这个向西开放平台，能够进一步完善我国能源安全保障体系，有利于西部大开发战略的深度实施和西部地区的发展稳定。我们必须以更加坚定的信心、更加务实的举措，大力推动对内

作者简介：课题组成员：刘天明，宁夏社会科学院副院长，研究员；李文庆，宁夏社会科学院农村经济研究所所长，副研究员；李晓明，宁夏社会科学院农村经济研究所助理研究员；张哲，宁夏社会科学院地方志办公室助理研究员；丁军，宁夏社会科学院科研处副科长。

对外开放相互促进，坚持引进来和走出去更好结合，大力促进国际国内要素有序流动、资源高效配置、市场深度融合，大力培育参与国际国内合作竞争新优势，通过开放完成国家使命，通过建设丝绸之路经济带战略支点和向西开放促进宁夏科学发展。

（二）宁夏在建设丝绸之路经济带中的战略地位和作用

宁夏是古丝绸之路的重要部分，做出了历史贡献，新时期更要为国家战略的实施做出更大贡献。我们要进一步发挥内陆开放型经济试验区的特殊优势，拓展中阿博览会平台空间，在建设丝绸之路经济带中先行一步，为国家构筑全方位对外开放格局做出积极贡献。宁夏具有以下四个方面的特点：

1.向西开放的战略高地。中阿合作是丝绸之路战略的重要组成部分和必要延伸。中阿之间关注的核心主题越来越聚焦于金融、能源、农业、基础设施投资、贸易合作等热点领域。积极建设丝绸之路经济带，宁夏要更加突出内陆开放型经济试验区的战略支撑作用和中阿博览会的平台作用，充分发挥先行先试优势，拓展向西开放的深度与广度，努力打造我国向西开放的战略高地。

2.人文交流的桥梁纽带。近年来，宁夏与阿拉伯国家和穆斯林地区的文化、教育、旅游等方面的交流不断拓展，人员往来频繁。建设丝绸之路经济带，可以发挥宁夏作为回族自治区的特殊窗口作用，促进丝绸之路沿线国家人文交流，架起中国与沿线国家的友谊桥梁。

3.承东启西的交通枢纽。宁夏位于我国西北与华北交界地带，处于新欧亚大陆桥国内段的中间位置，是联系西北与华北、西北与西南的交通要道。建设丝绸之路经济带，可以发挥宁夏特殊的陆空优势，加快建设区域性物流枢纽和我国向西开放的空中门户，密切国内国际间的经贸往来。

4.能源合作的重要基地。加快建设丝绸之路经济带，可以发挥宁夏地处国内资源富集区域和主要消费市场中间地带的区位优势和能源加工、储备和中转优势，布局承接中东、中亚油气加工转化和储备，为我国能源安全提供保障。

(三) 宁夏实施丝绸之路经济带战略构想的目标和举措

作为丝绸之路经济带的重要组成部分，宁夏发挥内陆开放型经济试验区先行先试的政策优势，围绕加强政策沟通、道路联通、贸易畅通、货币流通、民心相通的要求，依托中阿博览会合作平台，加强与国家战略对接，把宁夏打造为丝绸之路经济带的战略支点。

1.建设对外大通道。铁路方面，完善丝绸之路经济带的铁路网，提升我国通向中亚、西亚、中东、俄罗斯及欧洲和北非的铁路通行能力。航空方面，加快实施银川河东国际机场三期扩建工程，尽快成立宁夏基地航空公司和货运航空公司，推进国际航线常态化运行。

2.建设国家重要的能源加工转化和储备基地。发挥宁夏能源装备制造、技术研发等优势，积极推进与中亚、中东地区的合作，稳步开展能源易货贸易，探索建立国际能源长效合作机制。加快西气东输四线、五线建设，争取将中亚进口原油通道延伸至宁夏，布局建设石油炼化项目和石油储备项目，将宁夏建成我国重要的战略能源加工转化和储备基地。

3.建设人文交流中心。加强与沿线国家教育合作，提升高等院校办学水平，打造国内一流阿语人才培养基地。加强与中亚和中东国家在临床医疗教学科研、传统医药、食品药品检测等方面的交流合作，大力发展健康服务业，把银川建成面向丝绸之路经济带沿线国家的国际医疗和人才交流中心。

4.建设清真食品和穆斯林用品产业集聚区。加快中国（吴忠）清真食品和穆斯林用品产业园区建设，扩大园区规模，积极引进一批知名国际清真食品和穆斯林用品企业集团，带动做大清真食品和穆斯林用品产业。加强与中亚、中东国家在农业技术、农产品加工、防沙治沙技术等方面的交流合作。

5.建设承接产业转移示范区。充分利用国内国际两种资源、两个市场，以加快转变经济发展方式为主线，紧紧围绕产业结构调整和经济转型升级，进一步做大做强工业园区，培育壮大产业集群，推动产业上下游配套，承接国内外产业转移，全面构建现代产业体系。

6.建立联合工作机制。加强与国家战略对接，积极参与丝绸之路经济带沿线国家和国内地区联合工作机制建设。配合国家探索建立新型多边外交促进、互访商谈、经贸合作、人文交流等机制。加强丝绸之路经济带国内区域协作，倡导建立国内沿线省区联系协作机制。

二、宁夏融入"一带一路"战略的空间格局分析

（一）构建以面向阿拉伯国家合作为主的"四大合作圈"

立足宁夏，主动参与丝绸之路经济带国外段的分工合作，全方位构建以面向阿拉伯国家合作为主的"四大合作圈"。特别要构建以我国内地为腹地，宁夏为战略支点，涵盖中东阿拉伯国家、中亚伊斯兰国家、北亚蒙古及俄罗斯组成的"中北亚经济圈"。

1.以阿拉伯国家为重点的中东合作圈。中东地区的海湾六国及伊朗、土耳其等国家，国际化水平较高，国际贸易体系健全，贸易消费市场需求很大，同时又有旺盛的基础设施建设需求。伊朗是我国在中东地区的主要石油供给国，与我国外交关系长期友好，在能源、农业、生态等领域有较多合作。土耳其近年与宁夏进出口贸易持续上升，也具备合作前景。加大面向阿拉伯国家开放的力度，以中阿合作"1+2+3"战略为指引，以中阿博览会为平台，以沙特阿拉伯、阿尔及利亚、阿联酋、苏丹、埃及和伊拉克6个支点国家为重点，以企业为主体，以文化交流为切入点，推动企业、社团、科研机构、高校和民间组织之间的交流与合作，加强与阿拉伯国家在清真产业、机械装备制造、能源化工、新能源、旅游、农业开发、治沙和文化交流等领域的实质性合作，在中阿金融合作方面取得重大进展。

2.中亚合作圈。中亚五国（哈萨克斯坦、土库曼斯坦、乌兹别克斯坦、吉尔吉斯斯坦、塔吉克斯坦）与我国同为陆上丝绸之路经济带沿线国家和上合组织成员，既有长期的经贸文化交往，也有紧密的能源合作，开展合作基础较好。以哈萨克斯坦等国家为重点，大力发展工程承包、劳务输出和加工贸易，开展农业、治沙、医疗、教育、旅游、清真产业、能源化工及新能源等领域的交流合作，拓展中亚市场。积极进口非石油类产品，形成农产品及清真产品的集聚和再加工中心。

3.东北亚合作圈。加强与俄罗斯在能源、羊绒、木材、农产品等方面

的合作，积极开展新能源领域的技术合作。加强与蒙古国在资源开发、通信、农业、化工、机械设备、工程承包等领域的合作交流。积极巩固韩国、日本等传统市场。

4.南亚、东南亚合作圈。位于南亚次大陆的巴基斯坦与我国有着兄弟般的双边友谊，中巴双方政府最近又决定合作共建中巴经济走廊，推动与巴的全方位合作条件已成熟。加强与东南亚马来西亚、泰国、印度尼西亚等国家在清真产业、农产品加工、旅游等领域的合作，开拓东南亚伊斯兰国家外贸市场。

（二）加强与国内丝绸之路经济带沿线地区合作

1.加强与陆路丝绸之路经济带沿线省区的合作。我国境内陆路丝绸之路经济带位于西北地区，沿线省份陕西、甘肃、宁夏、青海、新疆五省区是我国向西开放的桥头堡。宁夏要加强与周边兄弟省区的合作，共促丝绸之路经济带建设，重点在能源化工、水利基础、文化旅游等关键性资源的联动开发，加强交通大通道、物流、互联网等基础设施的互联互通，加强生态环境保护方面的合作。

2.加强与海上丝绸之路节点地区的合作。发挥宁夏承东启西的区位优势，积极主动地加强与海上丝绸之路节点地区的合作，实现联动发展，合作共赢。天津港、连云港、黄骅港、唐山新港是宁夏联系华北和海上丝绸之路外贸出口的主要通道，重点加强能源化工、机械、清真食品、物流、贸易等方面的交流合作。加强与福建闽宁合作，以"一带一路"建设为指引，加强与泉州等海上丝绸之路节点地区的联系，重点开展设施农业、特色产业、生态移民、劳动力转移培训等方面的帮扶项目建设，加强风、电、太阳能光伏装备等新能源领域的合作。进一步加强与长三角、珠三角地区在能源化工、装备制造、高新技术产业、商贸流通、特色农业、职业教育、特色旅游等产业方面的经济技术合作和交流，重点加强与义乌、广州等地在穆斯林用品及贸易方面的合作。

3.加强与丝绸之路经济带其他地区的合作。重庆、郑州位于丝绸之路经济带的腹地，制造业及外贸、物流资源非常发达。因此，要加强与其在高新技术产业、商贸流通、特色农业、职业教育、物流、特色旅游等产业方面的合作。加强与毗邻地区的合作，重点加强宁东、鄂尔多斯和榆林三地能源化工"金三角"的合作，促进生产要素的合理流动和资源优化配置，为我国的能源化工发展做出贡献。

（三）充分发挥宁夏特有的优势条件，蓄势打造"四大平台"，实现丝绸之路经济带建设的新突破

1.打造中阿空中丝绸之路。中国和阿拉伯国家是丝绸之路经济带重要两极，拓展空中路线，势在必行。目前，我国和阿拉伯国家航空运输主要以北京、上海、广州等东部沿海城市为枢纽，相应增加了我国中西部地区与阿拉伯国家客货往来的时间和成本。而且上述特大城市空域资源已趋饱和，增开航线航班困难很大。另一方面，宁夏紧邻雅布赖国际航路，拥有扩大空域资源的巨大潜力，且地处新欧亚大陆桥国内段关键节点，具有承接航空客货流，辐射西北，连接华北、西南的集运能力，是建设航空枢纽的理想位置。

2.建设中阿互联网经济试验区。中阿现有经贸关系主要以传统货物为主，服务贸易尤其是基于互联网的服务贸易比例小，发展潜力大。积极发挥我国在信息产业方面的比较优势，发展面向阿拉伯国家的互联网经济，有利于带动中阿贸易的快速增长，形成中阿合作新的增长点。

3.建设中阿金融合作试验区。宁夏虽然经济总量较小，但是民族团结、社会稳定，具有良好的产业发展基础。国家批准宁夏独家开展伊斯兰金融试点，已积累了与阿拉伯国家金融合作的一定经验，宁夏初步具备建设中阿金融合作试验区，探索中阿金融合作路径的显著优势。从建立中阿产业投资基金、引进阿拉伯国家的金融机构、建设中阿国际贸易结算中心、推动宁夏地方银行"走出去"、完善宁夏金融生态等多个方面入手，打造中阿金融合作试验区。

4.构筑中阿博览会战略平台。进一步完善中阿博览会办会体制机制，协调海合会秘书处担任大会共同主办单位，建立国内外合作项目对接和保障机制，全面提升市场化、国际化、专业化水平，形成推动中阿博览会经贸交流常态化的合力。依托中阿博览会，宁夏将加强中阿沟通和合作，大力推进国际和区域合作，推动中阿合作重大项目落地，支持外商投资宁夏能源化工、清真食品、商贸旅游、金融服务等产业，支持区内企业联合国内大型企业到阿进行油气、矿产等资源开发和工程承包。

三、宁夏融入"一带一路"战略的对策和建议

宁夏对外开放将是一个双向激活的过程，向西开拓中阿合作，向东承接产业转移。要用更开放的心态、更广阔的视野推进丝绸之路经济带建设。

（一）加强顶层设计，与沿线各地形成差异化竞争

推进丝绸之路经济带合作，各地应发挥特色优势，明确自己主要面对的国际市场。丝绸之路经济带建设是国家的重大战略，沿线各地是丝绸之路建设的承担者和推动者，需要上下互动，东中西呼应，发挥各自的积极性，形成合力。宁夏应积极与有关部委沟通，把宁夏优势、宁夏定位、宁夏构想与国家战略有机结合在一起，同时与沿线各地形成差异化竞争，避免重复建设以及同质化竞争，既要夯实作为西部增长极的地位，更要加强区域合作。

（二）积极推动国家层面的清真产品专门法规及认证标准出台，加快与国际哈拉认证接轨，提升产业聚合力

2009年，宁夏在全国率先制定出台了《宁夏回族自治区清真食品认证通则》地方标准。随后，宁夏又与马来西亚等国家和地区清真食品贸易认证的相关标准对接。目前，宁夏已初步形成以清真餐饮、清真肉制品、清真休闲食品、清真粮油加工、清真调味品等为主的产业格局，还需进一步突破清真产品认证瓶颈，做大做强清真产业。

（三）创新人才强区思路，千方百计育才揽才，增强宁夏吸引力

要凭借良好的生态优势、创业氛围，将招商引资与招才引智结合起来，通过事业平台引入高端人才，同时推行"不求所有，但求所用"的人才柔性流动机制，引入国际化人才。还应加大人才培养力度，建成服务中阿的阿语经贸人才培训基地；整合现有阿语翻译人才资源，建成辐射全国的阿语经贸人才培训基地。

（四）要在道路畅通上加大投入，增强区域经济发展活力

丝绸之路经济带建设中，应该政府"筑路"、企业"织绸"。政府的主

要职责是打通路，其中既有国家之路，又有地方之路。路是必须突破的瓶颈。在"五通"中，政策沟通、道路联通、货币流通这"三通"还需顶层设计。同时，企业要"织绸"，成为开拓市场的主体，以推进输出中国制造、中国服务、中华文明。

（五）政策体系与法律法规的完善是推进向西开放的根本保障

从国内来讲，我们需要进一步加强顶层设计，深入研究中国西部地区在向西开放中所遇到的新情况、新问题，对不适应向西开放的法规条文进行调整和修正，同时积极主动地推进制度创新。从国内外交流交往的层面上，我们需要加大与中亚等国家在法律法规和相关政策上交流对接，以促进交往便利化、提升效率为目标，删繁就简，重在实效，真正打通影响我们向西开放的法律政策瓶颈，从而让国内外的创造活力在开放的大潮中竞相迸发。

（六）广泛拓展公共外交，丰富周边和谐稳定的内容

我国西北地区与中亚、南亚、西亚等国家有着天然的民族文化联系，这既有利于双方经贸上的沟通互动，也有利于发展和谐的民族关系。我们要继续利用各种形式，丰富和拓展与中亚、南亚、西亚的公共外交、民间外交，增强不同国别之间人民的政治包容、理解与互信。把中国和哈萨克斯坦及中亚的政治友好外交延续下去，巩固下去，发展下去，仅仅靠外交大使馆的同志、靠高层推动是远远不够的，还需要学者和文化使者来共同打造公共外交、民间外交，使得友好团结的纽带更加坚固。宁夏需要探索从新的角度、以新的方式，去推进向西开放。

（七）在我国西北地区和伊斯兰国家分别建设国际清真产业合作园区

目前，宁夏、新疆、青海、甘肃等省区都在筹建一些清真产业园区，各省园区之间应有各自的特色和分工。鼓励园区企业、高等院校、科研机构、科技服务机构及其他组织机构组建以企业为主体、市场为导向、产学研紧密结合的产业技术创新战略联盟，共同突破产业发展的技术瓶颈，促进园区产业技术集成创新，提高技术创新能力。培育建立中阿清真产业科技合作平台，支持企业开展科技创新和成果转化，鼓励企业加大新产品研发投入，利用信息技术、控制技术、生物技术等高新技术，提升传统清真

改革开放篇

产业的生产流程、管理模式和产品层次，推进传统企业优化升级。宁夏要与西北其他省区通过产业基金等多种方式，支持园区基础设施、公共服务、融资担保、国际合作、人才培养和企业改造提升、科技创新、两化融合、市场拓展等事项。同时，鼓励各类金融机构创新服务产品，提供贷投结合、股权质押、知识产权质押、应收账款质押、联贷联保等融资方式。推动在园区设立担保机构，支持园区内企业进行股权融资和债券融资。

宁夏地区治理体系和治理能力现代化研究

郭亚莉

党的十八届三中全会提出:"全面深化改革的总目标是完善和发展中国特色社会主义制度,推进国家治理体系和治理能力现代化。"十八届中央委员会第五次全体会议公报把 "国家治理体系和治理能力现代化取得重大进展,各领域基础性制度体系基本形成"作为"十三五"时期主要目标之一。当前,在中央全面深化改革的统一部署下。宁夏回族自治区党委和政府结合本区实际,相继出台了一系列的改革方案,坚持深化改革,积极推进宁夏地区治理体系和治理能力现代化。

一、宁夏地区治理体系和治理能力现代化的实践及成效

(一)深入推进行政体制改革,转变政府职能

以转变职能、简政放权、提高服务、激发市场活力为重点,推动行政体制改革实现新的突破。

1.实施政府机构改革。2014年,根据《宁夏回族自治区人民政府职能转变和机构改革方案》(以下简称《方案》),宁夏组建新的食品药品监督管理局,将食品安全委员会办公室的职责、食药局的职责、质监局的生产环

作者简介:郭亚莉,宁夏社会科学院综合经济研究所研究员。

改革开放篇

节食品安全监督管理职责、工商局的流通环节食品安全监督管理职责整合划入食品药品监督管理局。将工商行政管理局、质量技术监督局相应的食品安全监督管理队伍和检验检测机构划转食品药品监督管理局。宁夏撤销轻纺工业局、农牧厅乡镇企业局、经济和信息化委员会中小企业处，组建非公有制经济服务局，由经济和信息化委员会管理。轻纺工业局的职能并入经济和信息化委员会。组建林业厅，不再保留林业局。旅游局由政府直属事业单位调整为政府直属机构。另外，根据《方案》，将招商局职责划入商务厅，不再保留招商局。将种子管理局行政职能划入农牧厅，不再保留种子管理局。将移民局职责划入扶贫开发办公室，不再保留移民局。宁夏广播电视总台更名为宁夏广播电视台，为政府直属事业单位。

改革后，自治区政府机构共减少正厅级机构5个、副厅级单位1个，自治区政府部门行政编制按照5%～10%的比例进行精简，有利于形成精干高效的政府组织体系。

2.启动建立"三个清单"。"三个清单"，即部署和建立针对政府部门的"权力清单"和"责任清单"，针对企业建立的"负面清单"。据统计，2013年以来，宁夏先后取消和调整下放了422项行政审批事项，大力简政放权，推动政府权力运行的规范化管理，释放改革红利，为改革营造了环境，给行政职权打造一个透明的"制度笼子"，以撬动政府自身改革、撬动经济社会各领域改革。2015年，自治区全面深化改革领导小组研究审议了《自治区政府各部门（单位）权力清单和责任清单》，10月30日，"两个清单"通过自治区政府网等渠道向社会公布，宁夏48个政府部门的6264项行政权力精简为1941项，精简幅度近70%。分解落实了国务院公布取消和下放的30项审批事项和自治区承接的89项审批事项、市县承接的1项审批事项。自治区权限内的内、外资企业投资项目，除法律法规要求核准的项目和限制类、淘汰类项目外，一律由市县实行属地备案制；产业园区内同类投资项目涉及的各类共性评价评估事项由园区统一办理，评价评估结果共享。

3.深化行政审批制度改革。2014年，自治区政府分两批取消和调整422项行政审批事项，比2013年初减少318项，精简39.16%。宁夏回族自治区本级行政审批事项再压缩20%，行政事业性收费在2013年基础上减少30%以上。区本级八成行政审批事项将全程网上审批。宁夏10种企业投资领域审批平均时限压缩61%。第一批优化10个企业投资领域审批流程，审批办理平均时限由优化前的235个工作日压缩到91个工作日（最长压缩264个工作日，最短压缩52个工作日），压缩率为61%。平均办理环节由优化前的11个精简到9个，最多精简6个，压缩率为24%。行政审批流程实现网上操作。一季度自治区政务大厅办事时限平均减少12个工作日。

2015年9月1日，在全区范围内启动"三证合一、一照一码"登记制度改革，比全国启动时间提前了1个月。11月3日，吴忠市率先启动商事主体"一照通"登记审批改革，在全面推行营业执照、组织机构代码证、税务登记证"三证合一""一照一码"的基础上，商事主体采取"一表申请、一窗受理、并联审批、信息共享"的登记审批模式。

4.减免行政事业性收费。2014年，自治区清理、取消各类收费82项，免征12项，含2项基金，降低收费标准20项。2015年又取消和减免52项行政事业性收费，每年可减少收费约3.6亿元，包括小微企业的水利建设基金和地方教育费附加费。公布《涉企行政事业性收费项目目录》《行政事业性收费目录与收费标准》《中介服务收费目录与标准》和《社会组织收费目录与标准》，将其并作为收费的唯一依据。制定了2014～2017年清理收费计划和全区涉企行政事业性收费目录，清理、规范行政事业性收费、政府性基金52项。研究提出了关于进一步完善宁东管理体制及运行机制的意见。

（二）着力推进经济体制改革，助力保增长、促转型

"十二五"期间，宁夏在经济领域进行了一系列的创新和探索，着力保增长、调结构、促转型，力争建立健全经济转型发展长效机制。

1.深化国有企业改革。国有企业改革是深化改革的重点和难点。2014年9月，自治区全面深化改革领导小组研究审议了《宁夏国有资本运营集团公司组建方案》《宁夏回族自治区企业投资管理体制改革方案》《关于深化自治区属国有企业改革的实施意见》《关于改进和加强自治区属企业国有资产监督管理的实施意见》。加强企业投资管理体制改革，为企业营造良好的发展环境。2014年10月，自治区政府出台《关于进一步深化国有企业改革的意见》。将国有企业分为公益类、营利类、功能类三种类型，并针对不同类型企业提出不同改革措施。

2015年上半年，开展自治区参股中央企业、区属国有独资企业混合所有制改革试点。进一步完善国资监管机制，建立了权力清单和责任清单制度，基本厘清了国资委的行政职权和责任事项，明确了国资监管边界。研究出台了《自治区属国有企业负责人履职待遇业务支出管理暂行办法》和《深化自治区属国有企业负责人薪酬制度改革的实施意见》。加强监事会监督检查，研究印发了《监事会监督报告揭示问题整改办法（试行）》，建立了监事会以发现揭示问题为主、国资委以督促整改为主、企业以落实整改为主的"三位一体"整改落实机制。全力推进区直机关脱钩改革，完成了清产核资工作。完善企业法人治理结构，确定1户区属国有企业开展董事会选聘经理层试点，在自治区属国有独资公司中推行外部董事制度，在宁夏电投集团、宁夏建工集团等12户区属国有企业中建立了外部董事制度。

2.创新多元化投融资机制。2014年8月，自治区政府出台了《关于进一步推动金融服务"三农"发展的实施意见》及《关于金融支持企业稳增长促发展的若干意见》。《关于进一步推动金融服务"三农"发展的实施意见》提出，各银行业金融机构要持续加大对"三农"的信贷投放力度，确保涉农贷款增速不低于当年贷款平均增速。村镇银行要立足"三农"和小微企业，保持支农支小贷款占比不得低于贷款总额的70%。完善网点布局。加快设立村镇银行。创新金融产品，加快发展以涉农企业为中心的产业链金融模式，探索农产品国内外贸易和农业"走出去"的金融服务品种和方式。推行"一次核定、随用随贷、余额控制、周转使用、动态调整"的农户信贷模式。在农村财政和金融制度上，开展了农业和林业产业资金打捆到县、撬动金融资金试点、奶产业风险补偿基金、产业发展贷款担保基金试点等。

《关于金融支持企业稳增长促发展的若干意见》要求金融机构为企业松绑，清理不必要的环节，减免不合理收费，整治层层加价行为，缩短企业融资链条。对直接与贷款挂钩、没有实质服务内容的收费一律规范。研出台"减、免、降、缓"等办法，切实减轻企业负担。要求小额贷款公司加大对小微企业、"三农"和全民创业的信贷投放力度。严禁小额贷款公司搞非法集资、放高利贷、账外账等违规行为；严禁小贷公司与银行利用企业还贷困难趁火打劫、算计企业；严禁利用非法手段逼迫企业还债等行为，对违规经营、违法犯罪的，要依法严肃查处。

2014年7月，《宁夏回族自治区人民政府关于加快资本市场建设的若干意见》发布，以扩大直接融资规模，吸引社会资金支持和服务宁夏"两区"建设。意见规定募集资金主要用于在宁项目投资的本地企业，政府最高奖励可达200万元。《意见》特别提出多方式加快资本市场建设，加快推进债券融资，鼓励和支持企业运用公司债、企业债、私募债、集合票据、资产证券化等多元化的债券品种扩大融资规模，提高企业债券融资比例。2015年，自治区出台《关于进一步促进融资性担保机构发展的若干意见》。

积极引进组建金融机构，截至11月，共引进和筹建各类金融机构19家，宝塔石化财务公司获批筹建，填补了宁夏非银行金融机构空白；齐鲁、广发等8家证券分公司落户银川；宁夏股权托管交易中心正式开业，首批挂牌企业达到243家。设立了总额30亿元的自治区政府产业引导基金、4亿元的工业企业发展风险补偿资金；建立了10家村级互助担保基金，累计撬动银行贷款3.95亿元，受益农户达到1.6万户；开展了助贷公司、民间借贷登记机构试点，累计为企业提供转贷资金8.17亿元。与境外分行开展跨境人民币业务合作，成功为区内企业续作转收款业务60笔，涉及金额3.12亿元，办理海外融资租赁业务4.3亿元。

3.健全完善招投标制度。2014年12月，自治区住房和城乡建设厅、自治区发改委、自治区公共资源交易管理局联合发布了《宁夏回族自治区房屋建筑与市政基础设施工程网上招标投标管理办法》，以治理、杜绝人为操控招标问题，招标人自行招标随意性大、评标和清标专家选定标准不规范现象的发生。推动所有政府投资工程建设项目统一进场、统一监管，建立全区统一的制度规则、共享的信息系统和规范透明的运行机制，以解决违法干预交易主体自主权、交易服务及管理和监督职责缺失和错位问题。推进建筑工程招投标制度改革，目前，宁夏各地区已经全部开始推行"三个分离"办法,即招标人和投标人分离、投标人和评标专家分离、专家评委和业主评委分离的招投标制度。在房屋建筑和市政工程总承包领域推行建筑业企业"分灶吃饭"等制度。

4.推进重点改革试点扩面。目前宁夏各地开展了深化企业直购电试点,推进营改增试点扩面,开展煤炭资源税改革试点等。

(三) 大力推进农村综合改革，激发农村发展活力

2014年,自治区党委常委会审定通过了《关于深化农村改革的实施意见》。《意见》分为推进农村产权制度改革、强化农业支持保护制度、健全农业社会化服务体系、推进农村金融服务创新、健全城乡发展一体化体制机制、加强农村生态环境建设、建立和完善农业节水机制、创新扶贫开发和生态移民工作机制、完善乡村治理机制九个方面,共30条,对深化农村改革做了全面部署。全区各地全面推进农村土地承包经营权确权登记颁证工作；抓好自治区发展农民股份合作,赋予集体资产股份权能改革试点；深入推进自治区农村产权流转交易市场建设试点工作；探索建立农民自愿永久退出土地承包经营权、宅基地使用权和房屋所有权的补偿机制；在全区全面展开健全农村集体"三资"管理监督制度；加快推进农业经营体制机制创新等自治区级六项农村改革工作。

截至2015年11月,全区完成农村承包地确权登记颁证两轮公示1500多万亩,占总任务的80%以上；完成农村宅基地使用权、集体建设用地使用权和房屋所有权确权工作中90%的外业测量任务,完成80%的权属调查任务；光伏扶贫改革试点工作扎实推进,试点县光伏扶贫项目建设完成率达到50%以上。

(四) 加快推进社会事业改革，促进改革惠民

不断提升基本公共服务能力,以保障和改善民生为着力点,推进社会事业改革。

1.持续抓好教育领域改革。建立政府购买学前教育机制,加快推进学前教育暨农村学前教育改革试点。出台《关于加快推进高等教育改革和发展的意见》,鼓励高校间优质资源共享,加大对高校教师队伍建设等进行安排和部署,进一步增强全区高等教育服务建设内陆开放型经济试验区和打

造丝绸之路经济带战略支点的能力。

2.创新政策引导就业机制。扎实推进小微企业创业创新基地与中国科协创新驱动助力工程建设，探索实施培补贴直补个人制度。推进促进公平就业体制改革，出台了失业保险支持企业稳定就业岗位、调整失业保险费率等改革方案，失业保险费率由3%降为2%，惠及宁夏72.86万失业保险参保人员，每年为企业和职工减负2亿多元。

3.大力推进卫生改革，健全社会保障制度。2015年10月出台了《县级公立医院人事制度改革意见》和《县级公立医院改革补偿办法（暂行）》等配套政策，标志着宁夏县级公立医院综合改革全面启动。加快推进基本医疗保险制度改革，出台了自治区社会保险"五险合一"经办体制改革、完善基本医疗保险门诊大病统筹制度、城乡居民生育医疗费用按人头定额包干结算等改革方案。目前，全区15个市县职工医保、17个市县居民医保实现了就医即时结算。

（五）创新社会治理机制，全面推进依法治理

宁夏启动了司法人员分类管理，完善司法责任制，健全司法人员职业保障，省以下地方法院、检察院人财物统一管理等4项改革试点，制定并印发了法官、检察官遴选委员会、惩戒委员会章程，会同组织部考察、确定了两个委员会的专家委员和专家库人选；制定了《关于推进全区法检两院人财物由自治区级统一管理改革的工作意见》，研究制定了宁夏落实中办、国办《领导干部干预司法活动、插手具体案件处理的记录、通报和责任追究指导意见》和中央政法委《司法机关内部人员过问案件的记录和责任追究指导意见》的实施办法，出台了《领导干部干预司法活动、插手具体案件处理的记录、通报和责任追究实施办法（试行）》，自治区高院、自治区检察院、公安厅等部门分别起草了本系统《司法机关内部人员过问案件的记录制度和责任追究制度实施细则》。各级法院全面推行立案登记制。全面推行执法司法活动信息化管理和监控，已完成全区政法机关网络联通工作。向全区公布了34个最差政法窗口单位。各级政法机关建立了生效法律文书统一上网和公开查询制度。

(六) 健全完善党的建设制度,促进权力公开透明运行

2015 年,自治区党委先后制定出台了《关于落实全面从严治党要求把纪律挺在前面的意见》《宁夏回族自治区党风廉政建设主体责任和监督责任追究办法(试行)》《地级市纪委书记、副书记提名考察办法(试行)》《自治区纪委派驻纪检组组长、副组长提名考察办法(试行)》《自治区属国有企业纪委书记、副书记提名考察办法(试行)》《关于加强宁夏回族自治区纪委派驻机构建设的意见》《关于在自治区党和国家机关新设 6 家自治区纪委派驻机构的实施方案》等多个改革文件。在组织工作制度改革方面,出台了《自治区党委管理干部选拔任用工作动议办法》《关于综合分析研判领导班子和领导干部的意见》《关于进一步深化和谐社区创建工作的意见》《创新体制机制促进人才与经济社会协调发展的若干意见》等多个改革方案,印发了《宁夏回族自治区推进领导干部能上能下实施细则(试行)》,是宁夏落实全面从严治党、从严管理干部要求的一项重要制度成果。起草了《关于加强基层服务型党组织建设实施意见》《关于开展星级基层服务型党组织创建活动的指导意见》,分领域确定了 132 个基层党组织进行试点,建立了联系服务群众 24 项制度,推广了一批服务型党组织创建经验。

二、区域治理体系和治理能力现代化的困境

(一) 政府宏观调控的矛盾和问题

1.政府与市场、宏观与微观、短期与长期、经济与社会的关系处理上仍缺乏平衡。首先,政府缺位、越位、错位现象仍然存在。公共权力运行不够规范。全能型政府、管制型政府还大量存在。主要表现为混淆了市场不健全和市场失灵两类问题。一方面,该管不管、管不到位,在保障竞争公平和市场主体利益、推进基本公共服务均等化、解决公共产品供给和收入分配公平等方面的经济性规制及常态调控不够;另一方面,对市场运行规律缺乏敬畏和遵循意识,干预过多或干预不当,违背价值规律要求导致资源低效配置乃至严重浪费的现象还十分普遍。其次,短期与长期调控目标的衔接不够。主要表现为对发展速度关注度高,而体现发展的质量、效益等方面的指标不足;不同领域指标之间、区域目标衔接不够。社会发展领

域调控体系尚未形成。比如人口、教育、卫生、环保、劳动就业等领域的调控方面，预调、微调功能发挥较弱。

2.宏观调控机制建设比较薄弱。调控决策及其实施的规范化、机制化建设滞后，宏观调控政策实施的法律保障和权威性、执行力不足，政策发出的"最先一公里"和政策落地的"最后一公里"都有可能发生梗阻。公共权力的规范、约束、监督机制尚未成型。

3.宏观经济管理（宏观调控）和微观经济规制（市场监管）脱节，直接干预经济和市场依然存在。调控的方法、手段陈旧。突击检查、强制命令、征收征用、重复处罚等硬性、过度行政干预手段仍然存在。另外，转变经济增长方式缺乏转变的体制环境和平台。

（二）行政审批制度的困境

当前，行政审批的文件之多、范围之广、事项之细、权力之大、程序之繁、效率之低、成本之高，已成为行政审批制度中相当突出的问题。审批制度造成的危害主要有：一是政府职能的错位。过于重视行政审批制度，其社会管理和公共服务职能弱化。二是不少行政审批完全沦为地方保护、行业垄断的一种手段，限制了市场竞争。三是行政审批从根本上说是一种自由裁量权，在不规范的审批制度下，滋生了严重的权力寻租和腐败现象。

（三）权利的监管机制不健全

现有的法律制度对政府的机构设置、组织结构、职责权限、责任形式等都缺乏明确具体地规定。对惩治性的事后监督比较重视而对防范性的事前事中监督却比较薄弱。而且，在权力的监督问题上至今尚未形成一部专门的较为完备的监督法。

（四）深化政府改革中出现的问题

1.思想认识上存在差距。部分部门和领导推动改革的担当意识不强，存在畏难情绪，不敢改、不愿改，特别是在面对经济下行压力增大的情况下，遇到困难和问题，主动想办法用改革破解难题的少；有些部门和领导舍不得割肉，缺乏真改、实改的劲头，一些"中梗阻"的现象依然存在；有些把日常工作等同于改革，对一些难啃的"硬骨头"改革绕着走；等等。

2.地方政府政策执行不力。部分改革方案出台受到较大阻力，进度缓慢，一些改革方案仅落实到文件上，落实困难，一定程度上延误了改革的最佳时机；有的方案在部门之间循环，将有利于本部门利益的留下来，不利于部门利益的或需要承担责任的视若不见；有的改革方案出台后，配套的文件、措施不及时跟进；更多的改革方案停留在部门，没有落实。

3.改革方案配套衔接不够。有些需要顶层设计的改革事项，与中央和有关部委主动沟通对接缺乏主动性和及时性；一些部门提出的清理非行政许可审批工作方案与国务院要求差距较大，只清理下放手续繁杂、耗费大量人力、没有权利的审批事项，对有权利的事项紧抓不放；而有些涉及多部门的综合性的改革事项，相关部门之间的协调衔接不够，提出的改革措施出现"打架"现象，一些难改的、牵扯到部门权利的改革事项，存在推诿、扯皮现象，比如，行政审批中互为前置等。

4.事中事后监管比较薄弱，保留审批事项的规范管理、优化流程有待进一步加强。地方政府承接部分审批事项的能力不足。

三、实现宁夏治理体系和治理能力现代化的政策建议

到2020年实现经济转型升级的战略目标，关键在于深化以简政放权为重点的政府改革。"十三五"能否以理顺政府与市场关系为主线实现体制改革的实质性突破，既是经济转型升级的重大挑战，也是国家治理体系和治理能力现代化的重大任务。

（一）全面实施负面清单管理

1.推行负面清单管理，破题政府职能转变。负面清单管理是政府经济管理方式、流程的系统性重构，涉及到行政审批、市场监管、宏观调控、公共服务等方面的变革。要围绕负面清单管理转变政府职能，通过政府机构改革实现行政审批与市场监管严格分开、行政审批与宏观调控严格分开；让有限公开的权力在阳光下运行，确保运行过程公开与透明，不断发挥权力清单制度在国家治理中的规范性作用。在建立以事后监管为主的市场监管体制框架的同时，建立公平竞争导向的宏观调控，以政府购买公共服务为重点，创新公共服务体制。

2.建立和完善各级政府的权利清单。锁定各部门行政审批基本上的

"底数",接受社会监督。进一步正确区分权力与权利的关系,权利乃是经过社会权衡"协调"界定而得到公认和一定保障应受分配之利益。而权力则是从事和参与权利的权衡"协调"界定确认并保障实现的活动之力。[①]在实施权力清单制度的过程中,对于权力的运行需要强化制度建设,绘制出权力运行流程图,确保地方各级政府及其工作部门照单履权。同时公开权力流程图,将权力彻底地置于阳光底下,增加了权力寻租的难度和风险,从而使权力真正回归制度理性,让有限公开的权力在阳光下运行,确保运行过程公开与透明,不断发挥权力清单制度在国家治理中的规范性作用。

3. 建立和完善各级政府的责任清单。以建设有为政府为目标,加快公开各级政府的责任清单。确保地方各级政府及其工作部门照单履权,不断提高治理的规范化水平。突出市场监管和公共服务领域的责任清单制度,建议在建立责任清单制度上应当突出重点,突出市场监管和公共服务领域政府职责的设计,并以此形成倒逼市场监管和公共服务供给制改革的新局面。

围绕权利清单,建立规范的官员问责制,实现问责公开化、透明化。要着力推进源头防范、责任倒查、权利保障等方面的法律法规制度体系建设,高度关注制度的系统性与协调性,尽量规避制度性漏洞问题,确保权力问责到人,责任落实到人,严格追究权力使用者不到位、不作为或者错位、越位、乱作为的责任,让权力使用者敬畏权力。建立官员引咎辞职制度,并逐步使其常态化,形成官员主动承担责任的良好政风。

(二)建立统一有效的市场监管体制

1. 实现由行政审批为基础向以法治为基础的转变。市场监管是政府的微观规制职能,事前监管和事后监管都应当以法律为依据,包括监管部门的权力,都需要依法赋予。推进市场监管的制度化、规范化、程序化。建设法制化市场环境。

2. 实现行政审批与市场监管职能的严格分离。把行政审批与市场监管职能严格分离作为市场监管机构改革的重点。分离审批的职能关键在于整合

[①] 漆多俊.论权力.法学研究,2001(1):20.

分散在不同部门的监管权力，组建统一有效的市场监管机构。在推行负面清单管理的同时，尽快组建市场监管机构，并强化政府的反垄断职能。实现市场监管机构的独立性、专业性。

3.实现市场监管方式由市场主体为主向市场行为为主的转变。首先，把市场行为作为监管的主要对象。强化生产经营者的主体责任，让企业为自己的行为负责，市场监管机构不再直接管企业，而是把主要的精力放在企业不正当行为的监管上。其次，建立和完善市场监管的标准体系，以避免监管的主观性和随意性。最后，实现反垄断行为和反不正当竞争行为的全覆盖。

4.改革市场监管执法体制。一是推行综合性监管执法。下大决心改变市场监管执法中的"九龙治水"，整合、规范市场监管执法主体，推进各类市场领域的跨部门、跨行业综合执法，集中执法权。二是推行阳光执法。依法公开权力运行流程，推行政务公开、公示等审批事项目录、程序、申报条件等，自觉接受社会监督。

（三）全面推进政府购买公共服务

1.推进公共资源配置的社会化、市场化。首先，要放开公共资源市场。放开民生类公共资源市场，全面放开教育、医疗、养老、文化等领域的公共资源市场；放开城镇化发展的公共资源市场；允许社会资本通过特许经营等方式参与社会基础设施的投资和运营，在污水处理、轨道交通、供水供暖等城镇基础设施领域全面推广和普及PPP模式（公共私营合作制）；放开政府后勤类公共资源市场，降低行政成本。其次，加快形成政府向社会组织购买服务的制度安排。发展公益性社会组织，把社会组织作为政府购买公共服务的重要承接主体；建立公平竞争机制，政府购买公共服务要公开化、透明化。

2.以公益性为目标推进社会组织的转型和改革。要推动事业单位向社会公益组织转型，推动公办事业单位与主管部门理顺关系和去行政化，创造条件，逐步取消学校、科研院所、医院等单位的行政级别，建立事业单位法人治理结构；理顺政府与公益性社会组织的关系，加快建立公益法人制度。

(四)建设法治政府

地方政府治理能力现代化依赖于法治建设,良好的法治环境会保障治理体系的有效运行和持续发展。因此,地方政府应将一切权力及行为置于法律的监督之下,建立健全法律制度,推进政府依法行政、依法治理,推进治理法治化、制度化。

一是地方政府应强化自身的法律责任机制,依法接受人大及其相关部门的监督和质询,强化自身及工作人员对人大和公民负责的法律责任意识,依法规范行政行为。

二是地方政府应进一步改革行政立法机制,完善行政立法程序,规范行政立法行为,增强行政立法的透明性,提高行政立法水平。

三是建立健全行政监察体制,加强行政执法监察、廉政监察,促进地方政府廉政建设,如建立健全干部述职述廉制度、民主评议制度、行政责任追究机制等。

(五)建立引领经济新常态的政府发展理念

1.告别总量扩张模式,追求公平可持续。政府要主动自觉地告别总量扩张模式,把公平可持续作为转型与改革的追求目标,围绕人的自身发展,推动经济转型升级。坚持以经济转型升级为主线全面深化改革。

2.高度重视经济转型中的社会问题。首先,要让公权力退出市场。进一步打破利益固化的藩篱,从地方层面采取果断措施,让公权力退出招商引资、农村土地市场,杜绝基层官商勾结损害社会利益。其次,主动缩小贫富差距。政府的再分配应当向农村、落后地区、困难群体倾斜,在协调重大利益关系上形成共识。最后,要尽快解决农民工问题,尤其要解决处在"夹心层"的新生代农民工问题,让农民工成为城市新市民。

3.实现全面深化改革与全面依法治国有机统一。要以法治思维根治机制性寻租腐败,要围绕建设法治政府和服务型政府的总体要求,设计一套简而易行、行之有效的区域发展制度,党政领导制度,权力运行监管制度,凡事有人管、盯、促、干的工作推进制度和机制,用铁的制度管好权、管好事、管好钱、管好人,把权力关进制度的笼子里。要形成以法治政府引领法治市场、法制社会的新格局,对于推进国家治理体系和治理能力现代化有关键性意义。

宁夏高载能企业用电问题的改革思考

自治区党委政策研究室课题组

自 2013 年首次开展电力直接交易试点以来，宁夏探索电力体制改革的步伐一直没有停止。2015 年 3 月份，国务院下发了《关于进一步深化电力体制改革的若干意见》，就进一步深化电力体制改革，解决制约电力行业科学发展的突出矛盾和深层次问题，促进电力行业又好又快发展，推动结构转型和产业升级提出了明确意见。对于宁夏这样一个具有一定资源优势、电力资源相对丰富、高载能企业相对集中的地区来说，如何发挥资源优势，充分利用宁夏的电力资源助力企业健康持续发展，是进一步深化电力体制改革、促进地区经济转型发展面临的重大课题。

一、高载能企业用电存在的主要问题

中宁工业园区民营经济相对活跃，高载能企业相对集中，用电量大、用电问题突出，是中宁工业园区用电情况的一个缩影。

目前，中宁工业园区入园企业达 86 家，产值超 30 亿元的企业有 3 家，

作者简介：课题组成员：俞学虹，宁夏区党委政策研究室副主任；张洪斌，宁夏区党委政策研究室城市经济研究处处长；吴洪娟，宁夏区党委政策研究室城市经济研究处副处长；解孝龙，宁夏区党委政策研究室城市经济研究处副主任科员。

产值1亿~10亿元的企业有6家。2014年，规模以上企业工业总产值达179亿元，居宁夏34个工业园区第二位，实现增加值37.6亿元，位列川区八市县第一。宁夏除宁东基地有百亿元企业外，只有中宁具有培育百亿元企业的优势，因而中宁工业园区在宁夏工业经济发展中具有重要的地位。近年来，一些500强企业陆续落户园区，使得园区用电量迅猛增长。2014年，园区电力负荷132万千瓦，用电量110亿千瓦时，约占中卫市用电量的60%。2015年，园区新建、在建项目投产后，电力负荷将达到583.9万千瓦，用电量将达到442亿千瓦时。因此，电价问题对园区企业的发展影响很大，园区的发展受制于电价的高低，一两分的电价差可能就是企业的盈亏平衡点，用电问题已经成为制约园区企业发展的瓶颈。

一是电价高导致同类产品市场竞争力弱。虽然宁夏电力资源丰富，但电价却比周边省区高出许多。调研中企业反映，宁夏的企业用电电价是0.41元/度~0.43元/度，而蒙西是0.32元/度~0.33元/度，甘肃是0.36元/度~0.37元/度，青海是0.33元/度，宁夏电价明显高于周边各省区。在中宁工业园区，电力成本占高载能企业产品成本的40%以上，高电价则意味着产品在市场上竞争力弱。如中宁锦宁铝镁新材料有限公司目前生产能力是35万吨，年销售额约40亿。2012年以来，由于电价因素，企业经营非常困难，2014年亏损9千万元，2015年的亏损达到1.5个亿。锦江集团计划在园区继续扩大投资规模，也因宁夏的电价没有比较优势，2014年将投资转移到了内蒙古，建成了一条年产60万吨的生产线，同等规模的生产线，在内蒙古就盈利，而在宁夏却亏损，内蒙古的生产线2015年将扩大到150万吨。同时，宁夏一些发电企业机组不能满负荷运转，出现窝电现象，中宁发电公司2014年机组平均利用小时数为6241小时，负荷率80%，2015年前六个月负荷率仅为68%。

二是直购电额度小。针对宁夏企业用电需求，自治区实行了直购电政策，但还是不能满足高载能企业的需要。2014年，宁夏电力直接交易量达100亿千瓦时，每度电让价0.0175元，共计让利1.75亿元。但对于一些大企业来讲，很难解决企业用电贵的问题。如天元锰业是宁夏直购电交易额度最大的企业，企业一年的用电量近26亿度，2014年交易电量3亿度，仅能弥补一个月的亏损。锦宁巨科公司去年直购电量是6000万千瓦时，2015年企业发展进入了一个新的增长期，用电量大幅增长，但在宁夏直购电总量增加到120亿千瓦时的情况下，分配给该企业的交易电量只有1564万千瓦时，额度下降了4500万千瓦时，降幅巨大。

三是高载能企业得不到用电政策的优惠。随着我国中东部产业梯度转移，许多高载能企业落户宁夏，有力地推动了宁夏经济发展。长期以来，人们对高载能产业始终存有认识上的误区，一提高载能总是和高污染挂钩，认为高载能企业一定会带来环境污染和生态破坏。由于这种认识上的误区和"一刀切"的产业政策，致使一些工艺先进、能耗不断降低的高载能企业得不到应有的用电支持，制约了其发展壮大。

长期以来，受资源禀赋的影响，宁夏形成了倚能倚重的产业结构，高载能企业占到企业总数的60%以上，用电问题特别是电价问题成为企业生产经营的"晴雨表"。从中宁工业园区高载能企业调研情况来看，电就是企业的生命线，电价决定企业的发展和存亡，直接影响企业的效益和市场竞争力，当前一些企业仍坚持亏损生产，就是在等待宁夏用电体制改革上能有所突破，从而起死回生。

二、加快宁夏电力体制改革势在必行

2015年以来，宁夏工业用电量持续低迷，按可比口径计算，前三季度宁夏用电量呈现负增长态势。据统计，2015年1~9月，工业用电量588.3亿千瓦时，比上年同期回落0.7个百分点。电力消费低迷，一定程度反映了宁夏传统高耗能行业的运行状况。一方面是宁夏电力供应过剩，另一方面是高载能企业因为用电贵、用电难而举步维艰，这种结构性的供求矛盾直观地反映出当前高度垄断的供电体制不利于地方电力资源的充分发挥，直接影响到地区经济健康快速发展。

近年来，宁夏以电力直接交易为突破口，在电力体制改革上进行了积极探索，但从根本上推进电力体制改革，还有很长的路要走。目前宁夏电力体制存在的问题主要是：市场交易机制还不健全，售电侧有效竞争机制尚未建立，发电企业和用户之间市场交易有限，致使资源利用效率不高。

市场化定价机制尚未完全形成，现行电价管理仍以政府定价为主，电价调整往往滞后于成本变化，难以及时并合理反映用电成本和市场供求状况。同时，地方发电企业入网审批程序复杂、周期长，发展局域网没有政策支撑。

我国一些地方在电力市场化改革方面进行了试点和有益的探索。如吉林、内蒙古与广东等地相继开展了电力用户与发电企业直接交易试点，并取得了一定成效。特别是蒙西地区率先建立了由"发电、用户和电网"三方共同参与，在"发电侧与用电侧"两端引入竞争机制，价格由三方协商形成的电力多边交易模式，突破了电网垄断买卖、政府定价的计划经济模式，既充分利用了电力资源，又促进了当地经济的发展。山东魏桥创业集团有限公司下辖纺织印染和铝电联产两个板块，其供电采用孤网运行模式，突破了电力垄断，有效配置了资源，走出了一条电力体制改革创新的路子，电力改革推动了集团公司快速发展。2014年完成产值2807亿元，其中铝电占72%。从以上可以看出，不论是现行政策鼓励下的试点，还是突破政策界限、顶着压力大胆探索的实践，都充分说明电力体制改革的步伐不断加快，电力体制改革势在必行。

三、积极推进宁夏电力体制改革，助力企业发展

2015年3月，中央和国务院下发了《关于进一步深化电力体制改革的若干意见》，这次电改将市场化作为核心，还原电力的商品属性，电价由市场决定。同时，逐步打破电力市场的垄断，使电力资源进行更好、更合理地配置。对此，宁夏应坚定信心，继续深化电力体制改革不动摇，以扩大电力直接交易量为突破口，探索建立电力市场化运行模式，充分利用地方电力资源，加快将资源优势转换为经济发展优势。

一是进一步扩大电力直接交易的范围和规模。应按照中央电力体制改革的总体要求，按照市场化运作方式，逐步建立电力用户或售电主体与发电企业通过自愿协商、市场竞价等方式确定电力交易价格的机制，进一步降低用电成本。2015年，宁夏直接交易电量为120亿千瓦时，仅占宁夏用电总量的12%，建议宁夏大幅度提高直接交易电量，积极推进35千伏电压等级的企业进入电力直接交易的范围。同时探索开展商业、事业单位电力

直接交易，逐步推进电力直接交易全覆盖。尽快建立集中交易平台，降低交易成本。通过建设直接交易的公众电子平台，实现电力直接交易高效化、信息化、常态化。进一步细化直接交易规则，重点防范市场价格操控，减少合同违约，建立市场信用意识、风险防范意识，规范市场秩序，提高市场竞争力。积极参加西北地区跨省区直接交易，带动宁夏电力工业改革发展。

二是积极推动电网输配电价改革。输配电价改革是推动发电企业充分竞争，发挥宁夏煤电优势，利用市场机制吸引能源密集型产业向宁夏转移集聚，形成合理区域分工的根本举措。应根据网架、机组构成条件，合理确定机组的基础电量，保"口粮"。加快输配电价核定，兼顾交叉补贴和公共服务，厘清输配电价，逐步实现上网电价由市场决定。明确电网的公共服务属性，其主要功能是满足输配电需要，不以盈利多少作为考核指标，应尽快确定电网利润水平，形成稳定合理的电网盈利模式，为用户提供优质、安全、可靠、低成本的供电服务。

三是提高对高载能企业的电价补贴额度。2015年宁夏仍然延续2014年的差别化电价政策，对有色、冶金、化工、电子信息、装备制造等七个重点扶持行业的企业用电补贴为0.05元/度，对电解铝及其他高载能企业的补贴为0.025元/度~0.04元/度。2011年，中宁工业园区被自治区确定为新材料循环经济示范区，建成了铝镁合金、铸造、金属锰、稀土彩钢、光伏发电等六大产业集群，并形成了"四个百亿元"产业链，高载能企业占绝大多数。在锦宁铝镁我们了解到，现在电解铝生产已经没有废水、废渣排放，排放的气体企业也通过回收设施进行了回收利用。随着技术进步，电解铝的生产能耗在不断降低。同时，企业通过发展循环经济，逐步走向全产业链生产，产品的使用范围在不断扩大，市场前景非常广阔，只因电价补贴额度低，在一定程度上制约了企业快速发展。因此，建议对科技含量不断提高、单位能耗不断降低、产业链不断延长、环保设施不断完善、走循环发展之路的高载能企业实行与自治区重点扶持行业相同的电价补贴额度。

四是积极推进中宁工业园区开展区域电力体制改革试点。中宁工业园区用电企业相对集中，规模较大，用电负荷增长较快，且电源点建设也有较强基础和增长空间，在一定程度上具备了开展区域电力体制改革试点的条件。积极推进中宁工业园区开展好试点工作，妥善处理园区区域电网与公共电网的关系，以园区重点用户天元锰业、锦宁巨科铝业、嘉盛远达等企业新建项目为骨干，推进园区电源点建设，按照先自备后联网的方式分期实施。探索园区电力资源建设、管理、销售一体化推进的新模式。为宁夏电力体制改革积累经验。

宁夏国有企业改革若干重大问题研究

尚亚龙

"十三五"是全面建成小康社会决胜阶段，改革将是贯穿"十三五"时期的主线，国企改革无疑是重头戏之一。宁夏经济总量小，与其他省市相比，国有企业数量少，规模也比较小。近年来，按照国务院国资委和自治区党委、政府的部署，坚持从实际出发、因地制宜的原则，积极探索研究、出台实施一系列卓有成效的政策措施，有力地促进了宁夏国有企业的改革与发展，为宁夏经济社会发展做出了重要贡献。但与此同时，宁夏国企的改革和发展依然存在诸多无法回避的矛盾与问题。为此，必须要深入学习贯彻五中全会精神，在全面深化国有企业改革的过程中，解放思想，破除体制机制障碍，使国有企业真正成为独立的市场主体，激发企业活力，更好地发挥国有企业的作用，助力宁夏全面建成小康社会目标如期实现。

一、宁夏深化国有企业改革的政策与措施

2014年以来，宁夏回族自治区党委、政府围绕中央深化国有体制改革的中心任务，认真贯彻落实党的十八届三中、四中全会精神，积极主动谋划顶层设计，出台了一系列有效的政策措施，有力地推动了宁夏国有企业

作者简介：尚亚龙，宁夏社会科学院综合经济研究所助理研究员，研究方向为区域经济学、产业经济学。

改革的进度，促进了全区经济持续稳定繁荣发展。

（一）政策

2014年9月，自治区全面深化改革领导小组召开第三次会议，研究审议了《关于深化自治区属国企改革的实施意见》《关于改进和加强自治区属企业国有资产监督管理的实施意见》《宁夏国有资本运营集团公司组建方案》《宁夏回族自治区企业投资管理体制改革方案》四个文件。《关于深化自治区属国企改革的实施意见》重点部署了优化国有资本布局结构、推动国有企业做强做优、发展混合所有制经济、落实现代企业制度、形成推进改革合力等五项工作任务。为确保改革各项任务落到实处，宁夏回族自治区党委、政府又联合印发了《深化自治区属国企改革的实施意见重点任务分工方案》，细化分解五项工作任务的具体内容，明确相关部门的任务职责以及今后五年自治区属国有企业深化改革的日程安排。《关于改进和加强自治区属企业国有资产监督管理的实施意见》对改进和加强自治区属企业国有资产监督管理提出具体意见和措施，包括强化国资监管职能、完善国资监管体系、加快转变行权履责方式、夯实国资监管基础、提升国有资本监管效能等5个方面的内容。

2014年10月，出台《关于进一步深化国有企业改革的意见》，明确宁夏国资国企改革方向，提出到2020年末，打造4个资产过2000亿元、营业收入过500亿元，5个资产过500亿元、营业收入过100亿元，5个资产过100亿元、营业收入过20亿元的具有行业领先水平和影响力的优势骨干企业。

2015年5月，出台《自治区属国有企业负责人履职待遇业务支出管理暂行办法》，对自治区属国有企业负责人履职待遇业务支出进行规范。

2015年7月2日，出台《区直机关所属企业脱钩改革实施方案》，明确了包括四大机关在内的区直机关所属企业脱钩改革的政策依据、基本原则、脱钩范围、基本方法等，提出在全面清理经营性国有资产的基础上，对已纳入自治区国资委监管资产范围但隶属关系仍在区直机关，以及区直机关直接管理的47户企业（区直机关下属事业单位所办73户企业，按事业单位分类改革政策办理，不纳入此次脱钩范围）进行脱钩改革，2015年底基本完成脱钩改革任务。

7月6日，出台《关于深化自治区属国有企业负责人薪酬制度改革的实施意见》，对自治区属国有企业负责人薪酬制度改革做出明确规定。

此外，为加快改革的步伐，正在研究制定《关于推进自治区属国有企业发展混合所有制经济的指导意见》《关于规范自治区属国有企业职工持股的意见》《关于自治区属国有企业分类监管实施意见》《关于深化自治区属国有企业内部三项制度改革指导意见》等相关配套政策。

（二）措施

1. 组建国有资本运营集团有限公司，放大国有资本功能。2014年12月，组建了宁夏国有资本运营集团有限公司。把投融资作为首要功能，通过上市融资、股权融资、债券融资等方式，聚集社会资本，加大对铁路、公路、机场、水利等重大基础设施项目、民生事业和战略性新兴产业投资。为充分发挥国有资本的引导和放大效应，今后还将调整国有资本投向，引导国有资本向煤化工、装备制造、羊绒纺织、特色农业、新能源、文化旅游、电子商务、金融等传统优势产业、新兴产业以及优势骨干企业集中。

2015年7月，贺兰县政府出资成立融晟投资运营集团有限公司。依据贺兰县政府授权，前期注册资本30亿元，经营国有资本，负责政府主导的城乡基础设施建设、社会事业项目的投资、建设和运营。同时具备外融资担保的职能，整合各类担保基金资源，建立统一的对外融资担保机构，为贺兰县中小企业融资、农村合作经济组织、妇女创业、小额担保贷款及产业扶持提供担保服务，在全区率先建立了"借、用、管、还"一体化的投融资企业实体。

2. 积极稳妥开展混合所有制改革试点，提高国有经济竞争力。2015年上半年，开展自治区参股中央企业、区属国有独资企业混合所有制改革试点。推动国有资本与各类资本共同设立股权投资基金，参与国有企业改制上市、重组整合、战略投资和创新发展。探索混合所有制企业员工持股，正在研究起草《区属国有企业发展混合所有制经济的具体方案》及《混合所有制企业员工持股办法》。

2015年10月，为避免同业竞争，中铝宁夏能源集团公司在北交所以4亿元挂牌转让其所持上市公司宁夏银仪风电发电公司50%股权。11月，中国神华与神华集团签署收购股权转让协议，中国神华以5.22亿元收购宁夏国华宁东发电公司。由于煤价长期持续低迷，中国煤企亏损面已经达70%。中国神华作为煤炭龙头，业绩也不断下滑。通过把神华集团的多块电力资产划入中国神华，公司煤电一体化的成本优势逐渐显现。为促进企业转型升级，宁夏农垦集团加快推进农场企业化、集团公司化、股权多元化改革重组，将原有3个实业公司、4个直属公司、29个子分公司及14个国有农场等50个单位，整合重组为25个子公司，减少管理环节，降低管理成本，构建了新型母子公司扁平化管理的运行机制。

3.启动国有企业负责人薪酬制度改革，完善企业法人治理结构。2015年7月，宁夏启动自治区属国有企业负责人薪酬制度改革，改革后区属企业负责人薪酬结构由基本年薪、绩效年薪、任期激励三部分组成，较改革前下降13.5%（薪酬调整将从2015年1月1日起计算）。此次改革重点规范区属企业负责人薪酬分配，对偏高、过高收入进行调整，以期形成合理有序的收入分配格局，促进国有企业健康稳定发展。

另外，制定了《自治区属国有企业外部董事管理办法》和《自治区属国有企业外部董事考核评价与薪酬管理办法》，修定了《关于加强自治区属国有企业董事会建设的通知》，面向社会遴选了91名专业知识丰富的人员，补充自治区属国有企业外部董事人才库，为11个国有独资或参股企业聘任了16名外部董事。开展出资人任董事会成员、董事会选聘经理层，推行业绩考核，逐步推开薪酬管理试点，全面落实董事会职权，逐步完善企业法人治理结构。

9月，石嘴山市制定出台《市属国有企业领导人员管理办法》，适应深化改革需求，取消国有企业领导人员行政级别，采取组织选拔与市场化选聘相结合的方式，健全国有企业法人治理结构的措施，符合市场化要求，体现"企业家"属性的国有企业选人用人机制，为解决政企不分"顽疾"开出了一方良药。

4.明确国资监管边界，加快推进破产企业后续工作。2015年5月，根据《自治区人民政府关于建立政府部门权力清单制度的实施意见》和《自治区人民政府建立政府及其工作部门行政职权及责任清单》要求；宁夏国资委研究梳理了 24 项职权和 125 项责任事项，将属于股东会职权范畴、法律明确可以授权企业董事会行使且授权条件成熟的部分审批事项下放给企业。基本厘清了国资委的行政职权和责任事项，明确了国资监管的边界。同时，确定了加快推进剩余 17 户自治区国有企业破产工作，进一步细化责任，明确时限，规范程序，加快进程，聘请中介和专业机构，解决破产财产、债权债务纠纷等破产企业遗留问题，力争年底前完成 5 户企业的破产终结工作。

二、宁夏国企改革面临的主要问题

当前，尽管自治区党委、政府出台并实施了一系列有效的改革政策措施，推动了宁夏国企改革迈入了崭新的台阶。但必须承认，国有企业管理体制中政企不分、政资不分的通病依旧存在，国有资产监督机制不健全，国有资产流失、违纪违法现象时有发生，混合所有制经济发展受到诸多掣肘等。尤其在新常态下，国企效率低下与市场竞争激化的矛盾更加凸显，进一步深化国企改革的任务尤为迫切。

（一）传统产业产能过剩矛盾凸显，转型升级压力加大

2015 年以来，宁夏在煤炭、有色金属、电力、铁路运输等资源垄断性行业营业收入持续负增长，利润大幅下降乃至严重亏损。1~9 月，自治区国资委监管和统计资产的 37 户企业营业总收入 558.48 亿元，同比下降 11.3%；实现利润 24.06 亿元，同比下降 63.9%；利润总额同比降幅较大，高达 63.9%；完成增加值 193.04 亿元，同比下降 23.1%；已交税费 44.62 亿元，同比下降 21%。尤其是煤炭行业产能过剩形势十分严峻，我国 90% 以上煤炭企业出现不同程度的亏损。2015 年一季度，受周边省份市场需求大幅下滑冲击，神华宁煤集团出现组建以来首次亏损。面对严峻的市场形势，宁煤集团采取降本增效措施，对亏损严重的项目和单位暂时限产或停产，及时调整碳基产业战略定位，盘活存量资产，加强劳动用工管控，压缩用工 2373 人，开展委外业务回收等，暂时止住了"出血点"，二季度实现了扭亏为盈。尽管如此，煤炭企业未来发展形势依然不容乐观。传统产业产能过剩矛盾的凸显，导致国有企业转型升级压力进一步加大。

(二) 功能界定不够清晰，偏离改革大体方向

宁夏出台《关于进一步深化国有企业改革的意见》，明确了下一步深化国企改革的方向和路线图。同时提出根据行业分布、战略方向、主营业务、经营方式、市场趋向、责任贡献等不同情况，将国有企业分为公益类、营利类、功能类三种类型。但是，基于科学性与国际性，把国企分为公益类、营利类、功能类三种类型，这种分类欠妥，偏离了中央关于国企改革的大体方向。因为，营利类与公益类的功能泾渭分明，营利是相对于公益，公益是相对于营利而言的，而功能类的划分则显得不伦不类，凡是国企都会有其功能，特别是公益类国企具有更重要的社会功能。2015年9月13日，中共中央、国务院通过《关于深化国有企业改革的指导意见》，意见提出将国有企业分为商业类和公益类，并实行分类改革、分类发展、分类监管、分类定责、分类考核，推动国有企业同市场经济深入融合。10月13日，中央全面深化改革领导小组第十七次会议强调"要立足国有资本的战略定位和发展目标，结合不同国有企业在经济社会发展中的作用、现状和发展需要，根据主营业务和核心业务范围，将国有企业界定为商业类和公益类"。可以说，深改小组《关于国有企业功能界定与分类的指导意见》正是对国企功能界定和分类的详细指导，已经明确了国企分类改革的大体方向。

(三) 改革缺乏整体设计，混合所有制经济发展动力不足

在国有企业探索发展混合所有制经济过程中，受制于一些历史与现实的条件，加之缺乏整体设计，发展动力不足。

首先，民企参股话语权少。当前发展混合所有制经济，国有股一股独大现象比较突出，民营资本象征性参股且在公司治理中话语权有限，难以改善国企的体制机制。同时民营企业由于准入行业较少，担心参股后话语权微弱难以保障自身利益，参与国企改制重组的积极性也不高。

其次，政府对国企产权改革的分类指导不足。推进国有企业实施产权改革、发展混合所有制经济，需要结合企业的不同功能定位，统筹研究。对于不同功能的企业，应提出不同的混改标准和要求。当前，对于哪些行业以及哪些企业应优先推进产权改革，发展混合所有制经济依旧较为茫然。

最后，一定程度上存在急于求成的倾向。部分地区部门单位对发展混

合所有制经济理解不全面，盲目攀比发展速度，对国企混合所有制改革、资产证券化，提出硬性的量化指标，存在为混合而混合的现象。

(四) 国企经营管理水平较低，观念误区依然存在

宁夏国有企业的管理水平不高，甚至还停留在传统的管理模式之中，经营决策服从上级指示，在市场竞争中时时处于被动地位，很难把握市场的动向，一旦经营效果不佳则由国家承担责任，给国家财政增添巨大负担。

十八届三中全会《中共中央关于全面深化改革若干重大问题的决定》提出了"国家保护各种所有制经济产权和合法利益，保证各种所有制经济依法平等使用生产要素、公开公平公正参与市场竞争、同等受到法律保护"。但在改革推进过程中依然存在不少观念误区，一些人期望靠赋予国企"特权"来维系其竞争力，维护其行政或经营的垄断地位，认为政府必须坚持对国企的绝对控股地位，实现稳定就业功能。但这样的"特权"会降低劳动者的生产积极性，而且对资金、人才、时间、物资都无法进行有效合理的管控，导致企业陷入衰退，有关这方面的沉痛教训可以说不胜枚举。另一方面，回顾往昔，政策性失业也是国企改革遇到过一个很大的问题。企业面临发展困境之时，倒闭、裁员时有发生，短期内看似解决了问题，但"后遗症"也不少。20世纪90年代国企改革造成大批职工下岗的时代已过去20年，不少人仍心有余悸，尽管新一轮国企改革不会引发下岗潮，但国企改革重组必定会造成部分员工分流的不良后果的确值得关注。

(五) 国有资产流失不容忽视，企业经营者选拔制度与市场脱轨

研究表明，我国国有大、中、小型企业权益损失占净资产的比重分别高达15.2%、59.4%和82.8%。其中，以行政干预导致的资产流失不容小觑。一是出资人为政府的机构或个人出于自身利益的考量，明示、暗示或诱导代理人做出有损企业利益的行为所导致的流失。二是管理者选、用机制僵化、人员错配导致的流失。一些地方出现过把安排干部任企业高管当成干部的利益补偿机制，用"票子"换"位子"，导致个别国有企业班子成员"一岗双责"意识淡薄。部分地方纪委履行监督执纪问责不到位，对国有财产缺失、股权转让中损害国企利益等问题失监失察。个别项目经营业绩不实，存在国有资产流失的潜在风险。

三、深化宁夏国企改革的对策建议

"十三五"期间,"重市场、促调整、转方式、引民资"将是国企改革的重点任务,而"三个一批"将贯穿改革的全过程。为实现到2020年在国企改革重要领域和关键环节取得决定性成果的主要目标,从2015年9月国企改革顶层设计方案出台后,预计从2016年开始,新一轮国企改革将进入全面实施阶段,成为国民经济发展的坚实动力。

(一)构建现代创新体系,实施创新驱动发展战略

创新驱动是弥补传统优势减弱,保持经济平稳健康持续增长的根本之策。要鼓励重大科技专项的实施,不断提升科技实力,突破关键核心技术,促进产业向高端装备制造、电子信息、新能源、新材料、节能环保等战略性新兴产业发展。一是要对涉及传统煤炭、能源产业的国有企业进行产业升级改造,调整其战略发展方向,对于污染严重且效益不佳、缺乏前景的企业,要力促其转型升级,或通过兼并重组改善其发展环境,同时必须积极稳妥处理企业分留员工的后续生存生活问题。二是加快装备制造、化工、农业等传统产业改造提升,形成一批拥有技术和市场优势的高新技术的国有企业。三是高度重视重点实验室建设工作,科技厅要抢抓国家布局机遇,积极开展大型国企创建国家重点实验室。四是要继续健全创新激励机制,落实和完善科技成果转化使用管理制度,加大对科研人员转化科研成果的股权、分红、收益等激励力度,打通成果转化通道,提升科技人员创新创业动力。

(二)明确划分两类国企,正确引导改革方向

依据中央《关于深化国有企业改革的指导意见》,应明确将国有企业划分为商业类与公益类,正确引导国有企业改革与发展方向。

商业类国有企业以增强国有经济活力、放大国有资本功能、实现国有资产保值增值为主要功能和责任,需要按照市场化要求实行商业化运作。此类国有企业应逐渐剥离生产性业务,将主要业务集中于生产性服务业领域,培育一批高端生产性服务业国有企业,向创新型企业转型。宜引进社会资本,通过混合所有制形式加速企业转型升级,对于产能过剩产业实现国有资本战略性退出,以社会资本控股为主实现兼并重组。

公益类国有企业则是那些处于公共服务行业和领域、以社会效益和完成政府任务为主要目标、以国家调控为主要手段的国企。对此类国有企业应加大国有资本投入，提高公共服务的质量和效率，优化公共服务业务资源配置，增强持续经营能力。加强对公共服务产品和服务质量等方面的监管，引入社会评价。公益类国企宜采取国有独资、全资、控股，具备条件的可以推行投资主体多元化，引入民营资本参与控股。

(三) 健全公司法人治理结构，完善现代企业制度

健全的公司法人治理结构，是提升国有企业科学决策和经营发展水平，完善现代企业制度的关键。

一要继续深化股份制公司制改革，推进规范董事会建设，形成股东会、董事会、监事会、经理层各司其职、有效制衡的机制。二要建立职业经理人制度，减少行政任命管理人员，增加市场化选聘比例，同时加强内部监督约束机制和纪检监察，大力推进企业内部民主管理，最大限度防止企业内部任人唯用。以石嘴山市制定出台《市属国有企业领导人员管理办法》为试点，逐步取消国有企业领导人员行政级别，建立健全的、有别于行政干部的企业经营管理者选聘、考核、奖惩和退出机制。三要进一步完善国有企业经营管理者的薪酬机制，合理确定并严格规范国有企业管理人员薪酬水平、职务待遇，完善职工收入分配调控方式，逐步实现薪酬分配制度与市场接轨。

(四) 积极发展混合所有制经济，充分发挥不同所有制优势

发展混合所有制经济的目标是促进国有企业转换经营机制，放大国有资本功能，提高国有资本配置和运行效率，实现各种所有制资本取长补短、相互促进、共同发展。

要在国有企业公司内下设股权投资基金，探索国有资本与创业投资基金、产业投资基金、政府引导基金等机构资本共同设立股权投资基金，投资公益性或特许经营行业、战略性新兴产业。淡化实体经营企业的所有制属性，消除国有企业与民营企业由于所有制不同而造成的对立，充分发挥不同所有制的优势，使企业作为独立的市场竞争主体，平等参与市场竞争。交通基础设施、电网、新一代信息基础设施、油气管网及储气设备、现代

化煤化工和石化产业基地、重要战略性物资储备设施、城市公用事业、保障性住房、学校、医院、社区设施等项目的建设运营推广应用PPP模式。

（五）转变国企经营管理模式，防止国有资产流失

按照以管企业为主向以管资本为主转变的要求，一是要推进国有资产监管机构职能转变，重点管好国有资本布局，规范资本运作，提高资本回报，维护资本安全，建立监管权力清单和责任清单。二是要推进经营性国有资产集中统一监管，建立覆盖全部区属国有企业、分级管理的国有资本经营预算制度。三是进一步明确国有资本运营集团公司的功能定位，正确处理好决策委员会、集团公司、子公司、国资委之间的关系，把壮大资本、培育市场作为主要任务，扩大其融资能力。

强化监督。防止国有资产流失。首先，要强化企业内部监督，突出对关键岗位、重点人员特别是一把手的监督，防止滥用权力。其次，要加强社会监督，建立健全高效协同的外部监督机制，整合出资人监管、外派监事会监督和审计、纪检监察、巡视等监督力量，实施信息公开。最后，要建立健全重大决策失误和失职、渎职责任追究和倒查机制，严厉查处侵吞、贪污、挥霍国有资产的行为。

（六）研究制定国有资本充实社保机制，深入贯彻共享发展理念

《"十三五"规划建议》明确指出"共享是中国特色社会主义的本质要求"。国有资本权益是全民共享的财富，将部分国有资本充实社会保障基金，是解决养老金历史负债的重要途径和有效手段。建议制定《区属企业国有资本划转充实社会保障基金方案》，将一定比例的国有资本（包括国有控股参股企业中的国有资本）划转充实社会保障基金，并成立基金管理委员会。首先，将划转范围内的国有资本一次性转到自治区社保基金。其次，根据区属企业改制情况、区属经营性国有资产统一监管工作进展，分步办理划转手续。最后，对完成划转的企业修订章程，办理国有资产产权和工商变更登记。股权划转后，企业领导班子管理体制保持不变。企业改建成为多元化的公司制企业，按照《中华人民共和国公司法》和具体划转办法的要求规范建立股东会、董事会和监事会。国资委和区社保基金管理委员会按持有产权分别行使股东职权、履行股东义务，提名并选举董事、监事。

专题研究篇
ZHUANTI YANJIU PIAN

大银川都市区规划研究

杨洪涛

2014年，宁夏编制了《宁夏空间发展战略规划》，提出了"一主三副"的空间结构，"一主"是指大银川都市区。大银川都市区包括银川市域，吴忠市利通区、青铜峡市、盐池县高沙窝镇和宁东能源化工基地行政管理区域，地域总面积13190平方公里，人口283万。大银川都市区以宁夏近一半的人口创造了宁夏近70%的生产总值，是宁夏沿黄经济区的核心地带，是宁夏新型城镇化战略格局的重要区域，是宁夏参与区域经济合作的主要空间载体，也是辐射带动自治区外围地区发展的增长极。

一、发展优势

大银川都市区地处黄河冲积平原，拥有得天独厚的产业、资源环境、历史文化发展条件，支撑着都市区的社会经济发展。

（一）产业特色突出

大银川都市区内优良的自然环境造就了物产丰富且历史悠久的农耕文明，盛产水稻、小麦、玉米等粮食作物。同时，适宜的纬度与气候条件为都市区内枸杞、葡萄等特色种植产业提供了优越条件，尤其是贺兰山东麓

作者简介：杨洪涛，宁夏住房和城乡建设厅党组成员，总规划师。

优质葡萄生产基地,被国际国内公认为世界最适合种植优质酿酒葡萄的地区之一。都市区内工业发展处于转型升级期,正在改造提升传统产业,培育发展战略性新兴产业,壮大做强优势特色产业。宁东能源化工基地,已经成为国家级能源化工基地。银川经济开发区数控机床制造、新能源装备制造、特种铸造、轮胎生产制造等初步形成规模效应。近年来,凭借与阿拉伯国家紧密联系,都市区清真食品和穆斯林特色用品产业优势已初显,尤其是商贸物流业发展最为迅速,旅游、服务等产业逐步提升,成为都市区重要发展产业。

(二)资源环境条件独特

大银川都市区包含了山地、黄河冲积平原、台地、丘陵等多种地形地貌。西有沙漠咽喉之称的贺兰山为屏障,隔绝腾格里沙漠,东有鄂尔多斯台地阻隔毛乌素沙地,中部有黄河蜿蜒穿过,占总用地面积30%多的黄河冲积平原为西北地区独有,素有"塞上江南"的美誉。煤炭资源丰富,宁东煤田已探明的煤炭资源总量约为386亿吨,占全区煤炭总量的87%。

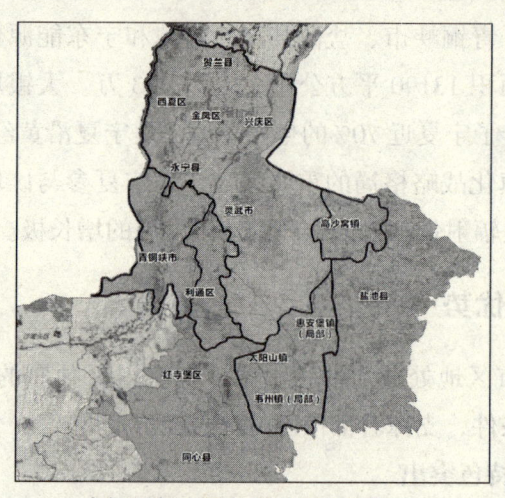

大银川都市区规划范围示意图

(三)历史文化特色鲜明

大银川都市区早期人类活动遗迹可追溯到石器时代,一直是我国古代北方游牧民族的活动范围。战国后期,秦国的势力范围已达银川。自西汉起,正式进入中央集权政府的建制辖区范围,一直作为国家西北边陲重镇。

都市区包含了黄河文化、丝路文化、西夏文化、回乡文化等文化脉络，多种文化和谐发展，具有悠久的历史文化传统。

二、存在的问题

编制大银川都市区规划的目的之一是解决制约区域发展的难题，通过研究分析，发现都市区的发展存在一些问题，制约着区域经济社会发展。

（一）内部空间缺乏统筹，集聚效应不强

大银川都市区范围内各个地区相对孤立，各自为政，没有形成互相支撑、互相服务的整体格局和分工明确、功能互补的有机整体。虽然银川城区在空间上与贺兰、永宁望远相连，滨河新区规划范围与永宁县城、综合保税区相邻与重合，但空间布局缺乏统筹。宁东能源化工基地产业发展强劲，但功能单一，配套设施缺乏区域统筹。这种缺乏统筹的区域空间，导致城市功能重复，等级结构不合理，资源难以共享，中心城市的辐射带动能力不强，都市区整体集聚效应发挥不了。

（二）产业同构现象严重，集约程度不高

在一定区域空间内，地理位置越近、空间距离越短的城市之间，更具有较高的产业同构趋向性，尤其是资源型产业。大银川都市区内城市空间距离较近，由于自然性、历史性、体制性、地区利益性等原因，产业同构性强，突出体现在第二产业。都市区第二产业主要集中在23个工业园区，产业发展方向雷同，以发展能源化工类产业体现最为突出，该类型产业的工业园区有5个，分布在银川、吴忠、宁东境内。产业同构带来了产业的恶性竞争、产品雷同且附加值低，无法形成规模经济效益，造成资源浪费。

（三）交通结构不完善，内部快速交通缺乏

发达的交通网络是支撑城市拓展空间结构和重构产业布局的重要因素，能够十分有效地促进中心城市与周边城市间的互动。大银川都市区对外联系薄弱，位于区域交通网络的边缘，缺少向西北外蒙方向、向南西安方向、向西兰州方向、向东包头方向的对外快速铁路通道，已有的高速公路、铁路、航空难以满足城市群之间的人流、物流、信息流的流通需求，总体快速运输服务水平较低。都市区内部交通方式单一，道路等级级配不合理，

快速通道缺乏。轨道交通尚处于空白，公路运输以高速公路、国家干线公路网和部分省道构成的骨架路网为主，缺乏地区性交通快速通道，造成长短距离交通混杂、客货混杂和绕行距离较远等问题，整体运行效率低。

（四）生态环境较脆弱，生态环境面临压力

城镇化与生态环境既有交互胁迫的过程又有相互促进的环节，在西北干旱地区尤为突出。大银川都市区位于西北干旱地区，面临沙漠威胁，由黄河灌溉形成的平原绿洲既是都市区生态保障、农业发展的主要地区，也是城市发展重点地区，空间发展矛盾突出。能源化工产业发展给生态环境保护带来压力，加之都市区自身生态环境较脆弱，在发展中城镇化对生态环境的胁迫作用体现得更为突出。

三、规划的重点任务和主要内容

大银川都市区规划基于现状发展的优势和存在的问题，对影响都市区发展的重大影响因子进行专题研究，为规划发展定位布局提供科学依据，着力解决制约都市区经济社会发展的难点问题，引领都市区未来的建设发展。

（一）大银川都市区的发展定位和空间形态

在发展定位上，《规划》贯彻落实《宁夏空间发展战略规划》，确定了四大功能定位：一是丝绸之路经济带中阿合作先行区。大银川都市区是宁夏内陆开放型经济试验区国家战略的核心区，是宁夏对外开放的门户和窗口，与阿拉伯国家及穆斯林地区的交流合作源远流长。随着中阿博览会永久会址落户银川等一系列国家政策的支持，大银川都市区有条件站在中阿合作的前沿，以中阿金融商贸中心和中阿会议展览中心建设为依托，打造成为丝绸之路经济带中阿合作先行区。二是国家能源化工和现代制造业基地。大银川都市区依托宁东能源化工基地的良好基础，延伸产业链条，打造以资金密集型、技术密集型、能源密集型、长产业链、高附加值、循环发展为特征的国家能源化工基地。同时，在现有制造业转型升级的基础上，进一步承接东部产业转移，发展成为以电子信息、仪器仪表、高端装备制造、羊绒纺织等为主导的现代制造业基地。三是清真食品和穆斯林用品产业基地。大银川都市区依托吴忠现有民族产业，充分借助自治区内外和国际资

源，规划建设中阿国际合作示范产业园，集聚研发、生产和贸易物流等功能，成为中国重要的清真食品和穆斯林特色用品产业基地。四是区域性国际物流中心。大银川都市区依托银川河东机场、综合保税区、陆路港等物流中枢的建设，以及区内清真食品和穆斯林特色用品等国际化产品商贸流通的庞大需求，将建设成为丝绸之路经济带上重点面向阿拉伯国家和穆斯林地区的区域性国际物流中心。

在空间层次上，大银川都市区划分为核心区与外围地区两个层次。核心区是都市区发展的主体空间，总面积为4850平方公里，由银川、吴忠、灵武城区以及贺兰、永宁、滨河新区、宁东能源化工基地核心区、银川综合保税区、青铜峡新材料产业基地等构成；外围地区是都市区范围内除核心区以外的地区，是支撑都市区远景发展的空间拓展区域，总面积为8340平方公里。

在空间结构上，大银川都市区沿黄河形成"一河两岸三域"的格局。"一河"是指以黄河为轴线，串联大银川都市区核心区的各个功能区，成为沿黄发展带的重要组成部分；"两岸"是指大银川都市区在黄河东西两岸统一规划，协调联动发展；"三域"指大银川都市区规划形成银川、吴忠、宁东三个相辅相成、错位发展、功能互补、协调统一的空间片区。

（二）大银川都市区城乡空间管制规划

中央城镇化工作会议提出："科学设置开发强度，尽快把每个城市特别是特大城市开发边界划定，把城市放在大自然中，把绿水青山保留给城市居民。城市规划要由扩张性规划逐步转向限定城市边界、优化空间结构的规划。"因此，设定城市增长边界是控制城市无序蔓延，保护自然资源和生态环境行之有效的技术手段和政策措施。大银川都市区规划制定了严格的空间管制规划，将大都市区划分为禁建区、限建区和适建区，前两类区域分别占到都市区国土面积的14.47%、74.39%，适建区占11.14%。适建区是都市区发展优先选择地区，范围涵盖了规划期内主要建设用地，在适建区管制原则中，要求明确划定规划用地范围和开发边界，严格控制建设用地规模，高效集约利用土地。

(三) 协调城镇村和产业发展，打造宜居宜业都市区

《规划》重点对城镇村建设和产业发展进行统筹安排，大力改善大银川都市区人居环境，增强产业支撑能力，打造陕甘宁蒙地区最适宜居住、最适宜创业的都市区。

1.城镇村发展指引。在城镇村体系规划方面，构建"主城区—小城镇—农村新社区"的三级城镇村体系，实现都市区在土地利用、城市建设、产业发展、区域交通等经济社会各方面的统筹协调。主城区由银川、吴忠、宁东三片区的主要城市功能区构成。小城镇是都市区内连接城乡、服务农村的重要节点，共规划重点镇17个、一般镇13个，因地制宜发展特色产业，完善基础和公共服务设施，吸引农民就业、居住，成为农村地区生产、生活中心。农村新社区是指对都市区现有村庄以积极发展、适度发展、控制发展三种方式引导其科学规划布局，按照社会主义新农村建设、社区化管理的要求，建设形成规模较大、设施齐全、人居环境良好的中心村和一般村。

2.产业发展策略。产业是都市区及区域发展的主要推动力，是都市区功能实现的核心抓手。规划从都市区城镇村体系功能上引导产业发展方向，从产业空间布局上支撑都市区功能实现，筑牢产业之根基，支撑都市区发展。突出第一产业的发展优势，壮大优势特色农业，重点培育粮食、蔬菜、葡萄酿酒、草畜产业、适水产业五大主导产业，因地制宜发展花卉、枸杞、中药材、经济林木等特色农业，发展现代农业。结合特色乡镇发展定位，推进农业示范基地建设，规划了九大特色农业示范基地。结合景观农业基础和旅游设施建设，发展六大观光农业示范基地，使农业成为大银川都市区发展的原始动力。规划整合现有工业园区，以20个工业园区为载体，培育工业主导产业，重点做大做强能源化工、现代制造业、清真食品和穆斯林用品产业，使工业成为大银川都市区发展的重要动力。提升服务业发展水平，建立立足本地、服务区域的现代服务业体系。

(四) 统筹基础公共设施建设，打造一体高效都市区

1.综合交通体系规划。构筑都市区间的一体化交通网络，是大银川都市区空间、产业一体化的重要基础。在交通体系上，提出要完善都市区城

镇间、园区间、产城间一体化综合交通网络；在对外交通上，以航空、铁路、高速公路、干线公路为主，建设西北地区面向国际、辐射全国的铁路、航空交通枢纽，实现8小时通达全国主要城市；在对内交通上，通过衔接铁路、城际轨道、城际客运、城市公共交通等交通枢纽站的建设，打造覆盖全区、多方式协调、无缝衔接的交通网络，实现2.5小时通达区内各副中心城市，大银川都市区内城、镇1小时互联互通；在交通形式上，以道路系统、城市轨道交通、城际轨道交通、客运枢纽站、慢行系统、城市停车系统为主的多层次交通形式，满足不同层次的交通需求。

2.市政基础设施规划。在供水方面，通过水权置换方式实现区域间和领域间的水资源调配，保障城镇生活和产业用水需求。加大区域调水力度，加快区域性引、提、调水工程建设，构建配置科学、循环高效、安全可靠的城乡一体化供水体系。在排水及再生水方面，提出到规划期末，都市区主城区污水处理率达到98%，小城镇污水处理率达到90%，农村污水处理率达到80%，再生水回用率达到30%以上。在供电工程方面，加强本地电源设施、外送电力通道建设，完善城镇高压主环网，提升改造农村电网，满足区内和外送双向电力需求，建设国家外送电基地，保障电力供应。在燃气方面，构建多元、安全、清洁的气源保障体系，到规划期末，燃气普及率达到95%，实现能源利用清洁发展。在供热方面，提高热电联产、电厂余热、燃气等清洁能源在供热用能中的比例，到规划期末，都市区主城区供热普及率达到95%，小城镇供热普及率达到85%，热电联产所占热源比例大于30%。在通信方面，推动物联网、云计算、大数据等新一代信息技术创新应用，加快信息通信网络优化升级，实施"宽带宁夏"工程，全面建设4G宽带网络，实现公共区域无线局域网全覆盖，构建覆盖城乡、安全高速的新一代信息基础设施。在环卫工程方面，建成城乡兼顾、布局合理、技术先进、资源有效利用的现代化生活垃圾治理体系，到规划期末，主城区生活垃圾无害化处理率达到100%，村镇生活垃圾无害化处理率达到95%。在市政廊道方面，控制预留高速公路、铁路、高压电力线路、天然气等油气长输管线及其他工业管线通道，加强对市政廊道的规划与控制。

3.公共服务设施规划。从打造支撑区域发展的公共服务平台、构建多城区联动发展的公共服务体系、建设各级配套完备的公共服务网络三个层次，重点提升银川公共服务设施水平，强化区域公共服务中心职能。进一步加强吴忠民族文化、教育等方面的公共服务设施建设，提升灵武文化、教育、体育、医疗卫生以及社会福利方面的设施配套水平，成为宁东能源化工基地公共服务配套基地。结合城市居住社区与村庄布局设置组团级公共服务中心，满足基层公共服务需求；建立包含高等教育、职业教育、成人教育、基础教育、特殊教育在内的教育体系；配置完善各级文化活动设施，形成布点均衡、功能齐全的文化设施网络；建设与都市区定位、人民群众生活需求相适应的体育设施，提供完善的健身活动场所，达到举办全国大型体育赛事能力；健全以综合医院为核心，专科医院为辅助，疾控、保健和社区卫生服务机构为基础的医疗卫生服务体系；建立覆盖广、效率高，与都市区经济发展相适应，与其他保障制度相衔接的社会养老保障体系。

4.综合防灾体系规划。建立协调统一的灾害监视、预测、预报、预警、情报信息平台，以及指挥和救援综合网络，完善综合防灾减灾规划和应急预案，保障应急物资储备与供应，建设现代化都市区综合防灾减灾体系。《规划》确定了黄河洪凌灾害防治、贺兰山东麓洪水防治、灌区治理、城市内涝防治、抗震防灾、人防及消防的设防标准，提出了工业风险防护、危险品储藏、基础设施安全的防控要求。

（五）注重环境保护与资源节约，打造生态都市区

空间是有限的，资源环境的承载力也是有限的，人类活动必须保持在地域空间承载力的范围之内。大银川都市区受自然条件制约，在发展的过程中不能突破资源环境的承载力，因此，都市区规划必须坚持底线控制思维，以资源环境承载力为基础，从水资源承载力、煤炭资源储存量、土地资源承载力、大气和水环境容量入手，通过承载力计算，对人口、产业布局、城镇布局等提出环境限制，勾画出未来社会经济发展的蓝图，确保发展目标和环境保护目标的实现。习近平总书记强调："环境就是民生，青山就是美丽，蓝天也是幸福。要像保护眼睛一样保护生态环境，像对待生命一样对待生态环境。"这一重要论述为进一步推进生态文明建设指明了方向，同时也提出了新的要求。在发展中要尊重自然、保护自然，守住生态

环境的红线。大银川都市区规划坚持将生态和发展统筹起来，在规划思路上，遵循生态优先和底线控制的规划思路，构建都市区生态系统，维护山水交融、绿网交织的生态景观格局；在发展目标上，提出了生态绿洲都市区的发展目标；在生态系统结构上，充分利用大银川都市区现有生态资源，优化生态体系，构建"一山、一水、一绿洲"的总体生态格局，即贺兰山综合生态带、黄河生态景观带、都市区生态绿洲，保障地区生态安全；在生态体系上，形成生态绿洲、生态廊道、生态林地、湖泊湿地绿道系统、绿地系统等不同层次的生态保护体系。

（六）彰显历史文化地域特色，打造魅力都市区

自然风貌保护方面。《规划》提出要展现大山大河壮丽风景，科学管控黄河沿岸开发建设，保护贺兰山自然生态资源，突出山体轮廓线和重要景观视廊，继承发展传统特色农业种植，保护湖泊、沟渠岸线，改善水质，清理和整治沿岸环境，挖掘秦渠、汉渠、唐徕渠等古渠道历史文化，重点塑造与之协调的沿岸建（构）筑物特色风貌；体现荒漠草原塞上风光，保护荒漠草原内的自然景观、文物古迹、生态环境；限制荒漠草原内开发建设，保护长城、兵沟等边塞历史文化遗迹，保护都市区内荒漠草原的自然生态，推进荒漠生态恢复与治沙工程。

历史文化保护方面。整体保护都市区城镇格局、特色街区、文物古迹、遗址墓葬、民族宗教文化、非物质文化遗产等历史文化要素。重点加强西夏王陵风景名胜区的保护和开发利用，积极推进青铜峡大峡谷景区申报风景名胜区。加强对银川市国家历史文化名城老城区传统空间格局以及承天寺、藏经楼、清真中寺、南薰门、海宝塔等特色历史文化街区的保护，控制开发强度，保留原有道路布局与街区尺度。将灵武古城、吴忠老城区作为宁夏历史文化街区进行整体性保护与控制。按照文物保护法有关要求，对都市区内15处全国重点文物保护单位、41处自治区级文物保护单位、77处市县级文物保护单位划定保护范围和建设控制地带，进行严格保护。

城镇风貌塑造方面。利用城市自然、人文、地理等空间因素，创造具有鲜明特色与个性的城市空间，营造安全、舒适的开放空间。在银川城区，塑造培育"塞上湖城、回乡首府、西夏古都"的总体风貌特征，彰显国家级历史文化名城魅力。在永宁县城，塑造培育"田园诗画、风情回乡"的总体风貌特征。在贺兰县城，塑造培育"塞上水乡、宜居小镇"的总体风貌特征。在滨河新区，塑造培育"水岸风情、智慧新区"的总体风貌特征。吴忠片区主城区塑造培育"中华回乡、商贾重镇、黄河金岸、水韵吴忠"的总体风貌特征。宁东片区主城区在灵武城区，塑造培育"唐风新韵、羊绒之乡"的总体风貌特征。在宁东能源化工基地核心区，塑造培育"能源化工基地、生态工业城市"的总体风貌特征。小城镇方面，在李俊、瞿靖、崇兴等川区小镇，重点体现黄河灌区塞上江南的田园风貌特色；在惠安堡、太阳山、高沙窝等荒漠与山区小镇，重点体现西部黄土丘陵、荒漠草原的边塞风貌特色；在闽宁、韦州、峡口等回民聚居小城镇，重点突出回乡特色，建筑风格、色彩、装饰等应充分体现回族元素。

（七）融入"一带一路"发展战略，打造创新开放都市区

以国际视野，积极融入国家"一带一路"发展战略，对外加快推进向西开放，打造国际化都市区；对内加强区域协作，承担区域职能，推动内陆开发开放；完善综合配套服务，创新体制机制，推动智慧城市建设，提升都市区综合竞争力。

1.推进国际化发展。加强与中亚、西亚及阿拉伯国家与地区经济、文化、商贸合作交流，发展国际金融、国际旅游、国际贸易、国际物流等产业，面向阿拉伯国家和世界穆斯林地区营造开放、便捷、宜人、友好的投资与生活环境，打造具有国际一流发展建设水平和公共服务能力的国际化都市区。

2.促进区域协作。大银川都市区处于国家城镇体系"两横三纵"发展轴带中，承担着国家城镇体系布局重要职能。《规划》提出要强化银川片区在自治区以及更大范围内的区域性中心城市地位，完善综合服务功能，培育发展现代服务业，促进产业和人口集聚，增强辐射带动作用。加强宁东能源化工基地与蒙陕甘的产业分工与协作，实现错位互补发展，打造全国重要的大型煤炭基地、"西电东送"火电基地、煤化工产业基地和循环经济示范区。《规划》提出依托大银川都市区的经济优势、产业优势和区位优势，吸引宁夏中南部地区人口向川区流动，缓解山区人口与资源环境压力，有效解决山区贫困问题，逐步缩小山川差距，促进区域统筹协调发展。

3.推进智慧城市建设。推进银川、吴忠国家智慧城市试点建设，打造技术高度集成、产业高端发展、服务高效便民、生活以人为本的智慧型都市区。《规划》提出通过建设智慧城市云中心、城市公共基础数据库、统一的公共信息平台和规划管理信息系统工程，为公众提供一站式智慧信息服务；建立智慧规划管理信息系统工程，推动城市工程项目规划、审批、建设、监管的全过程管理体系创新和平台建设。

四、小结

国家新型城镇化提出，城镇化格局要更加优化，培育发展中西部地区城市群，成为推动区域协调发展的新的重要增长极。宁夏沿黄经济区作为国家区域经济发展带中的重要一极，将在落实国家主体功能区划、新型城镇化发展战略中发挥重要作用。宁夏坚持规划引领，高起点、高标准、高质量编制大银川都市区规划，发挥以大银川都市区为核心的银川平原城市群在推动区域经济发展中的联动作用。贯彻落实《宁夏空间发展战略规划》，实现"一个支点、二个基地、一个示范区"的发展定位，构建"一主三副"的空间结构；优化大银川都市区作为宁夏沿黄经济区落实国家主体功能区战略主体空间的空间布局；发挥大银川都市区作为宁夏对接"一带一路"战略，实施内陆开放政策核心地区的载体功能；统筹了大银川都市区内部城镇空间布局，实现银川、吴忠、宁东三个片区在土地利用、城市建设、产业发展、区域交通等经济社会各方面的协调发展。

把公共服务放在扶贫攻坚重要位置

杨旭东

十八届五中全会《关于制定国民经济和社会发展第十三个五年规划的建议》中关于新的目标要求之一就是"我国现行标准下农村贫困人口实现脱贫,贫困县全部摘帽,解决区域性整体贫困"。宁夏作为贫困地区,必须按照中央要求,举全党、全社会之力,如期完成脱贫任务,建成全面小康社会。

一、公共服务发展不足是贫困的重要成因

经过坚持不懈的努力,宁夏的贫困人口从"十二五"初期的110万人,减少至70.26万人,累计减少贫困人口40万,贫困发生率由原来的25%下降为17.45%。尽管成就显著,但与目标要求相比,任务仍很艰巨。

2013年,宁夏全面小康社会建设综合实现程度为76.63%,银川市和石嘴山市较高,其他包含贫困县区的三市明显较低。其中,作为整体贫困地区的固原市除现代工业不发达,因而资源环境实现程度较高外,其他指标实现程度均明显低于全区平均水平(见表1)。

作者简介:杨旭东,宁夏党校经济学教研部主任,教授。

表1 2013年全区及五市全面小康综合指数

单位：%

监测指标	全区	银川市	石嘴山市	吴忠市	固原市	中卫市
综合指数（实现程度）	76.63	85.30	75.60	69.90	67.88	65.18
其中：经济发展	75.39	89.25	82.42	61.53	52.26	58.88
民主法治	93.59	92.00	70.85	75.42	78.36	79.66
文化建设	82.73	91.97	75.68	66.11	62.84	63.95
人民生活	84.35	89.38	84.81	84.51	73.18	79.62
资源环境	54.59	67.35	58.34	59.52	76.06	46.26

资料来源：自治区统计局：《宁夏全面建成小康社会监测评价读本》，2015年1月。

导致贫困和全面小康社会建设实现程度低的原因，除了经济发展水平落后之外，公共服务发展不足是重要成因。

选取全面建成小康社会进程统计检测指标体系39个指标中与公共服务相关的14个指标，将固原市和包含有贫困县区的中卫市与吴忠市及全区平均实现程度进行比较（见表2），发现除"三馆一站"覆盖率和城市生活垃圾无害化处理率与全区平均水平持平、环境质量指数和基本社会保险覆盖率略高于全区平均水平外，其他指标实现程度大多低于全区平均水平。其中，互联网普及率相差36.8～51.34个百分点，每万人拥有律师数相差

表2 五市与公共服务发展相关的指标实现程度比较

单位：%

监测指标（实现程度）	全区	吴忠市	固原市	中卫市
互联网普及率	87.40	50.60	36.06	47.40
每万人口拥有律师数	95.97	31.36	24.47	36.33
人均公共文化财政支出	100.00	91.21	100.00	61.96
有线广播电视入户率	76.08	48.92	29.37	47.90
"三馆一站"覆盖率	100.00	100.00	100.00	100.00
公共交通服务指数	96.99	100.00	85.54	92.87
平均预期寿命	96.55	96.87	94.54	94.12
平均受教育年限	84.57	78.76	70.10	76.76
每千人口拥有执业医师数	100.00	82.05	65.85	64.60
基本社会保险覆盖率	81.38	84.34	92.62	89.11
农村自来水普及率	100.00	100.00	100.00	88.23
农村卫生厕所普及率	82.24	83.60	68.71	75.03
环境质量指数	90.72	92.69	90.91	92.53
城市生活垃圾无害化处理率	100.00	100.00	100.00	100.00

资料来源：自治区统计局：《宁夏全面建成小康社会监测评价读本》，2015年1月。

59.64~71.5个百分点，有线广播电视入户率相差27.16~46.71个百分点，平均受教育年限相差5.81~14.47个百分点，每千人口拥有执业医师数相差17.95~35.4个百分点等。吴忠市和中卫市尚包括部分发展程度较高的县区，如果仅以贫困县区与全区平均水平比较，差距会更大。

上述指标实现程度的低下，其背后反映的是贫困地区公共服务发展的严重不足，是短板中的短板。

二、着力强化贫困地区公共服务发展的重要性

面对2020年整体脱贫和如期建成全面小康社会的艰巨任务，"十三五"期间，宁夏应把发展贫困县区公共服务放在重中之重的位置，着力强化，补齐短板。

首先，有利于提高贫困地区全面小康社会建设的实现程度。贫困地区完全脱贫的根本在于培育起与市场经济发展要求相适应的现代产业体系及自我发展能力，这一点毋庸置疑。但是，由于贫困地区经济发展的落后性是由自然的、社会的、历史的等多种因素共同作用的结果，具有"顽固性"特点，除非有极其特殊的机遇和条件，否则必须经过长期坚持不懈的努力。同时，贫困地区的经济发展又以农牧业生产为主，易受自然因素的制约，具有较大的风险性，加之"十三五"期间我国乃至世界经济或将继续处于低迷状态，这更增添了经济发展成效的不确定性。因此，从策略上看，着力发展公共服务并通过大幅提高与公共服务相关的指标数值，对于提高贫困县区建成全面小康社会的综合实现程度，进而对提高全区建成全面小康社会的综合实现程度都有重要作用。

其次，有利于提高保障和改善贫困地区民生水平和质量。长期以来，我国保障和改善民生的途径主要是各地的经济发展和辅之以最低水平的社会救助。进入新世纪之后，随着经济实力的不断增强和借鉴国外成功经验，我国开始将公共服务作为保障和改善民生的另一重要途径，并提出实现基本公共服务均等化的目标和要求。这不仅突破了以往仅仅以人均GDP或人均收入来衡量民生水平的狭隘界限，大大拓展了保障和改善民生的范围，而且还因基本公共服务均等化以国家财政为坚强后盾，故使这一目标和要

求的落实具有了更高的现实可能性。国务院扶贫办最新调查显示，在目前全国现有的 7000 多万贫困农民中，因病致贫的有 42%，因灾致贫的有 20%，因学致贫的有 10%，因劳动能力弱致贫的有 8%，其他原因致贫的有 20%（《21 世纪经济报道》2015 年 12 月 16 日）。宁夏扶贫办摸底调查显示，全区因病、因灾、因学、因残疾致贫的分别占 10.78%、6.67%、4.45% 和 1.5%（《宁夏日报》，2015 年 6 月 3 日）。因此，以政府为主导，借助社会力量，着力强化公共服务，是稳定实现扶贫对象"三不愁、四保障"的根本保证，是实现在更大范围、更高水平上保障和改善民生的重要举措，是实现共享发展、朝着共同富裕方向稳步前进的集中体现。

最后，有利于促进贫困地区和全区的科学发展。公共服务主要包括就业、分配、教育、医疗卫生、社会保障、住房、文化体育、环境生态等多个领域，涉及经济发展、社会事业进步、人民生活改善、生态和环境良化等多个方面。着力强化公共服务，有利于摒弃"以 GDP 论英雄"的传统观念和牢固树立创新、协调、绿色、开放、共享的新的发展理念，对于推动贫困地区和整个宁夏实现创新发展、协调发展、绿色发展、开放发展、共享发展，对于适应由此引发的"我国发展全局的一场深刻变革"（十八届五中全会《建议》语），都具有十分重要的意义。

三、强化贫困地区公共服务的主要对策建议

第一，进一步从理念和策略上提高认识，切实看清强化公共服务对贫困地区脱贫、如期进入全面小康社会的特殊价值和作用，从而切实把强化公共服务放在整个脱贫工作的重要位置，对贫困程度很深的县区（如海原、红寺堡、西吉等）来说，还应放在重中之重的位置上。为此，应在自治区层面把"脱贫攻坚"明确列为宁夏"十三五"期间事关全局的重大战略。

第二，找准短板，确定目标。在进一步"摸清家底"的基础上，宏观方面，从贫困县区到自治区层面均编制《建成全面小康社会实施方案》，将其中存在差距的与公共服务有关的检测指标以 100% 为任务目标（达不到 100% 的也应确定较高的目标要求）分解到年，同时建立相关的主要项目、配套设施及其投资的项目库。在微观上，对贫困家庭和贫困人口建档立卡，

同时也要制订实施方案,为落实针对家庭和个人的精准扶贫提供真实依据。

第三,加大投入力度,确保目标实现。一是积极争取国家支持。整体脱贫是"十三五"时期的国家大战略,财政等资金支出向贫困地区倾斜是必然之举。为此要积极做好工作,争取更多国家与公共服务有关的扶贫资金和重大项目。二是加大自治区级财政资金向贫困县区的投入力度,积极引导信贷资金向贫困地区倾斜,还可设立相应的公共服务发展基金等。三是采取政府与社会资本合作(PPP)、公助民办、减免税收等方式,积极引导社会资本参与社会事业发展和提供公共服务。

第四,充分发挥社会扶贫机制的作用。除了健全与国家部委、中央企业和东部省份之间的扶贫协作机制外,从宁夏自身可直接掌控的角度,应着力完善政府各机关、事业单位和大中型企业等定点包村扶贫机制,明确规定各帮扶单位在公共服务方面的帮扶目标、任务、项目特别是资金投入(比如规定机关事业单位每年拿出财政拨付资金的5%用于扶贫)。

第五,建立贫困县区公共服务发展责任机制。按中央要求,逐级签订责任书、立下军令状,层层落实公共服务发展责任。实行最严格的考核、督察、问责,对按规定和要求出色完成目标任务的单位和领导予以表彰、奖励,对责任领导予以提拔重用,对不能如期完成任务的单位和领导,予以问责甚至免职,确保公共服务目标任务的顺利完成。

宁夏精准扶贫机制研究

——从贫困农户家计特征视角分析

王旭明

十八届五中全会提出了全面建成小康社会扶贫工作新的目标要求，就是"我国现行标准下农村贫困人口实现脱贫，贫困县全部摘帽，解决区域性整体贫困"。2015年1月，习近平总书记赴贫困重点省云南调研，强调指出，坚决打好扶贫开发攻坚战，加快民族地区经济社会发展。5个月后，总书记又到与云南毗邻的贵州省，强调要科学谋划好"十三五"时期扶贫开发工作，确保贫困人口到2020年如期脱贫，并提出扶贫开发"贵在精准，重在精准，成败之举在于精准"。总书记反复强调扶贫开发"精准"的重要性。精准扶贫的要义就在于，找准贫困对象，选对脱贫产业，找准致富路子，提高生产效率。精准扶贫是新常态下扶贫开发的第一要务。如何做好第一要务事关贫困地区老百姓的根本利益，事关区域包容、协调、可持续发展，事关社会和谐稳定，事关全面建成小康社会目标的如期实现。可见，精准扶贫是当下最大的民生工程和战略任务。本文以六盘山集中连片特困地区宁夏9县(区)(红寺堡、盐池、同心、原州区、海原、西吉、隆德、彭阳、泾源)农村贫困监测调查资料为依据，在分析贫困地区贫困户家计特征的基础上，对精准扶贫的机制、理念和制度安排进行一些分析探讨。

作者简介：王旭明，国家统计局宁夏调查总队副巡视员，高级统计师。

一、宁夏贫困地区现状与扶贫改善

对于普通百姓而言,现行农村贫困标准,是指摆脱贫困后一种能安稳度日的比较宽裕的经济状态。《2011~2020中国农村扶贫开发纲要》提出:"到2020年稳定实现扶贫对象不愁吃、不愁穿,保障其义务教育、基本医疗和住房(简称'两不愁、三保障')。"按这个目标要求,我国制定了现行农村贫困标准,即"2010年价格水平每人每年2300元"。国家统计局每年根据农村低收入居民生活消费价格指数,对此标准进行更新。至2014年,现行农村贫困标准为当年价格每人每年2800元。虽然现行农村贫困标准在不同年份的数值不同,但代表的生活水平基本相同。按照现行贫困标准,根据宁夏调查总队农村贫困监测调查结果测算,2010年以来,在党中央、国务院和各部委的关心关怀下,在有关省区的帮助支持下,宁夏党委、政府把扶贫开发作为第一民生工程来抓,采取了一系列措施持续推进调水、移民、产业、劳务、生态五轮驱动,全力打好扶贫攻坚战。经过不断自加压力,不懈艰苦奋斗,扶贫开发取得了明显成效。

(一)贫困地区农村居民收入增长较快,超出全区平均水平

对宁夏9县(区)农村贫困地区监测调查结果显示,2010~2014年,宁夏贫困地区农村居民人均可支配收入由3615元增加到6227元,年均名义增长14.6%,比全区农村居民平均水平高1.4个百分点。贫困地区农村居民与全区农村居民的收入差距不断缩小,2010年贫困地区农村居民人均收入相当于全区平均水平的70.5%,2014年提高为74%,提高了3.5个百分点。

(二)贫困地区农村居民消费水平不断提高

2010~2014年,贫困地区农村居民消费支出由3059元增加到5985元,年均名义增长18.2%,比全区农村居民人均消费支出年均增长高1.8个百分点。2010~2014年,贫困地区农村居民人均消费支出增速比收入高3.6个百分点。近年来,随着贫困地区生产生活基础设施条件的改善,社会保障水平的提高和危窑危房改造力度的加大,农民生活消费增强,消费欲望强烈,消费支出增长加快。

（三）贫困地区农村居民生活条件不断改善

一是居住条件不断改善。2014 年，贫困地区农户平均住房建筑面积为 102.1 平方米。居住在砖混、砖木结构住房的农户占 86.3%，与 2010 年相比有了较多提升。二是饮水质量不断提高。2014 年，贫困地区饮水来源中，有 50% 的农户使用经过净化处理的自来水，有 25% 的农户使用受保护的井水和泉水。三是炊用能源有了新变化，使用柴草炊用的农户不断减少。2014 年，仅 27% 的农户使用柴草做饭，34.2% 的农户使用煤炭做饭，37.6% 的农户使用电做饭，1.2% 的农户使用罐装液化气做饭。四是家用电气设备、交通通讯工具有了很大改观。2014 年，贫困地区农民每百户有摩托车 85 辆、助力车 25 辆、洗衣机 90 台、热水器 31 个、彩色电视机 113 台、移动电话 281 部。

二、宁夏贫困农户家计特征与致贫原因

贫困农户家计特征决定精准扶贫的施政策略。全面、深入分析贫困农户家计特征，可有效指导精准扶贫、精准脱贫。贫困农户家计特征的多样化必然形成贫困原因的复杂性。在分析贫困农户家计特征的基础上，可窥见其致贫原因。贫困农户致贫原因多种多样，有外因，也有内因，有经济条件差造成的，也有自然资源、人力资源缺乏造成的，有共性特征，也有个体差异。主要表现在以下几个方面。

（一）劳动力素质不高

人是第一生产力，人的因素也是致贫的首要因素。人力缺乏、文化素质不高、身体素质差必然影响就业能力和就业机会。贫困农户往往存在劳动力缺乏、智力体力不健全、文化素质不高、就业技能不强等方面的弱势，当然，吃苦耐劳精神缺乏和思想观念守旧也起着重要作用。据农村贫困地区监测调查结果显示，2014 年家庭人均年纯收入 2800 元以下的贫困户家庭劳动力中，没上过学的占 24%，比山区平均水平高 5.2 个百分点；小学文化程度占 38%，比山区平均水平高 0.6 个百分点；初中文化程度占 31%，比山区平均水平低 3 个百分点；高中及以上文化程度占 7%，比山区平均水平低 2.8 个百分点。贫困家庭成员中丧失劳动能力的人口占家庭总人口的

7.7%，比山区平均水平高1.4个百分点。贫困户家庭成员中11%的人口处于基本健康或不健康，比山区平均水平（9.2%）高1.8个百分点。其中，1.3%的人口生活不能自理，比山区平均水平高0.6个百分点。

（二）家庭不健全

家庭是生产经营的主体，是组成社会的细胞，面对复杂多变的市场，推动产业发展，开展产业扶贫，家庭人员结构、劳动力资源配置是关键。但贫困户往往存在家庭人口结构失衡、家庭不健全等问题。据调查，贫困户15岁以上家庭成员中离婚、丧偶的比例达5%，比山区平均水平高0.4个百分点。

（三）人口负担重

据调查，贫困户中16岁以下人口占家庭总人口的34%，比山区平均水平高7.9个百分点；60岁以上人口占12.6%，比山区平均水平高1.6个百分点。贫困户家庭人口中劳动力占53.1%，比山区平均水平低4.5个百分点。贫困户家庭存在明显的劳动力少、孩子多、老人多的"一少两多"现象。可以看出，劳动力负担重、供养人口多是致贫的又一大原因。

（四）生产发展基础较弱

贫困户家庭基础生产条件差，扩大再生产的能力和意愿弱，提供担保的财力、物力不足，担保的人脉也缺乏，导致无法得到需要的信贷资金，影响发展后劲。监测资料显示，2014年贫困户期末人均农牧业生产固定资产原价3182元，仅相当于山区平均水平的67%，期末人均非农业生产固定资产原价849元，仅相当于山区平均水平的43%。贫困户人均经营耕地面积2.6亩，比山区平均水平少0.9亩。贫困户经营耕地中有效灌溉面积占15.3%，比山区平均水平（28.6%）低13.3个百分点。

（五）收入来源偏重于传统农业，从事非农产业得到的收入较少

贫困监测资料显示，2014年，贫困农户全年人均可支配收入2017元，仅相当于山区平均水平的1/3。在收入来源中，经营一产业得到的收入占37.7%，比山区平均水平高4.2个百分点；以务工为主导的非农产业收入占43.7%，比山区平均水平低4.8个百分点。

三、完善精准扶贫的对策与建议

精准扶贫是相对粗放扶贫而言，是针对不同贫困区域环境、不同贫困农户状况，运用科学有效程序对扶贫对象实施精确识别、精确帮扶、精确管理的治贫方式。一般来说，精准扶贫主要是就贫困居民而言的，谁贫困就扶持谁。核心是解决好"扶持谁""怎么扶""谁来扶"的问题。

（一）准确甄别贫困农户

习近平总书记在2015年中央扶贫开发工作会议上明确指出："要解决好'扶持谁'的问题，确保把真正的贫困人口弄清楚，把贫困人口、贫困程度、致贫原因等搞清楚，以便做到因户施策、因人施策。"当下的贫困是点的贫困而非面上贫困，贫困分布是点状而非带状，重点是贫困户而非贫困村，已确定的整村推进贫困村，贫困面可能大一些，非贫困村贫困面一般很小。这是新常态下推进精准扶贫的基本理念和原则。只有把握好这一原则，才能实现精准识别贫困。要以村为单元来识别贫困人口，改变按县、按乡下指标计划分配识别贫困的做法。贫困不贫困，村干部和村民最有发言权。要按照《中国农村扶贫开发纲要（2011~2020年）》提出的"扶贫对象不愁吃、不愁穿，保障义务教育、基本医疗和住房"标准来识别，不能简单以当年收入为标准，要综合考虑生产生活条件、发展能力、家庭人力资源、收入的稳定性等多方面因素进行综合评估确定，做到"五步两公示一公告"（农户自愿申请、民主评议确定、村级初审公示、乡镇审核公示、市县区级审定公告），严格规范程序，防止统计中的"平均数"掩盖大多数。当下的贫困都是难啃的硬骨头，要集中有限资金，加大单位投入量，全力投入，多方施策，方可取得成效。如果识别不准，或将贫困面扩大，有限的扶贫资金单位投入量必然减少，对全体农民增收可能是有效的，但未必会实现脱贫效益的最大化，最终会使那些难啃的硬骨头仍然停留在脱贫无望、救助不到的边缘状态。

从实践看，目前的贫困主要有三种类型，一是自身没有能力脱贫的农户，二是自身能力较弱需要帮扶才能勉强脱贫的农户，三是收入在贫困线周围或勉强超过贫困线极易返贫的农户。精准扶贫首先要识别准这三种类型的农户。扶持最困难的户，办好最急需的事，聚力紧要处。对第一类型的贫困户可建档立卡施以"兜底"救助，逐年提高标准；第二种类型的贫困户是精准扶贫的重要对象，要建档立卡，以五年为一个周期，分年施策，稳步稳定脱贫；对第三种类型的贫困户也要建档立卡，动态掌握，因事施策，进出动态调整。

（二）精准施策扶持贫困农户

精准识别贫困是精准扶贫的第一步，也是关键的一步。扶持贫困农户脱贫致富是精准扶贫的重点。如何突出重点，抓住这个牛鼻子，全力推进脱贫进程，事关"十三五"规划目标的实现。习近平强调，要解决好"怎么扶"的问题，就是按照贫困地区和贫困人口的具体情况，实施好"五个一批"（发展生产脱贫一批、易地搬迁脱贫一批、生态补偿脱贫一批、发展教育脱贫一批、社会保障兜底一批）工程。要按照这一思路，精准实施"五个一批"。找准路子，构建好的体制机制，在精准施策上出实招，在精准推进上下实功，在精准落地上见实效。对建档立卡的贫困户，建立农村贫困人口综合信息平台，坚持分类指导，对症施策，每户一本台账、一个脱贫计划、一套帮扶措施，综合开展帮扶，有效解决扶不到点上、扶不到根上、扶不到真贫的问题，实行脱贫与返贫动态管理。要集中人财物，突出重点，准确施策，确保精准脱贫。

1.要谋长远，提素质，在人力资本提升上下功夫。贫困的症结在很大程度上表现为能力贫困。能力包括劳动能力、就业能力、创业能力等多个方面。能力事关脱贫的基础。提升能力的有效途径是加强培训，要把提升贫困户生产经营能力和就业创业能力培训作为扶贫的重要措施来抓，动员社会各方面力量和资源，集中专业技术人员采取多种形式，加大对贫困户劳动力资源培训，真正为贫困户培训一个明白人、培养一个有一技之长的劳动力，为生产经营和外出务工就业奠定坚实基础，促进贫困户依靠自身努力走出贫困。

2.要借助包扶干部"外脑"，力促扶贫成效。切实发挥扶贫干部的"外脑"作用，因户施策，确定产业方向，重点投入扶贫资金，人力和资本双向驱动，切实提高扶贫效果。强化扶贫考核激励机制，通过建立扶贫干部包扶责任机制,脱贫与工作成效、职务升迁挂钩,不脱贫不脱钩,全身心投入扶贫事业。使包扶干部对贫困户产业发展手把手教,产、供、销全程投入和具体指导,真正做到压担子、出思想、动真情、扶真贫。

3.要在"产业+扶贫"上实现双赢。建立财政补贴政策、支农资金与龙头企业产业发展带动贫困农户脱贫致富联动机制,调动龙头企业等新型农业生产经营主体扶持贫困农户脱贫的积极性和主动性,保障贫困农户土地流转和安置就业双收益。使龙头企业等新型农业生产经营主体通过流转贫困农户耕地实现产业规模效益的同时,也为贫困农户实现就业、增加收入、脱贫致富提供了机会。

4.要在金融扶贫上注大力。贫困地区和贫困农户发展生产最大的瓶颈是生产资金缺乏。收入水平处于贫困线上下的农户,脱贫致富的愿望比较强烈,但资金缺乏、信贷资金使用周期短,一直困扰着自身发展。这种类型的农户家庭经济条件差、担保能力不足、信誉度不高,现行的银行信贷政策往往将其排除在外。有的农户即使得到金融部门的一些贷款支持,数额也很有限。所以,要创新金融扶贫方式,以扶贫资金做担保或垫付利息等方式,撬动银行信贷资金,建立"扶贫资金+信贷资金+贫困户"的联动机制,加大对贫困农户的生产资金支持力度,扶持贫困户走上脱贫致富的路子。

5.要在教育扶贫上强机制。要建立教育扶贫长效机制,彻底解决代际贫困问题。当下的贫困问题,很大程度上表现为能力贫困,而能力贫困往往是代际贫困的延续。从扶贫实践看,一个贫困家庭如果能够培养出一个大学生,将从根本上解决脱贫后劲问题,实现脱贫指日可待。要从长远着想,切实发挥教育扶贫在解决贫困户子女接受义务教育、高中及中等职业技术教育和高等教育中的重要作用。根据贫困户建档立卡记录,建立跟踪教育扶持机制,从上小学到上大学实施免费接受教育,通过财政转移支付不仅解决学费、杂费,还应解决生活补助,真正让贫困户孩子上学无后顾之忧。教育扶贫从短期看,扶贫效果不明显,但从长远看,将会从根本上断了贫困的根。要有一种"功成不必在我"的胸怀实施教育扶贫,方可取得实效。

6.要在生态补偿脱贫上出实招。充分发挥国家生态补偿扶贫政策效应，增强国家政策精准扶持脱贫的贡献。可将六盘山国家森林资源保护区及周边区域，泾河、清水河、葫芦河水源源头区域，退耕还林工程实施面积占总耕地面积超过70%以上的行政村、生态移民整村迁出区边缘行政村全部划定为生态功能区，综合运用退耕还林工程补助政策和生态功能区补偿政策，扩大政策实施范围，用好国家"加大贫困地区生态保护修复力度，增加重点生态功能区转移支付"政策，使宁夏划定区域有劳动能力的贫困人口就地转成护林员等生态保护人员，就地解决脱贫问题。

7.要高度重视解决35万生态移民中的贫困人口问题。"搬得出、稳得住、能致富"是实施35万生态移民工程的初衷目标。但搬出去后，受自身能力、年龄偏大、就业机会、产业发展等诸多因素影响，移民致富存在明显的差异性。大部分移民经过2~3年的过渡发展，基本摆脱了贫困，走上了致富之路。但一部分移民生活依然困难，仍处于贫困状况，应纳入"十三五"精准扶贫规划，列入当务之急，精准施策，精准脱贫，决不能让一个贫困人口在精准脱贫的路上掉队。

（三）责任帮扶到贫困农户

以实际行动打好"县级领导联系乡镇、部门联系贫困村、干部联系贫困户，落实基础设施到村、产业项目到户、培训转移到人、帮扶责任到单位"为主要内容的"三联四到"脱贫攻坚战。层层签订责任书，立下军令状。建立精准扶贫责任制，逐乡逐村建立帮扶台账，逐户逐人落实帮扶责任，从自治区、市、县、乡抽调责任心强、有思想的帮扶驻村干部，明确一名干部包扶一户贫困户，严格落实工作责任制，完善干部考核、评价和激励机制，不脱贫不脱钩，奖勤罚懒，引导广大干部敢于担当、主动作为，大力发扬"三苦"精神，切实解决不作为、慢作为、不敢担当的问题。

（四）政策兜底解决无能力的贫困农户

该类型贫困往往是因病致贫、因灾致贫、残疾、智障、年老无人赡养的农户，暂时无力或永久无法摆脱贫困。首先，要用足国家关于实施"五个一批"工程中"对贫困人口中完全或部分丧失劳动能力的人，由社会保障来兜底"的政策，提高低保标准，将贫困户中所有人口纳入保障范围，确保全覆盖、广受益。其次，加强对该类型贫困人口医疗保险和医疗救助力度。可通过政府统一出资使该类型贫困人口全部参加大病医疗救助。最后，贯彻落实好《国务院关于全面建立临时救助制度的通知》，与精准扶贫政策相配合，精准救助重大疾病、交通事故、意外事件和基本生活暂时遇到困难人群，切实发挥政策兜底救急难的作用。

以扩大服务消费为重点
带动宁夏消费结构升级

柏建华

《中共中央关于制定国民经济和社会发展第十三个五年规划的建议》明确提出："'十三五'时期要发挥消费对增长的基础作用，着力扩大居民消费，引导消费朝着智能、绿色、健康、安全方向转变，以扩大服务消费为重点，带动消费结构升级。"

根据国际经验，服务消费一般分为三个阶段：当人均国内生产总值低于1000美元时，居民生活消费主要处于满足吃、穿等生存需要的阶段；当人均国内生产总值达到1000~3000美元时，居民用于吃、穿消费的支出比重明显下降，用于住、行和文化娱乐等发展型、享受型消费支出比例显著上升；当人均国内生产总值超过3000美元时，服务消费快速增长，最终超过实物消费比重，在生活消费中占大头。

2014年，宁夏人均GDP达到4200美元，正处在消费结构升级换代的关键时期。然而，由于多种原因，宁夏服务消费还处在一个较低水平上，不仅大大影响了居民消费结构的升级，还延缓了宁夏服务业的发展和产业结构转型升级的步伐。因此，"十三五"时期以扩大服务消费为重点，带

作者简介：柏建华，宁夏党校经济学教研部教授，主要研究方向为区域经济学和消费经济学。

动宁夏消费结构升级,是推动宁夏经济社会发展的源泉和动力。

一、宁夏服务消费发展现状

服务消费是指人们为满足某种需要而有目的地消费服务消费品的过程和行为。广义的服务消费包括生产服务消费和生活服务消费两个方面。狭义的服务消费仅指生活服务消费,是指社会成员以某种方式取得服务消费品,以满足个人或其家庭生活消费需要的形式。国家统计局将生活服务消费分为餐饮、衣着加工、居住物业、家用设备维修、医疗保健、文化教育娱乐、交通通讯和其他等八类服务消费。[1]本文主要研究狭义的服务消费。现将宁夏居民服务消费特征总结如下:

(一)居民服务消费快速增长

改革开放30多年来,宁夏地区生产总值始终保持超过两位数的速度快速增长,人民生活水平得到极大提高,并实现了由温饱到小康的过渡,消费需求内部结构悄然变化,生活消费告别了以实物消费为主的生存型消费阶段,快速进入以服务消费为主的发展型、享受型生活阶段。最突出的表现是随着收入水平的上升,人们维持日常生活的物质需要逐渐得到满足,于是居民消费结构开始朝着增加服务消费方向发展。宁夏居民服务消费近15年来增长了20多倍,而同期居民收入与支出增长仅8倍多。据此推测,随着居民收入水平的不断上升与城市化进程的加快,宁夏居民服务消费规模还将继续扩大。

(二)消费结构升级:城镇先于农村,农村快于城镇

恩格尔系数指居民家庭中食物支出占消费总支出的比重,是用来衡量家庭富裕程度的重要指标。国际上通常用恩格尔系数来衡量一个国家和地区人民生活水平的状况,一个国家或家庭生活越贫困,恩格尔系数就越大;反之,生活越富裕,恩格尔系数就越小。[2]根据联合国粮农组织提出的标

---

[1]柏建华.西部地区服务消费研究.香港新闻出版社,2008:48.

[2]恩格尔系数_百度百科,Http:/baike.baidu.com/link url=qQOH8limkBlaS9IVEh-5Z2WS8oSTIycGPdzHiSuopbi.

准，恩格尔系数在59%以上为贫困，50%~59%为温饱，40%~50%为小康，30%~40%为富裕，低于30%为最富裕。近年来，宁夏无论城乡恩格尔系数都在不断下降。仅从恩格尔系数来看，城乡都已经达到了联合国粮农组织划定的小康标准，在向富裕的更高阶段迈进。

具体来看，宁夏城镇居民恩格尔系数从2014年的36.2%下降到2015年的35.0%，比上一年下降了1.2个百分点。宁夏农村居民恩格尔系数从2014年的39.3%下降到2014年的37.7%，下降了1.6个百分点。农村居民恩格尔系数下降比率高于城镇，说明随着收入水平的提高和消费环境的改善，农村居民消费水平也在加速提高。

在城市居民消费结构升级的同时，农村居民消费结构也在悄然发生着变化。同时，随着农村人口流动加大，农村信息化、小城镇化速度加快，交通通信等基础设施建设得到进一步加强，农村居民消费环境不断改善，消费能力逐渐增强，消费水平逐级上升，消费结构也呈现出热点各异的阶段性特征。宁夏农民生活消费中增幅较高的依次为：交通和通讯消费、医疗保健、衣着、教育、家庭设备和用品等。特别是在外饮食、建房雇工、手机通讯费等支出更是显著增长。另外，房屋租金支出、旅游消费支出也出现了较快增长。可见，随着收入增长，农民生活消费也逐步由生存需要扩展到发展需要、享受需要，家庭服务性消费支出逐步成为居民生活消费中的重要组成部分，消费内部结构发生了明显变化。

（三）服务消费中较高层次的发展型、享受型服务消费增长较快

服务消费分为生存型服务消费和发展型、享受型服务消费。餐饮、衣着加工、居住物业和家用设备维修服务是人们日常生活中最基本的服务消费，属于生存型服务消费。医疗保健、交通通信、文化教育娱乐等服务消费，是与人的发展、进步和享受息息相关的，属于高层次的服务消费，其在消费中所占比重不断上升，支出不断增加，标志着居民服务消费处在一个比较高的层次上。近年来，服务消费被越来越多的人接受的同时，宁夏居民服务消费还出现了生存型服务消费不断减少，发展型和享受型服务消费不断增加的趋势。最为突出的是医疗保健、交通通信和文化教育娱乐等服务消费快速增长，城镇居民这三项服务消费比重之和占服务消费支出总

额的比重，从2006年的17.1%上升到2014年的21.6%，农村居民这三项服务消费比重之和占服务消费支出总额的比重，从2006年的16.2%上升到2014年的19.3%。增长速度显著，显示了宁夏居民消费正在向高层次的服务消费迈进。

宁夏城乡居民消费结构的变化，不仅意味着宁夏居民消费结构的升级、消费方式的转变和消费质量的提高，同时也意味着宁夏应继续进行经济结构调整，积极推进服务业的发展，特别是与居民生活消费息息相关的生活服务业的发展，为居民服务消费增长提供良好的供给保障。

二、宁夏服务消费存在的问题

在宁夏城乡居民消费水平快速增长、消费结构向服务型转型的同时，也应该看到，不论同东部发达省区相比，还是同西部一些省区相比，宁夏服务产业以及相应的服务消费都相当滞后，宁夏居民消费结构距离服务消费时代还有一定距离。

（一）服务消费总体呈上升趋势，但支出比重增长缓慢

从长期看，宁夏居民服务消费需求总体呈上升趋势。1990~2014年，宁夏城镇居民人均服务性消费支出从96.2元增加到2019元，相应的人均服务消费比重也从7.5%提高到26.0%，服务消费比重增长的趋势十分明显，但与实物消费相比，服务消费支出比重增长还比较缓慢。据统计，2004~2014年，城镇居民人均服务性消费支出年平均增长10.3%，比居民人均消费性支出年均增速低0.6个百分点，比实物消费品的消费支出年均增速低0.7个百分点。

（二）社会保障能力不高，影响居民即期服务消费能力的提高

人们对未来的心理预期将会对消费行为，特别是服务消费行为产生直接的影响，而这种心理预期的好坏与社会保障制度是否完善密切相关。与实物消费品的消费需求相比，服务消费需求受居民消费信心影响更大。当未来收入增长与消费支出的不确定性上升时，人们会紧捂自己的钱袋子。即使当前的收入并未减少甚至还在增长，但只要人们认为未来住房、医疗、教育、养老等存在种种不确定的巨额消费支出，自己未来可能因为失业而收入下降，或者收入难以继续增长等，就会引起消费信心不足，于是就会减少不是必需的消费，从而增加储蓄。而这一过程往往最先抑制的就是个人服务消费需求。因此，改善人们对未来的心理预期，对增强消费者信心十分重要。

（三）公共服务业发展相对滞后，影响人们公共服务消费需求的满足

23年的市场化改革，使宁夏市场型服务业得到充分发展，市场基本保持供需平衡，有些领域甚至出现了供给大于需求的情况。而一些非市场型服务业，包括垄断性服务业、事业性服务业、公共服务行业等的发展却在一定程度上受到体制的约束。特别是一些非营利性的服务行业和公共服务行业的发展严重落后于居民的实际需要。如许多地区教育资源严重不足；为老年人提供服务的设施（如养老院、临终关怀医院、老年人健康咨询与活动中心等）严重缺乏；城市居民休闲娱乐的空间与场所严重不足；一些城市社区服务发展滞后，给居民生活带来不便等。目前我国城市中服务业的发展与布局缺乏必要的规划，往往在区位选择上都是见缝插针，许多为市民日常生活提供服务的设施甚至只是路边的违章临时性建筑。在新建小区，配套设施不足或规划不合理的情况非常普遍。这不仅影响了居民的正常生活，同时也在一定程度上抑制了居民的服务消费。

（四）服务消费品价格过高，超出了居民收入承受能力

目前，国内发展最快的居民服务消费就是文化娱乐消费，但是其居高不下的价格，使很多中低收入群体望而却步。从整体上看，宁夏居民文化消费近年来增长很快，统计数据显示，2014年，宁夏城镇居民的文化娱乐服务消费支出增长了52%，居城镇居民消费支出项目之首。但同时，据银川市统计局城调队的一次调查显示，分别有24.5%和66%的被访者认为休闲娱乐消费价格太高。大多数受访者认为价格是影响其文化消费的最主要因素，尤其是低薪阶层、老年人和青少年群体。高昂的文化娱乐消费价格把大多数城乡居民排除在文化消费之外，这不仅影响了广大中低收入群体对高层次发展和享受型服务消费需求的满足，同时也不利于该产业的发展。

（五）服务消费品缺乏统一的质量评价体系与行业规范，消费满意度较低

服务质量的高低关系到消费者的切身利益。如今尽管一些服务领域的竞争已经相当充分了，但是服务的质量始终没有能够通过竞争与行业自律达到一种基本令消费者满意的程度。这与国家没有建立统一的服务质量评价体系和服务规范有着直接关系。因此，建立全国统一的服务质量评价体系与行业规范是事关我国服务业持续健康发展的一个十分关键的问题。有了质量标准和行业规范，再加上有效的政府监管，服务质量才有望得到提高。

三、扩大服务消费的对策与建议

"十三五"规划建议提出，发挥消费对增长的基础作用，着力扩大居民消费，引导消费朝着智能、绿色、健康、安全方向转变，以扩大服务消费为重点，带动消费结构升级。而消费结构的转型升级将直接推动服务业发展方式的转变。为此，要以扩大服务消费为重点，带动宁夏消费结构升级。

（一）加快服务业供给侧改革，提高新型服务的供给能力

"十三五"规划建议在引导消费增长方面，确立了供给侧改革的思路，将不再像过去那样强调在需求端的消费刺激政策，而是更加注重新消费模式的供给以及消费环境的改善。智能消费、绿色消费、健康消费和安全消费等将是重点培育的对象。其中包括进一步降低流通成本、加速推进服务业线上线下融合发展等在内的内贸流通领域改革，将成为消费新政的主要着力点。创新消费品等相关产业和服务业供给，能够释放内需潜力，推动工业升级和产品质量提升。为此，今后要加大对居民服务性消费需求的研究，根据居民消费需求开辟新的消费领域。加强服务创新，通过产品创新、服务创新、管理理念创新和服务模式创新，创造和激发市场需求，开拓新的消费空间。目前，宁夏生活性服务业发展普遍比较粗放，质量水平不高，个性化服务供给严重不足。要解决这些问题，一个有效的途径，就是要推动生活性服务业向精细和高品质方向转变。2015年11月11日，国务院常务会议审议通过了《关于加快发展生活性服务业对促进消费结构升级的指导意见》（以下简称《意见》），该《意见》是我国推动生活性服务业发展的第一个系统性的政策文件，也是推动生活性服务业提升规模、品质和效益的总体部署和顶层设计。我国当前正处在全面建成小康的关键时期，加快发展生活性服务业，积极发挥新消费的引领作用，是推动经济提质、经济增长动力转换的重要抓手，有助于实现经济提质增效、转型升级。同时，应该说也是改善民生、扩大就业的一个非常重要的举措。

《意见》指出：今后要选择贴近百姓生活、需求潜力大、带动作用强的十个领域作为服务业的发展重点，包括居民和家庭、健康、养老、旅游、体育、文化、法律、批发零售、住宿餐饮、教育培训等。要明确10个领域的主要发展任务，根据每个领域的实际，要有针对性地提出精细和高品质的具体要求。例如，在养老服务领域要积极运用网络信息技术，发展紧急呼叫、健康咨询、物品代购等适合老年人服务的项目。又比如在旅游服务领域，要以游客需求为导向，来丰富旅游产品、提升旅游文化内涵和附加值等。以大众消费为基础，以高端时尚消费为主导，改造提升传统服务业，加快发展现代服务业，以消费结构升级带动产业结构调整升级，推动服务业发展方式转变。

鼓励和支持民间资本进入服务业，增加教育、医疗、社保等公共服务业。大力发展社区服务、养老服务等生活性服务业，重点发展清洁、陪护、保姆、家教、代购、洗染等家政服务业，扩大家政服务消费领域和消费群体，不断提高居民生活质量、满足各阶层居民的消费需求。鼓励服务性企业采用新技术和新设备、运用现代经营方式和管理理念改造提升传统消费性服务，促进休闲娱乐、文化创意等现代消费性服务业发展。注重扶持新兴服务业行业，积极拓展动漫游戏、移动增值、数字新媒体等新型服务业态，开拓新的服务消费热点，满足居民消费结构升级的需要。提高服务业从业者素质，加强专业化和规范化培训，提高服务消费水平，加强服务行业资质认证规范化建设，全面提高服务环境建设，实现居民愿意消费、放心消费和持续消费。

（二）深入推进收入分配体制改革，不断提高居民的消费能力

收入是消费的主要决定因素，深入推进收入分配体制改革，有利于提高居民消费能力，扩大居民消费。一是完善促进就业、鼓励创业、自主择业的体制机制，多渠道开发就业岗位，促进机会公平和充分就业。二是要采取多种措施调整收入分配结构，优化收入分配结构，提高劳动者报酬在初次分配中的比重，确立均衡共享模式，提升居民消费能力。要完善居民收入分配政策，构建"藏富于民"的收入分配机制，完善工资协商机制、工资支付保障机制和最低工资制度，完善有利于政府重视居民收入提高的政绩考核体系。三是建立健全最低工资标准调整机制、职工工资正常增长机制和支付保障制度，提高劳动报酬在企业利润分配中的比例，缩小不同阶层之间的收入分配差距，努力实现居民收入增长和经济发展同步、劳动报酬增长和劳动生产率提高同步。四是要健全资本市场，拓宽居民投资渠道，营造一个更加公开透明的投资市场环境，提高居民财产性收入的比重。五是实施就业创业工程、农民技能培训工程和实施农村科学普及工程，提高农村居民生产技能。加快发展新型农村经济合作社和农业信息化建设，促进农业经济发展，增加农民收入。

（三）完善社会保障制度，增加服务消费预期

建立健全公共服务体系，加快完善社会保障制度。进一步扩大社会保障范围，破除户籍、身份等各种限制，努力实现应保尽保。增加社会保障项目，将教育、住房纳入社会保障，加大城市低收入保障性住房建设。逐步提高失业、医疗、养老、教育、住房等所有项目的保障力度。健全完善对居民医疗、教育、养老等综合保险体系，不断提高参保率和覆盖率。构建人均收入增长与物价波动的联动机制，逐步提高社会保障待遇。完善住房保障机制，支持各地把部分存量房转为公租房，减轻低收入居民住房负担。实施全面参保登记计划，合并城乡居民养老保险制度，积极稳妥推行改革机关事业单位养老保险制度，增强政策积极性，逐步实现全体人民老有所养。加大对基本医疗服务的财政投入力度，不断提高医疗保险的报销范围、支付比例和最高支付限额比例，建立健全统筹兼顾各类群体的社会保障待遇的政策调整，逐步缩小地区之间、群体之间、城乡之间的差别。继续完善对基础教育的投入保障机制和财政支持力度，构建多元化的教育经费保障机制，减少居民对义务教育的消费支出，解除居民消费的后顾之忧，增强居民消费预期，不断提高服务消费水平。

（四）完善市场化机制，理顺服务产品和服务消费的价格关系

"十三五"规划建议还提出，要促进流通信息化、标准化、集约化。流通是连接生产和消费的桥梁，通过"三化"能有效降低流通成本，提高流通效率，从而为降低消费价格、提升消费便利性和满意度创造条件。

规范通信、医疗卫生、电影、文艺演唱会等不合理的收费或价格，调动中低收入居民服务消费的热情。加强消费性服务业标准化建设，规范服务市场，提高服务质量。加强对农村进城务工人员的技能培训，加强资质认证标准规范建设。加快信用体系建设，引导灵活多样的信用消费方式。从市场环境方面保障居民开心消费、放心消费、持续消费。

（五）大力培育新的消费热点

在即将到来的消费升级浪潮中，中国消费结构变迁的九大方向：一是收入水平提高推动消费结构升级，新兴消费成为亮点；二是少儿和老年人消费或成为"蓝海"；三是旅游休闲成为时下消费热点；四是文教娱体消费将迎来快速增长期；五是医疗保健行业具有巨大发展潜力；六是奢侈品消费会持续红火；七是农村和中西部消费有望后来居上；八是技术进步正在改变我们的生活；九是大环境、大健康、大休闲生活理念深入人心。与以往相比，在衣食住等必需品的消费基本已经得到满足后，未来要大力培育信息消费、养老消费、文化消费、健康消费、体育消费等新的消费热点，来弥补因家电、住房、汽车等传统消费即将饱和而带来的消费停滞。

（六）深化服务业体制改革，加强服务消费政策引导

深化服务业体制改革，增强服务业的活力。注重产权多元化，适当提升对外开放程度。以市场化方向发展现代服务消费产业，允许更多的企业进入垄断经营的服务领域。创新服务消费领域，发展多种新兴服务项目，寻求新的消费热点，重点发展商贸服务、文化服务、旅游服务、家庭服务和体育服务。建立、完善和强化市场机制的作用，加快垄断性服务业改革的进程，通过公平竞争机制改进服务方式，提高服务质量，降低服务价格。加强服务业基础设施建设，增加居民服务性消费便利度。强化对服务消费的政策引导，加快服务消费相关立法，确定服务消费的基本规则。建立社会信用体系，健全消费维权机制，加大违法惩治力度，切实维护消费者合法权益。

（七）大力发展生活性服务业

当前要适应群众消费升级的需求，因势利导，改善供给，把广大群众的消费热情和潜力调动起来,提升消费对经济增长的拉动作用。在拉动经济发展的三驾马车中,出口和投资带来的乘数效应越来越小,只能靠消费。消费可以分为两类:生产性消费和生活性消费。当生产性消费下滑时,只能靠生活性消费来弥补。生活性消费的快速增长,为未来的经济发展提供了新动力。

参考文献:

[1] 宁夏回族自治区服务业发展"十二五"规划.2013.3.

[2] 2015年宁夏回族自治区政府工作报告.2015.1.

新型城镇化背景下对"十三五"住房和城乡建设事业发展规划的思考

杨巧红

一、新常态下宁夏"新型城镇化"发展方向

由于中国经济进入新常态,宁夏的GDP增长率从两位数以上的高速增长下调到8%以下的中高速增长,"十三五"期间(2016~2020年),经济增长步伐仍会不断放缓,结构调整和深化改革中的各种矛盾迸发,在此背景下,宁夏城镇化速度也需适度降低,要有所为有所不为,改变为了提升城镇化率而推进城镇化的传统模式,围绕以人为本,围绕改革和发展,实现"五个重点改变"。

一是突出产城融合,重点改变各个市县产业结构雷同问题。各个市县必须改变以往大而全的产业结构,克服重复投资、重复建设的诟病,把城镇化与调整产业结构、培育新兴产业、发展服务业、促进就业创业结合起来。银川市突出高端服务业和战略性新兴产业;吴忠市突出发展清真产业,尤其是发展清真产业中的高端产品定制,并逐步成为清真行业规则制定者;宁东重点发展能源化工与新材料产业,其他市县的相关产业逐渐退出和转移;石嘴山市重点突出发展装备制造产业和旅游产业;中卫市重点发展电

作者简介:杨巧红,宁夏社会科学院综合经济研究所副所长。

子信息和旅游产业；固原市突出发展特色农产品深加工和旅游产业。

二是突出城乡统筹，改变以牺牲农村利益为特征的城市偏向政策。长期以来城镇化过程中"偏城轻农"的政策，导致发达的城市与凋敝的乡村并存。新型城镇化则要求着力在城乡规划、基础设施、公共服务等方面推进城乡一体化，促进城乡要素平等交换和公共资源均衡配置，形成以工促农、以城带乡、工农互惠、城乡一体的新型工农、城乡关系。"十三五"期间，宁夏要通过城乡居民体系布局，培育中心城市和地区中心城市，促进就近就地城镇化，适度撤乡并镇，打造美丽乡村。

三是突出互联互通，改变区内外在沟通"硬件"和"软件"上的梗塞。主要着力点有两点：一是包括公路、铁路、无水港和机场等在内的基础设施的互联互通，二是包括规章制度、标准、政策等"软件"上的互联互通。基础设施的互联互通要提高标准，打造大银川都市区和中卫两个国家级综合交通枢纽、石嘴山和固原两个区域性综合交通枢纽。整合大都市区内银川、吴忠、宁东、灵武等各片区，打通各类交通通道。如铁路线网，要加快建成银西高铁、兰西高铁，争取利用太中银铁路开通动车组。依托丝绸之路经济带建设，建设银川（中卫）—乌力吉铁路接临哈线，向东新建包兰铁路东乌联络线、三新铁路复线，构建5条出海通道。省域公路网，要重点规划大都市区环线，增加银川—机场—宁东通道建设。用沿黄城际铁路开通银川—吴忠城际列车，新增银川—吴忠轨道交通，利用大古铁路改造开通吴忠—宁东市郊铁路，并在银川城区预留轨道交通建设空间。空中交通布局，要构建以银川机场为干线机场，固原、中卫和石嘴山机场为支线机场，加快建设红寺堡、盐池、隆德、月牙湖等16个通用机场，形成干支结合的航空网络格局。"软件"上的互联互通，不仅仅是全区网络信息的互通，更重要的是要打破各市县各自为政的行政思维，"把宁夏当作一个城市"来建设，实现各类规章制度、规则和政策等的统一性。

四是突出绿色低碳，改变工业经济发展中"以生态换发展"的发展定式。2015年底，银川市在"中国城市空气污染实时排行"中，屡次进入前十名。为近些年不断扩张的高消耗的城镇化模式提出警示。新型城镇化下的城市发展方式，必须要走集约、智能、绿色、低碳的新型城镇化道路。

从优化产业结构、能源结构、消费模式等多角度将生态文明理念植入城镇化发展的思维。要加大城镇生态环境建设的力度，提高城镇生态环境的承载力，以良好的城镇生态环境支撑新型城镇化发展，以资源节约型、环境友好型城镇建设支撑新型城镇化发展。

五是突出市场机制，改变以往以低成本扩张为特征的政府强势主导模式。新型城镇化强调尊重市场，政府只在城镇规划、公共服务、秩序维护等方面发挥作用，将城镇建设、产业发展等主要交给市场。要防止地方政府"公司化"对城镇化进程的过度干预，设定地方政府在城镇化中的行政范围。尊重城乡居民的产权、自由迁徙权、自由择业权、自由交易权，强调在公平竞争下让人口和生产要素在城乡之间自由流动。

六是要突出改革创新，改变"以城为本"，向"以人为本"转变。推进新型城镇化健康发展，必须要深化改革创新，要改变为城镇化而城镇化的思维定式，着力提升城镇的生活质量和幸福指数。尤其要统筹推进户籍制度改革，打破城乡分割的二元户口管理结构，继续弱化直至最后消解城市户口的附加利益。深化土地管理制度改革，建立以承包权为核心的农地产权制度，严格界定公益性和经营性建设用地，逐步放开农村集体建设用地流转后上市交易，保护农民成为农村集体用地交易主体地位。完善住房保障制度改革，建立覆盖不同收入群体的城镇住房多元化供应体系，增加对城镇中低收入群体的住房供给。

二、宁夏"十三五"住房与城乡建设事业发展的思路

"十三五"规划期，是全面建成小康社会的冲刺阶段，是全面深化改革最为艰难和关键的5年，是宁夏适应经济新常态、开创发展新局面的5年，是宁夏打造丝绸之路经济带战略支点、融入"一带一路"国家战略的重要时期。

一是基本形成新型城镇体系。以新型城镇化为主线，以改革创新为动力，突出房地产和建筑业"两大业态"，实施规划引领、提质扩容、城乡安居、美丽乡村、质量安全、绿色建筑"六大工程"。预计到2020年，宁夏常住人口达到720万~750万，城镇化率60%左右，沿黄城市带（城镇化率）达70%以上，转移农村人口50万人；中南部振兴发展取得明显成效，

加快完成清水河产业带基础设施重点项目建设，以及特色集镇及小城镇建设。到 2020 年，集中打造 60 个小城镇，重点建设 1000 个中心村。把宁夏作为一个城市规划建设的格局初步形成，基本建立级配合理、优势互补、功能完善、特色鲜明、空间紧凑的新型城镇体系。

二是住房保障和供应体系更加完善。以政府为主提供基本保障、以市场为主满足多层次需求的住房供应体系基本建立。加大实施共有产权住房供应模式，努力拓展和盘活二手房交易与房屋租赁市场，凸显公共租赁住房的保障作用，形成新建商品房、共有产权住房、二手房买卖和租赁市场同步发展的市场供应结构，逐步构建基本满足不同层次住房需求的商品房供应体系。

三是房地产与建筑业保持健康有序发展。房地产开发投资适度增长，到 2020 年，人均住房建筑面积 35 平方米，城镇居民居住条件明显改善。建筑业转型升级取得实质性成效，行业市场更加开放、公平、规范、有活力。建筑能效逐步提升，绿色建筑比例大幅度提高。公共建筑节能运行管理水平普遍提高，绿色建材大力推广。市场在资源配置中的决定性作用有效发挥，企业的主体地位真正确立，政府监管依法规范，诚信体系基本建立。

四是成为西北低碳生态城市建设示范区。到 2020 年，城镇公共供水普及率、燃气普及率、污水利用率、生活垃圾无害化处理率、建成区绿地率等指标实现规划目标，地下空间利用比例明显提高。合理构建城镇生态安全格局，绿色建设机制不断完善、成效显著，成为西北生态脆弱地区低碳生态城市建设示范区，形成宁夏"绿色建设"品牌。

三、宁夏"十三五"住房与城乡建设事业发展的建议

（一）健全符合区情的城镇住房保障体系

1.继续深化住房制度改革，完善住房保障体系。继续深化住房制度改革，探索建立公开透明灵活的共有产权住房运作机制，加快推进租赁型、棚改型、自住型和政企合作型等共有产权住房建设，构建以政府为主提供基本保障、以市场为主满足多层次需求的住房供应体系，逐步形成以公共租赁住房、共有产权住房、商品住房为主体的"三位一体"住房供应格局。

2.加快推进棚户区改造,推进棚改货币化安置工作。各市县制订完善棚改货币化安置方案或管理办法,打通棚户区改造与房地产市场的通道,消化市场存量商品住房,激活房地产市场,缩短过渡安置时间,加快棚户区改造整体进度,鼓励棚改项目实施货币化安置。

3.抓好公租房的分配入住管理。"十三五"时期,公共租赁住房保障的重点是促竣工、保入住、抓管理。扩大公租房覆盖面,逐步解决城市中等偏下收入家庭、新就业无房职工、在城镇稳定就业的外来务工人员等群体住房困难,切实提高公共租赁住房使用效率。同时,积极推广公租房租赁补贴方式,逐步从实物保障为主转向建设和租赁补贴并举。

4.强化保障性住房申请审核。会同民政、公安、社保、工商、税务、金融、住房公积金等部门和单位对申请人资格进行联审,包括户籍、住房、工资和财产性收入(机动车辆、商业营业用房、银行存款、理财产品、工商注册资金等)、住房公积金、养老保险等。充分运用现代信息技术手段,提高审核效率和准确性,确保真正需要保障的中低收入住房困难家庭得到保障。

(二)提高城乡规划编制和实施水平

"十三五"时期,争取初步实现全域宁夏一个城、空间规划一盘棋、规划管理一个口、多规合———张图、规划管理一平台、审批改革一套表、规划体系一主轴、机制创新一条线的"八个一"目标。

1.建立健全《空间发展战略规划》配套规划体系。把宁夏作为一个城市规划布局,按照《宁夏空间发展战略规划》,构建"一主三副""两带两轴"的空间发展新格局,开展宁夏城镇体系规划、沿黄城市带发展规划、宁夏绿道规划、绿色建筑与生态城区规划、绿色城市研究、大银川都市区一体化研究等多项规划编制研究工作。

2.推行"三规合一"及"多规融合"试点。一是加强规划制度体系建设,将"多规合一"工作纳入规划编制体系中,成立由各部门参与的"多规融合"工作小组,统筹协调解决规划编制和执行的一致性问题。通过对经济社会发展目标、建设用地指标、城市人口规模、土地开发强度、空间功能布局的统一,实现城市空间的"一张图"管理。二是构建"多规融合"

信息化联动平台，实现相关规划信息、规划成果数据、审批数据的充分共享和及时更新。

3.推广实行"农村新型大社区"规划管理模式。"农村新型大社区"是新型城镇化的重要组成部分。以城乡一体化为目标，将若干个村整合起来，统一规划、统一建设，改变长期以来农村分散居住导致公共服务和公共设施无法普及的现状。

（三）健全房地产市场宏观调控机制，促使房地产市场健康发展

"十三五"时期，国家对建设用地仍实行严格的总量控制，逐步逐年减少新增建设用地计划安排。房地产市场发展前景低迷徘徊的局面短期内无法改变，房地产市场调整中发展成为新常态。

1.保持供求关系基本平衡。面对商品住房逐步饱和的现状，"十三五"时期，宁夏应合理确定商品房及其用地供应规模和发展增速，大力发展二手房市场和住房租赁市场，实行差别化住房信贷、税收政策，支持合理自住和改善型需求，抑制投机投资型购房。保障性住房安置重点以去存量为主，降低现有住房空置率。

2.加大房地产市场监管力度。加强房地产市场监管，规范房地产市场秩序，严格房地产市场准入，完善商品房预售制度，建立完善商品房预售合同网签制度。完善商品房预售资金监管办法。加强房地产法律法规建设。大力推进住房信息系统建设，以信息化手段强化公众服务和行业监管，建立健全商品住房交易信息发布制度，稳定市场预期，促进房地产市场健康发展。做好动态监测分析和信息披露。

（四）建立公开规范的住房公积金制度

1.扩大住房公积金缴存范围。规范缴存基数和缴存标准，逐步缩小缴存差距。加大工作力度，提高覆盖面，将在城镇稳定就业的人员纳入制度范围，实现应缴尽缴。研究扩大公积金缴存覆盖面的措施，适时启动公积金缴存使用办法，推进住房公积金使用政策调整，完善相关政策，推进住房公积金支付首付款和房租。加快企事业单位住房货币分配制度改革，建立与住房价格和租金变化相适应的住房货币补贴动态调整机制。

2.加大对个人住房消费支持力度。增强住房公积金支持和改善住房民

生的保障性作用，进一步探索公积金的灵活运行模式和管理新机制。简化业务审核程序，减少提取和贷款审批环节。放宽租房提取条件，允许提取物业费。加大贷款力度，充分使用结余资金，支持住房消费。

（五）加强城镇市政公用设施建设

城镇市政公用设施包含水、暖、气、路等与人民生活息息相关的各类设施。一是城镇供水方面。加强城镇公共供水设施的改造与建设，改造城镇公共供水设施及管网、二次供水设施，扩大公共供水服务范围。二是城镇污水处理方面。加强城镇污水处理及再生利用、污泥处理处置设施建设。提高污水处理标准，推进污水管网和雨污分流改造，治理雨水面源污染。加强污水处理设施建设和运营管理。加强污水再生利用设施和污水处理设施建设。三是城市排水防涝方面。加强城市排水管网和泵站等排水设施的改造和建设，推进雨水渗调蓄设施、雨洪行泄设施建设，用10年左右的时间建成较为完善的城市排水防涝工程体系。加强城市排水管渠和排涝设施建设，提高城市排涝能力。四是城镇生活垃圾无害化处理。加强生活垃圾无害化处理设施建设和运行管理。大力推行生活垃圾分类收集、处置，逐步实现餐厨垃圾分类收运处理。提高无害化处理水平，加强建筑垃圾资源化利用和餐厨垃圾处理。五是城市道路方面。健全综合交通体系，发展城际轨道交通，完善城市道路网络系统，推进地铁、轻轨等城市轨道交通建设，加强城市步行和自行车交通系统建设。加强以主干道、出口路、连接线、过街通道等为主的城市综合道路交通系统建设。随着城市居民汽车保有量的急剧增长，科学设置和建设公共停车场，优先考虑推广建设立体停车设备，节约土地资源。六是城镇燃气方面。发展城镇燃气设施，加强城市燃气和集中供热建设及运营管理。大力发展燃气为主的清洁能源，改善城市大气环境质量，提高能源利用效率。稳步城镇供热体制改革，发展探索太阳能等新能源供热方式在城市供热领域的应用。重点加大城镇燃气安全管理力度，加强燃气市场监管，规范行业经营秩序。建立健全城镇供气突发事件应急处置与救援体系，科学安排危险区域生产和生活设施的合理避让，提高应急能力和抗风险能力。七是城镇园林绿化方面。要加大社区公园、街头游园、郊野公园、绿道等建设。

（六）推动城市建设管理转型升级

1.建设海绵城市。推行低影响开发理念，从"源头减排、过程控制、系统治理"入手，综合采用"渗、滞、蓄、净、用、排"的工程措施，将城市建成"自然积存、自然渗透、自然净化"的海绵城市，以实现修复城市水生态、涵养城市水资源、改善城市水环境、提高城市水安全水平的多重目标。

2.建设智慧城市。在全区推进城镇建筑物档案数字化、地下管网普查和数据建库，构建统一的公共基础数据库，建立城市网格化管理平台、公共信息服务平台以及城市规划、运行优化仿真系统，形成系列化的自主技术产品体系，创新管理应用模式和投融资模式，推动智慧城市综合和专项规模化应用，强化城市信息资源动态更新和管理服务机制。

3.创建低碳生态城市建设示范区。借鉴国内外先进地区的经验和技术，制定合理标准，贯彻低碳生态理念，创建低碳生态城市建设示范区。通过土地利用、能源、交通、资源、绿色建筑和基础设施等综合手段实现。推进生态绿地系统规划和相关技术规范编制实施，完善区域绿地管理机制。加强各类公园绿地建设，有序延伸绿道网。实施新一轮退耕还林还草等工程，着力于植树造林、治理荒漠化土地和移民迁出区生态修复等。全面淘汰黄标车和小锅炉，对重大污染源实施在线监测。

4.推行城市地下综合管廊建设。城市的发达与否，不仅考验地上管网的建设，更需考验底下管网的健全和质量。结合旧城改造、道路改造、棚户区改造等，统筹全区地下管网建设，改造老旧管网，在城市新区推行综合管廊，在老城区建设综合管廊，并纳入智慧城市建设中。

5.创新城市基础设施管理机制。各市要统筹城市基础设施的规划、建设和管理，确保老城区与新城区及园区的互联互通、地上与地下的整体协调，避免条块分割、多头管理。完善城市基础设施治理体系，加快建立科学合理的城市基础设施建设标准规范和质量评价体系。要对城市基础设施进行全面普查，整合城市管网信息资源，建立城市基础设施电子档案，积极拓展数字城市管理系统，推进城市管理向服务群众生活转变。

（七）建设美丽乡村

1.科学理性推进重点镇建设。进一步优化重点镇布局，完善重点镇功能，推动重点镇和村协调发展。重点镇建设要以"美丽乡村、宜居小镇"为总体要求，各类设施建设要杜绝贪大求洋，按照实际使用需求确定规模，坚持适用经济。重点镇住房建设，要严格控制每户用地规模、建筑面积、建设与使用成本。

2.创新农村危房改造工作。对危房特困农户进行重点帮扶，实现基本不需要重点帮扶的特困农户再自筹危改资金。在农户自愿申请的前提下，结合重点镇建设、新农村建设、农村人居环境整治等工作，整合政策和资金，有计划、分步骤启动第一批整乡（镇）、整村推进示范工作。基本实现"危房基本解决、布局较为合理、设施基本配套、环境较为整洁、风貌得到保护"的目标。

3.实施新居建设，启动旧村镇改造项目。新居建设，要强化分类指导，城市规划区内的村庄建设一步到位，建成城市社区；城镇周边的村庄，通过延伸城市基础设施，建成具有城郊特点的农村新型社区；距离城镇较远但经济发展条件较好的村庄，有步骤地推进中心村建设；对暂不具备新民居建设条件的村庄，组织开展村庄环境整治。要完善村庄基本公共服务体系，加强村庄环境综合整治和"空心村"治理，尽可能地在原有村庄形态上改善居民的生产生活条件。

4.大力推进农村人居环境改善。大力开展村镇环境卫生综合整治，加快改善农村人居环境。深入开展村镇污水处理和城乡一体垃圾处理试点工作。全面推进农村生活垃圾治理5年专项行动，推行源头减量、分类收集、因地制宜的农村生活垃圾收运处理模式。实施农村"厕所革命"，用5年的时间，因地制宜，统筹安排，分步实施。针对农村上下水的改造、污水纳管等"厕所革命"的短板，对农村的旱厕所进行改造。建立健全村庄设施管护、环境保洁、村庄绿化和村容美化等方面的管理制度，有条件的地方成立专职卫生环境管护和村庄绿化队伍。加强农村环境保护，推广节能减排技术，控制工业污染，治理生活污染，预防农业污染。

5.开展小城镇宜居小区示范，建立美丽宜居小镇。根据不同地区的自然历史文化禀赋，体现区域差异性，提倡形态多样化，建设有历史记忆、文化脉络、地域风貌、民族特点的美丽乡村，促进村庄发展更具特色、更有活力、更加生态。分类建设历史文化特色村镇、民俗风情特色村镇、自然风光特色村镇、产业发展特色村镇、城郊休闲特色村等。

（八）强力推动建筑节能和绿色建筑

1.建立绿色发展机制。积极落实生态文明发展战略，打响"绿色建设"品牌，确立绿色生态城区、低碳生态社区、绿色基础设施网络建设以及绿色建筑、绿色施工、绿色物业管理等绿色建设模式。要将绿色建筑标准作为强制性标准全面实施。为此，要落实生态红线制度，研究制定政策法规和技术标准。城镇绿色建筑占新建建筑的比重到2020年要达到30%以上。

2.加强建筑节能目标管理，健全节能技术标准体系。建立健全大型公共建筑节能监管体系。通过能耗统计、能源审计及能耗动态监测等手段，实现公共建筑能耗的可计量、可检测。确定各类型公共建筑的能耗基线，识别重点用能建筑和高能耗建筑，促使高耗能公共建筑按节能方式运行。开展可再生能源建筑应用集中连片推广，进一步丰富可再生能源建筑应用形式。争取在"十三五"期间，实现公共建筑单位面积能耗下降10%，其中大型公共建筑能耗下降15%。健全节能技术标准体系。建立并实行建筑节能统计、检测、考核制度。

3.绿色建筑技术标准体系初步建立。城镇可再生能源建筑应用全面推广，绿色建筑占新建建筑比重达到30%，绿色建筑标准执行率达到90%以上。要充分利用宁夏国家级内陆开放型经济试验区建设机遇，大力推进绿色生态城区建设，力争将银川市滨河新区建设成宁夏首个规模最大的绿色生态城区，示范和带动全区绿色建筑规模化大发展。加强绿色建筑技术的研发、试验、集成、应用，提高自主创新能力和技术集成能力。

产业经济篇
CHANYE JINGJI PIAN

宁夏经济转型升级评价报告
（2014~2015年）

徐秀梅　蔡川生　季　翔

2014年以来，宁夏党委、政府牢牢把握稳中求进工作总基调，以产业转型升级为主攻方向，全力以赴抓发展、促转型、保民生、稳增长，在建设"四个宁夏"、全面建成小康社会进程中砥砺前行。全区经济发展在趋稳向好的同时，结构调整和转型升级稳步推进，民生水平不断提高。

一、宁夏经济转型升级的特点

（一）经济增速稳步换挡

2015年前三季度，宁夏实现地区生产总值1987.32亿元，同比增长7.6%。尽管增速略有放缓，但在国内外严峻复杂的环境下，经济增长从高速转向中高速，符合客观规律，经济增长的稳定性加强。工业经济平稳运行，2015年1~10月，规模以上工业完成增加值786.1亿元，增长7.6%；固定资产投资持续增长，完成固定资产投资2813.81亿元，增长8.6%。消费规模不断扩大，2015年前三季度，实现社会消费品零售总额572.2亿元，增长6.7%。这些情况足以表明，宁夏经济稳中有进、稳中向好的基本面没

作者简介：徐秀梅，宁夏统计局副局长，新闻发言人，高级统计师；蔡川生，宁夏统计局综合处处长；季翔，宁夏统计局综合处主任科员。

有改变，经济发展的韧性得以增强。

（二）经济结构不断优化

2014~2015年，随着经济结构调整和转型升级步伐不断加快，改革创新力度不断加大，全区经济结构出现积极变化。经济逐渐向以第三产业为主导转变。2015年前三季度，全区三次产业结构由上年同期的7.7∶51.2∶41.1调整为7.7∶49.6∶42.7，第三产业比重提升1.6个百分点。特色优势产业发展进一步加快。2014年，全区特色优势产业产值占农业总产值比重为85.5%，比2013年提高了0.4个百分点。工业结构调整稳步推进。2015年前三季度，全区规模以上工业轻重工业比由上年同期的13.8∶86.2调整为17.6∶82.4，轻工业比重上升3.8个百分点；高耗能工业占全部规模以上工业的比重由上年同期的55.0%降至52.6%，降低2.4个百分点。2014年，高技术制造业增加值占工业增加值的比重为2.3%，比2013年提高0.5个百分点。文化及相关产业健康发展。2014年，全区文化及相关产业占GDP比重为2.3%，与2013年基本持平。投资结构进一步优化。新能源和基础设施投资快速增长。2015年前三季度，风电和光伏发电带动电力、燃气及水的生产和供应业投资增长61.5%，占工业投资的比重由上年同期的28.6%上升至39.7%；基础设施完成投资401.81亿元，增长14.9%。

（三）新产业、新业态快速发展

2015年前三季度，在政府主动引导和市场倒逼双重作用下，宁夏经济发展新生动力不断涌现。从工业看，医药、轻纺、化工、机械产业的较快增长，带动了全区工业的平稳回升。医药、轻纺、化工、机械产业占规模以上工业增加值的比重由上年同期的35.2%提高到41.5%。清洁能源增势良好。全区风力和太阳能发电量分别达到60.1亿千瓦时和21.9亿千瓦时，同比增长34.7%和19.3%，占工业发电量的比重为10.0%，比上年同期提高2.8个百分点。从"互联网+"产业看，网上购物及其相关产业快速扩张。全区通过互联网实现商品销售32.2亿元，增长11.1%，比社会消费品零售总额增速快4.4个百分点。邮政快递等相关行业快速增长。全区快递业务总量增长50.8%，业务收入增长45.8%，互联网宽带接入用户增长8.7%。

（四）质量效益保持稳定

不断提高经济发展的质量和效益，是推进经济结构调整和转型升级的根本目的。在质量方面，2015年前三季度，全区完成地方一般公共预算收入266.2亿元，同比增长7.0%，占GDP的比重为13.4%，比上年同期提高0.2个百分点。城市化进程稳步推进，2014年，全区城镇化率达到53.61%，比2013年提高1.6个百分点，城镇化质量系数为0.75。在效益方面，2014年，全区工业成本费用利润率为3.4%；工业企业总资产贡献率为5.9%；农业灌溉渠系水利用系数为0.475，比2013年提高0.015点；全社会劳动生产率为77689元，比2013年提高3959元。

（五）资源环境持续改善

节能降耗成效显著。2014年，全区万元GDP综合能耗1.974吨标准煤，比2013年下降0.087吨标准煤；单位GDP能耗下降4.2%；单位GDP水耗130立方米/万元，比2013年下降8立方米/万元。污染物排放总量得到有效控制。2014年，全区化学需氧量、二氧化硫、氨氮和氮氧化物排放总量比2013年分别削减1.0%、2.6%、3.2%、7.6%；排放强度为8.0千克/万元、13.7千克/万元、0.6千克/万元和14.7千克/万元，比2013年分别下降0.7千克/万元、1.5千克/万元、0.1千克/万元和2.4千克/万元。环境质量持续改善。2014年，城市污水处理率达到86.8%；工业固体废物综合利用率77.1%，比2013年提高4.0个百分点；农业用水总量占社会用水比重由2013年的88.8%降至86.6%，下降2.2个百分点。

（六）民生水平不断提高

全面建设小康社会稳步推进。2013年，全区小康指数为76.63%，比2012年提高了4个百分点。城乡居民收入持续增加。2015年前三季度，城镇常住居民人均可支配收入18062元，同比名义增长8.5%，扣除价格因素影响，实际增长6.9%；农村常住居民人均可支配收入5841元，同比名义增长9.5%，扣除价格因素影响，实际增长8.1%。就业形势总体较好。2015年上半年，全区城镇新增就业5.5万人，完成全年目标的75.3%，转移农村富余劳动力66.61万人；城镇登记失业率4.02%，比上年同期下降0.04个百分点。贫困人口继续减少。2014年，全区贫困人口减少率为11.8%。

（七）创新驱动能力不断提高

创新是经济转型升级的巨大动力。2014年，全区R&D经费投入同比增长14.1%，高于GDP增速6.1个百分点。其中，政府资金投入占22.6%，比2013年提高1.3个百分点。R&D经费占GDP的比重为0.87%，比2013年提高0.05个百分点；R&D人员全时当量26.6人年/万人，比2013年提高2.7人年/万人；全区万人拥有有效发明专利量1.19件，比2013年提高0.26件；工业技改投资占全部投资的比重由2013年的11.2%提高到11.4%。

（八）对外开放水平不断提升

2014年以来，宁夏抓住国家实施"一带一路"战略的难得机遇，以推进中阿务实合作为重点，发挥民族人文优势，加快建设内陆开放型经济试验区，积极打造丝绸之路经济带战略支点，开放型经济发展水平不断提高。2014年，全区实现进出口总额54.35亿美元，同比增长68.9%，增速居全国第一位。全区外贸依存度由2013年的7.8%提高到12.1%；外商直接投资9244.23万美元；规模以上工业出口交货值占规模以上工业销售产值的2.3%，比2013年提高0.1个百分点。宁夏清真食品认证机构获国家批准，与12个国家和地区签署清真食品标准互认合作协议。新开5条国际航线、7条国内航线，实现了所有省会城市航线全覆盖。旅游业蓬勃发展。2014年，全区共接待国内外游客1674.99万人次，增长9.0%；实现旅游总收入142.70亿元，比2013年增加15.4亿元，增长14.7%。

二、助推经济发展和转型升级的主要因素

2014~2015年，全区经济转型升级取得明显成效，有力支撑了全区经济的平稳健康增长。

（一）政策到位引领经济转型升级

近年来，中央和地方出台了一系列促进经济发展的政策措施，为经济转型升级明确了方向，提供了助推力。党中央、国务院继续把推进经济结构战略性调整作为加快转变经济发展方式的主攻方向，相继出台产业指导、财税、金融等政策，强力支持经济结构调整和产业转型升级。宁夏党委、政府果断决策，及时出台产业优化升级和结构调整"1+3"方案，下大功夫

构筑现代产业体系。成功引进了中关村科技园、亚马逊、阿里巴巴、山东如意等一大批高技术项目和高成长性企业落户宁夏，为全区产业结构优化升级提供了正能量。

（二）市场需求倒逼经济转型升级

2014年以来，受市场供需关系影响，物价水平持续走低，市场有效需求不足、产能过剩的问题十分突出，区内宏观发展环境面临较大下行压力。从反映宁夏市场需求的工业品价格涨跌情况看，2015年前三季度，工业生产者出厂价格同比下降6.1%，自2012年4月以来已连续42个月负增长，降幅比上年同期提高2.7个百分点，比全国低1.1个百分点；工业生产者购进价格同比下降7.4%，降幅比上年同期提高4.8个百分点，比全国低1.5个百分点。市场的激烈竞争，客观上形成了推动经济转型升级的倒逼机制。宁夏优势、传统企业主动适应市场需求，突破产业发展瓶颈，优化产业结构、提升工艺技术、延伸产业链条，推进精深加工、提质增效，推动煤炭、电力、化工、冶金、纺织、轻工等产业在优化调整中加快发展，在转型升级中增创新优势，为保障全区经济平稳运行提供了重要支撑。

（三）企业主导助推经济转型升级

宁夏企业在经历了后金融危机的洗礼后不断增强应对市场的能力，能够主动根据市场需求调整产品结构。如宁夏共享集团的铸造用3D打印技术已成为宁夏智能制造的重点产业化应用项目，推动宁夏装备制造业转型升级。宁煤集团延长煤炭产业链，大力发展煤化工项目，形成新的竞争力。山东如意集团充分发挥"如意"品牌在全国的影响力，大力发展羊绒纺织等高附加值产品，满足国内外市场需要。宁夏大地公司积极由高耗能企业向循环经济转型，全力打造神州轮胎项目。企业的主动调整，对实现经济结构的转型升级起到了积极作用。

（四）投资优化促进经济转型升级

产业的形成和发展离不开资金的投入，投资是产业结构形成的基础。2014年，全区以市场为导向，积极调整投资结构，强化固定资产投资在结构调整和转型升级进程中的先导作用，加快推进经济结构的转型升级。从三次产业投资结构看，由上年同期的3.3∶46.9∶49.8调整为4.0∶45.0∶

51.0，第三产业投资比重提升了1.2个百分点，已占据投资的半壁江山。从工业投资结构看，工业技术改造投资增长19.1%，高于工业投资增速4.0个百分点。因此，投资结构的调整直接促进了经济的转型升级。

三、存在的主要问题

2014~2015年，宁夏经济发展和转型升级取得了新的进展，但经济长期积累的结构性矛盾和深层次问题还没有从根本上得到解决，转型升级面临的困难不少，任务还很艰巨。

（一）结构性矛盾较为突出

从三次产业看，由于宁夏第三产业发展相对滞后，现代服务业水平较低，造成工业比重过重，服务业对经济增长的带动作用较弱。2015年前三季度，第二产业所占比重仍达49.6%，对经济增长的贡献率为63.7%，拉动经济增长4.8个百分点，均高于第三产业。从第二产业内部结构看，高耗能工业比重较大。2015年前三季度，宁夏工业保持平稳增长，主要得益于化工、有色、煤炭等行业的较快增长，重工业拉动规模以上工业增长4.5个百分点，贡献率达到59.6%；全区六大高耗能行业增加值占规模以上工业增加值的比重仍超过一半，综合能源消费量占全部规模以上工业企业能耗能源消费总量的91.2%，高耗能工业比重依然偏高。这种偏重偏能的结构抗风险能力较弱，特别是在市场需求偏弱、化解产能过剩和节能减排刚性任务约束下受到的冲击更大，而轻纺、医药等新兴产业虽然增速较快，但还没有挑起大梁。具有辐射带动作用强的龙头企业和科技含量高的重大项目偏少，暂时难以弥补退出产业的影响。从服务业结构看，重点行业发展较慢，前三季度，全区交通运输、仓储和邮政业增加值下降2.6%，增速比全国低7.3个百分点；批发和零售业下降2.9%，增速比全国低8.9个百分点；房地产业下降9.1%，增速比全国低12.6个百分点。生产性服务业、高端装备制造业、生物技术、节能环保等符合国家产业政策的行业尚不能形成主导型的增长新动力。

（二）经济增长动力单一

投资、消费、净出口是拉动经济增长的三驾马车。而对于宁夏来说，在这三驾马车中却是投资一马当先,消费拉动作用较弱,净出口总量偏小。2014年,全区资本形成率为112.8%,高于最终消费率59.5个百分点,高于居民消费率76.5个百分点,消费对全区经济增长的拉动明显弱于投资。宁夏地处内陆,长期以来外贸水平较低,从2015年前三季度情况看,全区进出口总额仅高于西藏和青海,居全国第29位;外贸依存度比全国平均水平低27.6个百分点,进出口对经济的拉动作用十分有限。2014年,全区全社会固定资产投资继续超过地区生产总值,固定资产投资与GDP之比为1.16,比2013年上升0.11个点。一方面反映出经济增长对投资的过度依赖,另一方面也折射出投资效益低下,结构不合理,增加投资对经济增长的边际效应下降,意味着依靠投资拉动经济增长将越来越困难。

(三)经济发展的质量效益有待提高

2015年前三季度,受市场需求不足、生产成本增加、产品出厂价格继续走低等宏观因素影响,宁夏经济发展的困难进一步加大,质量效益明显下滑。从财政情况看,全区公共财政预算总收入增速由上年同期的8.9%回落到6.3%。其中,地方公共财政预算收入增速由上年同期的12.7%回落到7.0%。从企业情况看,一是经济效益大幅回落。全区规模以上工业实现利润总额58.3亿元,同比下降30.7%,降幅比上年同期扩大10.3个百分点;成本费用利润率仅为2.51%,比上年同期下降1.03个百分点,比全国平均水平低3.26个百分点;总资产贡献率为5.44%,比上年同期下降0.79个百分点,比全国平均水平低6.88个百分点。二是亏损企业亏损额持续增长。全区规模以上工业亏损企业亏损总额65.2亿元,增长43.1%。三是资金流动状况不容乐观。全区产成品存货291.8亿元,增长4.9%;应收账款501.1亿元,增长17.3%。

(四)能源消耗仍处于较高水平

宁夏传统工业和高耗能工业比重大,能耗总体水平偏高。2014年,全区万元GDP能耗是全国平均水平的2.6倍。单位资源的产出效率低。全区每吨标准煤所创造的GDP为5484元,只有全国(每吨标准煤所创造的GDP为14940元)的36.7%。此外,水资源利用效率不高,农业用水总量占社会用水比重高达86.6%。环境压力日益增大。全区化学需氧量、氨氮和二氧化硫排放总量降幅分别比全国平均水平低1.5个百分点、0.6个百分点和0.2个百分点。

（五）城乡居民收入不均衡

2015年前三季度，宁夏全体居民人均可支配收入只相当于全国平均水平的73.3%（上年同期为73.5%），绝对额少4357元，宁夏居民收入与全国差距呈扩大之势。同时，宁夏农村居民人均可支配收入仅为城镇居民人均可支配收入的32.3%，比全国平均水平低3.0个百分点；城镇居民人均可支配收入实际增幅比GDP增幅低0.6个百分点。从行业上来看，2014年，在全区统计的16个行业中，就业人员年平均工资最高为电力、热力、燃气及水生产和供应行业（88633元），是最低的住宿和餐饮业（31478元）的2.82倍。在城镇居民内部也存在收入的不均衡，2014年，全区城镇居民10%最高收入户家庭总收入61754.18元/人，10%最低收入户家庭总收入10210.38元/人，高低收入户家庭总收入之比为6.05∶1，收入差距较为明显。

（六）创新不足，人才匮乏

近年来，全区对于科研和人才越来越重视，相继出台了各种政策支持科研发展和人才引进，但与经济发展和转型升级的需求相比，还远远不够。2014年，全区科学技术支出11.32亿元，同比增长5.9%，比全区公共财政预算支出增速低2.6个百分点，仅占公共财政预算支出的1.1%，远低于中央财政科技支出3.6%的比重；研究与试验发展（R&D）经费支出占GDP比重为0.87%，比全国2.09%的比重低1.22个百分点。研究生毕业人数1362人，占普通高等学校毕业生总人数的5.3%，与先进地区相比仍有明显差距。科研投入比重偏低、人才短缺，制约着科学技术的进步，难以满足全区经济规模扩大和经济转型升级对人才与技术的需求。

四、宁夏经济转型升级的对策建议

下一阶段，宁夏经济转型升级要坚持问题导向，用发展的眼光看问题，用发展的办法解难题，遵循发展规律，打基础、增底气，把发展的主动权牢牢抓在手上，着力强化改革、开放、创新"三大动力"，推进全区经济社会持续向好发展。

产业经济篇

（一）加大现有政策的落实力度，为转型升级强引力

要坚决落实《自治区促进经济平稳较快发展的若干意见》和《宁夏回族自治区产业转型升级和结构调整实施方案》等一系列稳增长、调结构的措施，着重从政策引导、生产要素调度保障、煤电价格联动、差别化电价、财税金融扶持、强化考核评估等方面加大稳增长和调结构调控力度，整合提升政策综合效应，努力化解当前发展的困难局面，不断推进产业转型升级。各级政府和行业主管部门应加强对政策执行情况的跟踪落实，加大监督考核力度，确保精准发力，政令畅通，取得实效。

（二）瞄准产业定位和方向，为转型升级增实力

农业方面，要在保障粮食安全的前提下，重点提高农业综合生产能力。积极调整农业结构，发展节水农业。加快发展专业合作社和农工商联合体，促进农业产业化经营，增强龙头企业的带动能力和市场竞争力。工业方面，要依托宁夏资源、能源优势，着力建设一批对产业链延伸与完善具有引导作用的龙头型、旗舰型、科技型大项目，加快新兴产业的培育和传统产业的改造升级。要促进中小企业快速成长，实施好"中小企业千百工程"，盘点科技含量高、发展前景好的中小企业，作为重点培养对象，从人才、资金、政策等方面给予大力扶持，使其尽快发展壮大。充分发挥"六大十特"工业园区和慈善产业园特点，壮大煤化工、煤电、金属加工等产业优势，进而推进产业集群的发展、改造、升级，实现全区经济从高碳到低碳、从黑色到绿色、从制造到创造的转变。服务业方面，要积极发展现代物流、金融、大数据、中介与专业、职业就业培训等生产性服务业，促进现代制造业与服务业有机融合、互动发展。以沙漠文化圈、西夏文化圈和黄河文化圈为纽带，以沙湖、西夏王陵、沙坡头、黄河楼等为载体，加快发展旅游文化产业，由此带动旅游、消费等相关领域的发展，从而推动第三产业协调发展。

（三）积极培育领军企业，为转型升级添动力

领军企业决定产业和产业链高端化的程度，对全区主导产业集聚发展起着支撑作用。一方面，要加大对领军企业的引进力度。把握产业链上关键节点的核心技术进步动态，瞄准先进地区的高端产业，可以有重点、有针对性地强化"点对点"定向招商。另一方面，要引导现有骨干企业创新升级。加强政策扶持和服务，推动现有骨干企业在扩大规模的同时，着力提升科技内涵。积极创造条件，鼓励骨干企业与科研机构联合研制、开发新产品，提升自主创新能力；引导骨干企业兼并重组，做大做强，提升带动产业升级的能力，提升产业竞争能力；帮助骨干企业建立现代企业制度，优化资本结构，提升产业持续发展能力。

（四）创新要素投入机制，为转型升级注活力

要建立多元化的投融资体系，积极完善政府投入模式。财政科技投入要适当调节投入方向和时机，扩大在企业初创阶段的投入比例，放大资金使用效益。加大对新兴产业发展的扶持力度，对新兴产业项目给予切块扶持，切实发挥好财政专项资金的引导作用。要引导和鼓励企业增加科技创新投入。采取补助、贷款贴息和按设备投资额一定比例补助等方式，给予重点技术改造项目和成长型中小企业技术改造项目资金支持。要加强与金融机构的经常性联系，继续完善银政企筹融资平台，为企业技术改造项目创造条件。要鼓励和支持企业引进掌握核心技术、具有持续研发能力并能承担重大科技攻关任务的高层次创新创业人才，为优秀人才的脱颖而出创造机会和环境。同时与高校联合，培养和造就一批具有战略眼光、创新意识、现代经营管理水平和社会责任感的创新型企业家。鼓励企业通过委培、定向等方式与院校联合培养专业技术人才和技术工人。

（五）切实增强人民福祉，为转型升级聚合力

保障和改善民生是经济发展的出发点和落脚点，要把改善民生摆在突出位置，切实推进收入、就业以及社会保障等重点民生领域的发展。一是促进居民稳定增收。要加大收入分配制度改革力度，逐步提高最低工资标准和最低生活保障水平，千方百计促进城乡居民收入稳定较快增长。二是着力扩大就业渠道。就业是民生之本，要把经济结构调整和扩大就业结合起来，大力发展服务业、劳动和知识密集型产业，不断扩大就业规模。要加大职业培训力度，帮助有就业能力和愿望的就业困难人员和零就业家庭人员实现就业。三是不断完善保障体系。加大公共财政的投入，全面扩大"五大"保险的覆盖面。加快推进保障性住房建设，加强廉租房及经租房建设与管理，解决城市低收入家庭住房困难。

宁夏"十三五"生产性服务业发展研究

樊建民 雷 宁 夏菲菲

近年来,为提升经济发展质量和效益,加快产业结构调整步伐,国家加大了对生产性服务业的支持力度。2014年5月14日,国务院总理李克强主持召开国务院常务会议,对加快生产性服务业重点和薄弱环节发展、促进产业结构调整升级做出了具体部署。同年7月28日,国务院印发《关于加快发展生产性服务业促进产业结构调整升级的指导意见》,明确现阶段我国生产性服务业重点发展研发设计、第三方物流、融资租赁、信息技术服务、节能环保服务、检验检测认证、电子商务、商务咨询、服务外包、售后服务、人力资源服务和品牌建设,并提出了发展的主要任务。

目前,宁夏工业的进一步发展面临着集聚态势尚未明朗、自主创新水平较低、核心竞争力欠缺、人力资源相对匮乏等瓶颈问题,生产性服务业相对工业的滞后发展是深层的内在矛盾。加快发展生产性服务业,是向结构调整要动力、促进经济稳定增长的重大措施,既可以有效激发内需潜力、带动扩大社会就业、持续改善人民生活,也有利于引领产业向价值链高端提升,实现服务业与农业、工业等在更高水平上有机融合,推动经济提质

作者简介:樊建民,宁夏发改委经济研究中心主任,研究员;雷宁、夏菲菲,宁夏发改委经济研究中心科研人员。

增效升级。

根据国家生产性服务业发展政策，本文提出宁夏"十三五"生产性服务业发展主要思路。

一、现代物流业

发挥国家向西开放平台优势，打造区域性综合运输物流通道。重点构建以银川为核心，面向阿拉伯国家和穆斯林地区的空运物流体系。围绕保税区、滨河新区、宁东基地等自治区重点产业基地，着力打造沿黄物流产业带、银西物流产业带、太中银物流产业带和清水河物流产业带等专业性物流园区建设。积极拓展和延伸物流服务功能，推动先进制造业、商贸业物流服务社会化、专业化，加强供应链管理应用，构建多层次和功能完善的物流服务体系。力争2020年实现现代物流业总收入1000亿元。

优化物流通道格局，充分发挥宁夏地处我国内陆向西开放和丝绸之路经济带重要节点的优势，提升银川综合保税区对国际航运、国际物流业务的辐射带动作用，不断拓展物流服务领域和对外辐射范围。力争到"十三五"末，把宁夏建设成中国清真产品进入伊斯兰世界、世界穆斯林产品进入中国的重要通道，使银川成为中阿经贸往来的"东方物流港湾"，区域性国际采购中心、分拨中心、转运中心以及空中丝绸之路的重要节点。

完善口岸服务功能，推动银川、惠农、中宁等陆路口岸与天津、新疆、内蒙古等口岸互联互通，打通宁夏东向出海、西向出境的陆路通道，发展公铁联运、铁水联运、陆空联运等多式联运。到2020年，依托惠农陆港经济区建设和宁津物流园区的建设，将其逐步发展成为宁北、蒙西地区国际货物的陆路物流集散地。加快银川综合保税区配套设施，简化货物监管手续，提高通关效率，创新国际物流业务。充分发挥航权开放优势，建设银川国际航空物流中心和自治区级快递（物流电商）园区，加快完善国际中转、国际采购、国际配送、国际转口贸易等国际物流服务功能。依托中卫市及毗邻地区进出口贸易需求，将中宁无水港建设成为服务中卫，辐射周边的集物流、联运、配送、保税、流通加工、仓储、检验、报关、报验等为一体的具有口岸功能和综合物流功能的国际物流服务基地。

整合信息资源，推动建设社会物流资源和信息有效整合的第三方物流信息服务平台。加快建设宁夏电子口岸，实现口岸功能向内陆延伸，实施"属地申报、口岸验放"，实现与全国重点口岸的信息互通和共享，力争将宁夏电子口岸建设成为具有一个"门户"入网、一次认证登录和"一站式"服务，集口岸通关执法管理及相关物流商务服务为一体的大通关统一信息平台。

推动物流企业发展。积极引入国内外知名龙头物流企业在宁开展业务，支持建立区域总部、配送中心、研发基地、储运基地等。主动参与跨区域物流产业协作和分工，弥补区内物流市场容量有限等不足，积极承担西北物流、华北物流、中部物流、西南物流区域等跨区域物资流通。通过学习、借鉴其先进的物流理念、管理经验和物流技术，带动本土物流企业提升物流服务整体水平。

优化物流产业布局，重点打造三区：宁北物流集聚区、大银川物流集聚区和宁南物流集聚区。宁北物流集聚区，围绕石嘴山、惠农等物流园区，建设物流信息产业中心、物流仓储货运集散中心、物流村镇银行、物流综合服务中心、生活配套设施等，依托周边优势特色产业和便利交通条件，积极打造物流产学研一体化服务基地，辐射乌海和阿拉善盟等地。大银川物流集聚区，围绕银川综合保税区，建设综合保税区、银川国际航空物流中心、银川陆港物流中心3个分区，承担国际货物交易、仓储、中转、分拨、保税、进出口货物展示、流通加工、集装箱运输等综合职能。建立国际航空渠道，吸引国内外大量电商企业将批量货物集聚到综保区，承接东部、南部的跨境电商物流业务，将银川航空物流中心打造成国内跨境零售出口集散地。依托银川陆港物流中心，构建保税区货物的铁水联运、公铁联运平台。宁南物流集聚区，依托中卫市综合物流园区、固原西兰银物流园区建设，承担宁夏南部商贸、中卫无水港及仓储、加工、金融等物流业态。

二、现代金融业

紧紧抓住宁夏建设丝绸之路经济带和内陆开放型经济试验区的历史机遇，不断提升对外开放水平，着力加强资本市场基础设施建设，健全证券、期货、基金、股权交易及中介服务机构等各类市场主体，着力推动企业上市、挂牌工作，加大债券融资规模，努力使直接融资占社会融资的比重显著提高。不断充实金融服务业体系，培育区域性股权交易市场，采取优惠鼓励政策，不断完善和优化区内投资环境和金融环境，利用中阿博览会这个大平台，拓宽宁夏与阿拉伯国家的金融通道，吸引阿拉伯国家金融资源入驻宁夏。鼓励发展创业投资、担保、典当、小额贷款等服务，畅通融资渠道，构筑完善的中小企业投融资机制。到2020年，力争把宁夏打造成中国西部金融高地、中阿资金融通聚集地、国家级金融改革创新试验区。

发展融资租赁。建立完善融资租赁业运营服务和管理信息系统，大力推广服务于国民经济相关行业的融资租赁业务。加强租赁业务创新和制度创新，鼓励租赁服务企业与金融机构合作，充分利用境内外资金，多渠道拓展融资空间。鼓励融资租赁企业支持中小微企业发展，引导企业利用融资租赁方式，进行设备更新和技术改造，特别是大型制造设备、施工设备、运输工具、生产线等。建设租赁物与二手设备流通市场，建立融资租赁业统计制度和评价指标体系。探索技术专利权、工业产权等非实物资产抵押贷款业务。

创新金融业态。抢抓国家发展丝绸之路经济带的重大机遇，有效利用宁夏和阿拉伯国家人文优势，利用宁夏与阿拉伯国家良好的经贸合作优势，通过加大中阿金融、贸易领域的合作，有效吸引外资，切实解决内陆开放进程中融资难的问题。以"宁东产业基金""宁夏丝绸之路产业基金""中阿合作发展母基金"等创新实践金融业态，培育银行及各类投资融资机构密集、资金充裕、产品多样、业务创新、市场机制完善、风险监管有效、发展环境优越的资金汇集、调度和配置的平台枢纽。

培育金融市场。依托宁夏向西开放的国家政策和已有试点基础，利用宁夏与阿拉伯国家的合作基础和平台，结合宁夏产业发展需要，试点设立中阿贸易结算中心，实现对阿贸易结算方面有所突破。重点引进内外资银行、基金公司、国际财团总部、跨国公司资金结算中心、财务中心等，不断完善现代金融服务体系，增强区域辐射力和国际影响力。引进发起银行，加快设立村镇银行，力争"十三五"末实现村镇银行在全区22个县、市

产业经济篇

（区）全覆盖，实现小额贷款公司全区 193 个乡镇全覆盖。

加快发展保险业。鼓励各类保险机构健全服务网络，拓展服务领域，合理设置经营服务网点。发展保险中介机构。鼓励各类社会资本投资保险业，实现保险市场投资主体多元化。推动设立专业性保险公司。积极拓宽保险业务领域，大力推进环境污染、交通运输及建筑工程等各类责任保险业务。鼓励发展为高新技术企业关键设备、产品研发、成果转化分担风险的保险产品。加快推动保险资金投入农业基础设施领域，拓展保险服务功能。

三、信息技术服务业

紧抓"一带一路"机遇，推动移动互联网、云计算、大数据、物联网和"互联网+"等健康发展，充分发挥信息技术服务的先导作用，实施信息技术示范工程，大力发展软件产业，着力引进和培育软件服务外包企业，重点开辟面向阿拉伯国家和穆斯林地区的特色服务外包市场。积极推进农业现代化，加快农村信息服务体系建设。到 2020 年，实现信息技术服务增加值 30 亿元。

构建信息技术服务园区，依托银川科技园、IBI 育成中心、石嘴山市中小企业科技孵化器、石嘴山生态科技园区、吴忠市清真产业科技孵化园区、中卫市中关村科技产业园等，壮大若干产业特色鲜明、优势突出的信息技术产业基地和科技创新集聚区，培育一批创新能力较强、服务水平较高、具有一定影响力的技术骨干企业，并逐渐形成服务功能、孵化功能、引资功能、辐射功能。着力将银川 IBI 育成中心打造成为全国有重要影响力的"互联网+"产业集聚区。推进西部云计算和大数据产业集聚区建设，打造云设施和云服务产业链。为研发设计、知识产权服务、检验检测认证、科技成果转化等提供信息技术服务、数字内容服务、生物技术服务等。

加强物联网应用示范和推广，打造物联网应用平台。以建设"智慧宁夏"为契机，加大信息技术资金投入，加快建设信息基础平台，切实加强信息技术与产业支撑能力建设的协同发展。加强数字文化产品开发和公共信息资源深化利用，构建便捷、安全、低成本的数字内容服务体系。推进地理、人口、法人、金融、税收、医疗、社保、农业、交通、统计等信息资源深度开发和社会化服务。

推进各类面向行业应用的信息技术咨询、系统集成、系统运行维护和信息安全服务。推动物联网发展和智能制造，鼓励物联网技术应用，推动物联网产业发展，促进信息消费和智慧城市建设。鼓励应用机器人装备，实施"机器换人"智能化改造，推进工业无线传感网在自动化生产线上应用。推动大数据管理应用，创新数据采集形式，鼓励企业建立综合大数据库，引导企业分析公众数据需求，推动制造业产品向价值链高端跨越。鼓励跨领域、跨平台应用，创新运用大数据工具，开发和推广轻型信息化应用系统，在大数据系统支撑下实现产业重构和流程再造。

四、电子商务

依托信息技术，积极开发新的服务渠道和服务产品，重点培育一批初具规模、具有发展潜力的电子商务服务企业。依托中阿博览会等重大节会，加快搭建电商平台扩大宁夏对阿贸易，提升电子商务的综合价值。依托宁夏的枸杞、红酒、清真食品等特色品牌产品，加快开发中阿电子商务交易服务系统，为宁夏品牌搭建一条迈向世界的"网上丝绸之路"。力争到2020年，全区电子商务服务业增加值达到300亿元。

加强电子商务服务体系建设，落实与亚马逊公司的战略协议，吸引阿里巴巴等知名企业，加快投资建设数据中心、通信网络等互联网基础设施。吸引丝路沿线国家特别是阿拉伯国家使用云服务。建成跨境电子商务基础信息平台和服务平台，加强与阿拉伯世界最大的电商 souq.com、迪拜杰贝阿里自贸区、阿方 Halal 认证机构的合作，在银川综合保税区建设中阿跨境电子商务产业园，把阿方的通关商检甚至清真标准认证前置到电商产业园，把银川综合保税区打造成中国商品出口阿拉伯国家的最便利集散地。以"智慧宁夏"建设为契机，推动本地百货零售业、连锁超市、社区便利店、餐饮业、生活服务业利用移动互联网进行改造。推动县域电子商务发展，推进公共领域电商化应用。指导电子商务服务商开展专题服务，支持各地建设电子商务产业基地和园区。围绕宁夏特色农业，推动移动电子商务应用向农业生产性服务业延伸。鼓励第三方服务公司向农业产业化龙头企业、农民专业合作社、家庭农场和种养大户等新型农业生产经营主体提供专业化电子商务培训服务、物流外包服务、营销运营服务。

建立以政府为主导、企业为主体的商务会展新机制，推动本地优势企业利用互联网转型升级，结合宁夏的枸杞、葡萄酒、清真产品等，利用互联网、云计算等平台开展各类电子商务模式。以龙头企业率先开展线上业务，带动优势产业集聚发展电子商务。加大商务会展基础设施建设力度与网上展示活动，推动本地外贸出口企业针对特色产品、民族商贸、设施园艺、文化旅游等特色精品，把特色产品展馆与旅游、供需订货会、国际合作以及互联网相结合，发展永不落幕的商务服务业。

优化电子商务环境建设，利用互联网、大数据、云计算等技术和基础设施，推动本地零售业、批发业、社区商业、外贸、制造业、生活服务业等转型升级，逐步形成物流快递、代运营、营销客服、金融、培训交易、人才服务等生态体系。支持宁夏本土的电商企业申报国家第三方支付牌照，填补宁夏第三方支付的空缺。加强行业电子商务平台建设，支持制造企业利用电子商务转型升级。加快并规范集交易、标准化、电子认证、在线支付、物流和信用评估等服务于一体的第三方电子商务综合服务平台发展，引导中小微企业依托第三方电子商务服务平台开展业务。促进移动电子商务发展，大力发展个性化、精准化和线上线下融合（O2O）移动电子商务服务，支持终端设备制造商、平台提供商、内容服务提供商和移动运营商合作发展。

五、研发设计业

围绕宁夏新型煤化工、稀有金属加工、清真食品和穆斯林用品等优势产业，培育壮大本地企业加大工业设计投入。依托重点园区，把技术改造和创新驱动作为传统产业优化升级的重要抓手，大力引进国内外知名工业设计机构、企业，完善宁夏的工业企业、研发设计企业、高等院校、科研机构的"产、学、研"合作机制，促进形成以企业为主体、市场为导向、产学研相结合的研发设计创新体系。到2020年，力争建成6个国家级、15个自治区级工业设计中心，促进工业设计向高端综合设计服务转变。

建立研发设计创新机制，围绕自治区重点产业关键技术和共性服务，引进和组建一批重点实验室、工程技术研究中心、企业技术中心、工程实验室、技术创新中心等公共技术服务平台。加快整合现有的装备制造、新能源和新材料等研发设计院水平，探索组建相关产业或行业创新联盟，在核心技术、关键领域合力攻关，推动成为具有国际水平的研发能力。鼓励有条件的企业成立具有独立法人性质的研发设计中心或研发设计公司，面向社会提供独立第三方研发设计服务和产品。

加强研发设计基础工作，鼓励制造业企业将技术开发部门注册成为具有独立法人资格的研究开发中心或研究开发院，独立承接科技服务业务。鼓励高新技术企业、创新型（试点）企业、科技型中小企业联合高校、科研院所，组建科研服务机构或产学研技术创新联盟，向同行业提供技术、工艺、产品等研发设计服务。通过国家、自治区科技计划（专项、基金等），引导和支持科技服务企业开展集成设计、综合解决方案及相关技术项目等研发。支持高校、科研院所、现有公共技术服务平台面向市场提供研发设计、技术诊断、成果转化等各类服务，面向市场开放科研设施和仪器设备，提供市场化服务。

加强技术转移转化服务。加强各类生产力促进中心、科技服务中心、技术转移中心等服务机构建设，建立技术（产权）、成果交易市场体系，促进区内外先进技术、成果转移转化。建立技术（产权）、成果交易市场体系，促进区内外先进技术、成果转移转化。加强公共科技信息服务平台的建设与更新，整合政府部门、科研单位的信息资源，建立区域性公共信息网络，实施科技资源共享制度，形成与各市县相连的技术市场信息网络体系。加强科技特派员服务中心、农技推广中心等服务机构建设，促进各类科技成果向农村、农业领域转移转化，加快农业现代化进程。

六、节能环保服务业

围绕宁夏煤炭、化工、冶金等高耗能产业，通过改造传统制造业，调整产业结构，推动节能环保，促进节能环保产业快速发展，是实现"美丽宁夏""生态优先"发展战略的重要抓手，也是打造宁夏经济升级版的必要条件。到2020年节能环保业增加值实现20亿元。

建设"城市矿产"示范基地，进一步提升宁夏节能环保产业集聚区的产业载体功能，促进产业集聚。以宁东能源化工基地、石嘴山高新技术产业开发区、国家级石嘴山市经济技术开发区、石嘴山生态经济区、宁夏固原经济技术开发区、太阳山能源化工基地为主，围绕重化工、冶金、铸造等高耗能产业进行节能环保技术开发应用。

积极推进资源循环利用产业发展，构建现代再生资源回收。积极鼓励节能环保企业参与节能改造，支持其在重点用能企业实行合同能源管理。加快节能环保技术设备推广应用，重点推广高效节能电机、先进节能工业锅炉、窑炉等技术设备。以灵武市再生资源综合利用循环经济试验区为示范，建设再生资源回收网络，在大宗固体废物综合利用、烟气脱硫脱硝、城镇垃圾污水处理、饮用水安全保障等领域试点实施设计运营一体化模式。

加快节能环保产业培育，支持科研机构和大型企业在变频控制、蓄热式燃烧、半导体照明等领域攻克一批节能关键技术，培育一批技术先进、发展规范的节能环保企业。组建高校—科研机构—企业—政府主管部门"产学研用政"五位一体的产业联盟，打造环保产业集群。

完善政府强制采购和优先采购制度，提高采购节能环保产品的能效水平和环保标准，扩大政府采购节能环保产品范围，不断提高节能环保产品采购比例，发挥示范带动作用。鼓励机关、事业单位采取购买服务的方式，提高能源、水等资源利用效率，降低使用成本。

七、服务外包业

发展服务外包产业是转变经济增长方式、实现产业结构调整的重要举措，发达省份在发展服务外包领域上已取得了令人瞩目的成绩，宁夏已落后。面临现在的发展形势，宁夏一要抢抓机遇，充分把握国家出台政策的有利时机，依靠自治区科技园、软件园等良好的办公环境和企业坚实的技术力量，积极争取国家有关部门的支持，加快推进宁夏服务外包业实现跨越式发展。二要明确定位。宁夏与阿拉伯国家有着天然的联系，在与阿拉伯国家的经贸合作方面，宁夏具有得天独厚的优势，中阿博览会为宁夏的发展提供了千载难逢的机遇，要利用这一平台有所作为，尽快打开宁夏软件和服务外包在阿拉伯国家的市场。三要制定可持续发展的人才战略。软件和服务外包业是一项劳动密集型和人才密集型产业，人才流动频繁，培养人才不易，留下人才更不易，为使企业稳定发展，要立足本地培养人才，这样不仅解决了宁夏本地大中专学生就业，而且保证了企业对人才相对稳定的需要。

充分发挥宁夏人文优势，抓住中阿博览会和丝绸之路经济带建设的历史机遇，推动宁夏服务外包市场规模和业务层级同步提升。到2020年，实现服务外包年营业收入超过100亿元，离岸外包超过3亿美元。引进3~5家国际或国内知名服务外包企业。

优先承接软件业、研发设计、物流、金融等外包业务。依托宁夏的软件学院、IBI育成中心、科技园等面向中阿博览会等向西开放平台，重点推动信息技术外包服务。积极承接国际服务外包业务，重点开辟中东、阿拉伯国家和穆斯林地区服务外包市场，推动服务外包市场的有机运行。

大力引进国内外知名的服务外包企业，发展一批骨干服务外包企业，培育本土重点服务外包企业，形成行业龙头。以宁东能源重化工基地和石嘴山新材料研发中心为重点，培育技术性业务流程外包服务，打造区域性服务外包产业基地。

八、商务咨询业

按照政府职能转变和市场发展的需求，加快发展商务咨询业，拓展和规范律师、公证、法律援助、司法鉴定、经济仲裁等法律服务。积极培育企业化经营、规范化管理、社会化服务的商务咨询机构，规范经营行为，完善服务体系。重点发展项目策划、财务顾问、并购重组、上市等投资与资产管理服务。规范发展会计、审计、税务、资产评估、校准、检测、验货等经济鉴证类服务。提升市场调查、工程咨询、管理咨询、资信服务等咨询服务。尽快建立起独立的商务咨询行业协会，建立行业标准，推动行业规范的运作，加强知识产权咨询服务，发展检索、分析、数据加工等基础服务，培育知识产权转化、投融资等市场化服务。整合优化商务咨询业的信息资源，举办国际范围的互访交流和学术合作，鼓励国外及发达省区机构与宁夏合资合作，并以包括人、财、物、税等方面的优惠政策给予支持。力争到2020年，形成一批规模大、知名度高、服务能力强的商务咨询企业和集团，形成年产值300亿元以上的规模。

基于宁夏投入产出表的产业结构变动因素影响分析

杨 柳

本文首先以 2007~2012 年宁夏投入产出表为基础，研究 5 年间总产出、增加值的动态变化，分析出 5 年间产业结构的变化趋势和现有产业结构模式。另外对 2012 年、2007 年的感应度系数、影响力系数进行对比分析，发现主导产业的引领方向。其次，提出 SDA（结构分解分析）的替代方法，采用 MMIA（多因素多阶影响分析法），对影响产业结构变动的因素进行分解，寻找促进经济增长的主动力，力图把握对宁夏经济发展影响较大的产业结构变动。

一、宁夏产业结构变化基本分析

以 2007 年、2012 年宁夏投入产出基本流量表为基础，对宁夏产业内部结构的变动情况进行基本投入产出分析。由于这两次投入产出表统计的部门分类有所差别，但差别不大，为了便于比较研究，将 2007 年、2012 年 42 个产品部门基本流量表进行了处理。

作者简介：杨柳，宁夏统计局国民经济核算处主任科员，高级统计师，北京师范大学 MPA 在职硕士学位。曾参与《2007 年宁夏投入产出表开发应用研究》一书的编写工作。

产业经济篇

（一）总产出分析

总产出是指常住单位在一定时期内生产的所有货物和服务的价值，既包括新增价值，也包括转移价值。它反映了常住单位生产活动的总规模。

2007年、2012年宁夏投入产出调查的基本流量表显示，2007年总产出为22608472万元，2012年总产出为64224239万元，产出规模扩大了2.84倍。2007年占总产出比例前五名的依次是燃气生产和供应业11.22%，废品废料业9.75%，化学产品业8.64%，金属冶炼和压延加工品业8.09%，农林牧渔产品和服务业8.09%。2012年占总产出比例前五名的依次是建筑业16.1%，电力、热力的生产和供应业9.43%，金属冶炼和压延加工品业9.17%，煤炭采选产品业7.46%、化学产品业6.53%。变化最大的5个行业：建筑业增加了15.89%，燃气生产和供应业下降了10.87%，废品废料业下降了9.75%，电力、热力的生产和供应业增加了9.3%，水的生产和供应业下降了4.43%。2012年占前五位的产业部门都属于第二产业，2007年占前五位的四个行业，除了农林牧渔产品和服务业，其余4个行业都是第二产业，可见宁夏的产业结构是典型的"二三一"模式。

（二）增加值分析

增加值是指在核算期内常住单位在生产全部产品和提供服务的过程中创造的新增价值和固定资产的转移价值。它包括劳动者报酬、生产税净额、固定资产折旧和营业盈余。其价值量等于总投入扣除中间投入，与国内生产总值口径一致。

2007年和2012年宁夏投入产出调查的基本流量表显示，2007年增加值为8992018万元，2012年增加值为23473566万元，规模扩大了2.61倍。2007年占增加值比重前五名的产业依次是农林牧渔产品和服务业10.89%，废品废料业8.77%，燃气生产和供应业7.96%，煤炭采选产品业7.77%，化学产品业7.00%。可见2007年增加值比例高的主要集中在第二产业。2012年占增加值比重前五位的产业是建筑业11.96%，煤炭采选产品业10.85%，农林牧渔产品和服务业8.49%，交通运输、仓储和邮政业8.37%，金融业7.18%。与2007年不同的是三产增加值比重在2012年有了大幅增加，除了交通运输、仓储和邮政业以及金融业进入了前五名，批发和零售业、公共管理、社会保障和社会组织以及房地产都进入了前十名。说明宁夏的产业结构正向更好、更优的方向发展。

(三) 影响力分析

影响力分析主要是依据影响力系数指标，反映一个产业部门的发展变化对其他产业部门产生的波及程度，通过影响力系数可以确定宁夏的主导产业和部门。

分析看出 2007 年影响力系数大于 1 的部门有 23 个，排名前十位的产业部门是通信设备、计算机及其他电子设备制造业，金属制品业，石油加工、炼焦及核燃料加工业，电气机械及器材制造业，交通运输设备制造业，通用、专用设备制造业，金属冶炼及压延加工业，建筑业，房地产业，造纸印刷及文教体育用品制造业，可以看出除了房地产业在第三产业，其余 9 个部门均在第二产业。可见，第二产业对宁夏经济的发展起着举足轻重的作用，如果这些部门的需求能够得到较大的刺激，无疑将有利于加速经济的增长。

2012 年影响力系数大于 1 的产业部门有 22 个，排名前十位的产业部门是通信设备、计算机和其他电子设备业，仪器仪表，纺织品，纺织服装鞋帽皮革羽绒及其制品，非金属矿和其他矿采选产品，金属冶炼和压延加工业，金属制业，造纸印刷和文教体育用业，电气机械和器材。这 22 个部门最终需求的增长会带动其他相关产业部门的发展，这就要求我们应该加大对这些产业部门的支持与发展，这些产业会对地区经济的增长产生很大的推动作用和联动效应。然而，从另一个角度来看，这些部门对于其他相关产业部门的依赖性比较强，要在其他产业较快发展的基础上寻求发展，容易受到其他产业的制约，从而很可能导致产业结构的失衡，而形成瓶颈产业，所以要慎重发展这些产业，避免造成对经济发展的负面影响。

(四) 感应度分析

感应度的分析主要依感应度系数指标，其反映了其他部门对某一部门的影响。根据宁夏 2007 年和 2012 年的投入产出表计算，2007 年感应度系数大于 1 的产业部门有 14 个，其中第一产业 1 个，第三产业 3 个，第二产业 10 个，排在前十位的产业部门是电力、热力的生产和供应业，化学工业，金属制品业，交通运输及仓储业，金属冶炼及压延加工业，石油加工、炼焦及核燃料加工业，农林牧渔业，煤炭开采和洗选业，金融业，石油和天然气开采业，其中前5个部门的感应度系数均在2以上，说明国民经济各部门每增加1个单位的最终使用时，这些部门受到的需求感应程度远远要高于其他部门。也就是它们为满足其他部门生产的需要而提供的产出量要高于别的部门。

2012年，感应度系数大于1的部门同样有14个，排在前十位的产业部门是通信设备、计算机和其他电子设备，电力、热力的生产和供应，纺织品，煤炭采选产品，金属冶炼和压延加工品，交通运输、仓储和邮政，化学产品，金融，石油和天然气开采产品，金属制品、机械和设备修理服务业。其中第三产业的金融业进入了前十名，大多数主要集中在第二产业，说明这14个行业对国民经济的发展十分敏感，要求其以更快的速度发展。分析可以得出感应度系数大的部门一般与生产领域相关，感应度系数小的部门一般与服务领域有关。这就要求我们应该大力发展感应度系数大的产业，避免成为经济发展的瓶颈产业，同时要处理好与服务相关的产业部门。

二、宁夏产业结构变化因素影响分析

（一）2007~2012年宁夏产业结构变化的影响因素分析

在研究宁夏产业结构变化的影响因素之前，为了研究的对应性和一致性，需要对2007年和2012年的42个部门表进行对照，由于分类的变化，将2007年宁夏投入产出表和2012年宁夏投入产出表的42个部门进行对照，整理成40个部门作为研究对象，确保研究对象的一致。

为了追溯结构变化的源头，通过投入产出表数据，用MMIA来观察宁夏经济更深入的内部情况。应用MMIA模型，我们得到表1和表2（略）的计算结果。q代表总产出所占比例，z代表增加值所占比例，用这两个主要的动态变化值来反映产业结构的变化。

分析得出上升的前6个部门分别是建筑业，金属冶炼和压延加工品，电力、热力的生产和供应，煤炭采选产品，农林牧渔产品和服务，批发和零售业。

（二）部门分类

针对上面使用的多部门模型，进行部门分类是很有必要的。根据以上数据，对40部门考虑两种分类系统，一个基于主要影响域，一个基于不同成分影响贡献的符号组合。考虑2007~2012年的z值变化。

1.按照主要影响域的分类法。根据一阶影响贡献，如果一个因素的贡献比其他因素大，就认为它是主要影响因素。其中，主要影响因素包括优势因素、主导因素和相当因素（贡献比其他因素稍大一些）三类。以表2数据为基础，得到表3中40个部门的分类。上升表示该部门的份额比例在增加值中是上升的，下降表示该部门的份额比例在增加值中是下降的。

表3 主要影响域下的部门分类法

分类序号	主要影响域	变动方向	集合成员
1	ΔA	上升	食品和烟草
		下降	房地产、租赁和商务服务
2	Δy	上升	农林牧渔产品和服务，煤炭采选产品，化学产品，非金属矿物制品，金属冶炼和压延加工品，电力、热力的生产和供应，燃气生产和供应，建筑，批发和零售，住宿和餐饮，信息传输、软件和信息技术服务，公共管理、社会保障和社会组织
		下降	石油和天然气开采产品，金属矿采选产品，非金属矿和其他矿采选产品，木材加工品和家具，交通运输设备，水的生产和供应，科学研究和技术服务
3	$\Delta A \& \Delta y$	上升	纺织品，纺织服装鞋帽皮革羽绒及其制品，石油、炼焦产品和核燃料加工品，交通运输、仓储和邮政，金融，居民服务、修理和其他服务，教育
		下降	造纸印刷和文教体育用品，金属制品，通用和专用设备制造业，电气机械和器材，通信设备、计算机和其他电子设备，仪器仪表，其他制造业，废品废料，卫生和社会工作，文化、体育和娱乐

由表3可以看出，第一类中，技术变化在食品和烟草、房地产业、租赁和商务服务3个部门起到了主要作用。其中，2007~2012年，食品和烟草业的份额在增加值中是上升的，而房地产业、租赁和商务服务业的份额在增加值中是下降的，但影响它们的主要是由A矩阵代表的技术变革引起的。

第二类包含19个部门，其中部门份额在增加值中上升的部门有12个，

产业经济篇

下降的有7个部门。其中，农林牧渔产品和服务，煤炭采选产品，电力、热力的生产和供应，燃气生产和供应，建筑等几个宁夏第二产业中的支柱型产业和第三产业中比重较大的几个部门的最终需求是拉动宁夏经济结构变化的主要力量。

第三类包含17个部门，这表明一些高阶影响成为主要影响域，每个因素的变化量大于它们的初始大小。其中，纺织品，纺织服装鞋帽皮革羽绒及其制品，石油、炼焦产品和核燃料加工品，交通运输、仓储和邮政，金融，居民服务、修理和其他服务，教育行业的部门份额在增加值中呈上升趋势，主要是由技术变化和最终需求拉动共同作用的。

2.基于不同分量影响贡献的符号组合的分类。在表2的数据基础上，按照符号组合对40个部门进行分类，最终得到8个类别。

表 4 基于成分符号组合的40部门分类体系

分类号	符号组合	经济意义	集合成员
1	+++	所有分量都支持其份额变化	农林牧渔产品和服务,煤炭采选产品,食品和烟草,纺织服装鞋帽皮革羽绒及其制品,石油、炼焦产品和核燃料加工品,通信设备、计算机和其他电子设备,建筑,交通运输、仓储和邮政,居民服务、修理和其他服务
2	++-	每个单独的因素都支持其份额变化，但协同作用不支持	非金属矿和其他矿采选产品 交通运输设备
3	+-+	两个因素的影响方向相反，但它们的协同作用是正的	废品废料 文化、体育和娱乐
4	+--	两个因素的影响方向相反，但它们的协同作用是负的	房地产 租赁和商务服务
5	-++	两个因素的影响方向相反，但它们的协同作用是正的	造纸印刷和文教体育用品,化学产品,金属冶炼和压延加工品,金属制品,仪器仪表,其他制造业,信息传输、软件和信息技术服务,科学研究和技术服务,水利、环境和公共设施管理,教育,公共管理、社会保障和社会组织
6	-+-	两个因素的影响方向相反，但它们的协同作用是负的	石油和天然气开采产品,木材加工品和家具,电力、热力的生产和供应,燃气生产和供应,水的生产和供应,住宿和餐饮

续表

分类号	符号组合	经济意义	集合成员
7	--+	每个单独的因素都阻碍该部门的变化，但协同作用是支持的	纺织品，通用和专用设备制造业，电气机械和器材，金融
8	---	所有的分量都和支持份额的变化相反	金属矿采选产品，非金属矿物制品，批发和零售，卫生和社会工作

在表4中，第五类有11个部门，第一类有9个部门，第六类有6个部门，第七类和第八类各有4个部门，第二类、第三类、第四类分别有两个部门。这种部门分布结构说明，虽然技术变化和最终需求结构的单独变化分别对经济部门结构变化起支持作用，但是他们的协同作用却起反向的作用。

(三) 结果

本文建立了一些分类体系来区分影响域的贡献，并根据主要影响域特征和不同影响分量贡献的正负号组合对部门进行分类。实证发现，宁夏经济的前5个部门主要是工业部门，还有服务业的两个行业，其主要影响因素是最终需求。还发现，如两个因素的协同作用可能会与因变量的变化相反，尽管它们各自的作用是支持因变量变化的。

三、主要结论及相关政策建议

由以上实证分析结果可以看出，宁夏的大部分行业主要是由最终需求影响而变动的，另一部分则是由技术进步和最终需求共同作用而影响的。针对这一研究结论，结合宁夏实际，提出以下对策和建议。

从宁夏实际情况看，宁夏的产业结构仍然是典型的"二三一"模式，以资源消耗为主的工业经济发展模式将进一步加大资源环境压力，在今后的发展中没有竞争优势，就业、居民收入增加将难以保证，宁夏发展将长期处于被动局面；另一方面，国家实施强制性节能减排的政策，也将给今后的发展形成更大压力。因此，对宁夏而言，产业结构调整更具特殊性、紧迫性和艰巨性，必须把产业结构调整作为促进产业升级和实现可持续发

产业经济篇

展的重要举措。刺激居民消费、政府消费,优化固定资产投资模式,提高资本形成的效益,进一步推动出口,从最终需求的角度进一步研究制定相关政策,以拉动经济增长。

从以上研究结果看,技术变化引起的增加值变动的行业属于少数,说明宁夏现阶段仍然是以传统技术为主导,新技术变革不足。因此,要加快推进新型工业化、传统农业向现代农业转变、传统服务业向高端服务业转变,全面提升自主创新能力,扩大对外开放全面,改善基础设施条件,在发展中促转变、在转变中促发展,努力调整优化产业结构。

一是大力发展新型工业。坚持错位发展与适度集中结合、传统产业与新兴产业并举、企业发展与产业配套互动,不断提高新型工业化水平,促进工业由初级加工向精深加工转变、产品竞争向品牌竞争转变、粗放发展向集约发展转变。

二是新兴产业高端化。围绕新能源、新材料、新医药三大新兴产业,积极抢占技术制高点,形成先发竞争优势。新能源重点发展风电、太阳能发电,积极发展煤层气发电、生物质能,打造国家新能源产业示范基地。新材料重点发展钽铌铍钛稀有金属、铝镁合金及深加工产品,形成石嘴山—银川—青铜峡—太阳山新材料产业带。新医药重点发展生物制药、生物发酵,加大新药特药开发力度,巩固扩大优势地位。

三是技术变革与最终需求共同开发。宁夏大部分行业是由技术变革与最终需求共同影响而变化增长的。因此,在政策制定上,要将技术变革与最终需求两者相结合,统筹兼顾,加大技术投入力度,增强技术与需求的共同作用,最终形成乘数效应。

宁夏现代农业发展研究

张耀武

大力推进现代农业发展是我国经济新常态下推进新农村建设的首要任务，是促进农民增收、全面建成小康社会的产业基础。近年来，在国家政策的大力支持下，宁夏三大农业示范区建设如火如荼，农业科技水平不断提高，现代农业发展取得了显著成效。但农业技术创新、农业技术效率、农业产业结构调整与升级、农民增收仍是宁夏现代农业发展面临的重大挑战，现代农业发展任重道远。

一、现代农业的内涵和评价指标

发达国家的实践表明，现代农业发展是提高一国农业综合生产能力、促进农民增产增收的根本途径。现代农业是由生产主导型的农业不断向技术主导型的农业发展与转化的结果，在现代科学技术发展的不同阶段有不同的内涵，是一个动态的发展过程。

（一）现代农业与农业现代化的内涵

关于现代农业的内涵，不同的国家有不同的认识和表述，国内石元

作者简介：张耀武，宁夏社会科学院综合经济研究所研究员，主要研究方向为农村经济、产业经济、扶贫开发等。

春、卢良恕、蒋和平等学者的表述也各不相同，目前广泛应用的现代农业概念是2007年中央"1号文件"对我国现代农业发展的界定，即现代农业是指用现代物质条件装备农业，用现代科学技术改造农业，用现代产业体系提升农业，用现代经营形式推进农业，用现代发展理念引领农业，用培养新型农民发展农业，提高农业水利化、机械化和信息化水平，提高土地产出率、资源利用率和农业劳动生产率，提高农民素质、效益和竞争力。

农业现代化则是指传统农业向现代农业发展的动态过程，是以打造现代农业为目标，着力于构建"技术装备先进、组织方式优化、产业体系完善、供给保障有力、综合效益明显"的农业发展格局①。现代农业和农业现代化的区别在于现代农业是传统农业质变后达到的一种状态，是静态的，强调的是目标或结果。而农业现代化则是农业发展的过程，是动态的，强调的是农业发展的方法、途径、手段与阶段。

（二）现代农业的类型

由于国内外学者对现代农业类型划分的依据和标准有所不同，所以划分出的类型繁多。我国学者关于现代农业类型的划分，归纳起来主要有可持续型农业、立体高效型农业、高科技型农业和观光休闲型农业四大类型。②

1.可持续型农业。主要是指通过调整和优化农业结构，依靠科技投入增加农业产出率、保持农业生态平衡、建立资源节约型、经营集约化、生产商品化的现代农业，以保持农业的可持续发展。因划分依据和内容的不同，又可细分为生物农业、生态农业、绿色农业等发展模式。

2.立体高效型农业。主要是指利用时间差、空间差立体种养，组成"高效复合生态系统"，从平面、时间、多层次利用单位资源，生产出高产优质农产品的农业发展模式。具体又可细分为蓝色农业（海洋生物）、白色农业（生物工程）、设施农业和工厂化农业等发展模式。

3.高科技型农业。主要是指充分利用生物技术、电子信息技术等现代高新技术的农业发展模式。是传统农业通过吸收和融合现代信息技术和生物

---

① 王利耀.推进农业现代化应把握好四个关系.人民日报，2013-11-20.
② 胡未央，胡燕.现代农业文献综述.农业与技术，2013-10.

技术，不断创新农业发展形式，主要包括分子农业、航天农业、快速农业、超级型农业和精准农业等类型。

4.观光休闲型农业。主要是指通过利用农业资源、农业景观和农村环境建立休闲农业区，在休闲农业区内可以观光游览、采摘果实、体验农民生活和享受农家乐趣，是一、二、三产业功能，集生产、生活、生态为一体的新型农业形态。因此，又被称为旅游农业或绿色旅游业。

（三）现代农业评价的指标体系

关于现代农业发展水平的评价，国内外学者提出了不同的评价指标体系，评价指标也不尽相同，但科技对农业的贡献率在80%以上、农产品商品率在95%以上、农业投入占当年农业总产值的比重在40%以上、农业劳动力占全国劳动力总数的比重低于20%等评价指标是世界各国比较认同的。[1]

我国对现代农业发展水平的评价指标体系建立较晚，主要采用农业现代化指标体系进行评价，目前仍处于试行阶段。2010年，辛岭、蒋和平在杨万江、徐星明、黄祖辉、林剑、卢江勇、王爽英等人研究的基础上，参考世界银行、联合国粮农组织、欧盟和美国等国际组织和国家评价农业现代化的指标和标准，利用专家评价法和层次分析法，构建了我国农业现代化发展水平评价指标体系，设立了农业投入水平、农业产出水平、农村社会发展水平、农业可持续发展水平4项准则指标和12项个体测评指标，并将中国农业现代化发展水平划分为起步、发展、成熟三个阶段。[2]通过利用《中国统计年鉴（1979~2009年）》《中国农村统计年鉴（1979~2009年）》等统计资料，对全国农业现代化发展水平进行了测评评价，结果显示，我国东部地区现代农业发展水平已基本接近成熟阶段，中部地区已稳步进入发展阶段，而包括宁夏在内的西部地区大部分省区现代农业发展仍处于起步阶段。

---

[1]柳岩.我国现代农业发展研究述评.内蒙古财经学院学报,2010(6):82~86.

[2]辛岭,蒋和平.我国农业现代化发展水平评价指标体系的构建和测算.农业现代化研究,2010.31(6):646~650.

基于中央"1号文件"和《国民经济与社会发展第十二个五年规划纲要》等一系列文件对现代农业的定义、基本特征、指导思路、发展目标、重点区域与产业、重点领域与环节、重大工程与政策、保障措施等范围的明确界定，农业部于2013年出台《国家现代农业示范区建设水平监测评价办法（试行）》，从农业物质装备水平、科技推广水平、经营管理水平、支持水平、产出水平和可持续发展水平等6个方面24项指标对我国现代农业发展水平进行测评，并根据测评分值将我国现代农业发展阶段划分为农业现代化发展阶段（小于75分）、农业现代化基本实现阶段（等于或大于75分）和农业现代化全面实现阶段（应该为等于或大于90分）等三个发展阶段，这是我国首个国家级农业现代化监测指标体系。

二、宁夏现代农业发展的成就

进入21世纪以来，宁夏先后制定并组织实施了《宁夏优势特色农产品区域布局及发展规划（2003～2007年）》《宁夏农业特色优势产业发展规划（2008～2012年）》《宁夏中部干旱带和南部山区覆膜保墒集雨补灌旱作节水农业建设规划（2008～2012年）》《宁夏百万亩设施农业发展建设规划（2007～2011年）》《宁夏现代农业示范园区建设规划》《全区农业特色优势产业发展推进计划》《全区农业结构调整产业优化升级实施方案（2014～2017年）》和"五百三千"（力争用5年左右时间，全区葡萄种植面积达到100万亩，枸杞100万亩，设施蔬菜100万亩以上，越夏冷凉蔬菜100万亩以上，奶牛存栏100万头；优质饲草料基地稳定在1000万亩，发展肉牛肉羊专业村1000个、标准化规模养殖场1000个）产业发展计划等。立足本区资源禀赋，出台了《关于加快产业转型升级促进现代农业发展的意见》，突出发展优质粮食、草畜、蔬菜、枸杞、葡萄等特色优势产业，走特色产业、高品质、高端市场、高效益的"一特三高"现代农业发展之路，取得了显著成效。

（一）特色优势农业产业体系不断优化

宁夏现代农业的发展，依靠丰富的土地资源、便利的农业灌溉条件、充足的光热资源，充分发挥农产品的鲜明特色和清真品牌的独特优势，全力打造特色优势农业产业体系，现已形成枸杞、清真牛羊肉、奶牛、马铃薯、瓜菜、优质粮食、淡水鱼、葡萄、红枣、农作物制种、优质牧草、苹果和中药材等13个特色优势产业和十大产业集群。

（二）主要农产品生产能力显著提高

2000年以来，粮食生产实现"十二连丰"，产量连续6年稳定在350万吨的规划指标以上，其中有4年超过370万吨；肉类总产量连续7年超过25万吨；牛奶鲜奶产量连续4年超过100万吨。2014年，实现人均粮食产量585公斤，居全国第5位；人均鲜奶产量207.5公斤，居全国第2位；人均牛肉产量13.4公斤，居全国第6位；人均羊肉产量14.9公斤，居全国第5位；人均蔬菜728公斤，居全国第5位。优质粮食、清真牛羊肉、奶牛、瓜菜、枸杞、酿酒葡萄等特色产业产值占农业总产值的比重达到85.7%，占农民收入的比重达到42.5%。

（三）农业产业化水平明显提升

截至2014年底，宁夏培育自治区级以上农业产业化龙头企业289家，年销售收入366.5亿元，其中国家级龙头企业19家；全区农产品加工产值达到450亿元，设立农产品外销窗口300个，开通淘宝、顺丰宁夏馆网上交易平台，初步构建起了连通城乡、辐射区内外的农产品营销网络。发展农民专业合作社4200多家、家庭农场1230家，带动55.8万农户参与农业产业化经营。建成19个农业部定点农产品批发市场、53个产地批发市场；培育农业品牌300多个，其中"中国驰名商标"21个。

（四）农业现代化发展速度加快

2010~2015年，农业部在全国创建了一批具有区域特色的国家现代农业示范区，其中宁夏现代农业发展水平较高的贺兰县、永宁县、利通区、沙坡头区及农垦被认定为国家现代农业示范区。经过5年的努力发展，5个国家现代农业示范区均取得了明显成效。依据《国家现代农业示范区建设水平监测评价办法（试行）》所列24项指标进行测评，贺兰县由2010年的65.7分，提高到2014年的77分；永宁县由2011年的67.93分，提高到2014年的78.81分；农垦由2011年的69.78分，提高到2014年的76.31分；利通区、沙坡头区分别达到71.6分、72.1分。贺兰、永宁和农垦率先进入农业现代化基本实现阶段，利通区、沙坡头区为农业现代化发展阶段。

宁夏已创建北部引黄灌区现代农业示范区、中部干旱带旱作节水农业示范区、南部黄土丘陵区生态农业示范区三大现代农业示范区和122个自治区级现代农业示范基地，有力地推动了宁夏现代农业的快速发展。截至2014年底，农业综合机械化水平达到69%，比全国平均水平高4个百分点；农业科技进步贡献率达到56%。粮食、奶牛、肉牛、绵羊良种化率分别达到89%、100%、90%、93%；主要农产品加工转化率达到58%。

三、宁夏现代农业发展存在的问题

宁夏现代农业发展虽然取得了骄人的业绩，但与全国相比，现代农业仍处于发展阶段，仅有贺兰、永宁两县和农垦进入了农业现代化基本实现阶段，其他各县区仍处于较低层次的发展阶段，宁夏现代农业发展仍面临着一些突出问题。

（一）农业基础设施薄弱

宁夏现有耕地1655.25万亩，其中水田60.7万亩、水浇地554.87万亩、旱作农田1039.68万亩。一是北部引黄灌区和中南部扬黄灌区主要水利设施建设年代久远，建设标准较低，40%左右的骨干渠道建筑物老化损坏严重，同心、固海、盐环定3个大型扬水工程及设备老化失修严重，安全供水难度大；支、斗渠砌护率不足50%，输水损失大；骨干排水沟道淤积严重，排水不畅。二是中南部地区旱作农田建设水平低，水土流失严重。

（二）土地经营规模小

根据全区土地确权登记和土地流转面积统计，目前土地流转面积总量小，农村土地经营70%以上仍以个体农户经营为主，土地经营规模小而分散。截至2015年11月30日，宁夏已完成一轮土地确权登记公示的共有2104个村96.9万户，面积1527.9万亩，平均每户经营土地面积15.8亩。[①]土地经营权流转面积291.4万亩，占家庭承包经营耕地面积的26.3%；参与

---

①宁夏农牧厅信息中心.全区农村土地承包经营权确权登记工作进展情况通报.2015-12-07.宁夏农业信息网, http://www.nxny.gov.cn.

土地流转的农户33.6万户，占家庭承包总农户的39.3%，户均流转土地8.7亩[①]。

（三）农业科技装备水平有待提高

与发达国家和地区相比，宁夏农业科技装备水平较低。一是农业科技贡献率有待提高。农业科技研发滞后，科技创新和科技推广能力薄弱，高新技术成果有效供给不足，粗放型经营方式没有得到根本改变，农业效益比较低。二是农业综合机械化水平偏低。农业机械装备结构不合理，大型耕作机械总量不足，除水稻、小麦、玉米收获机械比较充足外，其他作物收获机械、地膜回收机械短缺，中南部地区旱作农田二牛抬杠的耕作方式没有得到彻底改变。三是肉牛、肉羊养殖除规模化养殖场外，农户家庭养殖场机械化、智能化水平极低。

（四）农业产业化发展水平偏低

规模化农业企业数量少，农村专业经济组织规模小、结构松散、经营能力弱，对农业产业发展带动能力不强。家庭农场发展刚刚起步。农产品标准化建设和品牌发展滞后，冷链物流体系仍不完善。

（五）农业劳动力综合素质低

宁夏农村劳动力充足，但随着城镇化的快速发展，大量青壮年进城务工、转移就业，真正从事农业的劳动力数量大幅减少，且年龄偏大，文化程度、专业技能均较低，掌握现代农业技术能力弱，严重影响现代农业科技的推广应用和现代农业的发展。

四、促进宁夏现代农业发展的对策建议

提高农业科技装备和农业综合生产水平，加快农业一、二、三产业融合是宁夏现代农业发展的必由之路，必须进一步加强农业基础设施建设，培育新型农业经营主体，不断提高现代农业发展水平。

---

①宁夏农牧厅信息中心.宁夏农村改革"十二五"实现新跨越.2015-12-07.宁夏农业信息网,http://www.nxny.gov.cn.

产业经济篇

（一）继续加大农业基础设施建设投入，提高农业保障水平

一是加大基础设施建设力度。针对三大农业示范区基础设施建设面临的不同问题，采取差异化的措施加强农业基础设施建设。北部引黄灌区重点以加强水利设施更新改造和渠系砌护工程建设为主，提高节水灌溉设施配套建设水平，努力提高农业用水系数。中南部三大扬黄灌区重点以维护、更新扬水工程和设备为主，确保输水运行安全。中南部旱作农业区，重点以加强高标准基本农田、病险水库加固为主，大力建设小水窖、小塘坝、小高抽、小机井、小渠道等五小工程，扩大旱作节水补灌面积，为现代农业发展奠定坚实的物质基础。

二是坚持最严格的耕地保护制度。进一步健全农村土地管理制度，全面划定永久基本农田，完善农田水利设施建设，全面开展土地整治和中低产田改造，大规模推进高标准基本农田建设，切实提高土地的生产能力。

（二）大力培育新型经营主体，适度扩大土地经营规模

一是大力培育新型经营主体。按照党的十八届五中全会提出的要求，加大政策扶持力度，大力培育专业大户、家庭农场、农民合作社、农业产业化龙头企业等农业经营主体，不断提高新型经营主体的经营能力，着力构建新型农业经营体系，以解决小生产与大市场的矛盾。

二是适度扩大土地经营规模。在土地确权的基础上，加快推进城镇化与农民工进城落户。认真贯彻落实自治区党委、政府印发的《关于规范农村土地经营权流转的实施意见》，严格规范土地流转行为，鼓励多种形式的土地流转，加快推进土地经营权的流转，充分发挥土地规模经营优势，不断提高农业劳动生产率和农业综合效益。

（三）加强农业科技创新体系建设，着力提高农业科技装备水平

一是要进一步明确农业基础性研究与实用技术性研究的主体，大力支持农业科技创新。农业基础性研究要以农业科研机构、高校等公益性研究机构为主体，以农业基础理论、基因工程、生物工程为重点开展农业基础性研究工作，为农业科技进步奠定坚实的基础。农业实用技术性研究，要以农业科技企业为主体，研发解决影响现代农业发展的关键技术和难题。加大农业科技研发投入，组织实施农业科技创新工程，提高自主创新能力。

大力加强高产、优质、高效、生态、安全农作物新品种的研究和培育；大力研发和推广节水灌溉技术、设施农业技术、农业机械化技术、农业生态保护技术、动植物重大疫病控制与防治技术、农产品保鲜技术、精深加工技术、农村污染物处理技术等一系列现代农业实用技术，不断提高农业发展的科学技术含量。

二是创新农业科技推广模式，努力提高科技对农业增长的贡献率。以促进农业特色产业发展为目标、以规模经营为基础、以新型经营主体为对象，密切农业科研与产业发展实际需求的供需关系，改革农业科技推广模式，调动社会力量参与农业科技推广工作。建立国家扶持和市场引导相结合、有偿服务与无偿服务相结合的新型农业技术推广体系，探索"农业科技研发团队+新型农业经营主体+基地"的农业科技推广模式，逐步改变千家万户经营与农业科技推广机构逐村、逐户宣传、指导的农业科技传统推广模式，加快现代农业科技成果推广转化应用速度，提高农业科技效益。

三是不断优化农机装备结构，努力提高全程机械化水平。加快农业特色优势产业生产中关键农机化装备和农机农艺融合技术的研发、引进和推广，进一步拓宽农机作业服务领域，突出抓好特色产业、旱作农业、重点作物、关键环节的全程机械化生产，不断提高农业综合机械化水平，彻底消灭二牛抬杠的耕作模式。

四是建立健全农产品冷链物流体系，提高农产品运销能力。根据全区农业特色优势产业的发展和特色农产品的运销特点，大力加强农产品田间市场和冷链物流体系建设，培育壮大冷链物流企业，完善冷藏库、冷藏运输车等设施设备建设，提高农产品冷藏运销能力，减少物流运输损失。

五是大力发展农业物联网技术，加快推进"互联网+现代农业"发展模式。随着3G、4G、IPV6等现代通信技术的发展，互联网技术在农业领域的应用有了广阔的前景。宁夏应按照国务院印发的《关于积极推进"互联网+"行动的指导意见》要求，积极组织研发、推广互联网在现代农业生产中的应用，探索建立网络化、智能化、多样化的农业互联网管理模式。进一步完善农产品和涉农物资信息平台、农产品电子商务交易平台、农产品物流信息平台和农业实用技术培训平台等"三农"综合信息服务平台，逐步建立农牧业生产作业物联网体系，病虫害测控体系，农产品、农资质量安全追溯体系等。

(四) 加快推进一、二、三产业融合，努力提高农业产业化水平

一是大力发展产业集群，促进一、二、三产业融合。在大力培育新型农业经营主体的同时，依据区域资源优势，进一步优化农业产业结构，培育以农产品加工龙头企业为主体、科研机构为依托、产业基地为基础的产业集群，形成"企业+科研机构+基地"的产业集群，促进一、二、三产业融合，提升产业发展层次。大力培育无公害、绿色、有机农产品品牌，提高优质农产品的商品化率和安全性、可靠性，确保粮食供应和食品安全。

二是提高农业生产组织化水平，强化现代农业服务支撑。大力培育发展各类新型农村专业合作经济组织，为农业经营主体提供多种形式的专业化服务。重点围绕农用生产资料供应、农业技术推广、农事操作、农产品加工、贮藏、物流、营销等环节，发展各类专业合作经济组织，提高经营服务能力和水平，以服务为纽带提高农民的组织化程度，增强市场竞争力。

(五) 大力培养新型农民，不断提高农业劳动生产率

一是大力开展农业劳动力综合素质培养。提高农业劳动力综合素质是提高现代农业发展水平的迫切要求。必须培养一大批有文化、懂技术、会经营的新型农民，为发展现代农业提供人力资源保障。对现有农业经营主体，组织实施农村实用人才培训工程，采取多种形式，积极开展农业生产、农产品加工、贮存、运销、市场开拓等技能培训，特别要重视信息技术应用能力的培养，努力把广大农业经营主体培养成会生产技能、懂管理知识、有市场意识、掌握信息技术的现代农业经营者。

二是积极培养现代农业发展带头人。鼓励和支持外出务工农民带技术、带资金回乡创业，建立家庭农场，经营流转土地、畜禽养殖场等；定期组织开展农村基层组织负责人培训，提高基层组织负责人农业生产经营能力，带动现代农业发展。

三是着力发展农村职业技术教育。充分利用国家支持职业教育发展的政策，大力发展农业职业教育和农村成人教育，加大高校和中职学校农、林、牧、水类专业学生的助学力度，培养一大批从事现代农业生产的科技人才和高素质的新型职业农民,为现代农业发展提供人力资源保障。

(六) 完善农业支持长效机制,强化现代农业政策支撑

一是继续增加财政支农资金投入。进一步增加支农资金在财政支出中的比重,加大农业基础设施建设投资力度,加强农田水利、土地整理、中低产田改造、高标准基本农田建设。

二是完善支持现代农业发展的补贴政策。在实施国家良种补贴、农机具购置补贴、测土配方施肥以及粮食直补等各项补贴政策的基础上,针对宁夏三大农业示范区发展的重点产业,增加补贴种类,扩大补贴资金规模,提高补贴标准,健全政策实施机制,确保促进现代农业发展的政策效应得到充分发挥。

三是加强农业保险发展。现代农业发展在提高农业生产能力的同时,也大大提高了生产经营的风险,因此要转变农业防灾救灾方式,实现由"政府救济"向"保险理赔"的转变。积极总结宁夏发展农业保险的成功经验,制定实施更加优惠的农业保险政策,建立国家、行业、个人共同参与的农业保险机制,提高农业保险抵御自然灾害的能力。

宁夏煤炭经济转型升级研究[①]

王林伶

一、煤炭经济发展的形势

从改革开放到 2013 年，中国经济始终保持着稳中有升的增长态势，尤其在能源经济的驱动下，中国经济更加高速发展，煤炭投资、产能增加等增长明显。但从 2014 年中国煤炭消费量出现 15 年来首次负增长之后，煤炭消费持续呈现下降态势。中国煤炭工业协会数据显示，2015 年 1~10 月，全国煤炭消费量约为 32.3 亿吨，同比减少 1.6 亿吨，下降 4.7%。2015 年上半年，全国煤炭现有产能已经达到了 40 亿吨，在建产能 10 亿吨，合计 50 亿吨，远远超出 39 亿吨的煤炭消费需求，全国产能超过了 40 亿吨，国家已经形成的产能和建设的产能为 50 亿吨，出现了产能严重过剩。[②]受金融危机、环境保护压力等多种因素的影响，全球经济前景不容乐观，许多国

作者简介：王林伶，宁夏社会科学院综合经济研究所助理研究员，主要研究方向为区域经济与产业经济(能源、生态、旅游)、经济地理、文化地理与可持续发展。

①基金项目：国家社科基金项目(13XJL011).

②煤炭业何去何从 _ 山西煤炭销售网，http://www.sxmtxs.com/xsnxcoal/4290235/articlenew.html.

家和地区经济增长出现了停滞或放缓，严重影响了全球的电力消费和工业用电需求，进而影响煤炭能源的消费，中国的经济发展也转入了放缓的新常态。同时，受结构产能过剩、主要耗煤行业消费下降、煤炭产能与库存超前释放突出、进口煤炭冲击、保护环境节能降耗等综合因素影响，经过多年的高速发展，我国煤炭行业已结束"黄金十年"，转入产能结构深度调整期。宁夏作为西北"能源金三角"的一极，受能源需求疲软与节能降耗的影响也在所难免，自2013年一季度，春寒袭来，宁夏众多煤炭企业，因市场需求放缓，销售急速下降，煤炭价格下滑，效益下降，到2015年宁夏煤炭市场景气度持续下降，致使企业经营困难加大，探索宁夏煤炭产业转型升级迫在眉睫。

二、宁夏煤炭产业现状与问题

（一）宁夏煤炭产业的现状

2015年，通过对全区调研与抽样调查发现，受全国煤炭供大于求、需求不足等宏观形势的影响，宁夏生产经营形势持续低迷。一是煤炭产量大幅下降。1~10月，全区累计生产原煤6118万吨，同比下降9.07%，其中神华宁煤集团煤炭产量下降10%；电力行业发电量同比下降0.4%。[①] 二是市场销售持续萎缩。1~10月，神华宁煤集团煤炭销量下降17.3%。三是铁路运输连续多月下降。1~11月，全区国家铁路累计完成货物发送量2632.2万吨，同比减运533.5万吨，下降16.9%，其中，煤炭完成1694.9万吨，同比减运675.3万吨，下降28.5%[②]，其他金属制品、电器等运输同比也下降。四是降价明显。1~10月，宁夏商品煤平均售价同比下降5%~6%，主焦煤、无烟精块煤、动力煤等均有不同程度的下降，煤炭低价位徘徊或成为新常态。中电投青铝宁东350KA系列288台电解槽累计产量下降15%。电解铝销售价格持续下降，价格最低跌至10400元/吨，较上年同期下降约3000元。中色东方集团公司9月营业收入与上年同期相比下降

---

①全国及重点产煤省煤炭产量汇总，煤炭研究网，http://www.coalstudy.com/news.html.

②1~11月国铁完成货物发送量下降16.9%，http://www.nxetc.gov.cn/index.

56.1%，总产值下降27.8%，出口下降22%；镁及镁合金、钽粉、钽丝等产品价格走低，企业营业收入和利润下降幅度较大。五是煤炭企业生产经营欠佳，亏损面加大。1~10月，全区亏损企业达420家，亏损面36%，而煤炭企业出现了近年来首次整体亏损①，如博宇特钢6月停产至今，铁合金价格持续下降，大部分企业亏损生产，限产减产趋势明显，库存较大。六是库存规模环比上升。

（二）宁夏煤炭产业存在的问题

煤炭能源在宁夏的经济发展中做出了巨大的贡献。宁夏煤炭产业发展已经走过了60余年历程，从全区北部煤炭的开发向南部地区覆盖，从小型煤炭企业转变重组为大型煤业集团，从地方煤炭开采发展为国家大型能源生产基地，从区域开发利用走向"西电东输"工程，从煤机企业发展为矿山煤机技术装备制造业，煤炭在经过长期大规模开发利用后也出现了一系列问题。

一是从资源型城市到资源枯竭型城市。1958年，煤炭部开始对石炭井矿区开发建设，近50年来石嘴山市为国家提供各种原煤5亿吨，电力装机达到307万千瓦，创造产值2000多亿元，为支持国家经济建设和国防工业的发展做出了突出的历史性贡献。2008年，石嘴山市被列为国家首批资源枯竭城市。由于煤炭资源日益枯竭，国家布局的矿井相继闭坑，已经形成沉陷区的面积达41.35平方公里②，环境质量下降，社会保障压力增大，各种困难和矛盾日益显现。

二是煤炭资源开发条件变差。煤炭资源在逐年减少，优质煤炭资源也在逐年减少，褐煤和低变质烟煤增多，开采的深度加大，开采成本升高，宁夏开发的重心与梯度逐步由北部向南部干旱带与山区转移。

三是煤炭利用效率低，污染问题突出。煤炭发电及供热平均综合利用效率仅为40%左右，比发达国家低10个百分点；燃煤排放的二氧化硫、二氧化碳、碳氧化物、总悬浮颗粒物、重金属、煤矸石、渣尘、污水等污染

---

① 1~10月宁夏经济运行情况，http://nxic.gov.cn/cszz/zhc/jjxsjbg_zhc/35866.htm.
② 石嘴山市资源枯竭城市转型规划[EB/OB].http://www.nxszs.gov.cn.htm.

问题突出。同时部分采煤片区出现了沉陷区，部分道路因运煤破损程度与返修率增高，路边的污染也加重。

四是生产经营困难，应收款项不断增加。宁夏区内电力需求增长缓慢，发电企业电煤库存充裕，发电用煤增长缓慢；周边省区电煤市场逐步萎缩，价格低位运行；企业效益大幅下滑，生产经营困难，如神华宁煤集团14对生产矿井中，仅有4对大型矿井盈利，其他矿井均处于亏损状态。同时，该企业5月电煤合同兑现率为72.96%，欠销321.74万吨，此种情境像是煤炭企业集体"冬泳"，能源行业进入了相对寒冬期。

五是金融支持不高，项目投资下降。金融机构对煤矿项目投资支持的积极性不高。2015年1~5月，宁夏11个在建煤矿项目累计完成投资6.29亿元，同比下降38.1%；部分煤矿企业投资意愿下降，如永安、韦一煤矿获得核准后一直未复工建设。

近年来，受环境保护因素影响，因煤炭发电必然引起碳排放量的增长，出现了"去煤化"的呼声，以煤制油、煤制气为主的现代煤化工项目，因其高耗能、高耗水等问题，国内对此争议不断，加之油价大幅下降又给煤化工带来冲击。由此看来，我国现代煤化工走到了十字路口、走到了煤炭转型升级的阶段，任何国家和地区的能源转型都是极为艰难的，中国不例外，宁夏也不例外。当前能源经济运行中遇到的困难是多因素的耦合，是发展中的问题，是结构调整的阵痛。煤炭产业必须抓住机遇，加快转型升级，才能走出困境。

三、宁夏煤炭经济转型升级的方向

（一）做强煤炭优势产业，实现电力外送

优势特色产业是指在宁夏具有资源支撑、地方特色和相当规模的产业。煤炭是宁夏主要的矿产资源，也是优势产业，现探明储量315亿吨，远景储量2200亿吨。2014年，煤炭年生产能力约为7920万吨，预计2020年达到1.3亿吨。现有煤矿90多处，煤矿年均生产能力达到70万吨，最大的梅花井煤矿单体矿井年生产量已超过1000万吨，要做大做强宁夏的煤炭产业，地位不能放松，使其在近阶段内保持高速增长的势头不应改变。

在做优宁夏煤炭经济的同时，转型升级宁夏煤炭产业的主要途径是要实现煤炭资源"上网外送"，就是要大力建设坑口电站。2013年，宁夏火电装机达到2000多万千瓦，用煤约4000万吨，占全部煤炭产量的45%，规划到2015年装机达3000万千瓦，2020年达4600万千瓦。一是要优化电源点建设规模和布局，将单机以60万~100万千瓦为主的火电，升级到以100万千瓦为主。二是建设技术先进、安全可靠、运行灵活、标准统一、经济高效的坚强电网，形成750千伏主干环网和330千伏输电网架结构，同步建设与主网协调发展的110千伏及以下配电网。三是在电厂建设中要同步采用烟气脱硫、污废水循环利用等技术，研究和应用脱硝技术。四是建设宁东—山东±660千伏高压输电线路和宁东—浙江±800千伏高压输电线路。五是布局1000千伏交流高压输电项目，使宁夏外送电"十二五"期间达到1200万千瓦。

（二）发展煤化工产业，实现就地转化

煤化工主要包括煤制油、煤基烯烃、煤制甲醇、煤制二甲醚、煤制天然气、煤制化肥等产品。按平均每吨煤化工产品综合耗原煤4吨计算。如形成1000万吨煤化工产品则耗原煤4000万吨。相比而言，煤化工的能源转化率可达50%以上。比煤发电要高出十几个百分点，产品价格也较高，转型升级宁夏煤炭产业的主要途径是要实现煤炭资源就地转化，也是宁夏煤炭经济今后发展的重点。在煤化工的各类产品中，甲醇产能最大，国内已达2000万~3000万吨，且煤制甲醇的能源转化率最高，应以甲醇为中间体，大力发展甲醇的深加工，以提高其附加值，消化其产能，形成甲醇、甲醚、二甲醚、烯烃等新型煤化工多产联产产业集群。

（三）由煤炭燃料转向高新材料产业

由煤炭燃料转向化工原料的另一个路径是发展高新材料产业。目前我国乙烯、苯的缺口均达到50%，而乙二醇缺口高达60%以上，这是煤化工走向"材料产业"的方向。目前煤化工生产的烯烃、芳烃都是初级产品，产业链可以继续延伸到橡胶、化纤、油漆等，往往表现为产业链越延长价值就越高，如芳烃变成高附加值的原丝、的确良、差别化纤维，市场价格每吨可达几万元，就可以将煤燃料提升到高附加值的程度。同时，实现与宁夏已经形成的石嘴山市—贺兰县—灵武市—中卫市新型化纤纺织产业链的多产融合、多链融合、上下互补的环闭式产业链。要进一步延伸新型化纤纺织业，采用高新着色技术和特殊纺织工艺，生产高品质纺织产品，形成全新的现代化生态环保集约纺织工业基地，辐射周边，形成千亿综合产值的规模效应。

（四）由太西煤能源转向碳基材料产业

碳作为生命基本组成之一，存在于所有有机材料和碳基高分子中。碳有4种同素异形体：石墨、金刚石、富勒烯、卡宾碳，它们因各自不同的特点及应用，几乎涵盖所有科学家及工程师所需要的属性特征。例如：石墨是最软的材料之一，通常用来作为固体润滑剂；金刚石是最硬的材料，通常作为切割工具。

碳基材料，主要指以无烟煤和石英砂等为原料生产的含碳材料，主要初级制品有碳化硅、活性炭、炭素等，新型碳材料主要有富勒烯、碳纳米管、纳米金刚石、石墨烯、碳纤维、核石墨、储能用炭材料、玻璃炭等。如今，碳材料及碳基复合材料已经被广泛应用于航空航天、航海、能源、交通、环保、工业、汽车、医疗、建筑等领域，几乎深入到民生的每个角落。此外，更多高碳材料的应用，将使得生活更加低碳化，未来，市场对碳材料的需求将更加旺盛。

宁夏现有碳化硅生产企业10多家，碳化硅年生产能力为30多万吨，占全国产能的30%，企业主要分布在石嘴山市、中卫市和银川市。2013年，全球活性炭产能约为200万吨，中国活性炭产能约为70万吨，其中，宁夏煤质活性炭产量为30万吨左右，占全国煤质活性炭产量的40%以上。宁夏已建成活性炭生产企业70家，建有活化炉90多台。同年，中国碳素制品产能为3015万吨，宁夏碳素制品产能约为78吨，有相关生产企业300多家。目前已逐步形成了以煅煤、增碳剂为主的碳素材料和以炭块、电极糊和碳电极为主的碳素制品产业集群。

以2014年为年份单位进行粗略估算，1吨宁夏坑口太西煤价格约为500元，若经过筛洗后价格约为1200元/吨，若通过深加工变为98%的黑碳化硅平均价格约为5500元/吨（1.3吨太西煤通过冶炼可以得到1吨碳化硅），若通过深加工变为石墨烯平均价格约为1万元/吨，若再深加工变为碳纤维，价格为7万元/吨~12万元/吨。宁夏太西煤年开采量约为550万吨，若只将其中的200万吨通过深加工变为碳化硅或石墨烯材料，价值将到达200亿元（200万吨×1万元/吨），这样宁夏就会新出现若干个百亿产业。

四、对策建议与保障措施

以资源优势、规模优势、市场优势、技术优势拓展宁夏煤炭经济发展能力，通过将煤炭资源就地转化、发展煤化工、打造世界级的高碳基材料产业基地等途径，加快宁夏煤炭经济转型升级的步伐与提高竞争力。

（一）打造世界碳材料研发生产基地

1.制定碳基材料发展规划，打造世界碳材料基地。落实国务院《关于进一步促进宁夏经济社会发展的若干意见》（国发〔2008〕29号）中关于"支持碳基材料生产企业开发新产品、延长产业链，将宁夏建成世界重要的碳基材料制品生产研发基地"的要求，必须做到以下几点。

一是宁夏有优质的太西煤资源，铝生产基地、西北轴承、宁东石化、新能源企业等企业都为发展碳基材料提供了产业链；同时未来电动汽车充电桩、风能、太阳能所需的锂电池负极材料及环保、军工、民用等领域对碳基材料需求巨大。应制定并出台宁夏碳基材料产业中长期发展规划，建立项目评审制度，规划产业布局，制定产业标准，扶持产业发展，把宁夏建成世界重要的碳基材料研发与生产基地。

二是提高太西煤资源综合利用效率，走碳基材料深加工之路，转变增长方式，发展新型碳基材料及其复合材料，如碳纤维、富勒烯、碳纳米、石墨烯、核石墨、储能用炭材料，延伸产业链，提升附加值，提升宁夏工业核心竞争力，带动全区相关产业加速发展。

三是实施政府主导、龙头企业带动、社会参与、市场运作，提升服务功能，鼓励个人投资兴办，鼓励大企业参股控股、兼并收购等形式，促进生产要素、技术要素向优势企业集中，以疏导为主，提高标准，给企业指明发展的标准和要求，推动企业产业升级整合，推动企业做大做强；延伸产业链条，布局成组配套，形成碳基材料产业集群，建成（石嘴山市）碳材料循环经济产业园区。打造国家级碳基材料生产、研发基地和具有区域特色的循环经济示范产业园。

2. 以国家支持与国企主导，建立碳材料研发与检测中心。一是开发大规模高碳纤维等产品对企业是一种挑战与风险，因此需要加大国家对碳材料开发的政策、技术与资金扶持；同时，要发挥国有企业在技术、人才与实力上的主力军作用。二是通过国家、自治区工业技术创新资金和新产品研发资金，建立碳材料研发中心与碳材料检测中心。支持技术创新，吸引人才，提高科研水平，制定行业标准，增加对研发中心的投入。三是创建产业技术联盟。建立企业与高校、科研院所的紧密合作关系，将产学研有机结合，通过市场化运作，组建宁夏碳材料产品研发平台，开发新技术、新工艺、新产品。鼓励科研单位、企业和个人实施技术、产权入股，以专利转让等方式，发展混合所有制经济，将技术转化为生产力，将碳材料研发与生产转化成宁夏发展优势。

3. 加大对碳基材料扶持力度。一是加大财政对碳基材料产业的扶持力度，对符合宁夏碳基材料产业发展规划的重点企业、重点产品、重点项目，在新建、技术改造、技术创新、技术中心建设、新产品开发等方面，给予国家和自治区的专项资金支持，同时，地方财政资金也要给予重点支持。二是各金融机构加大对碳基材料产业的支持力度，通过银企推介等多种途径协调区内外金融机构参与支持宁夏碳基材料产业发展。鼓励区市两级担保机构加大对碳基材料产业项目的担保力度，从政策、资金上向煤基材产业逐渐予以倾斜。三是培育若干品牌产品与企业走向世界，提高宁夏新材料产品在国内外市场的占有率。四是要用战略发展的眼光，抓住我国发展碳材料、碳纤维的有利时机，加大技术支持和人才培养。碳材料及复合材料是一门多学科交叉、多技术集成的系统工程。在工程化开发时，要聘请相关领域的专家、技师、科研所及院校资深人员加盟研发和攻关，带动培育相关人才、技术、项目工程发展。

（二）发展循环经济，推进清洁生产

所谓循环经济，本质上是一种生态经济，按要求设计建立的一种新型

工业园区。它通过成员之间的副产物和废物的交换、能量和废水的逐级利用、基础设施的共享来实现园区在经济效益和环境效益的协调发展，具有横向耦合性、纵向闭合性、区域整合性和结构柔性等优势，是区域层面循环经济的表现形式和具体实践。加强宁夏煤化工项目纵向延伸和横向耦合，鼓励企业之间产品、副产品、废料互为原料。以宁东能源化工基地、平罗太沙循环经济园区、中宁县工业园区、中卫市工业园区等为抓手，强化国家循环经济示范区建设目标。加快煤制油、煤基烯烃、煤制甲醇、煤制二甲醚、煤制天然气、煤制化肥等工业尾气综合利用示范工程建设，提高资源总回收率和工业废弃物综合利用率。

目前，工业园区内的企业对于工业污染治理方面，主要采用的仍然是末端治理方式，虽然末端治理在工业污染治理领域发挥着重要作用，但其弊端也非常明显，如无法真正消除污染，且容易产生二次污染，在经济上治污成本又有不断上升的趋势。而清洁生产能够从源头上控制污染，清洁生产是指为了保持社会和自然生态系统可持续发展，持续地提高工艺、产品及服务，应用整合性及预防性的环境策略，减少人类及环境受到的危害。对工艺而言，清洁生产节约资源，避免使用有毒、有害原料及降低废物排放量与毒性。鼓励企业实施节能、节水、环保、清洁生产和安全生产的技术改造，鼓励入园企业对废水、废气和废渣进行综合利用和无害化处理。要在工业园区现有的基础上，确定园区的支柱产业，积极引进能形成以支柱产业为核心的"生态链（网）"的企业，以及能利用区内已有企业的废物和副产品为原料的企业；并根据生态工业系统建设需求，重点引进补链企业和项目，从而形成多产品、多链条、闭环式的工业共生链。

（三）支持产能企业"走出去"

宁夏经济已保持了多年快速增长，制造业发展越来越成熟，企业越来越壮大，资本输出越来越迫切，恰逢此时"一带一路"应运而生，这为宁夏推动国际产能合作、消化过剩产能创造了重要战略机遇。2015年一季度，中国钢铁产品出口在"一带一路"地区出现井喷，中亚与西亚的土耳其、伊朗、阿联酋、沙特进口量同比分别增长200%、96.7%、137%和110%；南亚的印度、巴基斯坦，从中国进口的钢材量同比增长207%和

124%；东南亚的越南、印尼、菲律宾、泰国、马来西亚、缅甸同比分别增长134%、114%、46.5%、78.7%、78.4%和77.1%。随着中亚、南亚、东南亚等地区的基础设施建设需求释放和该地区政府的招商力度上升，"一带一路"沿线国家的部分地区资源丰富，拥有发展钢铁、能源、制造业等产业必备的原料，成为了全球产能合作新增长点，带动了我国企业"走出去"。宁夏产能转型升级也需要在对外合作方面调整发展策略，要将产能企业"走出去"作为战略转型的重要方向。要为宁夏产能企业"走出去"提供相关信息、政策、援助等支撑，制定激励措施，实施"以奖代补"机制等。将研究机构、金融机构、行业协会等汇集在一起，组成一个产业联盟，实现走出去一体化的战略。

宁夏工业企业发展调查报告

自治区党委政策研究室课题组

党的十八届五中全会通过的"十三五"规划建议明确提出实施工业强基工程、智能制造工程，支持战略性新兴产业发展，这为宁夏企业发展提出了明确的方向和任务。面对经济持续下行的压力，宁夏企业如何发展走出困境是当前及今后一段时期面对的重要课题。

一、2015年宁夏工业企业发展总览

2015年以来，宁夏规模以上工业实现利润总体呈现增速低开、降幅持续收窄、效益不断回升的态势。1~9月，全区工业实现增加值687.31亿元，同比增长7.3%，比上半年回升0.4个百分点，但不同行业发展有喜有忧，如机械、轻纺、食品药品、化工等行业增速达20%左右，冶金、电力、有色等行业增速较低或负增长。在困境面前，宁夏企业也呈现出了一些有增长潜力的发展亮点。近日公布的2015年宁夏百强企业，入围门槛为年营业收入最低4.18亿元，5年来的平均增长率为12.93%，这说明宁夏大型企

作者简介：课题组成员：俞学虹，宁夏区党委政策研究室副主任；张洪斌，宁夏区党委政策研究室城市经济处处长；牛永生，宁夏区党委政策研究室城市经济处副处长；纳颖杰，宁夏区党委政策研究室主任科员。

业发展进入新阶段。其发展具有以下几个特征：一是规模经营使企业具有成本优势，决定了企业在市场竞争中的话语权。一些大型企业致力于以规模促发展，在市场竞争中稳步前行。如平罗太沙工业园的大地循环、贝利特化工、蓝白黑化工等10家电石化工生产骨干企业，产能200万吨，占全国的11%，成为全国重要的电石生产基地，预计到2020年实现地区生产总值260亿元。二是产品与市场多样性需求相匹配，使企业在市场竞争中赢得主动权。比如海兴开发区抓住医药类产业的发展机会，调整招商引资思路，充分利用土地资源等优势，引进安徽、甘肃等地客商，在企业孵化园成立了14家中药材加工企业，年工业产值达4.18亿元。三是多层次的营销网络是企业掌控市场的抓手。如宁夏百瑞源枸杞产业发展有限公司从2013年开始探索从传统市场走向电子商务市场，通过电商扩大销售渠道。自从百瑞源和淘宝、京东等各大电商平台合作以来，网上销量明显提升。2014年，百瑞源首次网上团购50分钟成交数量近5000笔，交易金额突破25万元。2015年"双十一"更是通过电商平台创造了一天内18万单的销售奇迹。宁夏大型企业通过扩大经营规模、丰富产品种类、建立各类营销网络等重要举措，摆脱了被市场淘汰的命运，并迅速成长为具有一定控制力、影响力的区域性龙头企业。

二、宁夏企业发展面临的问题

（一）流动资金紧张，贷款难

一些原料加工型企业流动资金紧张，贷款难。如灵武羊绒园区羊绒皮革加工企业，流动资金量占企业总销售额的70%左右，由于市场不景气，多数企业产品库存积压严重，应收货款持续增加，资金回笼缓慢，自有资金不足，导致流动资金短缺，贷款难问题依然存在。园区的一些企业由于租用厂房，没有有效抵押物，没有抵押就没有贷款。企业互联互保存在局域型金融风险。在一些地区，企业为了获得新贷款，联保互保非常普遍，一旦一家企业资金链断裂，就会引起连锁反应，殃及担保链上其他企业。

（二）电价高导致同类产品市场竞争力弱

一方面，宁夏电力资源丰富；另一方面，电价比周边省区高出许多。

如宁夏的企业用电电价是 0.41 元 / 度 ~0.43 元 / 度，而蒙西是 0.32 元 / 度 ~0.33 元 / 度，甘肃是 0.36 元 / 度 ~0.37 元 / 度，青海是 0.33 元 / 度，同一产品同等规模的生产线，在内蒙古就盈利，而在宁夏就亏损。2012 年，宁夏对部分重点产品进行电价补贴的政策只得到部分执行，自治区足额兑现了补贴资金，但各地配套资金没有到位，企业得不到全额补贴。

同时，宁夏一些发电企业机组不能满负荷运转，出现窝电现象。中宁发电公司 2014 年机组平均利用小时数为 6241 小时，负荷率 80%，2015 年前 6 个月负荷率仅为 68%。

（三）企业用地问题突出

一是企业用地普遍紧张。一些工业园区在招商引资时，急于铺摊子、上项目，工业用地基本用完。如固原慈善工业园内一家企业计划扩大生产规模，却无地可用。一家建材企业因预留用地被规划成城市道路用地，不仅土地证办不下来，还面临被拆除"违建"厂房。二是企业用地遗留问题乱象丛生。以前，没有用地指标控制时，企业用地都是边建边批。现在，由于土地指标控制，企业用地没有指标就批不了，造成许多企业后续建设用地手续不全，缺项很多。如中宁天元锰业规划用地 5.6 万亩，后期建设时，由于用地指标控制，有近 1/3 用地办不了土地证。三是园区土地流转不畅。在一些工业园区，一方面，有的企业占了地不建设投产，坐等土地升值；有的企业因经营不善，处于关闭状态，土地闲置。另一方面，一些经营好的企业想扩大规模，却无地可用。如太沙工业园区一家企业，在兼并周边同类企业、扩大生产规模时，仅土地一项就遭遇高昂要价，使企业难以发展。同时，土地出让金的"返还"优惠没了。据了解，前些年各市县为了招商引资，纷纷出台了优惠政策，最具吸引力的就是土地出让金"先征后返"。2014 年 11 月，国务院发布《关于清理规范税收等优惠政策的通知》，禁止"以优惠价格或零地价出让土地"，对"以代缴或给予补贴等形式减免土地出让收入等，坚决予以取消"。各地从 2014 年 12 月 1 日开始对企业的土地出让金不再返还或补贴。对此，很多企业不了解最新政策，拿着先前与政府签订的合同、协议，要求继续返还出让金。以上这些问题在宁夏各类企业都有不同程度的体现，一方面是有些企业对政策不熟悉，理解上有偏差，另一方面是政策在执行过程中存在"肠梗阻"。

（四）企业科技创新薄弱

科技投入不足，科技型企业少，科技创新意识不强，研发能力弱。2014年，宁夏科技支出为11.66亿元，占财政总支出的1.17%，要完成"十二五"末1.2%的目标难度较大。企业科技研发不够，2014年只有12.6%的企业开展了研发活动，科技创新还没有成为带动企业经济效益增长的着力点。尚未建立统筹推进企业创新的体制机制，难以形成推进合力。高层次人才缺乏，存在引进难、留住难、用好难的问题。

（五）企业债券融资、上市融资比例低

目前，宁夏企业融资依然热衷银行贷款，对债券融资热情不高，更不了解债券融资的种类、融资条件及流程。这其中最明显的表现就是企业债券融资规模小。2014年，宁夏企业债券融资占地区社会融资规模的9.3%，低于全国5.4个百分点，银行贷款仍占企业融资主导地位。2015年上半年，宁夏非金融企业债券发行金额在全国排名最后，在西北五省区中也排名靠后。企业债券融资大部分需要第三方担保，但宁夏缺乏实力强、信用评级较高的担保机构为企业发债提供担保。对外担保比例也是衡量企业能否发债的重要条件，宁夏许多企业采用互保、联保等形式融资，对外担保比例较高，发债风险大，发债通不过审核，难以发债融资。

企业上市融资进展缓慢，截至2015年7月底，宁夏上市公司只有12家，仅占全国的0.43%，其中在深交所主板上市公司7家，中小板上市公司1家，上交所上市公司4家，没有在创业板上市的公司。宁夏上市企业多以制造业为主，企业规模较小，市场竞争力弱，筹集资金规模较小是最主要的因素。2014年，宁夏非金融企业境内股票融资27亿元，仅占全国的0.62%。有的上市公司多年来没有进行股权再融资。除了筹资规模小的因素外，宁夏民营企业占到90%以上，主要以家族经营为主，对企业上市融资认识模糊，没有看到上市融资的优势，产生了不认可和抵触现象。目前在证监局备案的企业仅有4家，全国IPO排队企业有557家，宁夏没有IPO排队企业。

（六）招工难

随着经济结构转型升级，宁夏企业在普通用工招工难的同时，更面临着技能型和技术型人才招工难。2015 年，宁夏德泓羊绒工业园区计划招收数千名纺织工人，有一定技术技能的应聘者不到 10%。中宁县一家科技型民营企业由于产品更新换代，对高端技术人才的需求日趋扩大，急需补充科技研发人员和熟练技术工人，但受专业领域限制，难以从西北地区招聘到符合要求的人员，只能从东部地区引进，用人成本很高。还有一些石化企业由于宁夏高校化工专业的毕业生远远不能满足需求，只能从陕西、甘肃，甚至东部地区招聘。一方面招工不易，另一方面留人更难。不少企业花大力培养的熟练工人、技术人员，一旦技术到手、本领到家，就另攀高枝。

三、宁夏支持企业发展的对策及建议

工业是经济发展的强大引擎，工业强则经济强，工业兴则经济兴，党的五中全会通过的"十三五"规划建议对工业发展提出了明确的任务，宁夏应紧紧围绕新一轮科技革命和产业变革重塑工业发展新优势，围绕经济新常态，抓住调结构、转方式不动摇，实现企业增效。围绕建设"四个宁夏"，切实解决企业发展中存在的一系列问题，培育发展新动力。

（一）推动企业研发创新

创新是推进企业持续发展的动力源泉，要把推进企业创新作为首要的任务，敢于多方面突破和创新，形成各方面共同参与和支持创新的强大合力。加大财政研究与试验发展投入力度，每年至少增长 30% 以上。企业采用研发费用加计扣除、高新技术产业扶持等普惠性政策，完善企业研发费用计核方法，加大财政科技经费对企业研发创新的支持力度，加大企业科技创新后补助力度和额度，并严格落实地方配套资金。支持企业建设创新平台，健全科技创新平台协同机制，实现研究资源优势互补。积极探索建立以重点实验室、工程技术中心、企业技术中心、大型科研仪器开放共享为核心的服务制度体系，实现科技资源共享共用。鼓励支持各类主体兴办创新创业载体，营造良好的创新创业政策环境。各类科技园区、工业园区建立区级科技企业孵化器、众创空间等创新创业平台。大力发展众创空间，建设20家以上综合型科技企业孵化器，探索新型孵化模式，提升专业服务能力。大力开展中阿科技交流合作，开展各类对接洽谈活动，持续举办中阿科技活动周、中国高新技术及装备展，到2020年，争取建成20家双边技术转移中心。建立科技平台、基地、园区各5个以上，转移转化一批先进适用技术成果。

（二）改变企业融资渠道单一格局

资金是企业生存的"血液"，在当前经济下行情况下，破解融资难问题是帮助企业走出发展困境的当务之急。应切实改善融资环境，创新融资方法，为企业发展排忧解难。

一是推行"无间贷"，破解"倒贷"困局。按照2014年银监会《关于完善和创新小微企业贷款服务 提高小微企业金融服务水平的通知》精神，借鉴福建泉州等地银行做法，推行"无间贷"业务。鼓励银行在企业还款到期前，提前审核企业的信用评级、担保条件等。审查通过的企业无须归还贷款本金，即可享受贷款自动续期，实现"无本续贷"，无需再靠"倒贷"还账，解决企业转贷难题。建立增信基金，缓解中小微企业贷款难问题。通过增信措施，为符合条件的中小微企业向银行贷款提供增信并对所产生的风险损失进行补偿，对顺利贷款的企业进行贴息补助。改革各县（区）工业、服务业扶持专项资金使用模式，以该资金为引导资金，吸引当地企业和社会资本参股，组建县（区）级担保平台。设立中小企业直接融资发展基金，改变宁夏企业融资渠道单一格局。通过中小企业直接融资发展基金，对宁夏在创业板、新三板和区域性股权交易中心上市或挂牌的企业给予奖励或补贴。二是引导企业经营者由单一的银行间接融资向资本市场直接融资转变。积极培育上市公司资源，引导企业加快股份制公司改制，健全公司法人治理结构，规范公司运作，促使企业尽早符合上市条件。建立上市企业后备库，有重点地进行培育辅导，为企业上市提供优惠政策，力争实现1~2家企业短期内在沪深两市上市。大力发展中小企业，积极推进中小企业在创业板上市、新三板挂牌。此外，还要重视中介机构建设，尽快组建本土证券公司。加大法律、会计人才培养，培育在全国有一定知名度的律师事务所、会计师事务所，使其能够为宁夏企业上市提供服务。

着力打造地方融资平台。加快推进宁夏股权托管交易中心建设，完善各项制度规定，使其成为宁夏推进企业直接融资的平台。三是健全企业债券融资机制。制定促进宁夏企业债券融资的具体意见或措施，明确发展思路、发展对策，从政策上鼓励和支持企业扩大债券融资。建立健全政府部门与金融机构的联系会议、信息交流、重大事项报告等制度，加强与国家有关部门的沟通联系，提高债券发行效率。发掘合格的中小企业发债主体，对有意向发债和符合发债条件的企业进行摸底，精心筛选一批发展条件好、偿债能力强的企业，建立债券发行备选企业数据库，根据不同债券市场的条件和要求，分层次进行培育辅导，做到储备一批、培育一批、推动一批、扶优一批。加大政策扶持力度，对积极发债融资的企业，可根据情况给予一定的财政贴息或奖励支持，减轻企业发债融资负担。

（三）改善企业发展环境

一个良好的发展环境可以使企业浴火重生，应下大力气使软环境更优，为企业发展拓展更广阔的空间。

一是高效利用土地资源。全面清理各工业园区用地，对于项目容积率、投资强度等低于合同约定标准的，责令用地企业严格按照合同约定的标准开发建设，并收取违约金；对于闲置两年以上的工业用地，无偿收回；对停产或倒闭企业用地，应进行合理评估，有偿收回，盘活园区用地；对增量用地严格控制，按企业实际需用量提供，避免企业过度圈地占地。由国土部门牵头对全区工业用地发证情况进行排查摸底，分类统计，依照轻重缓急、先易后难的原则，选择问题集中的园区进行试点，制订企业用地遗留问题解决方案，依法办理土地登记发证。二是切实落实政策。各地应严格督察电价补贴、贷款贴息等各项惠企政策落实情况，抓住不落实的事情，追究不执行的单位，让企业真正得到实惠。深入推进财税体制改革。对国务院批准保留的财政扶持企业资金进行全面梳理，制定规范的资金管理办法，转变资金投入方式，切实支持企业发展。加强政策宣讲和解读，做好应急预案，积极稳妥处理好优惠政策取消后可能产生的矛盾和问题。三是切实转变政府职能。全面推进政务公开，制定各级政府的权力清单和责任清单，推行行政执法公示制度，建立各级政府服务"单一窗口"制度，实行一个窗口受理、一条龙服务、限期办结。明确各项政务和事项办理时限要求，对未按时批复的，实行超时默认制度，视为批准。制定《自治区公务人员履职问责办法》，对不作为、慢作为、乱作为的行为进行行政问责。

（四）破解企业结构性用工矛盾

改革目前人社、农牧、扶贫、工会、共青团、妇联"六龙治水"的多头培训机制，整合全区劳动力培训机构和资金，制定全区城乡劳动力培训规划，针对不同的就业群体，采取相应形式和内容的培训。加强校企联合办学，区属高校和大中专职业院校要根据企业需求开设相关专业，培养实用技术人才，并安排学生进入企业顶岗实习。充分利用各市县现有职业院校资源。比如银川能源学院和宝塔石化集团合作，企业为学校提供了自治区级实验教学示范中心、化学、化工、电工电子、电力、热动等实验实训室66个，校企合作实训基地45个，宝塔石化集团分布在区内外的9个所属企业和国家级煤化工检测重点实验室、宝塔应用技术研究院（省级企业技术中心）、宝塔设计院（具有行业乙级资质），可直接为银川能源学院的教学、科研和实训实习提供支持和服务。截至2015年，学校连续11届毕业生就业率达到95%以上。

宁夏电子商务调查报告

自治区党委政策研究室课题组

电子商务是网络化的新型经济活动方式，包含网络购物、在线支付、软件开发、技术服务、数据利用、服务外包、企业资源管理、跨境贸易电子交易、物联网、云计算等，涉及经济社会发展各个方面、各个领域，已成为促进增长、拉动内需、扩大消费最具潜质的因素。当前，我国电子商务正以前所未有的速度发展，宁夏应紧紧抓住电子商务发展的重大机遇，打造经济社会发展的新动力。

一、宁夏电子商务发展现状

近年来，宁夏紧跟形势，积极争取国家支持，按照"一体两翼"的思路，大力推进电子商务发展，呈现出持续快速发展的良好态势。

（一）发展电子商务形成共识

宁夏深刻认识到电子商务的地位作用，清晰发展思路，明确发展定位，加强组织领导，出台各项政策措施，推动电子商务加速发展。2015年10

作者简介：课题组成员：俞学虹，宁夏区党委政策研究室副主任；张洪斌，宁夏区党委政策研究室城市经济研究处处长；牛永生，宁夏区党委政策研究室城市经济研究处副处长；纳颖杰，宁夏区党委政策研究室城市经济研究处职员。

月，自治区人民政府出台了《关于促进电子商务发展加快培育经济新动力的实施意见》，从六个方面提出28条具体措施，加快推进宁夏电子商务创新发展。出台了《全区千村电商工程实施方案》，全面启动电子商务进农村综合示范工作，确定永宁县、贺兰县、平罗县、盐池县、同心县、西吉县、中宁县7个县为示范县，自治区拨付1.04亿元电子商务发展促进资金，推动农产品生产经营标准化、品牌化和电商化。各市县也结合自身实际，有重点地发展了各具特色的电子商务。如固原市制订《固原"互联网+扶贫+农村"电子商务项目实施方案》，大力推进农村电子商务的发展。贺兰县成立网络经济发展局，出台《关于推进电子商务发展的若干意见（试行）》，每年拿出1000万资金用于支持电子商务产业发展。

（二）入网用户和交易规模持续增加

近年来，宁夏互联网、手机用户快速增加，网络购物、在线支付总量不断扩大。截至2015年10月底，全区移动电话用户达664.4万户，移动互联网用户达512.7万户（手机上网用户495.9万户），固定宽带接入用户82.6万户；淘宝网注册卖家累计达14.6万家，其中实际销售店铺达1042家，企业卖家83家，个人卖家959家，仅银川市第一季度淘宝网注册卖家数量累计达9300户，新增注册卖家约300户。2015年1～9月，全区网络零售交易额约为98.73亿元，同比增长42.6%；网络购物90.8亿元，同比增长43.7%；网络销售7.92亿元，同比增长33.1%。银川市网络销售6.38亿元，占全区电子商务销售总额的80.5%。中国电子商务研究中心监测数据显示，2014年宁夏网络购物交易总额达到64亿元，用户人均网上支付近6500元，网络订单量增速位居全国第一。

（三）基础建设稳步推进

2013年以来，宁夏大力推进信息化发展，"光网宁夏"建设打开新局面，为电子商务发展奠定了良好基础。通信网络建设步伐加快，全区城市区域光网覆盖率超过95%，光纤宽带用户达到总宽带用户的55%，在全国排名第四。一批重大信息化建设项目全面展开，开始建设宁夏跨境电子商务公共服务系统、海关监管服务系统、国检监管服务系统及数据交换与安全认证系统（宁夏电子口岸一期），加紧建设中阿大数据服务平台、中卫西部云基地、银川中兴大数据中心,完成"丝路通"银川保税展示中心建设。信息化相关产业快速发展,如银川 IBI 育成中心聚集了大数据、电子商务、物联网、云计算、互联网金融等企业 380 多家,带动了互联网、智能电网、智能交通、智能城市等新兴产业发展,从业人员达到 3500 人。

(四) 配套服务体系不断完善

产业园区、物流运输、人才队伍、电商平台等配套服务体系是发展电子商务的关键环节。正在建设的银川市电商创业园、西夏电商谷、石嘴山市电商创业园、同心县电商暨文化创意产业园、固原市信息产业孵化园等园区为宁夏电子商务发展提供了一体化的配套服务,为电子商务创业构建了发展平台。惠农陆路口岸、航空口岸、银川陆路口岸三大口岸和宁夏国际空港物流中心、银川陆港物流中心等 9 个物流园区,构建了辐射周边、连接国内、通江达海、连通国际的现代化综合物流体系。一些商场、购物中心自建物流、配送中心等网络,形成了覆盖城乡的物流服务新格局。据不完全统计,全区经营范围含有"货物运输"字样的各类企业达 1200 余家,A 级以上物流企业 37 家;邮政服务网点 300 多个;快递网点 569 家。截至 2015 年 10 月,快递从业人员达 2600 多人。电商平台发展较快,"淘宝·中国宁夏馆""中阿淘""宁品汇""优百贸"等电子商务平台上线运行,宁夏希望、方达、科派特等信息公司已成为电子商务知名企业,亚马逊、阿里巴巴等国内外知名电商进驻,使宁夏电子商务配套支撑体系进一步加强。

(五) 电子商务推动经济社会发展的作用凸显

贺兰县发展电子商务的结果是电子商务改变了传统的生产、销售和服务方式,提高了经济运行的效率和效益,促进了县域经济发展。一是培育了县域经济增长点。贺兰县借助区位优势,大力发展电子商务,为县域经济发展增添了新动力。吸引了投资:如,义乌市幸福里市场开发有限公司与贺兰国有公司合作建设了跨境电商产业园,义乌小商品批发市场落户贺兰县电商创业园,当前已有 6 家电商企业将总部设在园区。促进经济发展:2015 年三季度,贺兰县实现电子商务交易 1.96 亿元,同比增长 67.2%,环比增长 10.7 个百分点,占当季度社会消费品零售总额的 2.22%。促进特色产品销售:一些大学生、返乡农民、种养殖大户等积极开设网店,推动贺兰产品卖向全国，取得了较好的销售收入。如，太阳城社区的电商网店，从2015年5月1日开始运营到10月底，6个月销售总额为604万元；金贵镇银河村自8月上线运行以来，采取线上订货、线下交易的方式销售农产品金额近30万元。二是扩大了就业。通过建设电商创业园、设立村级电商服务站等措施，大力推进电子商务发展，有力促进了大学毕业生、青年在电商领域创业就业。2015年，贺兰县建设的19个电商示范村（社区），已带动1000余人创业就业，带动上千户农民开展特色农产品销售。三是促进了产业结构调整。电子商务凭借低成本、高效率的优势，以及全天候、全方位和零距离的特点，改变着传统经营模式和生产组织形态，对传统零售模式产生颠覆性的冲击，已成为转变发展方式、优化产业结构的重要动力。贺兰县把电子商务延伸到村、到农户，建立了"县级运营中心+村级服务站+农户"运行模式，促进传统产业、特色产品与电子商务融合，为农业转型升级注入了新动力。通过建设电商物流园，吸引了苏宁易购、中通快递、顺丰优选等企业进驻，有力促进了物流服务业的发展。2015上半年，贺兰县电子商务交易额达到1.37亿元，同比增长50.6%。四是改变了群众生产生活方式。迅猛发展的电子商务不但改变了人们的生活方式，而且把特色农产品销售与"互联网+"有机结合起来，改变了传统的销售模式。如：洪广镇欣荣村在村部建立电商平台，网上销售特色五谷杂粮和当地群众手工刺绣、剪纸作品等，同时还为当地居民提供代缴电话费、电费及代购机票、火车票、家电、家具、生活用品等服务，村民在家门口就能取货，不满意还能让代购员免费退货，为农民的生活带来了极大便利。

二、电子商务发展的制约因素

虽然宁夏电子商务近年来发展较快，取得了明显的成效，但与国内起步较早发展较快的地区相比，总体还处于起步阶段，还有许多问题亟待解决。

（一）思想观念还不够解放

电子商务为宁夏经济社会发展带来巨大机遇，但在认识上还存在一些偏差，有的没有认识到电子商务的重要性，认为电商就是卖货的，看不到其潜在的市场前景；有的观念保守，认为网上购物并没有线下方便直接，发展电子商务不是正路子；有的走一步看一步，没有明确的发展思路，摸着石头过河，缺乏电子商务发展总体规划，没有建立完整的电子商务统计体系，大部分企业仅仅停留在办网站、搞宣传、树形象上，仍习惯于传统发展模式。

（二）互联网基础设施建设滞后

当前，宁夏没有互联网交换点（NAP），互联网出省总带宽只有500G，数据输出需要通过国内互联网骨干节点（西安）交换至国际互联网骨干节点（北京、上海、广州）才能实现与国际互联网连接，通信速率远低于东部发达省区。数据通讯延时较长，发达地区数据通讯延时约为60毫秒，宁夏约为100毫秒，既制约宁夏云计算、大数据业务的有效拓展，也制约股票、期货等金融衍生产品及外汇结算业务的开展。

（三）金融服务保障能力弱

2014年，宁夏电商企业社会融资仅占融资规模的15%左右，85%为企业自筹，企业融资压力大，融资困难。同时，从事电子商务的大多是年轻人，或是刚迈入社会的大学毕业生，自身资金积累少，普遍缺乏周转资金。当前，宁夏缺乏自有电子商务结算中心，在线支付结算主要通过支付宝等第三方支付工具进行，也没有具有第三方跨境支付资质的本地注册企业，无法开展支付机构跨境外汇支付业务试点。

（四）电子商务人才缺乏

专业技术人才十分匮乏已成为当前制约宁夏电子商务发展的瓶颈。目前，宁夏电子商务发展最缺高端技术人才、复合管理人才和电商创意人才。绝大多数中小企业常常采取员工兼职或"凑合"的办法维持业务，真正懂电商、懂网络，又懂管理的复合型专业人才既难招聘，又难留住。同时，宁夏各大中专院校、职业学校，由于课程设置与现实需求差距较大，跟企业需求不相适应。

（五）物流运输成本过高

宁夏铁路、公路大多处于全国骨干网络的末梢，尚未有与中东部地区相连的快速化铁路通道，社会物流成本达24%左右，比全国高6个百分点。宁夏既没有国际邮件互换局和交换站，也没有大型快件分拣中心，当地商品必须转运至北京、上海、广州等地才能出关；入境和出境的二次转运增加了跨境电商的物流运输成本。

（六）优势产业和龙头企业不足

宁夏各类网店卖出最多的是枸杞，其次是红枣、硒砂瓜、葡萄等特色农副产品，工业品和日用消费品少之又少。这与宁夏实体经济结构紧密关联，表明宁夏电子商务经营业务比较单一。2015年1~9月，宁夏网络销售7.9亿元，而网络买入商品消费额达到90.8亿元，网购逆差高达11倍之多，在线支付出现典型的净流出，这说明宁夏优势产业较少，输出产品不足。同时，与外部市场相比，宁夏电商品牌弱而小，有的简单仿制克隆，真正拿得出手、叫得响的品牌不多。

三、宁夏发展电子商务的对策建议

五中全会通过的《"十三五"规划建议》提出，"实施'互联网＋'行动计划""促进互联网和经济社会融合发展"。应当说，今后电子商务的发展潜力巨大，仍将保持快速增长态势。因此，宁夏要抓住这个有利时机，顺势而为，大力推动电子商务发展，为经济发展增添新的动力。

一是提高认识、健全机制。电子商务打破了传统的交易、服务、消费和生活方式，是拉动经济发展的新引擎。宁夏应紧紧围绕智慧宁夏建设，把电子商务作为主导产业来重点培育。建立常态化的工作推进机制，明确主管单位，加强各部门的协调配合，高层次、高质量、高效率做好谋划和推进工作。动员各行业、各领域、各层次研究好发展电子商务的思路、模式和措施，打开电子商务发展新局面。

二是完善各类支持措施。抓紧编制宁夏电子商务发展总体规划，明确电子商务发展方向、重点目标和任务，增强产业宏观指导能力，填补宁夏电子商务顶层设计空白。加强宏观统筹协调，防止一哄而上、同质竞争，支持有条件的市、县（区）结合当地实际，差异化发展。搭建全区电子商务公共服务平台，加快电商各类园区建设，打造电子商务创业孵化基地，吸引电商企业以及配套产业项目入驻，形成电子商务聚集效应。加大扶持力度，设立电子商务专项发展资金，对国家和自治区重点电子商务项目，优先保障项目用地和资金支持。

三是加快电商主体培育。以培育本土企业为主，重点培育壮大一批不同领域的电商骨干企业、龙头企业，发挥其带动作用。加强传统制造业、传统市场与电子商务的融合，积极打造行业性电商平台，并支持中小企业、个体工商户使用行业电商平台。加快推进"千村电商"工程，组织宁夏特色产品在阿里巴巴、淘宝、京东等电子商务平台开设地方特色馆、产业带和网上旗舰店，推动更多企业利用电子商务开拓市场。充分依托"两区"建设、中阿博览会等平台，抓住"一带一路"战略机遇，大力发展跨境电子商务，支持建设跨境电商业务结算平台、大宗货物电子交易平台，为开放型经济开拓新的空间。

四是优化服务保障。加强信息基础建设，加快社区、家庭和机构光缆提速工程。加大物流体系建设，重点培育本地物流企业，支持电子商务企业建设配送中心，鼓励大型物流企业投资建设标准化仓储设施和电子分拨中心，对符合物流配送体系规划的货运站场、快件集散中心、配送中心、信息平台、调度呼叫中心等物流功能区项目建设，免征城市基础设施配套费。创新互联网金融支持电子商务发展，通过成立基金公司等形式，开展电子商务小额贷款和天使投资、股权投资等多种融资形式。培育一批从事电子商务平台开发、策划设计、代运营、分销应用等电子商务专业服务企业。

五是加大人才培养力度。发展电子商务最紧缺的是人才。宁夏应当采取多种方式，加强电子商务人才培养，提升发展后劲。实施系统性人才培养计划，引导和支持区内高校、职业院校加大电子商务专业方面的招生，与区外高校、知名电子商务企业建立稳定的人才培养合作关系，培养一批高水平的电子商务管理和从业队伍。建立日常人才培养制度，定期举办各类电子商务培训班，快速培养一批电子商务实用型人才。结合各类引智计划，引进聚集一批高精尖电商人才落户宁夏。支持和引导企业采取多种形式，加强对员工电子商务应用技术的培养，为企业发展电子商务提供强有力的人才支撑。

六是加大宣传力度。利用网络、电视、广播、宣传栏等各种媒体，多形式、多渠道地开展电子商务宣传、知识普及，营造浓厚的宣传氛围。把电子商务知识纳入各级党校、行政学院的教学内容，抓好各级干部的学习培训，提高其推动电子商务发展的意识和能力。充分发挥各级电子商务协会、产业联盟等中介组织作用，举办电子商务推广、高峰论坛、创业大赛、线上线下联动商品交易等活动，营造电子商务发展的良好氛围。

"一带一路"背景下宁夏清真产业集群发展研究

田晓娟　刘家俊

随着国家"一带一路"战略的深入推进，清真产业进入了前所未有的发展机遇期，成为宁夏最具增长潜力的产业之一。宁夏将成为国家重要的清真食品和穆斯林用品产业集聚区，建设成为全国重要的清真食品和穆斯林用品加工基地。加速清真产业集群发展，是宁夏调整产业结构、促进产业转型升级的主要抓手之一。

一、宁夏清真产业发展现状及特征

截至2014年，宁夏清真食品和穆斯林用品企业超过701家，实现产值超过390亿元，同比增长15.6%，高于宁夏工业平均增速7.3个百分点，5年间增长了6倍多。规模以上清真食品和穆斯林用品企业达140余家，占企业数的20%，产值占90%以上，高于宁夏工业平均增速6个百分点左右。宁夏清真产品已经进入80%的国内清真市场，成功进入约旦、利比亚、伊朗、美国等多个国家和地区，在泰国、马来西亚、阿联酋、沙特等国建立了清真食品销售中心，形成了辐射周边、拓展中东部市场、逐步扩大国家

作者简介：田晓娟，宁夏社会科学院综合经济研究所助理研究员，主要研究方向为清真产业；刘家俊，宁夏社会科学院期刊中心编辑，主要研究方向为文化产业。

市场的良好格局。目前,清真产业市场前景广阔。主要特征是:

(一) 清真产业集群规模凸显

宁夏形成以清真食品和穆斯林用品为重点的清真产业集群。清真食品形成了伊品生物、蒙牛乳业、伊利乳业、夏进乳业等产值超过10亿元的骨干企业群,穆斯林用品形成了中银绒业、嘉源绒业、荣昌绒业等产值超过15亿元的骨干企业群,园区形成了中国(吴忠)清真产业园、灵武羊绒工业园、贺兰德胜园区、永宁望远园区等专业特色园区。其中中国(吴忠)清真产业园被工信部授予清真产业特色园区。这些企业与园区生产已达到规模化、标准化,形成了一定的产业集群和规模效应。

(二) 清真产业体系初步形成

宁夏高度重视发展少数民族特色产业,出台了《宁夏清真产业中长期发展规划(2014~2020)》,成为"十三五"期间清真食品和穆斯林用品产业发展的纲领性指导文件。目前,已初步形成以清真肉制品、清真乳品、清真调味品、清真粮油、清真焙烤食品、清真休闲食品、清真方便食品、清真保健食品为主体,加工层次多样化,具有一定市场竞争力的清真食品产业体系;形成了以回族服饰、少数民族文字印刷品、回族建筑装饰用品为主的穆斯林用品产业体系。此外,宁夏已有两家企业被认定为国家级企业技术中心,7家企业被认定为自治区级企业技术中心,13个商标被评为中国驰名商标,104个商标被评为宁夏著名商标,企业创新能力进一步增强。

(三) 产品认证体系建设有了重要突破

2008年,宁夏成立了全国唯一的清真食品国际贸易认证中心,率先发布了《宁夏回族自治区清真食品认证通则》。中心成立以来,一直致力于发展同周边省份的合作,组织成立了清真食品认证地方联盟。截至目前,已有8个省市区(河南、四川、云南、陕西、天津、青海、甘肃、宁夏)统一实施《清真食品认证通则》。2014年9月正式获得国家认监委批准,成为国内首家清真食品认证机构并开展受理业务,已受理国内130多家企业的清真食品认证申请,96家企业通过认证。为促进清真食品"走出去",目前已与沙特、埃及等15个国家的19个认证机构达成了清真食品标准互认合作协议,涉及清真牛羊肉、清真奶制品等20多个领域的产品。有多家企业的清真牛羊肉、枸杞、蜂蜜等产品进入中东市场，产品可出口东南亚、中东、欧洲等国际清真食品市场。

二、宁夏清真产业集群发展的制约因素

宁夏的清真产业得到了长足发展，呈现出良好的持续发展势头。但从将宁夏建成"国家重要的清真食品和穆斯林用品产业集聚区"的视角来看，其发展规模、层次及后劲仍存在着诸多制约因素。

（一）从产业规模来看，清真产业规模较小，缺乏龙头企业

目前宁夏的清真产业普遍规模小，产业仅占全区总量的10%左右，数量为规模以上企业的20%，企业缺乏竞争力，主导产业的作用尚未显现。龙头企业数量少，档次低，产业链短，龙头企业带动作用不强，尤其在企业规模、生产标准化、产品国际化等方面存在弱势，无法带领企业走向国际市场。

（二）从产业结构和行业布局来看，产业结构滞后，行业布局分散

清真食品产业发展相对较快，产业规模相对较大，但穆斯林用品、文化、金融、旅游、医药等产业的发展明显滞后。清真产业布局相对分散，进入专业清真园区的企业只有100多家，没有形成集聚效应。

（三）企业竞争意识淡薄，市场占有率低

一是宁夏清真产品企业基本上都是家族企业，企业文化水平普遍较低，企业与企业之间、企业与市场之间缺乏沟通和良性竞争，与参与国际市场竞争的要求仍然相去甚远。二是与宁夏竞争的不但有新疆、内蒙古及青海等各民族地区的清真企业的产品，而且还有广东、江浙一带等转向清真市场产品的竞争，如统一、康师傅。

（四）从金融服务来看，企业融资困难，弱化了企业市场竞争力

清真产业大多是中小企业，企业发展缺乏资金、技术、人才和信息渠道，特别是中小企业融资困难尤为明显。宁夏仅有30%左右的企业能通过银行得到贷款，大多数企业还没有通过利用资本、债券市场等开展直接融资。一些生产加工企业由于资金短缺，生产技术改造步伐缓慢，设备落后，产能不足，市场供应能力严重受限。企业贷款难、融资难已严重影响产业

发展，导致产品市场竞争力不强。

（五）从人才培养来看，市场营销人才短缺，市场拓展难度大

目前我国清真产业市场营销、开拓能力不强，缺乏专业营销人才，尤其是会阿拉伯语并精通外贸的人才奇缺，远远满足不了开拓清真食品和穆斯林用品产业国际市场所需；加之宁夏清真食品和穆斯林用品出口企业缺乏规模化的组织产品运输、集港、通关等能力，对于阿拉伯市场的市场行情、地域特色等缺少可靠的来源渠道，出口市场不畅通。

（六）从物流信息来看，清真物流不完善，物流成本高

宁夏地处内陆，从银川往北、往南的运输里程长，运输费用高，加大了清真产品的保鲜、冷冻储藏费用；物流设备的落后，既不靠边境又不靠港口的交通，导致清真物流的成本提高，尤其是清真冷链物流尚不完善严重制约宁夏清真产业集聚发展和"走出去"的道路。

（七）从清真认证来看，宁夏缺乏穆斯林普遍认可的行业标准和认证体系

宁夏缺乏全国乃至世界穆斯林普遍认可的行业产品标准和生产流程、工艺标准以及与之相应的质量认证和监管运行体系[1]。截至目前，宁夏先后与马来西亚、沙特、埃及、卡塔尔、新西兰、澳大利亚、巴林、约旦、美国等15个国家和地区的19个机构签署了清真食品互认协议，签约率仅占57个伊斯兰国家的26%。仅有76家企业获得了宁夏HALAL认证，极少有企业全部通过HALAL、HACCP、GMP以及ISO 9000系列质量体系认证，绝大多数产品没有正规的HALAL认证标志，多数产品只是标有伊斯兰教协会认可的HALAL标志或者是宁夏清真食品国际贸易认证中心认可的HALAL标志，致使宁夏的独特人文优势难以有效发挥。

（八）从清真监管来看，清真食品市场监管不到位，造成"清真食品不清真"

虽然清真餐饮业的发展有着广阔的发展空间，但目前却存在各种各样的问题，诸如清真食品市场监管不力、清真标识管理混乱、"清真食品不清

---

[1] 宁夏党校区情研究中心课题组.宁夏清真产业发展现状与对策研究.宁夏党校学报，2011(6).

真"等问题。

(九) 从企业品牌来看,企业品牌意识淡薄,缺乏市场认可的知名品牌

宁夏清真食品品牌意识较弱,一方面宁夏清真食品企业缺乏品牌培育,企业很少通过广告或参加博览会等渠道推广自己的产品,致使老字号清真品牌,如老毛手抓、黄渠桥爆炒羊羔肉、夏进牛奶、敬伊泰清真糕点只是被宁夏省内和周边省区所熟知,能获得国际市场认可的知名品牌寥寥无几;另一方面,宁夏很多清真食品企业缺乏品牌保护,假冒品牌肆意泛滥,一定程度上影响了企业声誉。长时间以来,宁夏的大量清真企业处于自然销售,缺乏走出国门和开发国际市场的能力与勇气。

(十) 从技术创新来看,产品技术含量低,创新能力不足

从事清真产业的企业大多是中小型民营企业,且多为家族企业。企业呈现小规模分散生产经营状况,产品以粗加工、低层次为主,附加值低,且产品雷同程度高,产品的精细化程度和品种的多样性方面有待提升。由于大多数清真产品科技含量及附加值低、过于依赖人工技能、价值产品易于模仿、创新能力不足等,企业无法达到规模化效应和产业集群的形成。

三、"一带一路"背景下宁夏清真产业集群发展的政策支持体系

(一) 产业招商

清真产业招商是政府以现有清真产业链为基础,针对清真产业链的薄弱环节,利用财政、产业政策等调节手段,鼓励企业做大做强,培育清真产业链的主导企业发挥龙头企业的带动作用,打造清真产业集群。此外,采取灵活多样的招商模式,积极承接东部相关产业转移。在此过程中,应充分发挥政府投资的"引入效应",以及转移支付的"保驾护航"作用,促进清真产业向高端化、集约化、国际化方向发展。

1.培育骨干龙头企业。按照"扶优扶强、专精特新"原则,加快培育一批创新能力强、产业链条长、辐射范围广、质量效益好、市场知名度高的龙头企业,逐步形成大抓强、小抓特的产业发展格局。支持龙头企业以订单、资产担保、技术服务、参股入股等形式,与原料基地建立稳固的利益联结机制和服务体系,扩大与周边省区合作,提高清真食品原料供给能

力和集散能力。建议以中国（吴忠）清真产业园为核心，辐射带动青铜峡嘉宝工业园区等一批以清真食品为主的特色园区建设，着力发展规模化生产、专业化协同的集群产业，积极培育清真食品行业龙头企业，并通过特色园区建设，发展一批覆盖产业链上下游的中小微企业。

2.加强清真产业链招商。政府在培育龙头企业的基础上，应加强清真产业链招商，重点发展高端清真牛羊肉出口加工、穆斯林服饰加工等项目。将供应链管理理论引入清真牛羊肉产业发展的实践中，积极构建清真牛羊肉供应链体系，不断提高供应链管理技术水平，逐步提高清真牛羊肉产业的市场竞争力。

3.采取灵活多样的招商模式。在招商过程中，政府角色是招商的引导和服务者。因此，政府要完善专业化招商机构，利用清真产业对接招商、园区招商、项目招商或技术招商等多种载体，采取企业自主招商、委托招商等多种方式，积极承接东部产业转移，重点招商与清真食品和穆斯林用品产业相关的企业，如食品企业、包装企业、设计企业等。

4.积极构建多样化营销体系。充分利用中阿博览会平台，以陆上、网上、空中丝绸之路为载体，努力开拓"一带一路"沿线伊斯兰国家和地区市场，同时瞄准国内市场，运用电子商务等新兴营销模式，迅速抢占西北地区及国内市场制高点。

（二）金融服务

宁夏清真产业发展的制约因素之一就是融资难。因此，宁夏应该充分发挥区位优势、政策优势、后发优势，抓住建设丝绸之路经济带和内陆开放型经济试验区的大好形势和历史机遇，不断提升对内开放水平，不断完善金融服务业体系，采取优惠鼓励政策，努力建设伊斯兰国际金融中心，大力吸引各类金融机构落户宁夏，鼓励各类金融机构创新服务产品，鼓励各类金融机构推出多种信贷模式，大力发展清真产业投资基金等多种形式，有效发挥金融服务业对清真产业发展的推进作用。

1.建设伊斯兰国际金融中心。充分发挥宁夏人文优势，加强与伊斯兰国家的经贸交流和金融合作，积极引进伊斯兰金融机构，在宁夏筹建伊斯兰国际金融中心，力争在"十三五"将宁夏建设成为我国的伊斯兰金融中心。在银川市、吴忠市进行试点,为宁夏清真产业的发展提供有效、长期的金融支持。

2.鼓励各类金融机构创新服务产品。如提供贷投结合、股权质押、知识产权质押、应收账款质押、联贷联保等融资方式。推动在清真园区设立担保机构,支持园区内企业进行股权融资和债券融资。支持园区通过市场化运作,吸引社会资本,设立产业投资基金、创业投资基金、股权投资基金等。

3.鼓励各类金融机构推出多种信贷模式。如在同心县推广"担保公司＋农村合作组织＋信贷"模式,利用担保贷款重点扶持本区域农村合作组织、劳务经济、小微企业等自主创业户,扶助其做大产业,增强就业带动力。采取"政府主导、央行推动、担保护航、农信社实施"的"三补二保一放"信贷新模式,提升包容性金融对民族地区的覆盖与渗透,强化金融对民族地区的发展保障能力。

4.加大政府贴息力度。针对清真产业中小企业融资难、贷款难问题,宁夏政府应充分利用财政贴息等手段缓解中小企业贷款难的问题。

(三) 人才培养

清真产业的发展,离不开人才的引进与培养。目前清真企业缺乏有专业素养的人才,缺乏熟悉西北地区穆斯林市场、熟悉中东市场的营销管理人才,尤其是缺乏金融、外贸、法律、商务接待、税务、投资管理等方面的专业人才。因此,加快培养清真产业的各类人才,扩大阿拉伯语实用人才培养规模,使宁夏成为与阿拉伯国家从事文化交流、经济贸易、技术合作、劳务输出人才的基地。

1.依托宁夏大学、北方民族大学等高校,大力培养复合型阿语人才。一方面,大力发展正规的阿拉伯语教育,把宁夏建成国内具有相当规模的阿拉伯语教学基地;另一方面,筹建清真产业发展高端人才培训基地,重点开展对外贸易、营销管理、食品安全、检疫检测以及国内外市场准入和投资政策等培训,培养一批宁夏对外开放需要的高端复合型阿语人才。

2.依托宁夏工商技术学院、宁夏财校、建校等技术学院,筹建宁夏穆斯林职业培训基地。一方面,面向西北招生,开设阿语、英语、烹调、家政、建筑施工、汽车驾驶与维修等实用技术课程,培训大批技工,向阿拉伯国家输出劳务；另一方面，学习贺兰县培养清真产业电子商务实用人才，培养清真产业电子商务发展的复合型人才，即培养一批既懂电子商务技术，又懂计算机、商贸、物流知识的跨领域的人才。

3.留住人才。在引进和培养人才的同时，还要留住人才。通过采取营造有利于人才发展环境、改善用人机制及薪酬等方面的积极措施，将掌握核心技术的科研人才和专业特长人才留下来，为企业和产业发展提供人才保障。

（四）信息物流

1.建设清真企业市场信息网络体系。建设清真企业市场信息网站，实现市场在银川、吴忠，交易在全国的信息化网络。通过及时提供清真产品市场信息，预测市场行情，通过价格发现，调节市场余缺。通过清真产品生产过程的网络数字化，推进清真产品可追溯的质量管理和在线技术服务。此外，加快建立以共享服务为宗旨的公共服务平台，面向清真食品和穆斯林用品企业提供市场营销、现代物流、金融服务、技术创新、标准制定、人才培训等服务。

2.发展国际化电商平台。宁夏应以银川、吴忠、贺兰为中心，充分运用电子商务平台，发展网络零售，开展线上线下一体化创新应用。支持有条件的专业市场设立电子商务专区，建立生产基地与消费地区的大型批发市场的网上直采系统。

3.建设高效、低成本的物流通道与中心。首先，通过加快构建连接国内外大市场的物流通道，形成以现代物流产业园区、功能性物流中心和多层次配送中心为节点的现代物流体系。基于此，宁夏应依托银川综合保税区和银川空港物流中心等高效通道，打造集信息、物流、供应、销售一体化的公共服务平台，为清真肉制品产业的原料供应和产品贸易建立低成本、高效率的物流通道。其次，通过发展空、公、铁立体联运，使宁夏成为我国各地与中东、西亚、中亚、北非等市场进出口贸易双向互动的国际物流枢纽和低成本、高效率的第三方物流规模化运营的物流平台。最后，在吴忠市、贺兰县设立集聚全国清真食品与穆斯林用品公共仓和产品库以及统一的分拣加工和配送（快递）服务。

(五)宁夏"清真认证"与食品监管

1.建立国家级认证中心。积极争取在宁夏设立中国国家级清真认证中心,积极争取在《宁夏回族自治区清真食品认证通则》的基础上编制《全国清真食品认证通则》。

2.加快推进产业标准和统一的认证体系建设。目前宁夏清真产品的出口比例较低,原因之一就是对宁夏的清真产品不认可。因此,加快企业标准化生产,研究确定清真食品和穆斯林用品产业标准体系框架和标准年度制订计划。出台符合国际清真规范的产业标准,加强清真认证,促进国内清真产业标准和国际哈俩里认证体系对接,逐步完善国家清真食品认证体系。

3.建立清真食品质量跟踪回溯体系。依据宁夏清真产业认证标准和相关实施规则,依托宁夏清真食品认证中心和质量检测检疫中心,通过基于IT的从田间到餐桌的清真食品安全质量跟踪回溯系统,实现清真食品原料产地环境评价,对种植养殖、采收出栏、仓储保存、生产加工、流通运输等过程进行监控和质量跟踪控制。

4.统一混乱的清真产品认证标识。积极创建"中国—宁夏"清真品牌的标志,在设计、包装、宣传上起到新颖、醒目的作用,有利于产品的推广和传播。目前宁夏主要有两种标识,一是自治区民族宗教局设立的清真准营标识,另一个是宁夏清真食品国际认证中心设立的HALAL标识。这两种标示易于混淆,应在全区内实行统一标识,以加强宁夏HALAL认证的标识。

5.逐步建立食品安全与清真食品立法体系。一是加强食品安全监管,及时解决发生的问题,把经济损失降到最小,维护穆斯林消费者的感情和利益。二是由非政府组成的民间团体对生产清真食品的相关企业进行监督。作为中立方,可以有效地、公正公平地进行监督,如发现问题,直接上报政府部门。三是将设立清真食品立法工作提上日程。目前中国还没有一部关于清真食品的法律颁布。

(六)企业品牌与创新

整合宁夏地区的研发机构资源,加强与国内外相关研发机构的交流与合作,创新研发与承接科技成果相结合,以科技成果如何转化为生产力为主线,构建宁夏(重点在银川市、吴忠市)清真产业科技支撑体系,在宁夏建设清真产业创新平台，提升和完善宁夏在西北地区的引领和辐射功能，构建特色鲜明的清真产业化孵化平台和清真产业创新体系。

1.建设清真产业技术创新中心。宁夏政府已开始重视清真企业创新能力不足的问题。目前宁夏已建成食品工业国家级技术中心2个、区级技术中心7个，但企业自主创新能力仍显不足。应鼓励园区企业、高等院校、科研机构、科技服务机构及其他组织机构组建以企业为主体、市场为导向、产学研紧密结合的产业技术创新战略联盟，共同突破产业发展的技术瓶颈，促进园区产业技术集成创新，提高技术创新能力。

2.建立清真产业孵化平台。支持企业开展科技创新和成果转化，鼓励企业加大新产品研发投入，利用信息技术、控制技术、生物技术等高新技术，提升传统清真产业的生产流程、管理模式和产品层次，推进传统企业优化升级。支持设立清真食品研究院，研发适合网销的清真食品和穆斯林用品。支持建设国际清真食品和穆斯林用品产业研发中心，开发适宜我国穆斯林消费者和面向伊斯兰国家的清真食品与穆斯林用品。

3.拓宽清真产业技术创新联盟。积极加强与中国优质农产品开发服务协会、中国轻工联合会的深度合作，拓展清真产业技术创新联盟、人才高地建设等服务领域，全面发挥人才引进、技术研发、成果转化、孵化器功能作用。

4.加快清真产业品牌建设。目前宁夏清真产业有中国驰名商标10个、宁夏著名商标104个。宁夏应鼓励企业创建驰名商标、国内名牌和国际知名品牌，扩大市场影响力。鼓励和引导企业提升现代化、信息化水平，创建企业知名品牌。支持龙头企业利用管理、技术、信息、资金优势，通过连锁经营等现代营销方式，走出宁夏，进一步开拓国内国际市场。

区域发展篇
QUYU FAZHAN PIAN

银川市"十二五"经济发展状况及"十三五"规划思路

张旭霞

"十二五"时期是银川市经济发展极不平凡的5年,特别是面对错综复杂的国际经济形势和前所未有的国内经济下行压力,市委、政府带领全市人民开拓创新,务实苦干,牢牢把握稳中求进工作的总基调,主动适应经济发展新常态,着力转方式、调结构,全市经济发展取得了巨大成就,也为"十三五"经济跨越发展奠定了坚实基础。

一、"十二五"时期经济发展成就

(一) 经济实力显著增强,经济总量跨上新台阶

"十二五"期间,银川市经济总量连续跨越900亿元、1100亿元、1200亿元、1300亿元四个台阶,2012年跨越千亿元大关,2014年上升到1388.62亿元,2011~2014年年均增长11.0%,分别高于全国、全区2.9个百分点和0.7个百分点(见图1)。预计2015年全市地区生产总值突破1400亿元,达到1450亿元,同比增长8.0%,2015年全市经济总量是2010年末的1.8倍。"十二五"预计全市年均增长10.4%,仍超过全国和全区平均水平。

作者简介:张旭霞,银川市统计局副调研员。

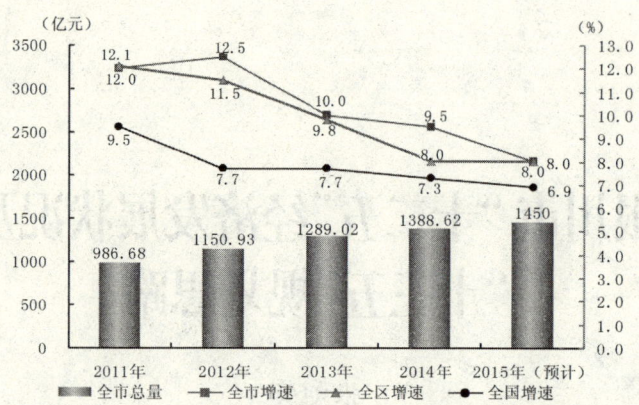

图1 "十二五"期间银川市地区生产总值及增速

全市人均地区生产总值2014年达到65942元,是2010年末的1.6倍,分别高出全国、全区24108元和19313元,预计2015年全市人均地区生产总值超过67000元(见图2)。

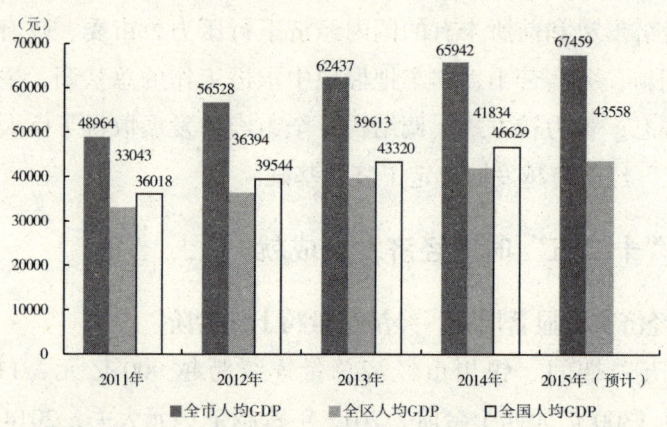

图2 "十二五"期间银川市及全国、全区人均地区生产总值

(二)经济结构不断优化,产业调整取得新成效

"十二五"期间,银川市三次产业经济结构由2011年的4.8∶53.2∶42.0调整为2014年的3.8∶54.0∶42.2。产业经济结构变化呈现第一产业有序下降,二、三产业比重持续稳定的态势。轻重工业结构由2010年17.7∶82.3调整为2014年的20∶80,工业经济向着环保高效的方向逐步推进。三次产业投资结构由2010年的1.7∶47.2∶51.1调整为2014年的1.3∶

34.6∶64.1，第三产业投资比重持续加大，为经济发展和产业转型奠定了基础。随着经济结构的不断优化，轻重工业结构逐步调优，投资结构趋于合理，产业转型升级取得了新成效。

（三）农村经济平稳发展，现代农业取得新成效

"十二五"期间，银川市农业生产条件得到极大改善，农业基础地位日益巩固，农民的生产积极性大大提高，有力地促进了农村经济平稳发展。全市农林牧渔业增加值由 2011 年的 47.06 亿元上升到 2014 年的 52.80 亿元，2011~2014 年年均增长 4.8%，高出全国 0.7 个百分点，低于全区 0.3 个百分点（见图3）。预计 2015 年全市农林牧渔业增加值将达到 56 亿元，同比增长 5.0%，2015 年是 2010 年末的 1.4 倍。"十二五"预计年均增速为 4.9%。全市农林牧渔业总产值由 2010 年的 76.2 亿元上升到 2014 年的 106.4 亿元，预计 2015 年达到 112 亿元，同比增长 6%。

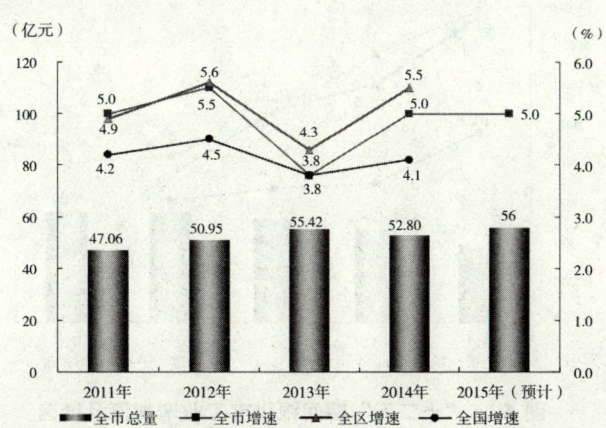

图3　"十二五"期间银川市农林牧渔业增加值及增速

伴随着农业经济结构调整力度的不断加大，农业产业化的不断推进，传统的农业生产经营方式正在适应市场需求，向着高产、高效和特色、绿色农业方面转变，农业综合生产能力不断提高，农业产业化经营体系逐步完善，培育发展了农业产业化龙头企业和农村新型经营组织，创建了有机水稻产业联合体，提高了土地产出率，示范推广的新设备、新技术，优势特色和引领作用进一步显现，现代农业取得新成效。

(四)工业经济较快增长,新兴产业彰显新动力

"十二五"期间,认真贯彻落实自治区、市工业保增长政策措施,调结构、促转型,负重拼搏,砥砺前行,全市工业生产增长较快,工业经济在全市经济社会发展中仍占据主导地位。工业增加值由 2010 年的 298.70 亿元上升到 2014 年的 555.37 亿元,2011~2014 年年均增长 13.5%,分别高出全国、全区 5.2 个百分点和 0.8 个百分点(见图 4)。预计 2015 年全市工业增加值将达到 560 亿元,同比增长 9.0%,"十二五"年均增长 12.6%,2015 年总量是 2010 年末的 1.9 倍。其中,规模以上工业增加值由 2010 年的 273.29 亿元上升到 2014 年的 471.71 亿元,预计 2015 年全市规模以上工业增加值达到 486 亿元,同比增长 9.0%,"十二五"年均增长 13.1%,2015 年是 2010 年末的 1.9 倍。

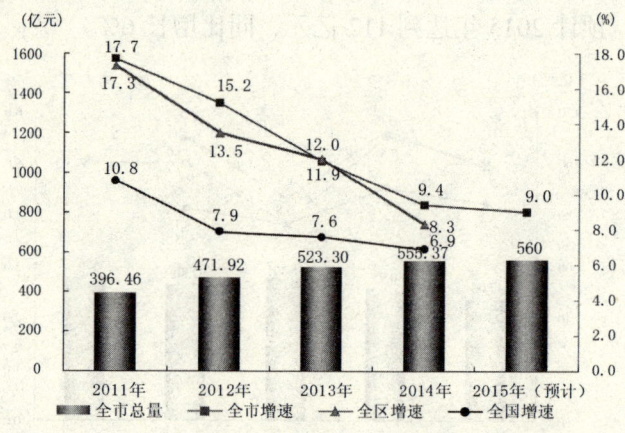

图 4 "十二五"期间银川市工业增加值及增速

"十二五"期间,银川市将推进传统产业升级和新兴产业培育相结合,积极发展战略性新兴产业,产业集群快速形成,聚集特色日趋明显,产值逐年增大。基本形成了能源煤化工、发酵及生物制药、清真食品及穆斯林用品、羊绒制品及纺织、装备制造及再制造、新材料、新能源装备、葡萄酒及家居装饰等"一强四优五新"战略性新兴产业,产值占全市规模以上工业总产值 90% 以上,初步形成了一定规模的优势特色产业体系,区域经济特色凸显,新兴产业成为经济增长的新动力。

(五)投资规模不断扩大,项目建设发挥新作用

"十二五"期间,银川市紧紧抓住西部大开发的历史机遇,积极争取、引进和实施重大项目,多方筹集资金,不断加大投资力度,调整投资结构,固定资产投资规模迅速扩大。全社会固定资产投资由 2010 年的 648.69 亿元上升到 2014 年的 1392.76 亿元,2011～2014 年,固定资产投资年均增长 25.0%,高于全国 5.4 个百分点,低于全区 1.2 个百分点(见图 5)。预计 2015 年固定资产投资达 1532 亿元,同比增长 10.0%,"十二五"年均增长 23.0%,预计将高于全国和全区平均水平,2015 年全市固定资产投资总量是 2010 年末的 2.4 倍,总量实现翻番。

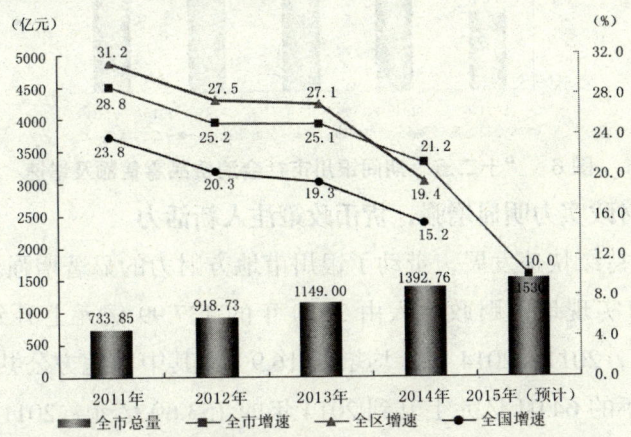

图 5 "十二五"期间银川市全社会固定资产投资及增速

(六)市场经济稳定发展,对外开放迈出新步伐

"十二五"期间,银川市逐步形成了"大市场、大流通、大商业"的新格局,市场供给能力和规模也不断扩大,各类商品货源日益充裕,价格平稳,供需两旺,市场繁荣稳定。全市全社会消费品零售总额由 2010 年的 225.14 亿元,上升到 2014 年的 382.47 亿元,2011～2014 年,全社会消费品零售总额年均增长 14%,高于全区 0.1 个百分点,低于全国 0.1 个百分点(见图 6)。预计 2015 年全社会消费品零售总额为 477 亿元,同比增长 7.2%,"十二五"年均增长 12.6%,2015 年总量是 2010 年末的 1.8 倍。

"十二五"期间,银川市外贸进出口总额由 2010 年的 9.98 亿美元上升到 2014 年的 45 亿美元,2014 年是 2010 年的 4.5 倍。其中出口额由 2010

年的 6.75 亿元上升到 2014 年的 36 亿元，2014 年是 2010 年的 5.3 倍。

"十二五"期间，银川市进一步加大招商引资的宣传和落实力度，全市利用外商投资工作取得了丰硕成果。2014 年全市新批项目 14 个，项目总投资 4.34 亿美元，合同外资 2.76 亿美元，实际利用外资 0.66 亿美元。

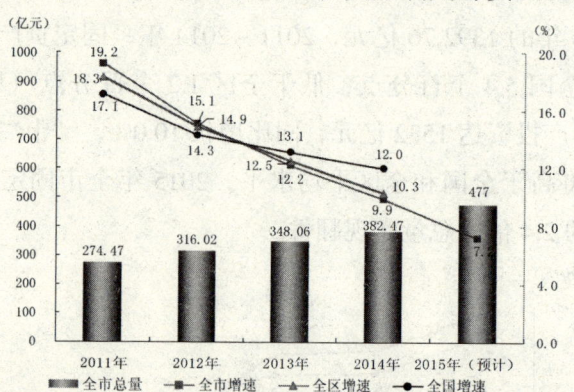

图 6 "十二五"期间银川市社会消费品零售额及增速

（七）财政实力明显增强，货币政策注入新活力

经济的持续快速发展，带动了银川市地方财力的显著增强。"十二五"期间，全市实现地方财政收入由 2010 年的 137.99 亿元上升到 2014 年的 251.73 亿元，2011～2014 年年均增长 16.9%。其中，地方公共财政预算收入由 2010 年的 64.04 亿元上升到 2014 年的 153.60 亿元，2011～2014 年年均增长 25.4%，高于全区 3.5 个百分点（见图 7）。预计 2015 年，银川市地

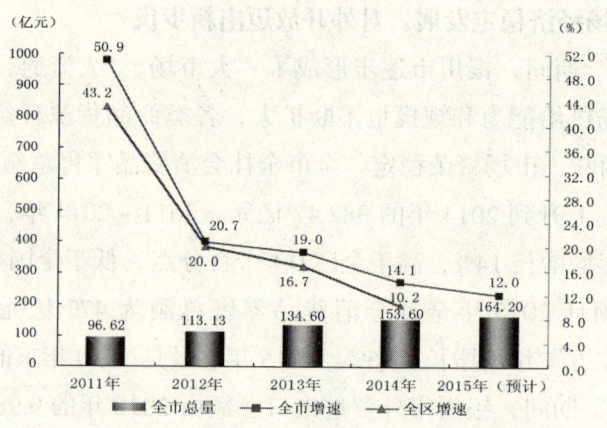

图 7 "十二五"期间银川市地方公共财政预算收入及增速

方公共财政预算收入为164.20亿元,同比增长12.0%,预计"十二五"年均增长22.6%,2015年总量是2010年末的2.6倍,总量实现翻番。

全市金融机构认真贯彻落实稳健的货币政策,加大对符合国家产业政策的行业和企业的信贷支持力度,有力地促进了经济持续快速发展。截至2014年末,全市金融机构存款余额2608.97亿元,比2010年末增长1.6倍,2011~2014年年均增长13.0%,低于全区0.1个百分点。2014年末,全市金融机构贷款余额3185.93亿元,比2010年末增长1.9倍,2011~2014年年均增长18.0%,高于全区0.5个百分点。

(八)居民收入稳步增长,居民生活跃上新水平

伴随着经济的迅速发展,城乡居民生活得到很大改善。"十二五"期间,城镇居民人均可支配收入由2010年的17073元上升到2014年的26118元,2011~2014年年均增长11.4%,年均增速与全区持平,高于全国0.1个百分点(见图8)。预计2015年城镇居民人均可支配收入达到28260元,同比增长8.2%,预计"十二五"年均增长10.8%,2015年城镇居民人均可支配收入是2010年末的1.7倍。

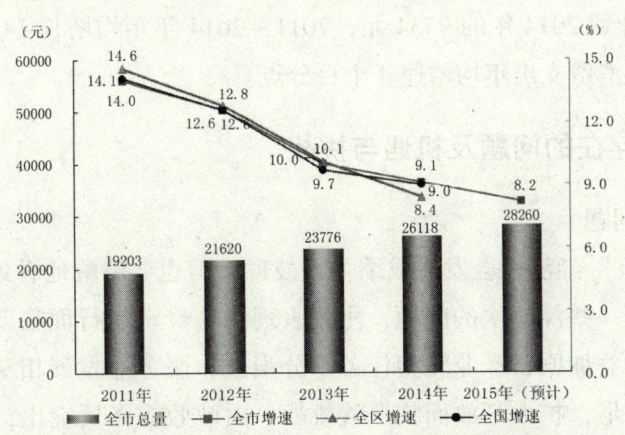

图8 "十二五"期间银川市城镇居民人均可支配收入及增速

农村居民人均可支配收入由2010年的6161元上升到2014年的10275元,2011~2014年年均增长12.7%,分别低于全区、全国0.5个百分点和1.0个百分点(见图9)。预计2015年农村居民人均可支配收入达到11250元,同比增长9.5%,预计"十二五"年均增长12.1%,2015年是2010年

末的 1.8 倍。

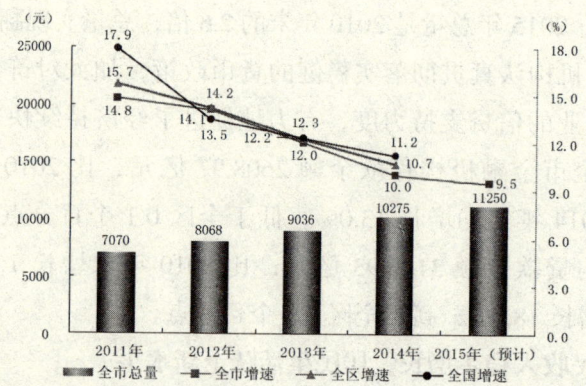

图 9 "十二五"期间银川市农村居民人均可支配收入及增速

城乡人民的消费水平明显提高。"十二五"期间，银川市城镇居民人均消费支出由 2010 年的 13589 元上升到 2014 年的 20401 元，2010 年是 2005 年的 1.5 倍，2011~2014 年年均增长 10.7%；城市恩格尔系数（食品消费占生活消费的比重）也由 2010 年的 32.1%降至 2014 年的 30.5%。农村居民生活消费城市化趋势日益明显。农村居民人均消费支出由 2010 年的 5394 元上升到 2014 年的 9334 元，2011~2014 年年均增长 14.7%，快于城镇居民人均消费支出年均增速 4 个百分点。

二、存在的问题及机遇与挑战

（一）问题

"十二五"经济社会发展成绩令人鼓舞。但也要清醒地看到，银川经济发展还存在一些深层次的问题，主要表现为：经济运行面临新常态，资源环境约束日益加剧，产业转型任务十分艰巨，服务业发展相对滞后，自主创新动力不足，扩大开放面临严峻挑战，财政收支矛盾突出，区域发展不够平衡，居民收入水平较低，民生投入仍需加强，政府公共服务水平有待进一步提高，等等。对于这些问题，"十三五"时期要采取有效措施，认真加以解决。

（二）机遇

随着国家实施西部大开发战略向纵深推进和自治区内陆开放型经济试

验区战略的实施，银川市对外开放进入历史新阶段。作为"一带一路"的重要节点，全力发展内陆开放型经济，加快与阿拉伯国家及穆斯林地区的石油大国、经贸大国、人口大国进行贸易合作，这是银川市"十三五"发展的重大机遇。

三、"十三五"时期银川市发展主要思路

"十三五"时期，是银川市全面建成小康社会的决胜阶段，也是创新驱动发展的战略机遇期。站在一个新的发展起点上，全市上下必须牢牢把握发展机遇，充分发挥综合优势，发展壮大特色产业，积极应对各种挑战，加快转变发展方式，提高科技创新能力，力争实现预期目标：全市地区生产总值年均增长8%，全社会固定资产投资年均增长10%，全社会消费品零售总额年均增长8%，地方财政一般预算收入年均增长8.5%，城镇居民人均可支配收入和农民人均纯收入年均分别增长9%和10%。

（一）转变经济发展方式，全力推进经济总量再上新台阶

今后5年，全市经济增长预期目标是在明显提高质量和效益的基础上年均增长8%以上。按2015年价格计算，2020年地区生产总值将突破两千亿元大关，达到2260亿元。要实现"十三五"目标，必须继续加强和改善宏观调控，保持价格总水平基本稳定，把短期调控政策和长期发展政策结合起来，坚持实施扩大内需战略，充分挖掘银川市内需的巨大潜力，加快形成消费、投资协调拉动经济增长的新局面。同时加快转变经济发展方式和调整经济结构。坚持走区域特色新型工业化道路，推动信息化和工业化深度融合，改造提升制造业，培育发展战略性新兴产业。积极稳妥推进城镇化，完善城市化布局和形态，不断提升城镇化的质量和水平。深入实施区域发展总体战略和主体功能区战略，逐步实现基本公共服务均等化。促进城乡区域良性互动，一、二、三产业协调发展，使经济总量再上新台阶。

（二）做优做强农业特色产业，大力推进农业现代化进程

加强现代农业建设，调整优化农业结构，提高农业综合生产能力。大力推进农业现代化，全面落实各项强农惠农政策，鼓励农民大力发展优势特色产业，优化种养结构、提高效益，促进农民持续增收。大力发展"三

精"农业,加快培育壮大葡萄酒产业集群和清真牛羊肉产业集群,重点发展"两强四优四新"产业,把银川建成全国现代农业示范区,力促优势特色产业扩规提质增效,推进区域化布局、标准化生产、产业化经营,提升农业产业化水平,力争"十三五"期间农业增加值年均增长5%。

(三) 做强做大工业主导产业,加快构建工业现代化体系

在巩固提升传统产业升级与新兴产业培育相结合的基础上,坚持创新驱动,以信息化和工业化深度融合为主线,突出特色产业,加快园区转型升级和产业调整步伐。做强做大优势主导产业,优先发展大数据与电子信息产业、葡萄酒产业、生产性服务业,发展壮大先进装备制造业、生物产业和新材料产业,培育节能环保产业和临空产业。培育壮大战略性新兴产业,以宁夏小巨人、伊品生物以及新材料领域的宁夏佳晶公司等领军企业带动新兴产业发展,以品牌战略培育战略性新兴产业,积极做好战略性新兴企业产品、商标的培育等基础性工作,引导企业抢抓"两区"建设机遇,充分利用中阿博览会、穆斯林企业家峰会等节庆机遇,拓展战略性新兴产品市场空间。坚持差异化、特色化、集群化发展策略,不断提升产业层次,提升全市工业化水平,增强企业核心竞争力,力争"十三五"期间工业增加值年均增长8.5%。

(四) 做大做活服务业,加快提升服务业现代化水平

大力发展现代服务业和优势特色产业对调整和优化产业结构、转变经济发展方式尤为重要。今后五年,要进一步明确服务业发展的战略定位,制定和完善现代服务业的发展规划,加强政策扶持和引导力度,提升生产性服务业规模和层次,打破服务行业垄断,引进市场竞争机制,提高服务业的对外开放水平,主动承接国际服务业转移。紧抓全市成为国家服务业综合改革试点城市的契机,围绕"三个中心一个目的地"(区域性物流中心、生活服务中心、现代服务业中心、旅游休闲目的地)建设目标,加快发展服务业。加快区域性物流中心、区域性生活服务业中心和旅游休闲目的地城市建设,做大现代商贸物流业,创新发展生产性服务业,积极发展生活性服务业,培育壮大新兴生活性服务业,力争"十三五"期间第三产业增加值年均增长9%。

（五）实施城乡居民增收行动，全面提高居民生活质量

坚持把不断提高人民生活水平作为发展的根本出发点和落脚点，实施各项鼓励扶持政策，激励全民创业，全面推进大众创业、万众创新，多方培育创新创业主体，拓宽创新创业领域。大力提高居民的经营性收入；建立健全社会保障体系，建立规范合理的转移支付机制，增加城镇居民的转移性收入；不断拓宽居民投资渠道，全面提高城镇居民的财产性收入水平。大力发展特色种养业、农产品加工业、农村服务业，带动农民增收致富。加快农业新技术推广，增强农产品市场竞争力，提高农业生产效益，有效增加农民经营性收入。做大做强劳务产业，增加农民非农业收入；鼓励农民外出务工经商和转移就业，增加农民工资性收入。在经济发展的基础上努力提高全市城乡居民的收入水平和生活质量，保障全市人民共享改革发展成果。

（六）提高科技创新能力，全力推进产业转型升级

"十三五"时期，是经济发展更加务实的时期，也是全球深化科技创新的重要时期。加快科技创新步伐，提高科技创新能力，是银川市产业转型升级的重要手段。要切实把科技创新摆在发展的核心位置，致力形成有利于创新成果产业化的新机制。积极实施高新技术企业、科技型企业数量倍增计划，实施科技专利资助政策，支持引导企业成为科技创新的主体。加强技术创新平台建设，加大大学科技园、科教城、科技创新中心等创新载体建设力度，加快培育一批技术咨询、技术转让、知识产权代理等科技服务机构，建立与市场经济相适应的管理服务体系，加快实现发展动力转换，以创新引领经济转型升级，全力打造银川经济升级版。

石嘴山市经济社会"十二五"发展状况及"十三五"规划思路

韩韶恩

"十二五"时期,面对严峻复杂的宏观经济形势和艰巨繁重的转型发展任务,石嘴山市紧紧围绕全面建成小康社会目标,大力实施工业强市、民生优先、城乡统筹、生态立市、人才支撑"五大战略",全面推进产业民生生态"三大转型",加快建设开放富裕和谐美丽新型工业城市,经济社会发展取得显著成就。

一、石嘴山市"十二五"规划完成情况

经济实力稳步提升。预计 2015 年,全市实现地区生产总值 502 亿元,年均增长 9.8%;人均地区生产总值达到 64900 元,年均增长 8.4%;一般公共预算收入达到 27.1 亿元,年均增长 4.6%;5 年累计完成全社会固定资产投资 2136 亿元,是"十一五"时期的 2.6 倍,年均增长 21.2%;社会消费品零售总额达到 98 亿元,年均增长 9.8%。

结构调整效果初显。着力改造提升传统产业,新材料、装备制造、电石化工、冶金四大产业集群和新能源、生物医药、新型煤化工等特色产业初具规模,非煤产业占工业增加值的比重 55%。现代服务业逐步发展壮大,

---

作者简介:韩韶恩,石嘴山市发改委副调研员。

区域发展篇

物流、金融、电子商务、文化旅游等发展活力不断增强。现代农业稳步发展，优质粮食、草畜、露地瓜菜、生态水产、制种、枸杞及酿酒葡萄等"一优五特"产业逐步提升。科技支撑产业转型的能力进一步增强，全市103家企业成长为高新技术企业和科技型中小企业，建成一批科技企业孵化器、企业技术创新中心和重点实验室，培养引进了一批急需紧缺人才，高新技术开发区和经济技术开发区升级为国家级开发区，列为国家小微企业创业创新示范试点城市。

民生事业持续改善。市政府每年确定十件民生实事，集中力量办好棚户区改造、移民安置、社会保障、就业、医疗卫生、教育等一批事关人民群众切身利益的实事好事难事，基本公共服务水平稳步提升。城乡居民收入较快增长，2011～2015年，全市城镇居民人均可支配收入从17928元上升到24280元，年均增长11%；农民人均纯收入从6974元上升到11185元，年均增长12.2%。覆盖城乡的社会保障体系日趋完善，在全区率先建立统筹城乡居民医疗保险、养老保险、病残津贴和大病保险制度。保障性住房建设特别是棚户区改造成效显著，累计建成50318套383.4万平方米。就业稳定，劳动关系和谐，城镇登记失业率控制在4%以内。教育、医疗卫生、人口和计划生育、文化、体育等社会事业全面发展，移民安置任务基本完成，城乡居民幸福指数不断提高。

生态建设取得实效。以建设贺兰山防风防沙生态屏障为突破，以保护开发湖泊湿地为重点，加快"一山一水、四纵三横"生态环境建设，着力提升生态承载能力。实施了贺兰山东麓万亩生态林建设、黄河防护林、包兰铁路、京藏高速、滨河大道两侧等生态绿化工程，全市森林覆盖率达到12.5%，城市建成区绿化覆盖率达到40%，人均公共绿地面积达15平方米，成功创建国家森林城市。加大湿地保护力度，先后建成了星海湖、瀚泉海、朔方湖、惠泽湖等重点水库。规范发展煤炭市场，有效整治盗采滥挖砂石、煤炭资源行为。严格执行节能减排"十大铁律"，坚决淘汰落后产能，万元GDP综合能耗比"十一五"末下降23.2%，城市环境空气质量二级及好于二级天数达到230天。

城乡一体化建设加快。以环星海湖及新区开发、旧城改造和沿黄特色小城镇建设为重点,全面推进新型城镇化,大武口、惠农、平罗3个主城区建设初具规模,城市建成区面积达到114平方公里,城市化率达到72%。实施了一批供排水、集中供热、天然气、电网改造、污水处理、垃圾处置等基础设施建设项目,城镇生活垃圾无害化处理率和重点城镇天然气通达率均达到90%以上,城市区环卫作业机械化率达到70%以上,城镇发展承载能力进一步增强。建成了山水大道改扩建、惠农与红果子镇快速通道、平罗滨河大道连接线、沙湖至西大滩等同城化路网建设项目,切实改善了交通条件。大力推进新农村建设,建设塞上农民新居2894户,整治农村住房15607户,全面解决了农村人口的饮水安全。

对外开放步伐加快。内陆开放型经济试验区建设取得阶段性成果,口岸、物流通道、星海湖景区、智慧城市、产业基地建设等一批重大专项取得积极进展。对外交流合作取得突破,成功举办中阿能源合作峰会、东西部地区开发区合作论坛、塞上湖泊湿地节暨奇石博览会等,与约旦亚喀巴经济特区、法国帕亥勒蒙尼亚市缔结为友好城市。

石嘴山市"十二五"经济社会发展主要指标完成情况

指标	单位	2011年 实际完成	2012年 实际完成	2013年 实际完成	2014年 实际完成	2015年 预计完成	年均增长(%)
地区生产总值	亿元	368	409	446	467	502	9.8
三次产业结构		5.7:64.4:29.9	5.5:64.8:29.7	5.4:64.6:30	5.3:65.1:29.6	5.4:64.7:29.9	
地方财政收入	亿元	43.34	46.51	45.76	39.57	32.23	-0.98
全社会固定资产投资	亿元	300	381	459	498	548	21.2
社会消费品零售总额	亿元	67	77	84	91	98	9.8
研究与发展经费占GDP比重	%	1.03	0.89	0.84	0.77	1	
城市化率	%	70	70.58	71.25	72	72.25	
科技进步对经济增长的贡献率	%	43.12	45.67	45.67	46	46	
学前教育普及率	%	76.45	82.46	84.8	84.8	85	
千人病床数	张	5.16	5.3	5.8	5.8	5.9	
千人执业医师数	人	2.31	2.5	2.74	2.73	2.63	
人均公共体育设施用地	m²	1.03	1.34	1.5	1.6	1.65	

续表

指 标	单 位	2011年 实际完成	2012年 实际完成	2013年 实际完成	2014年 实际完成	2015年 预计完成	年均增长(%)
经常参加体育锻炼人数占总人口比重	%	26	42	32	31	40	
城镇居民人均可支配收入	元	17928	20294	22224	22380	24280	11
农民人均纯收入	元	6974	7967	8928	10215	11185	12.2
人口自然增长率	‰	4.67	6.95	5.98	6.4	4.65	
城镇登记失业率	%	3.6	3.6	3.51	3.8	3.8	
城镇职工参加基本养老保险人数	万人	12.28	20.17	20.41	22.38	22.78	
城镇职工基本医疗保险参保率	%	98.1	96	96	97.1	97.3	
万元GDP能耗	吨标准煤/万元	5.5486	3.432（下降15.75%）	3.2297(下降5.9%)	3.066(下降5.1%)	2.97	比"十一五"末下降23.2%
工业固体废物处理利用率	%	52.49	64.5	71	85.58	86	
城市污水集中处理率	%	79.04	77.02	85	87	87	
生活垃圾无害化处理率	%	92.26	93	95	96	96	
全市森林覆盖率	%	12.5	12.5	12.5	12.5	12.5	
建成区绿化覆盖率	%	36	36	40	40	40	
人均公共绿地面积	m²	23.18	14	15.03	15	15	

二、石嘴山市经济社会发展中存在的主要困难和问题

经济结构不合理，以煤炭资源为支撑的传统发展优势已明显弱化，以土地等要素投入为主的增长方式已难以为继，以高耗能为主的产业结构已不可持续，产业转型升级和结构调整任务依然艰巨。资源环境约束加剧，转型升级与稳增长、加快发展与环境保护间的矛盾日益突出，产业结构调整存在两难选择。

创新能力不强，产业发展层次低，大多处于产业链前端，产品的科技含量和附加值不高，新产业、新业态发展迟滞，增长动力接续不足。

开放型经济发展水平低，开放体制机制尚未完全形成。

经济社会发展总体还不平衡、不协调，对标全面小康指标，全社会研发经费支出、第三产业增加值、文化产业增加值占GDP比重和单位GDP综合能耗等短板还十分突出。公共服务保障水平不高，居民收入持续增长难度大。

三、石嘴山市"十三五"规划基本思路

"十三五"时期，石嘴山市将主动适应经济发展新常态，坚持"四个全面"战略布局，坚持发展第一要务，坚持创新、协调、绿色、开放、共享的发展理念，以创新发展、转型追赶为主线，以提高质量和效益为中心，紧紧围绕在全区率先全面建成小康社会目标，坚持开放带动、创新驱动、共建共享、生态立市，深入推动产业民生生态转型发展，加快资源枯竭型城市转型和老工业基地振兴，建设开放富裕和谐美丽新型工业城市。

（一）开放带动，合作共赢，加快建设开放石嘴山

以开放拓展发展空间，以开放提升发展层次，深度融入"一带一路"战略，积极推进内陆开放型经济试验区建设，大力培育发展开放经济，着力打造国家级承接产业转移示范区、丝绸之路经济带重要节点城市、富有石嘴山特色的开放高地。

深化对内开放。主动投身宁夏沿黄经济区建设，加快银石一体化进程，实现联动发展；积极融入呼包银榆经济区发展，推动与毗邻地区基础设施互联互通和产业互补，强化能源资源、现代物流、生态环保、文化旅游等方面的务实合作。

拓展对外开放。加快建设外向型产业园区，促进外向型产业集聚发展。巩固扩大欧美日韩等传统出口市场，全面加强与中东、中亚等丝绸之路沿线国家的经贸文化往来，拓展与东南亚等国家和穆斯林地区的交流。努力形成全方位、宽领域、多层次的对外开放格局。

畅通开放通道。加快构筑立体、多向开放通道，提升出海、出境通达

能力。向东畅通与天津港的物流通道，向西推动"武新欧"铁路班列延伸至惠农陆港口岸，向北打通与蒙古国的口岸通道；建设石嘴山沙湖机场，融入全区"一港三支线"空中交通格局；推动城市出口与过境干线互联互通、公路铁路与周边地区外向通道相互连接，构建便捷、开放、高效、多层次的综合交通体系。

（二）创新驱动，转型发展，加快建设富裕石嘴山

把发展的基点放在创新上，把产业转型升级摆在转变发展方式的首要位置，推动新技术、新产业、新业态蓬勃发展，加快实现发展动力转换，全力打造石嘴山经济升级版。

突出工业提质增效。坚定不移实施工业强市战略，构建"4+4"产业集群和特色产业新体系，持续提高非煤产业比重，推动产业迈向中高端水平，提升工业发展的整体竞争力。

实施升级改造工程。加快科技创新和"两化"融合，强化增链补链、协作配套和循环闭合，做大做强新材料、装备制造、冶金、电石化工四大产业集群，大力发展高端装备制造、钽铌铍钛稀有金属新材料、铝镁合金及轻金属材料、高附加值的碳基和复合材料深加工、硅及电子级硅材料等产业，建成现代装备制造和新材料产业基地。优化高载能行业集中布局，加大重组整合力度，防止产业升级变成单纯的产能和规模扩张。实施产能化解淘汰计划，运用市场机制、经济手段、法治办法有效化解过剩产能，坚决淘汰落后产能和僵尸企业，在调整存量中实现质量效益提升。

实施增量培育工程。大力培育新能源、生物医药、新型煤化工、现代纺织等特色产业。落实中国制造2025宁夏行动纲要，抢抓国家加快发展战略性新兴产业的机遇，积极培育接续替代产业，引进实施晶体材料、电池材料、化工设备、特高压配件等重大项目。加快推进清真食品及穆斯林用品、葡萄酿酒及配套、优质农产品精深加工等轻工业项目，培育新的经济增长点，提高轻工业比重，在优化增量中推进转型升级和结构调整。

实施龙头带动工程。突出政策引领和扶优扶强，以龙头骨干企业为支撑，筑牢工业骨架和脊梁，在产业集群和特色产业中各选择2~3家龙头企业、10家骨干企业进行重点培育，做大做强龙头骨干企业，示范带动一批

专精特新中小微企业蓬勃发展，加快培育百亿元产业集群、五百亿元产业园区和百亿元企业或企业集团。

开展降本增效行动。着力打造低成本园区，完善园区集中供水供热、污水处理、交通物流等配套服务体系，鼓励发电企业向大用户直供电，支持具备条件的园区企业建设新能源微电网示范项目，加强园区产业配套，支持企业通过技术改造提高装备水平和用能效率，降低企业生产成本；支持企业强化经营管理，开展内部挖潜改造，降低企业管理成本；支持企业创新融资方式，通过挂牌上市、发行债券、设备租赁等提高直接融资比重，降低企业融资成本；大力发展第三方物流，优化铁路公路物流路径，降低企业大宗工业品和原材料物流成本。

提升服务业发展水平。坚持接一连二统筹推进、生产性与生活性服务业协调发展，突破重点，培育增量，促进服务业发展提速、比重提高、水平提升。

实施现代物流业提升工程。突出陆港带动的现代物流业，加快陆路口岸配套设施建设，完善口岸通关、保税等功能，积极发展口岸物流、保税物流、加工、配送、分拨、冷链保鲜等产业，培育物流龙头企业，提升辐射带动能力，建成宁北及蒙西地区物流中心和全国性现代化铁路物流基地。协同发展交通运输、金融服务、商务服务等，扩张以现代物流业为重点的生产性服务业。

实施全域旅游开发工程。大力发展以沙湖带动、环星海湖综合开发支撑的文化旅游业，加快创建宁夏全域旅游发展示范区。完善沙湖旅游区公共服务设施配套，构建"大沙湖"旅游区，建设面向阿拉伯国家及穆斯林地区的健身养生港和避暑胜地。加快推进环星海湖三级圈层开发，促进星海湖与沙湖联动发展，打响"观景沙湖·休闲星海"品牌。积极培育新业态新模式，推动旅游与体育健身、休闲度假、商务服务、健康服务、养老服务和社区服务业融合发展，提升以文化旅游为重点的生活性服务业。

提升农业质量效益和竞争力。坚持用工业的理念发展农业，加快转变农业发展方式，推进农业产业转型升级和结构调整，促进农业增效、农民增收。

实施农业产业化提升行动。以特色、高质、高端、高效为引领，重点发展"一优五特"产业，促进特色优势产业向"一岸三路"集中布局。拓展"企业＋基地＋农户"产业化模式，实施农业产业化重大专项，打造宁夏优质农产品精深加工基地。建成全国优质清真牛羊肉生产基地、优质奶源基地。推进蔬菜标准园区创建和永久性蔬菜基地建设，提升蔬菜品质和市场竞争力，建成西北菜篮子基地。

实施农业科技园区示范工程。加快国家农业科技园区"一园四区"建设，高标准建设一批现代农业示范基地、示范园区。健全农业科技创新推广体系，实施一批农业科技创新重大项目，规划建设石嘴山河东现代农业产业带。大力发展智慧农业，推进"互联网＋"农业、全域"村村通"电商行动。推行农业标准化生产和品牌化建设，提升农业综合效益。

实施科技创新行动。实施创新驱动助力工程，推动重点领域和关键环节技术攻关，加快科技成果转化应用，培育壮大高新技术产业。发挥重点实验室、工程技术中心和各类科技孵化器、研发中心等创新平台作用，聚集人才、技术、资金等创新要素，实施一批支撑转型发展的重大科技专项。加大政府科技投入力度，引导企业和社会增加科技研发、平台建设、人才引进、成果应用转化等投入，切实增强自主创新能力。

（三）共建共享，增进福祉，加快建设和谐石嘴山

从解决人民最关心最直接最现实的利益问题入手，积极回应人民诉求和关切，构建人人参与、人人尽力、人人享有的发展新机制，让百姓有更多的获得感和幸福感。

提高城乡居民收入。实施农民增收行动，引导农民由农业向非农产业转移，提高农民的家庭经营收入、财产性收入和非农产业收入。完善最低工资增长机制，推行企业工资集体协商制度。

实施脱贫攻坚行动。实施精准扶贫、精准脱贫，因人因地施策，坚决完成脱贫攻坚任务。大力推进产业扶贫，开展龙头企业带动扶贫行动。实施贺兰山矿区居民下迁工程。实施贫困人口技能致富计划，实现贫困户技能培训全覆盖。完善扶贫推进机制，提高基础设施到村、产业扶贫到户、培训转移到人、帮扶责任到单位的"四到"扶贫实效。健全兜底扶贫政策，把丧失劳动能力的贫困人口全部纳入最低生活保障，对因病致贫返贫人口提供医疗救助保障，确保贫困人口应保尽保。

建立公平持续的社会保障制度。完善城乡居民基本养老保险制度，实施全民参保计划。规范和完善社会救助体系，建立健全统筹城乡居民最低生活保障制度，统筹城乡"三无"特困人员供养制度和救助制度。推进医养结合，完善以居家为基础、社区为依托、机构为补充的多层次养老服务体系。加快保障性安居工程建设和棚户区改造，完善以公共租赁住房为主体的保障性住房供应体系。

完善就业服务体系。坚持就业优先，完善城乡就业政策普惠制度，着力解决就业结构性矛盾。健全公共就业服务体系，加强就业帮扶与指导。推行终身职业技能培训制度，提高劳动力素质。开展贫困家庭子女、农民工、失业人员和转岗职工、退役军人免费接受职业培训行动，保障劳动者平等就业权利。

全面提升教育质量。加快发展学前教育，鼓励发展普惠性幼儿园。提升义务教育均衡发展质量，普及高中阶段教育，扩大优质普通高中教育资源。优化职业教育专业布局，加快打造国家高技能人才培训基地和宁夏高技能人才培养基地。加强教师队伍特别是乡村教师队伍建设，推进城乡教师交流。大力发展开放的继续教育和成人教育，促进特殊教育发展。

提升居民健康水平。深化医药卫生体制改革，确保基本医疗公平、可及、普惠。全面推进公立医院综合改革，鼓励社会办医，提升医疗服务和现代化管理水平。完善公共卫生服务网络，促进优质医疗资源向基层延伸。加强食品药品安全监管，完善食品安全治理体系。推广全民健身计划，城乡主要公共场所免费安装健身设施。协同发展体育事业和体育产业，增强人民体质。

加快推进新型城镇化。按照全域城镇化目标，全面推进户籍制度改革，促进有能力在城镇就业和生活的农业转移人口居家进城落户，并与城镇居民享有同等权利和义务。实施居住证制度，实现基本公共服务常住人口全覆盖，提高户籍人口城镇化率。鼓励外出创业、务工人口和大学生返乡就业创业。建立健全由政府、企业、个人共同参与的农业转移人口市民化成本分担机制。深化农村综合改革。

（四）生态立市，绿色发展，加快建设美丽石嘴山

以建设国家生态文明先行示范区为统揽，建立完善经济发展与环境保护相互协调、人与自然和谐共生的制度体系，加快形成绿色发展方式和生活方式，建设天蓝地绿水净的美丽家园。

推动循环发展。加快建设国家循环经济示范城市、资源综合利用"双百工程"示范基地，促进清洁生产和资源循环利用。推行企业循环式生产、产业循环式组合、园区循环式改造，建设区域性、行业性废弃物逆向物流交易平台。推进重点行业循环化改造，实现资源共享、"三废"集中处理与综合利用。

着力改善环境质量。加强环境污染治理，切实保障公众健康和有效防范环境风险。实施环境保护"蓝天、绿水、净土"行动，有效防治大气、水、土壤污染。防控重大环境风险，严格化学品管控，加强重金属污染防治，控制能源化工、冶金、医药等重点行业项目环境风险。实行最严格环境保护制度，强化准入前负面清单管理制度。建立由空间规划、用途管制、领导干部自然资源资产离任审计、差异化绩效考核等构成的空间治理体系。

节约和高效利用资源。实施能源消费总量和消耗强度、水资源和建设用地等总量和强度双控行动。实施节能降耗行动，加快发展低能耗产业，实施一批重点节能改造项目，降低单位产出能耗。实行最严格的水资源管理制度，建设节水型社会。实施工业节水行动计划，严格执行用水总量控制，促进水资源的可持续利用。

大力推进生态家园建设。坚持保护优先，加大生态建设保护力度，巩固国家森林城市创建成果。实行规划管控"一张图"，建立生态红线考核管理和覆盖全部红线区域的生态补偿机制。着力构建贺兰山东麓生态防护带、中部平原绿洲景观带和东部防风治沙带三大国土生态安全保护屏障。深入开展国家园林城市创建活动，加强水生态文明城市建设，加大采煤沉陷区综合治理力度。

吴忠市经济社会"十二五"发展状况及"十三五"规划思路

王风全

"十二五"期间,吴忠市克服经济下行压力加大、结构性矛盾凸显等不利因素,紧紧围绕"三产八带"建设目标,以深化改革创新为动力,以产业培育和项目建设为重点,以改善民生和增加城乡居民收入为核心,迎难而上促发展,多措并举保增长,全市经济社会发展呈现"总体平稳、稳中有进、进中向好"态势,"十二五"时期是吴忠市经济社会发展最快、城乡面貌变化最大、人民群众得到实惠最多的5年。

一、"十二五"时期吴忠市经济运行情况

(一)全力攻坚克难,综合实力跃上新台阶

"十二五"末,预计全市生产总值达到414亿元,比"十一五"末增长65.3%,年均增长10.6%;人均地区生产总值28500元,比"十一五"末增长59.6%,年均增长9.8%;地方一般公共财政预算收入达到36.7亿元,比"十一五"末增长1.34倍,年均增长18.5%;全社会固定资产投资达到692亿元,比"十一五"末增长2.29倍,年均增长26.1%;社会消费品零售总

作者简介:王风全,吴忠市统计局副局长,统计师。

额97亿元，比"十一五"末增长86.5%，年均增长13.3%；城镇居民人均可支配收入21640元，比"十一五"末增长56.2%，年均增长9.3%；农村居民人均可支配收入9244元，比"十一五"末增长83.3%，年均增长12.9%。

(二) 加快结构调整，产业转型取得新进展

"十二五"期间，全市产业结构由"十一五"末的17.1∶51∶31.9调整为2014年的14.1∶57∶28.9，预计2015年调整为14∶54∶32，产业结构进一步优化。

1.农业呈现稳中有进、进中向好发展局面。2014年，全市农林牧渔业增加值53.93亿元，比"十一五"末增长43.3%；粮食播种面积299.2万亩，总产量95万吨，实现"十一连增"；肉类总产量7.9万吨；牛奶65.1万吨，农业总体发展保持稳定。种植业、畜牧业、林业、渔业及农林牧渔服务业产值由"十一五"末的53.9∶38∶3.6∶0.9∶3.6调整为2014年的51.2∶41.19∶2∶1.57∶4.04，特色优势产业产值占农林牧渔业总产值达90%以上。农业综合机械化和农业科技水平不断提升。大力开展农田水利基本建设，实施了灌区续建配套、扬黄灌区节水改造等一批重点项目，农业基础设施有效改善。

2.工业转型升级步伐加快，结构调整成效显现。全市工业增加值占生产总值的比重由"十一五"末的38%提高到2014年的42%，规模以上工业占全部工业增加值的比重达到94%。按照"轻重并举、优先轻工"的转型思路，加快纺织、印刷包装等轻工业发展，引导化工、建材等传统重工业技术升级，轻重工业比由"十一五"末的22.6∶77.4调整到2014年的29∶71，轻工业比重提升了6.4个百分点。"五优一新"产业占工业比重达到70%以上，基本形成以清真食品与穆斯林用品为主导产业，装备制造、能源化工、新材料、新能源为支柱产业的工业经济体系。

3.服务业发展势头良好，增速不断加快。市区"十大市场"、中阿商贸城和7个县级专业市场投入运营。农超对接"直采直供"模式在全国推广，电子商务快速起步。会展经济助推吴忠清真产品在国内外的影响力和知名度大大提升。金融业发展持续向好，房地产业平稳运行，积极推进集约化进程，全市已初步形成了西线沿山、中线立弘慈善和东线盐太同工业经济

三大产业带,以罗山大道、青铜峡滨河、盐池中部、同心东部旱作节水为主的4条现代化农业示范带和黄河文化旅游产业带,空间布局不断优化。

(三)狠抓"两大任务",投资拉动激发新活力

"十二五"前4年,吴忠市累计争取各类项目资金418.2亿元。在"两大任务"的带动下,全市累计完成固定资产投资1740亿元,预计到"十二五"末累计完成固定资产投资2432亿元,是"十一五"的2.7倍,达到了前所未有的水平。伊利液态奶、恒丰30万锭棉纺纱锭、市区"十大市场"等产业调整项目,保障性住房、黄河楼、两馆一中心及市政道路等基础设施项目的建设有效拉动固定资产投资的快速增长。

(四)着眼城乡统筹,城乡一体化发展谱写新篇章

"十二五"期间,吴忠市坚持有序推进、双轮驱动的城镇化发展战略,积极主动融入大银川都市区建设,推进银吴同城、吴灵(武)相交、吴永(宁)对接,稳步推进城镇化建设,城镇化水平不断提高。城镇化率由"十一五"末的37.1%提高到2014年的43.7%,提高了6.6个百分点。

(五)实施"三城联创",生态环境呈现新面貌

"十二五"期间,吴忠市林业投入持续增加。国家三北防护林四期、退耕还林、天然林保护工程和自治区"六个百万亩"生态林业建设等重点生态项目全面完成,林业发展继续保持了快速发展的良好势头,森林覆盖率达到15%,"十二五"林业发展规划的各项任务指标全面完成。节能减排取得可喜成绩,与"十一五"末相比,单位GDP能耗降低12%,主要污染物排放总量降低12%,资源节约型和环境友好型社会建设取得新进展。

(六)坚持富民优先,民生保障得到新提升

2014年,全市城镇居民人均可支配收入19853元,比"十一五"末增长43.4%;农村居民人均可支配收入8442万元,比"十一五"末增长67.5%。2011~2014年,全市农村居民收入增幅均超过城镇居民,城乡居民收入比由"十一五"末的2.75缩小为2014年的2.35,劳动经营性收入成为支撑城乡居民增收的主要动力。实施教育优先发展战略,教育事业取得了突出成就。深化医药卫生体制改革,卫生事业呈现又好又快局面。积极创建国家卫生城市,全面落实《健康宁夏行动(2013~2020年)》,卫生事业发展走在全区前列。扎实推进"人才强市、创业强市、民生强市"三大战略,就业与社会保障事业取得新进步。城镇登记失业率控制在4.1%以内,农村劳动力转移就业23.7万人,城乡居民养老保险参保率91.8%,城乡居民医疗保险参保率100%,全市"十二五"社会保障目标全面完成。社会救助工作扎实推进,城乡最低生活保障实现应保尽保。进一步巩固国家级创业型城市创建成果,突出打造清真食品及穆斯林用品、阿语商贸人才、清真厨师三大创业品牌。

(七) 强推移民工程,扶贫攻坚迈出新步伐

全市累计投入各类扶贫开发资金23亿元,着力推进产业扶贫、项目扶贫、移民扶贫、社会扶贫,有效激发了贫困地区的内生动力。坚持产业扶贫,枸杞、滩羊、葡萄等特色支柱产业规模不断扩大。加强基础设施建设,努力改善贫困地区生产生活条件,贫困地区基本实现了乡乡通油路、村村通公路、通广播电视、通电话、通宽带,解决了46.88万农村居民的饮水安全问题,建成移民住房14166套,搬迁安置移民12646户5.3万人,贫困地区城乡面貌及生态环境明显改善。

(八) 深化体制创新,改革开放取得新突破

经济体制改革建立了产业转型升级机制,清真产业成为结构调整的主攻方向,预计"十二五"末轻重工业比将达到30∶70。工商登记推行"先业次照后证再规范"注册程序,市场主体突破7万户。农村土地承包经营权确权率达到86.7%。扶贫攻坚变"大水漫灌"为"精准滴灌",20个贫困村脱贫销号。城镇化改革确立了"一区三城、三带三轴、十大产业本级板块"产城融合发展格局。

二、"十二五"吴忠市经济存在的主要问题

吴忠市在"十二五"发展中取得了丰硕成果,但还存在一些不容忽视的矛盾和问题。

(一) 经济增速明显放缓,稳增长难度较大

受外部宏观经济环境影响,近年来全市经济增长明显趋缓,"十二五"前4年经济增速逐年下降,2014年全市GDP增速仅为7.6%,比2011年增

速回落了5.5个百分点。

（二）工业发展后劲不足，扩规模调结构双难

受市场需求持续疲软、部分行业产能过剩、资金环境依然趋紧等因素影响，全市工业经济下行趋势明显，面临严峻挑战。"十二五"前4年规上工业增加值增速逐步下降，2014年全市规上工业增速为13.2%，比2011年下滑了10.3个百分点；同时，乳制品、树脂、电石、电解铝等传统优势工业行业下滑严重，新兴工业还未形成规模和效益。在多重因素影响下，全市工业发展步履艰难。扩规模与调结构仍面临不少的困难和问题。

（三）生态环境包袱较重，扶贫攻坚任重道远

全市经济总量依然较小，山川发展仍不平衡，贫困群众主要集中在占全市土地面积80%的中部干旱带，水资源匮乏、基础设施落后、经济发展缓慢，贫困村大多数教育、文化、卫生等基础设施薄弱。

（四）小康水平实现较低，发展任务依然艰巨

2013年，全市小康实现程度为69.9%，人民生活、民主法制等方面小康实现程度较高，分别达到90%、82%。预计到2015年，全市小康实现程度78%左右，距实现小康目标值仍有差距，"十三五"期间节能压力较大。当前，全市正处在产业爬坡转型升级的关键期，实现2020年与全国同步建成全面小康社会，年均需增长4.3个百分点以上，任务艰巨。

三、吴忠市"十三五"规划的主要思路

（一）发展定位

围绕"一带一路"、宁夏内陆开放型经济试验区建设和宁夏空间发展战略规划，立足沿黄经济带区位优势、资源禀赋、民族团结优势、回乡文化影响力，全面融入大银川都市区，把吴忠打造成中国向西开放的战略平台、丝绸之路经济带的黄金节点、中国清真食品及穆斯林用品产业集聚区、西部最具影响力的高端装备制造业基地、西部最具吸引力的穆斯林旅游目的地、宁夏加快发展的新引擎。

（二）战略措施

新常态下，吴忠市"十三五"时期将重点围绕三大战略重点，夯实四

区域发展篇

大基础保障，搭建5个合作平台，发挥六大独特优势，培育10个百亿元产业集群，构建"两区、两地、两中心"，打造丝路经济带上重要的黄金节点城市。

1.改革推动战略。抓机遇、促改革，围绕破解经济社会发展突出问题的体制机制障碍，全面深化改革，增强改革意识，提高改革行动能力，使市场在资源配置中起决定性作用和更好发挥政府作用，形成并完善新体制，培育竞争新优势。

2.创新驱动战略。重创新、谋发展，把创新驱动发展摆在"十三五"发展的核心战略位置，推动科技创新、产业创新、企业创新、市场创新、产品创新、业态创新、管理创新，加快形成以创新为主要引领和支撑的经济体系和发展模式。

3.转型发展战略。调结构、提质量，坚决改变重数量、重规模、重速度、依赖资源的传统发展思路，牢固树立重质量、重效益、重创新的发展理念，全面提升经济社会发展整体质量。

4.全面开放战略。建机制、搭平台，坚持对外开放与对内开放并重、引进来与走出去并重，树立世界眼光和开放合作发展思维，推进全方位、多层次、宽领域的对外开放，积极与国际、国内及周边区域优势互补、良性互动，实现区域融合发展。

（三）产业空间布局

立足吴忠在宁夏的战略定位，结合各县、市（区）现有产业基础、发展定位，优化配置资源，构建"突出六个板块，打造十大集群，实现融合发展"的空间格局，形成布局合理、错位发展、各具特色的产业分布格局。

1.突出六个板块。以黄河为内河，加快利青同城步伐，推动黄河两岸产城一体、产城融合、分工协作、错位发展。以县域为板块，推动主导产业大发展，做大规模，做强效益，龙头引领，辐射周边，着力建成利通区清真产业核心区、红寺堡扶贫开发生态移民模范区、青铜峡葡萄及黄河文化旅游核心区、盐池能源化工产业接续区、同心绿色生态高效节水示范区、太阳山能源化工新材料基地。

2.打造十大集群。以盐太同工业经济带、立弘慈善工业经济带、沿山工业经济带、罗山大道现代农业带、同心东部旱作高效节水农业带、盐池中部现代畜牧产业带、黄河金岸高端大米示范带、沿黄文化旅游产业带为依托，打造国家级清真食品及穆斯林用品产业集群、装备制造业产业集群、煤及油气化工产业集群、新材料产业集群、新能源产业集群、生态纺织产业集群、生物制品健康产业集群、高产奶牛及滩羊养殖产业集群、酿酒葡萄产业集群、商贸旅游及现代服务产业集群。

3.实现融合发展。以工业化理念发展农业，在特色上做文章、在优质上下功夫、在高效上找出路，打造特色农业"第一车间"；依托"一产"，创造"接二"的连锁放大效应，带动农产品加工业实现标准化、规模化、集约化生产；立足"二产"，延伸"连三"的服务通道，实现工业品在消费、流通环节的增值；通过三次产业融合，贯穿产业链，提高附加值，实现良性循环、互促共进、协调发展。

四、"十三五"时期吴忠市经济发展的对策建议

"十三五"时期，吴忠市着眼于全面建成小康社会、全面深化改革目标，针对经济社会发展中的主要矛盾和问题，瞄准关系全局和长远的重点领域，创新发展思路，破解发展难题，推动重大战略任务的实施，实现更有效率、更加公平和可持续的发展。

（一）依托科技创新，加快工业转型升级

依托资源优势和现有产业基础，强化科技创新、企业创新、产品创新、管理创新，实施工业优势再造战略，优化工业产业布局和园区功能定位，加快建设盐太同、立弘慈善、沿山3条工业经济带建设，念好"轻、清、青"三字经，强化集约效应，提升产业转移承载力。

（二）提升产业化水平，实现农业提质增效

围绕"农业强、农民富、农村美"总目标，以"一特三高"(特色、高质、高端、高效)为引领，以"四带建设"为依托，转变农业发展方式，深化农业农村改革，以工业化的理念抓农业，不断提高农业产业化、生态化、科技化、品牌化水平，加快建设孙家滩生态农业有机谷，全力打造两个农业示范区，发展壮大8个优势特色产业。

（三）发展现代服务业，引领三产优化升级

坚持用国际视野、全局观念和战略思维，抢抓国家"一路一带"、宁夏内陆开放型经济试验区等历史机遇，充分挖掘资源禀赋，放大比较优势，转变发展方式，推进产城融合，重点发展生产性服务业，全面提升传统服务业，大力发展新兴服务业，推动现代服务业全面、协调、可持续发展，努力把吴忠建设成为西部商埠重地、特色旅游目的地、宜居宜业宜休闲的现代服务业示范城市。

（四）融入空间发展规划，推进区域协调发展

以自治区空间发展战略规划为引领，以大银川都市区规划建设为契机，推进"四化融合"，加快新型城镇化步伐，打造产城融合升级版，把吴忠建设成为新型城镇体系功能完善、特色鲜明、空间紧凑的大银川都市区核心城市。

（五）着力绿色低碳发展，加强生态文明建设

坚定不移地实施生态立市战略，打造天蓝地绿、山清水秀、空气清新、环境宜人的吴忠靓丽名片。把生态文明建设融入经济、政治、文化、社会建设各方面和全过程，协同推进新型工业化、城镇化、信息化、农业现代化和绿色化，牢固树立"绿水青山就是金山银山"的理念，坚持把节约优先、保护优先、自然恢复作为基本方针，把绿色发展、循环发展、低碳发展作为基本途径，把深化改革和创新驱动作为基本动力，把培育生态文化作为重要支撑，把重点突破和整体推进作为工作方式，提高生态文明建设水平，建成国家环境保护模范城市。

（六）加强基础设施建设，构建内陆开放大通道

统筹规划、适度超前、优化结构，建设支撑区内、辐射周边、服务全国的综合交通运输体系，突出抓好全市重点水利设施建设，构建坚强智能电网体系，全面提升基础设施的支撑保障能力。

（七）推动信息融合发展，提高社会管理水平

大力推进以数字化、网络化、智慧化为主要特征的"智慧吴忠"建设，实施信息惠民工程，实现人、物、城市功能系统之间无缝连接与协同联动，提升城市管理能力和服务水平。

(八) 着力保障与改善民生，促进社会事业全面进步

着眼于解决好人民群众最直接、最关心、最现实的利益问题，构建机会公平、广泛参与、成果共享的包容性发展新机制，不断增强人民群众的幸福感。按照"增域、加项、提标、扩面"思路，加快健全覆盖城乡、普惠全民、缩小差距、可持续的基本公共服务体系，解决好人民群众最关心、最直接、最现实的教育、医疗、就业、收入分配、社会保障等利益问题。

(九) 持续精准发力，打赢扶贫开发攻坚战

坚持政府引导、山川统筹、产业培育、"四化"融合、创新机制、注重实效的原则，以中部干旱带为重点，以建设全面小康为目标，加快转变扶贫方式，实现扶贫开发由传统救助式扶贫向多元开发式扶贫转变，由"大水漫灌"向"精准滴灌"转变，由"输血型"向"造血型"转变，努力提升贫困地区的综合经济实力，提高贫困群众的自我发展能力。

(十) 全面深化改革，激发经济社会发展活力

坚持全面深化改革和依法治市两轮驱动，运用法治思维和法治方式，有重点、有步骤、有秩序地推进重大改革举措落实，进一步释放改革红利，为建设"五个吴忠"注入强大动力。

固原市经济社会"十二五"发展状况及"十三五"规划思路

计发斌

"十二五"时期是固原市加快发展的"黄金"5年。这5年，市情发生深刻变化，经济发展步入新常态。市委、政府总揽全局，审时度势，主动适应经济发展新常态，坚持稳中求进工作总基调，不断创新思路、方式；大力推进结构调整，着力开拓发展新空间，实现了经济平稳较快发展和社会和谐稳定，为建成小康社会奠定了坚实基础。

一、固原市"十二五"时期经济发展形势

"十二五"时期，支撑固原市经济快速增长的要素条件与市场环境发生明显改变，潜在生产率趋于下行，经济面临较大的下行压力。面对困难和挑战，市委、政府把握规律，积极作为，向改革要动力，向结构调整要助力，向民生改善要潜力，激活力、补短板、强实体、控风险，确保了经济增长换挡不失势。

经济增长保持快速。2011~2014年，国内生产总值年均增长11.8%。分年度看，2011~2014年GDP分别增长13.9%、12.1%、11.8%、9.3%，2015年预计增长8%左右，"十二五"期间，固原市经济年均增长近

作者简介：计发斌，固原市统计局综合核算科科长。

11.1%，在全区五市中增速名列前茅。

经济总量突破200亿元。2014年全市GDP突破200亿元，预计2015年达到217亿元，是2010年的2.1倍，比2010年翻了1.06番。

经济结构明显改善。"十二五"时期，面对多年积累的结构性矛盾和转型发展的压力，市委、政府把调结构转方式放在更加突出的位置，在发展中促转型，在转型中谋发展，经济结构调整不断迈出新步伐，经济发展的后劲和内生动力明显增强。2010年，市委、政府提出了"以农业为主导向以工业为主导，多产业发展并举转变"的经济发展战略，举全市之力，积极培育和壮大特色优势产业，提升工业经济发展水平，以建设宁南区域中心城市为目标，着力发展旅游和现代服务业，加快推进全市经济发展战略转型。5年来，全市三次产业结构由2010年的30.9：14.8：54.3调整为2015年的22.5：28.5：49，第二产业比重超过第一产业，经济结构由低层次的"二三一"向"三二一"经济模式转变，经济结构实现了重大战略转变。

农业经济稳步发展。固原是农业大市，农业经济占有较大比重。市委、政府历来重视农业经济发展，第一次固原工作会议确立了马铃薯、草畜、劳务、旅游四大支柱产业。5年来，全市不断加大科技投入，大力发展设施农业和优质高效农业，加快推进农业产业化，推动传统农业向现代农业转变，使农业经济有了较大发展。2015年，全市农业增加值达到49亿元，比2010年增长55%，年均增长5.6%。

2014年，全市粮食总产达到84.76万吨，创历史纪录，比2010年增加30.12万吨，增长55.1%。预计2015年粮食总产量为78万吨。马铃薯、草畜、劳务三大支柱产业和设施农业发展迅速，马铃薯、草畜和设施农业产值占农业总产值的比重达到50%以上，劳务收入占农民人均纯收入的比重达到40%以上，设施农业由2010年不足15万亩提高到2014年的18万亩，马铃薯种植面积达到180万亩。2014年，全市肉类总产量达到7.98万吨，比2010年增长14.5%。

工业经济快速发展。2010年以来确立了工业强市战略，体现了自治区党委、政府对固原工业经济发展的高度重视，使全市工业经济得到前所未有的发展，工业化水平大幅度提高。尤其是2011年六盘山热电厂建成投

区域发展篇

产,大大提升了固原工业化水平,初步形成了煤炭、电力、石油、建材、医药、马铃薯淀粉加工、食品、酿酒、草畜加工等支柱工业。特别是马铃薯淀粉加工,已形成年产30多万吨各类淀粉、粉条、粉丝等产品的加工能力,年加工转化马铃薯200万吨。工业园区初具规模。全市形成了固原经济开发区、固原盐化工循环经济扶贫示范区、固原清水河工业园区、宁夏圆德慈善园区、宁夏吉德慈善产业园、西吉单家集民族工业园区、隆德县六盘山工业园区、泾源县轻工产业园区、彭阳县王洼产业园区等九大工业园区,成为工业经济新的增长点。2015年,全市工业增加值达到33亿元,比2010年增长2倍,年均增长24.6%。

固定资产投资快速扩张。自治区把项目投资作为支持固原经济社会发展的重要举措,不断加大对固原项目资金投入,采取重点建设项目大会战等措施,掀起项目建设高潮,有力带动地方经济发展。固原市以此为契机,把项目带动作为改善基础设施、加快经济发展的突破口,加大招商引资力度,以大投资撬动经济快发展。5年来,全市固定资产投资大幅度增长,投资规模之大前所未有。全社会固定资产投资由2010年的112亿元提高到2015年的336亿元,5年翻了两番,年均增长24.6%,5年累计完成投资955亿元,是前十年的20倍。

内需消费持续增长。固原市大力实施消费拉动战略,积极培育市场体系。加快"万村千乡"市场工程和"农超对接"、社区蔬菜直销网络体系建设,建成了一批商贸设施和专业市场,一座座具有现代气息和多种服务功能的大型商业综合体购物中心不断增加,仓储式商场等专卖店、新型服务业、直销店、连锁超市、电子商务快速发展,为消费者提供了便利舒适的消费环境。同时,认真落实"家电下乡"等一系列惠民消费政策,刺激内需消费不断扩大,内需对经济增长的拉动作用不断增强。2015年,全市社会消费品零售总额达到60亿元,比2010年增长84.9%,年均增长13.1%。

财政金融保障能力大幅提高。5年来,全市经济的快速增长促进了财政收入的大幅度提高,是地方财政收入上升最快的时期。2015年,公共财政预算收入达到15.48亿元,比2010年增长1.9倍,年均增长24.1%。

全市经济发展环境不断改善,信用等级不断提高,金融存、贷款额度逐年增大，金融对经济的支持作用逐步增强。2014年，全市金融机构各项存款余额达到374亿元，比2010年翻了1.5番，年均增长25.9%；各项贷款余额达到187亿元，比2010年翻了1.2番，年均增长22.3%。

人民生活水平大幅提高。5年来，城乡居民生活水平显著提高。全市城镇居民人均可支配收入由2010年的13044元提高到2015年的21644元，比2010年增长65.9%，年均增长10.7%。农村居民人均纯收入由3477元提高到7099元，比2010年增长1倍，年均增长15.3%。

基础设施明显加强。"十二五"时期，市委、政府在完善基础产业、提高基础设施建设水平上进一步加大了力度，通过统筹规划，协调推进，突出重点，优化布局，基础设施对经济社会发展的保障能力继续提高。交通运输能力持续增强。高效、便捷的公路网、航空运输网逐渐形成。2014年末，境内等级公路里程达到7657公里，分别比2010年末增长18.9%。公路货运量、客运量达到4624.4万吨、1113.5万人，分别比2010年增长69.3%和56%。城市面貌焕然一新。5年来，借助自治区的大力支持，全市大力实施宁南区域中心城市战略和大县城建设，加快城镇化建设步伐。修编了《固原市市域城镇体系规划》和《固原市城市总体规划》以及4个县城和重点小城镇规划，通过一系列的城市基础设施建设，城市综合服务功能进一步提升，城市面貌有了很大的改观。固原市区建成区面积5年扩大13.31平方公里，市区绿化覆盖率达到27.83%，城市日供水能力达到5.1万立方米，供热能力达到1084兆瓦，污水处理率达到60%，生活垃圾处理率100%。2014年，全市城镇化率达到31%，比2010年提高了16个百分点，平均每年提高3.2个百分点。信息通信发展水平快速提高。2014年，全市邮电业务总量7.2亿元，比2010年增长71.4%，年均增长14.4%。移动互联网产业方兴未艾，"宽带中国"战略加快实施。2014年末，电话机总数达到123.61万部，比2010年增长65.99%，电话普及率92部/百人。

二、固原市"十二五"社会发展状况

民生事业大幅改善。"十二五"时期，市委、政府坚持民生优先，不断加强就业、收入分配、社会保障、住房等保障和改善民生的制度安排，

区域发展篇

全力推进基本公共服务均等化,人民生活水平有新提高。就业稳步增加。高度重视就业工作,以改革促进大众创业、万众创新,在经济增速放缓的背景下就业总量不降反升。2014年末,全市登记失业率为3.87%,农村劳动力资源为63万人。居民消费水平不断提高。2011~2014年,城镇居民、农村居民人均消费支出年均分别增长11.4%、17.4%。2014年,全市居民人均消费支出达到8268元。居民人均消费支出中食品比重为33.5%,比2010年有所降低;教育文化娱乐支出占13.6%,交通和通信支出占10%,均比2010年提高。覆盖城乡居民的社会保障体系不断健全。坚持广覆盖、保基本、多层次、可持续方针,加快推进社会保障体系建设,社会保障水平稳步提高。2014年末,统筹城乡居民养老保险、城乡居民医疗保险参保人数分别达到60.74万、119.17万,参保率分别为86%、95%;新农合参与率达到98%,比2010年提高1.7个百分点。此外,统一了城乡居民基本养老保险制度,不断提高企业退休人员基本养老金水平,全面启动机关事业单位养老保险制度改革。

各项社会事业全面进步。"十二五"时期,市委、政府以增进民生福祉为目的,不断加大社会事业投入,推进基本公共服务均等化,科教文卫体等各项社会事业全面进步,全市各项社会事业得到全面、协调发展,并取得阶段性成果。

科技创新能力不断提高。2014年,全市科技支出达到0.6亿元,5年增长了55%。5年来共获批专利194件,其中发明专利8件。实施科技项目633个,项目资金1.43亿元,其中国家科技项目43项,项目资金3746万元;自治区科技项目323项,项目资金7548万元。

教育事业实现新跨越。"三免一补"、贫困高中、中职和大学生资助、中职涉农专业学生免费等教育惠民政策全部落实,农村义务教育营养改善计划全面实施,义务教育经费保障水平逐年提升。"两基"攻坚顺利通过国家评估验收,"创强""普高"顺利通过自治区人民政府评估验收。实施了固原一中迁建等重点教育建设项目,新建、迁建和改扩建中小学、幼儿园1052所,实施中小学校舍安全工程170万平方米,学校面貌和办学条件得到了极大改善。九年义务教育巩固率达到88%,人均受教育年限提高到7.36年。宁夏师范学院实现了专升本，取得教育硕士招生资格，并被确定为宁夏唯——所免费师范生招生试点高校，全市普通高等教育在校生达到0.6万人。教育事业已实现"有学上"目标，正在向"上好学"的目标迈进。

医疗卫生事业跃上新台阶。医药卫生体制改革不断深化，卫生基础设施不断完善，人民群众就医环境明显改善，基本药物制度实现全覆盖，城乡医疗保障制度基本建立，卫生人才队伍不断壮大，基本医疗卫生服务均等化水平明显提高。2014年末，全市共有医疗卫生机构326个，比2010年末增加61个；共有医疗卫生机构床位4858张，增加1371张；共有卫生技术人员4244人，增加469人。不断完善重大疾病防控，实施国民健康行动计划，全面推行公共场所禁烟，居民健康状况继续改善。婴儿死亡率由2010年的9.73‰下降到2014年的9.44‰，孕产妇死亡率由32.44/10万下降到20.86/10万，均提前实现了联合国千年发展目标。

计划生育工作成效显著。11年来，全市大力实施少生快富工程，严格控制人口过快增长，取得了显著成效。人口出生率由2010年的20.05‰下降到2014年的15.10‰，下降了4.95个千分点，5年少出生0.75万人；人口自然增长率由11.81‰下降到9.74‰，下降了2.07个千分点；政策符合率由81.36%提高到89.74%，提高了8.38个百分点。全市户籍总人口达到154万，5年仅增加1.2万人。

文化建设卓有成效。先后举办了六盘山精神暨西海固文学艺术研讨会，打造了《六盘山文化丛书》《六盘山民间故事》《王洛宾的花儿情》等一批文化精品，连续举办了四届固原春晚、五届"花儿漫六盘"电视大奖赛等群众文化活动，成功举办了三届全国群众健身大会暨宁夏六盘山登山节以及11届宁夏六盘山山花旅游节，实施了农村电影放映、农家书屋、广播电视"户户通"等文化惠民工程，全市广播电视覆盖率均达到98%；建成"隐形将军"韩练成展厅、王洛宾文化园、六盘山文化城、皇甫谧文化广场。原州区被命名为"全国民间文化艺术之乡"，隆德县被命名为"中国书法之乡"和"中国社火文化之乡"，西吉县被命名为中国首个"文学之乡"。

生态移民工程进展顺利。2011年生态移民实施以来，市委、政府始终

区域发展篇

把生态移民作为"头等大事"和"一号工程",并提出"县内移民五年任务三年完"的目标,2014年底,全市累计搬迁移民4.9万户20.9万人,完成"十二五"计划的92%,其中:县内建成移民安置区106个,安置移民1.9万户7.9万人;县外共向兴庆区、大武口、红寺堡、农垦局等39个安置区搬迁移民3.02万户13万人,完成"十二五"任务的88%。

扶贫开发成效显著。5年来,全市对624个贫困村实施了整村推进扶贫开发,进一步加大扶贫攻坚力度,实施精准扶贫,全市贫困人口由2010年底的50.1万下降到2014年底的34.5万。农民人均可支配收入由3477元增长到6395元,增长84%,其中,贫困村人均纯收入由2010年的2380元增长到4650元,增长95.4%。63个重点贫困村达到了脱贫销号标准。实施"千村信贷·互助资金"项目,通过互助资金捆绑金融资金,支持企业和农户贷款5.29亿元,带动扶持发展种、养、加等多种经营,有效地促进和带动了贫困农户致富增收。对1.8万人进行转移技能培训,85%以上实现转移就业。社会扶贫力度不断加大,争取各类社会帮扶资金5.9亿元,有力地促进了扶贫开发。

生态环境明显好转。5年来,全市生态环境建设保护和节能减排得到空前重视并取得显著成效,环境质量明显好转。大力实施造林绿化、生态修复、小流域综合治理等重点生态工程,全市完成各类营造林192.4万亩,实施天然林保护工程470万亩、退耕还林补植补造287万亩,治理水土流失900平方公里。全市林业用地总面积达到668万亩,占国土面积的39.4%,森林面积达350万亩,森林覆盖率达22.2%,林草覆盖度达73%。固原市被列入西部地区生态文明示范工程试点市、全国生态保护与建设示范区。彭阳县、隆德县在全市率先实现了"全国园林县城"目标,固原市被确定为全国生态文明示范工程试点市。马铃薯淀粉生产废水治理技术研发成功并推广应用,主要河流水质明显好转。空气质量有了明显的改善,城市空气质量优良天数达到337天,达标率提高到92.3%。5年来,市委、政府不断加大节能降耗工作力度,深入落实各项政策措施,单位地区生产总值能耗下降了14.8%。

三、固原市"十三五"规划主要思路

(一) 发展思路

认真贯彻落实党的十八大和十八届三中、四中、五中全会精神及自治区党委、政府和市委的决策部署,围绕"四个全面"战略布局,坚持创新、协调、绿色、开放、共享发展理念,以精准扶贫为总揽,统筹区域发展,夯实交通、水利、教育、生态、城镇化、信息化"六个基础",实施劳动力素质提升、两个带头人、产业提质增效、民生改善、旧城改造、金融扶贫"六大工程",抓好改革创新、开放带动、项目建设、法治建设、人才培养、作风改进"六个保障",努力建设开放、富裕、和谐、美丽固原,与全区同步进入全面小康社会。

(二) 发展目标

实施精准扶贫。到2018年贫困人口稳定脱贫,贫困村销号,贫困户摘帽。贫困村农民人均可支配收入达到全市平均水平的80%以上,贫困户人均可支配收入达到全市平均水平的60%以上,贫困发生率控制在4%以内。

加快经济发展。实现地区生产总值370亿元,年均增长8%;全社会固定资产投资达到590亿元,年均增长12%左右;地方公共财政预算收入达到24亿元,年均增长9%;形成旅游、草畜、林业及林下经济三个全域产业和五县(区)特色产业体系。特色农业占比达到90%,农产品加工转化率达到55%,科技进步对经济增长的贡献率达到60%。

改善生态环境。森林覆盖率提高到27%以上,城市空气优良天数稳定在90%以上,城市生活垃圾无害化和污水处理率均达到90%以上,农村生活垃圾无害化处理率达到70%以上,农村安全饮用水普及率达95%以上。

加强民生保障。小康指数达到90%,城镇居民人均可支配收入达到35000元,年均增长10%以上;农民人均可支配收入达到12000元,年均增长11%以上。教育、医疗等公共服务达到全区平均水平。

中卫市经济社会"十二五"发展状况及"十三五"规划思路

陆 升

"十二五"时期，是中卫开启二次创业新征程、加快产业结构调整步伐的重要时期。5年来，全市各族人民全面贯彻党的十八大和十八届三中、四中、五中全会精神，实施旅游优先发展战略，大力推进云计算产业、互联网信息产业、科技教育产业，全面加强城乡建设，着力推进扶贫攻坚，经济发展质量明显提升，产业结构逐步升级优化，城乡面貌大为改善，居民收入稳步提高，经济和社会事业呈现健康发展的良好态势。

一、"十二五"期间经济社会发展情况

（一）综合经济实力进一步增强

"十二五"时期全市经济总量持续提升，增速放缓，到2015年底，预计全市实现地区生产总值313亿元，是2010年的1.81倍，年均增长9.3%；人均生产总值达到27605元，是2010年的1.77倍；公共财政预算收入21.3亿元，是2010年的2.5倍，年均增长20.2%；全社会固定资产投资完成351亿元，是2010年的1.9倍，年均增长17.7%，5年累计完成固定资产投资1443亿元；社会消费品零售总额达到60亿元，年均增长12.8%；

作者简介：陆升，中卫市发展和改革委员会工作人员。

城镇居民人均可支配收入21725元，是2010年的1.55倍，年均增长10.8%；农村居民人均可支配收入8070元，是2010年的1.83倍，年均增长12.5%；三次产业结构由2010年的19.1∶40.7∶40.2调整为2015年的16.0∶46.3∶37.7。

中卫市"十二五"主要经济指标完成情况

年份		地区生产总值（亿元）	全社会固定资产投资（亿元）	地方财政收入（亿元）	城镇居民人均可支配收入（元）	农村居民人均可支配收入（元）	社会消费品零售总额（亿元）
2010	绝对值	173.2	181.7	16.2	13980	4439	32.8
	增长率(%)	13.3	73.9	23.4	9.1	15.2	18.3
2011	绝对值	221.6	194.5	28.0	15866	5178	38.4
	增长率(%)	13.6	25.2	72.9	13.5	16.6	17.3
2012	绝对值	250.6	246.6	30.4	17866	5927	44.0
	增长率(%)	12.2	26.8	8.6	12.6	14.5	14.5
2013	绝对值	286.8	316.5	27.9	19810	6577	50.5
	增长率(%)	10.8	28.3	-8.0	10.9	11.0	14.7
2014	绝对值	296.9	334.0	33.5	19931	7403	56.7
	增长率(%)	5.4	5.5	19.8	8.2	10.8	12.4
2015	绝对值	313	345.0	36.5	21725	8070	60
	增长率(%)	5.0	3.3	9.0	9.0	9.0	6.5

（二）产业结构优化升级成效明显

1.加快推进工业转型升级。大力发展科技含量高、技术支撑力强的新型工业。进一步完善中卫工业园区、中宁工业园区、海原工业物流园区的道路、供排水、供气、绿化等基础设施。开工建设了紫光蛋氨酸、中电投2×350MW热电联产、锦宁铝镁公司120万吨铝镁合金、80万吨钒钛合金等重大项目，保利协鑫N型单晶硅、兴尔泰120万吨硝基复合肥、天元锰业60万吨电解金属锰二期等项目顺利推进。改造提升冶金、建材等传统产业，加快实施余热尾气循环化利用，鼓励企业进行产品转型。香山、南华山、大战场风力发电基地建成了银阳、隆基光伏材料、华创风机制造等新能源产业发展项目和华电、国电投、国电、振发、协鑫、金阳等风力光伏发电项目。到2015年底，全市新能源装机容量达到3014兆瓦。

2.现代服务业稳步发展。一是旅游产业发展步伐加快。成立沙坡头旅

区域发展篇

游经济开发区管委会。以打造全域旅游示范区为目标，开工建设了旅游新镇基础设施、特色餐饮区、旅游文化商品专卖街区、游客中心、沙漠博物馆等旅游硬件设施，实施了大河之舞休闲生态公园、黄河文化宫、腾格里沙漠湿地旅游度假区、沙坡头水镇、大漠风情园、中宁枸杞文化博览中心、海原民族文化产业园等一批重点项目。开通"沙坡头号"旅游专列，成功举办环青海湖国际公路自行车赛、大漠黄河旅游节等大型旅游节会赛事活动。2015年，全市共接待中外游客430万人次，实现旅游总收入33亿元，分别是2010年的1.6倍和3.3倍。二是大数据及信息产业快速发展。以打造国家战略数据安全储备基地和中阿网上丝绸之路为目标，亚马逊AWS数据中心一期项目2015年底投入运营；云创公司数据中心项目首期2栋机房进行设备安装；中国移动、中国联通、易慧科技3个数据中心2015年底前开工建设。西部云基地道路、供排水等配套基础设施基本建成，三大运营商网络全部接入，中国联通中卫—太原—北京6×100G光纤传输网络和亚马逊3个点间的互联光纤网络即将建成。三是交通物流快速发展。以打造丝绸之路经济带交通物流枢纽城市为目标，引入中国物流等知名企业投资建设中卫物流园区、中宁星火国际物流园，规划建设镇罗公铁物流园。加快物流通道建设，太中银铁路建成通车，干武增建二线工程进展顺利，吴忠至中卫城际铁路启动建设，中卫至兰州高铁前期工作加快推进，海兴开发区至海原县城快速通道于年底建成通车。

3.现代农业提质增效。以农业增效和农民增收为目标，走"一特三高"发展路子。2015年，全市种植硒砂瓜89.6万亩，品质品牌保护不断加强，销售收入增长2.4%；新种植枸杞4.6万亩，建成中宁国际枸杞交易中心，创新运用"互联网+枸杞鲜果营销"新模式，销售收入增长22.7%；建成供港蔬菜基地4万亩，全市蔬菜种植面积达到40万亩；建成万头奶牛场3个、千头肉牛场8个，奶牛存栏量和肉牛饲养量分别同比增长38.1%、20.2%；新建高效节水农业示范基地7.54万亩，亩均节水500方；培育壮大农业产业化龙头企业118家，支持早康、万齐等11家企业在新三板上市，农产品加工业产值增长11.8%；培育"香山"硒砂瓜、"沙坡头"蔬菜、中宁枸杞、"宣和"禽蛋、"穆和春"清真牛羊肉等农副产品知名品牌，农产品市场竞争力明显提升。

（三）新型城镇化步伐加快

沿黄城市带建设不断深化，城市品位快速提升。以市"五馆一中心"为代表的一大批重点城建项目建成启用，建成中卫市第二水厂，开工建设中卫市第二污水处理厂及中水回用项目，中宁、海原县城供排水及道路基础设施进一步完善，宣和、兴仁、石空等小城镇基础设施进一步完善。城市绿化水平再上新台阶，老城区城中村及棚户区改造项目加快推进。改造提升了城市水系和公共绿地，预计"十二五"末，人均公共绿地面积达到14平方米。荣获中国人居环境范例奖，城市保洁自觉机制全面建立，成功创建国家园林城市和自治区卫生城市。城乡基础设施进一步加强。新建、改造鼓楼东西街和南苑路等城市道路，城市道路长度达480公里；全市集中供热面积达918万平方米，供气管道总长度386公里，天然气用户4.68万户，燃气普及率达75.7%；供水管道长度310公里，供水总量为1534万立方米。实施农村危房改造、垃圾收处、村容村貌改善、农村消防体系、天然气进农户"五大工程"和主干道路大整治大绿化工程。"十二五"期间，共改造农村危房1.2万户，建成农民新居、环境整治示范点90个，修建农村公路564.5公里，天然气入户2000户，农村环境面貌显著改观。

（四）社会事业稳步发展

基本医疗保险提标扩面，参保人数逐年增加，2015年全市基本医疗保险参保人数达106万，基本医疗保险参保覆盖率达到94%。大病医保、城乡低保、五保供养、困难救助、重度残疾人津贴等兜底政策全面落实。坚持以创业带动就业，建成宁夏大学中卫校区，填补了中卫无高等教育的空白。大力改善城乡办学条件，不断缩小城乡义务教育发展差距，沙坡头区、中宁县顺利通过自治区人民政府义务教育基本均衡发展县验收。完成了职业技术学校二期、中卫中学宿舍楼和中小学薄弱学校建设。实施了全民创业城等就业创业重点项目，城镇登记失业率均控制在4%以内。建成了市医院医疗中心，开工建设了宁夏医科大学总医院中宁分院，实施了乡镇卫生院改造和村卫生室标准化改造，卫生服务体系不断完善，"十二五"时期，全市居民平均预期寿命达到73.7岁。民主法制和精神文明建设取得新进展，社会保持和谐稳定。

二、"十三五"中卫市发展战略及发展目标

（一）发展战略

深入实施"创新驱动、产业升级、精准扶贫、生态立市"发展战略，加快建设宁夏新兴副中心城市。

一是实施创新驱动战略，建设开放中卫。将宁夏大学中卫校区创办成为高水平、创新型大学，吸引和培育一批创新型人才，结合中卫市云计算、云应用、旅游、现代农业、现代物流等优势特色产业，大力推动技术创新，提升自主创新能力，优化创新创业环境，激发企业创新活力，完善创新服务体系，健全创新人才支撑体系，加快建设创新平台和创业园区。

二是实施产业升级战略，建设富裕中卫。积极融入"一带一路"建设，坚持改革开放，加大招商引资力度，打造中阿网上丝绸之路节点城市。推进产业转型升级。加快培育新兴产业，以信息产业改造提升传统产业，加快发展现代农业与全域旅游，积极培育云计算产业，建设区域交通物流中心，加快发展现代金融业，积极发展现代服务业。

三是实施精准扶贫战略，建设和谐中卫。实施"六个一批"扶贫攻坚，打赢脱贫攻坚战。改善贫困地区基础设施，推进重点贫困村脱贫销号。实施更加积极的就业创业政策，强化以创新创业带动就业。健全社会保障体系。完善现代教育体系，提升医疗卫生服务水平，丰富群众文化体育生活。

四是实施生态立市战略，建设美丽中卫。优化生态功能区，加强沙化土地综合治理，加快发展优势特色经果林，加快建设水源涵养林，着力打造生态样板城市。加强环境治理，推进污染物综合防治，实施工业污染源全面达标和许可排放，加大农村面源治理。加快节水型社会建设，提高农业灌溉效率，推行中水循环利用，控制用水总量。

（二）发展目标

到2020年，经济发展质量显著提高，公共服务水平明显改善，人民生活水平全面提高，在全面建成小康社会的基础上，努力实现新的目标要求。

一是经济保持中高速增长。在提高发展平衡性、包容性、可持续性的

基础上，到 2020 年地区生产总值和城乡居民人均收入比 2010 年翻一番。全市地区生产总值达 500 亿元以上，年均增长 8%左右，投资效率明显上升，全社会固定资产投资年均增长 12%，地方财政公共预算收入年均增长 8%，主要经济指标基本协调。工业化和信息化融合发展，新产业、新业态不断成长，服务业比重进一步上升，消费对经济增长贡献明显加大，农业现代化取得新进展，到 2020 年，三次产业结构调整为 13∶44∶43。城镇化率提高至 48%左右。

二是城乡居民生活水平和质量普遍提高。城乡养老保险、医疗保险实现全覆盖，保障水平进一步提高。就业岗位持续增长，社会登记失业率控制在 4.5%以内。基本公共服务均等化水平稳步提高。教育现代化取得重要进展，劳动年龄人口受教育年限明显增加。城乡居民收入普遍较快增加，城镇居民人均可支配收入达 35000 元，年均增长 8%左右；农村居民人均可支配收入达 14200 元，年均增长 10%左右。收入差距缩小，中等收入人口比重上升，基本消除贫困人口。

三是生态环境与资源利用持续优化。能源资源开发利用效率明显提升，能源和水资源消耗、建设用地、碳排放总量得到有效控制，化学需氧量（COD）、二氧化硫、氨氮、氮氧化物等主要污染物排放总量削减率达到自治区下达指标要求。农业灌溉用水有效利用系数达到 0.53 左右，森林覆盖率达到 17%左右，城市生活污水处理率达到 95%以上。

四是市民素质和社会文明程度显著提高。社会主义核心价值观深入人心，诚信友善、健康向上、互助友爱的社会风尚更加浓厚，市民道德水平和文明程度显著提高，人民民主更加健全，司法公信力明显提高。法治政府基本建成，政府职能、社会管理、公共服务、城乡统筹等重点领域和关键环节的改革不断深化，市场配置资源能力进一步增强，开放型经济发展达到新水平。

三、深入实施"五大战略"，全面推动"十三五"发展

（一）坚持创新发展，加快产业结构优化升级

1.提升自主创新能力。一是优化创新创业环境。深化科技管理体制机

制改革,增强县(区)创新发展的活力。打造以宁夏大学中卫校区为核心的人才、机构、政策、合作等科技创新要素集聚基地,搭建科技开放平台,建设多层次科技人才支撑体系。二是激发企业创新活力。深入实施企业技术中心建设工程,加快形成以企业为主体、市场为导向的技术创新体系。三是完善创新服务体系。重点是加快建设宁夏中关村科技产业园西部云基地和中卫云中心、中宁枸杞科技产业园等科技示范园区,在各科技示范园区建设科技研发与创新创业孵化园。

2.推进工业转型升级。加快培育新兴产业,以信息产业改造提升传统产业。到2020年,全市工业增加值达到170亿元,年均增长10%。一是加快建设能源互联网。规划建设天元锰业、京能等企业自备电厂,加快形成智能微电网,降低电力生产和使用成本。二是加快发展装备制造业和信息产业。三是围绕枸杞、有机果蔬、马铃薯、清真牛羊肉等优势特色产业,大力发展农副产品加工业。四是改造提升传统产业。重点抓好资源综合利用、节能技术改造、智能化(两化融合)应用,提升冶金、建材产业发展整体水平。

3.加快发展现代农业和现代服务业。在现代农业方面:一是夯实传统产业,二是提升优势产业,三是培育新业态,四是健全农业发展保障体系。在现代服务业方面:一是加快发展全域旅游,创建国家全域旅游示范区;二是积极培育云计算产业,打造国际国内一流云计算产业基地、中阿互联网经济试验区和国家数据安全灾备基地;三是建设区域交通物流中心,发展"互联网+快递"等服务业态;四是加快发展现代金融业。

(二)坚持协调发展,优化城乡发展格局

1.优化市域空间布局。落实"一带一路"战略,加强向东与银川、吴忠,向西与白银、武威等市的协同合作。大力发展沿黄城市带、清水河城镇产业带和沿G109城镇发展轴、沿S202城镇发展轴、黑海高速(海原—海兴)城镇发展轴。整体推进城乡用地布局一体化、产业布局一体化、基础设施一体化、公共服务一体化、生态建设一体化。

2.统筹县(区)协调发展。突出区域主导功能,加强分类指导,发挥重点地区的辐射带动作用,形成发展导向明确、要素配置均衡、空间集约集聚的发展格局。市区作为全市政治、经济、文化中心，主要发展科技教育、金融服务等现代服务业，重点挖掘城市历史文化资源，加大市区高庙、鼓楼等主要街区建筑体仿古风格建设改造，进一步丰富和提升旅游城市文化内涵。

3.构建特色小城镇体系。优化城镇空间布局。沙坡头区重点建设镇罗镇、宣和镇、兴仁镇。中宁县重点建设大战场镇、恩和镇、鸣沙镇、喊叫水乡。海原县重点建设李旺镇、郑旗乡、七营镇、三河镇。

4.建设美丽乡村。大力推进中心村培育，按照布局合理化、产业规模化、人口集聚化、设施配套化、服务社区化、环境生态化的要求，建设100个左右中心村，使之成为承载农村发展的主要载体和城乡统筹发展的重要节点。大力推进农村人口转移转化，充分利用扶贫开发、农村土地整治、危旧房改造等政策机制，引导农村人口向城镇、中心村集聚。

5.推动物质文明和精神文明协调发展。普及科学知识，倡导全民阅读。推动基本公共文化服务标准化、均等化发展，引导文化资源向城乡基层倾斜，创新公共文化服务方式，保障人民基本文化权益。推动传统媒体和新兴媒体融合发展，加快媒体数字化建设。发展体育事业，推广全民健身，增强人民体质。

（三）坚持绿色发展，加强生态建设和环境保护

1.优化生态功能区。北部沙荒区以沙化土地综合治理为重点，构筑中卫市北部生态安全屏障。中部平原灌区以农田林网建设、村庄绿化、通道绿化、城镇绿化、生态经济林建设为重点，实现林业生态功能和经济功能的兼顾发展。南部山区重点发展以苹果、红枣、枸杞等为主的特色优势经果林产业。

2.加强生态建设。以腾格里沙漠防沙治沙、南华山水源涵养林、生态移民迁出区生态修复、农田林网、城市和村庄绿化等重点林业生态工程建设为依托，促进全市森林资源数量持续增加。加大市区周边环城林带建设，建设市区与迎水桥旅游区、工业园区的生态缓冲带，沿滨河南北路建设市区到中宁县的生态景观带，着力打造生态样板城市。

3.加大环境治理力度。实施工业污染源全面达标和许可排放计划，实

现沙坡头区、中宁、海原生活污水、垃圾处理设施全覆盖和稳定运行。扩大污染物总量控制范围，将细颗粒物等环境质量指标列入约束性指标。坚持城乡环境治理并重，加大农业面源污染防治力度。加快节能环保产业发展，推动重点行业企业加大投入，积极采用先进环保工艺、技术和装备，加快脱硫、脱硝、除尘及污水处理改造。实施能源消费总量控制，大力推进新能源利用。

4.加快节水型社会建设。实行最严格的水资源管理，抓好水资源配套工程建设。加强黄河中卫段治理，高标准建设中卫、中宁城市段黄河岸线工程。加快城市污水处理厂和中水利用设施建设，推进农村用水安全工程提质增效，推进城乡供水一体化。对水资源使用权确权，建立水权水市场交易制度，推进综合供水价格改革。

(四)坚持开放发展，积极融入"一带一路"建设

1.强化与国内省区的互补式合作。加强与国内省份在物流、贸易、口岸、信息、金融等领域的务实合作，以旅游、云计算、新型工业、现代农业、城市基础设施和现代服务业发展为主要方向，扩大与发达地区在旅游、宣传、信息服务、文化创意、服务外包、现代金融、养老养生、农业产业化等方面的交流合作。

2.形成扩大开放的对外交通支撑体系。充分发挥中卫交通区位优势，打造面向新亚欧大陆桥经济走廊和中国—中亚—西亚经济走廊的重要铁路物流枢纽。以中宁陆路口岸为依托，建设内陆无水港。

3.打造中阿网上丝绸之路节点城市。争取设立国家网络骨干通道直联点，重点发展面向阿拉伯国家和穆斯林地区的云计算、云存储、大数据、跨境电子商务和服务外包等业务，建设面向阿拉伯国家、服务国家向西开放的重要网络枢纽。

4.加大招商引资力度。依托现有园区，积极推进实施专题招商，强化督察考核，政府引导、企业为主、部门服务、全方位参与，瞄准重点区域、重点项目，引进大项目、好项目，形成产业聚集升级，形成新的经济增长极。

5.加大改革力度。以行政审批制度改革为核心，进一步优化政务环境。建立完善各级政府及工作部门权力清单、责任清单和负面清单制度，依法公开权力运行流程。进一步调整完善相关政策措施，切实优化投资政策环境，提高政府公信力。

(五) 坚持共享发展，注重机会公平，保障基本民生

1. 大力实施精准扶贫。按照"精准扶贫、精准脱贫"的要求，以重点贫困村整体脱贫、贫困户持续增收为目标，以发展特色优势产业、改善生产生活条件、增加集体经济收入、提高自我发展能力为重心，到2020年，全市11.9万贫困人口全部脱贫。

2. 大力促进就业和创新创业。强化政府投资和重大项目建设带动就业机制，实施更加积极的就业创业政策。按照"政府引导、市区联动、校企联合、市场运作"的方式，积极搭建创业载体、创业融资、创业培训、创业政策四个平台，打造宁夏中关村科技产业园·中卫云中心核心区1个制高点，打造一批创新创业聚集区，全面推进创业型城市建设。

3. 健全社会保障体系。健全社会保障制度，实现法定人群全覆盖。加大社会保险信息化建设，推动实现"五险合一"经办管理。以基本医疗保险制度建设为突破口，建立健全商业保险与医疗保险、医疗救助等有机结合的医疗保障体系；完善机关事业单位养老保险制度；建立工伤预防、补偿、康复三位一体的工伤保险体系；完善失业保险与就业政策联动机制。

4. 完善现代教育体系。促进学前教育全面健康发展，义务教育优质均衡发展，高中教育优质特色发展，职业教育提质增效发展，高等教育转型跨越发展。深化人才培养体制改革，全面推进素质教育纵深发展。健全农村学前教育资助制度，保障贫困家庭幼儿免费接受学前教育。落实中等职业教育免学杂费政策，提高建档立卡家庭中职、高职学生生活补贴。

5. 提升医疗卫生服务水平。完善市、县（区）级医疗机构、乡镇卫生院、社区卫生服务中心（站）、村卫生室等设施，创建1~2所三甲医院，提升市域医疗综合服务水平提升。加强医疗设施、设备及基层医疗卫生队伍建设，促进公共卫生服务均等化发展。全面实施国家和自治区医药卫生体制改革方案，加强基层医疗机构和县级公立医院服务能力建设，强化基层全科医生等人才培养。

附

2015年宁夏经济大事记

田晓娟

1月

4日 国家质检总局复函自治区政府，同意宁夏依托银川国际航空港和银川综合保税区，筹建进境水果、种苗指定口岸。这是宁夏获批进口肉类指定口岸后取得的又一突破，对于完善内陆口岸功能、打造区域性国际物流中心以及促进葡萄产业发展具有重要意义。

19日 宁夏出台《自治区纺织工业中长期发展规划（2014~2020年）》，规划到2020年，宁夏纺织工业总产值将超过600亿元，并形成羊绒、亚麻、棉（毛）纺、产业用纺织品、服装制造、化纤以及特种纤维共同发展的格局，建成以科技和品牌为引领、以民族服饰创意文化为特色的先进现代纺织产业体系。

21日 自治区党委办公厅、政府办公厅印发《关于加强和改进节约集约用地管理的若干意见》，从改革建设用地管理、改革工业用地利用方式、推进土地利用试点和农村土地管理改革等方面，提出加强和改进节约集约用地管理的22条意见，为全面服务保障宁夏经济社会可持续发展指明了方向。

23日 自治区十一届人大四次会议通过《宁夏空间发展战略规划》，标志着国内首个全省域空间发展战略规划上升到法治层面。《宁夏空间发展战略规划》按照"把宁夏作为一个城市规划建设"的思路，以"一主三副、核心带动，两带两轴、统筹城乡，山河为脉、保护生态"为总体战略，提出加快建设由银川、吴忠、宁东新区构成的大银川都市区和石嘴山、固原、中卫3个副中心城市，高起点建设"沿黄城市带""清水河城镇产业带"和"太中银发展轴""银宁盐发展轴"，增强山、原、河、川的生态功能，构筑西部重要生态安全屏障。

27日 北京至银川"丝路驿站——宁夏号"列车正式开通，结束了宁夏没有高品质列车的历史。

31日 宁夏《关于深化改革保障水安全的意见》正式出台，这项重要改革打破了厅局在涉水职能上的条块分割，在全局和战略上提出建设水资源、水供给、水环境、水生态、水工程"五位一体"的水安全体系，打包推出一系列改革办法和工作措施，保障宁夏水安全。

2月

10日 自治区村级互助担保基金试点工作在海原县西安镇白吉村启动。

11日 宁夏国际贸易"单一窗口"管理模式试点工作启动。

3月

1日 从宁夏企业协会获悉，上海股权托管交易中心宁夏企业挂牌孵化基地正式揭牌。

3日 从自治区发改委获悉，宁夏2015年确定110个重点项目，总投资规模11183亿元。其中，银西高铁等列入2015年40个重点建设项目，在基础设施等领域向民间资本推出一批项目，促进民间投资健康发展。

△ 宁夏银行与全国中小企业股份转让系统有限责任公司完成了战略合作协议签约。根据协议，宁夏银行将每年为宁夏"新三板"挂牌和拟挂牌企业提供不低于20亿元的意向授信额度，宁夏银行也因此成为宁夏首家与全国中小企业股份转让系统有限责任公司签约、支持"新三板"企业发展的商业银行。

4日 从自治区金融办了解到，自治区以发展资本市场、拓宽融资渠道为重点，推出金融改革创新大餐。从直接融资、金融服务、金融机构业态、中阿金融合作四个方面开拓资本市场，从强化小额贷款公司规范发展和加强地方金融管理职能两方面强化风险防控。

△ 从自治区物价局获悉，2月1日起实施的居民生活、农业生产用电范围和峰谷分时电价企业范围调整政策，可减少相关服务业企业电费支出3000多万元。

17日 自治区政府第41次常务会议审议通过了《关于促进工业经济平稳运行的若干意见》（简称《意见》），即"新工业十八条"，助力宁夏工业在经济新常态下换挡升级。"新工业十八条"从发挥煤电支撑作用、加快项目建设、缓解企业资金困难、减轻企业负担、严格控制能耗、强化运行调控6个方面提出具体措施。《意见》在差别化电价政策方面有3个变化：一是对低附加值的高耗能企业提高了补贴门槛，二是提高了非高耗能行业的补贴标准，三是对有延伸产业链的企业加大了补贴力度。此外，《意见》还增加了自备电厂试点、发展工业地产、建立工业发展引导基金3个方面的内容，取消了采购区内产品的补贴政策。

△ 从自治区政府第41次常务会议上了解到，宁夏将城乡居民最低生活保障标准由城市每人每月300元、农村每人每年1930元，提高到城市每人每月380元、农村每人每年2400元。这是继2013年7月1日宁夏提高城乡居民最低生活保障标准后，再次调高这一标准。

△ 举行宁东能源化工基地发展座谈会，会议就如何面对经济发展新常态，打造宁东基地升级版进行了深入讨论。全国人大常委会原副委员长盛华仁、自治区党委书记李建华、自治区主席刘慧出席座谈会。

20日 宁夏"政府和社会资本合作模式（PPP）论坛"在银川举行。

23日 宁东基地2015年建设大会战暨宁东至浙江直流输电工程配套电源项目正式启动。

25~30日 海峡两岸（宁夏）经贸文化合作交流活动周成功举办。

4月

1日 从自治区商务厅了解到，宁夏与上海口岸大通关合作签约仪式在上海举行。

8日　从全区农机购置补贴会议上获悉，宁夏2015年度农机购置补贴新政正式颁布，将在上年试点基础上继续实行全区范围内自主购机、定额补贴、县级结算、直补到卡方式，最大程度地让利于民。

△　宁夏贺兰山东麓葡萄产业园区管委会及办公室（自治区葡萄产业发展局）在宁夏园艺产业园揭牌成立，标志着宁夏专司葡萄与葡萄酒产业管理的厅级主管部门正式运行。

9日　"宁夏葡萄酒之路学术论坛"在宁夏园艺产业园举行。来自以色列、格鲁吉亚等国和国内的专家，围绕宁夏葡萄酒产业如何加强与丝绸之路经济带国家的交流合作进行了探讨。

11日　自治区主席刘慧主持召开自治区政府第42次常务会议，自治区决定从2015年开始设立政府产业引导基金。基金规模暂定30亿元，分3年到位，每年10亿元，到2020年，力争吸引社会资本规模达到100亿元。

15日　国家发改委印发《关于贯彻中发〔2015〕9号文件精神加快推进输配电价改革的通知》，在深圳市、内蒙古西部试点的基础上，将安徽、湖北、宁夏、云南等省（区）列入先期输配电价改革试点范围，按"准许成本加合理收益"原则单独核定输配电价。

18日　中民投宁夏（盐池）国家新能源综合示范区开工奠基仪式在盐池举行。

△　宁夏丝路通集团与中国银行宁夏分行在银川签署战略合作协议。

19日　自治区政府办公厅下发《关于限期淘汰城市建成区域燃煤茶浴炉的通知》，要求全区各市、县（区）和宁东能源化工基地城市建成区，在2015年年底前全部淘汰燃煤茶浴炉。这标志着在宁夏城市建成区存在了上百年的燃煤茶浴炉将彻底退出历史舞台。

23日　吴忠市利通区孙家滩开发区种畜场供港有机果蔬基地成为宁夏首家国家有机食品生产基地。

30日　自治区主席刘慧主持召开第45次政府常务会议，审议通过了《关于进一步促进融资性担保行业发展的若干意见》，破解小微企业和"三农"融资难、融资贵的问题。到2017年底前，力争全区政府参（控）股的融资性担保机构达到 30 家以上，全区融资性担保机构年累计担保额达到 500 亿元以上，每年受保的中小微企业达到 9000 户以上，覆盖面达到 30%以上。

4 月 30 日~5 月 5 日　第七届中国西部（银川）房·车博览会举行，本届博览会突显"博览"和"交易"两大主题，7 天吸引 33 万人次观展，累计销售汽车 3447 辆，房展预约登记 4339 人次，房和车累计实现交易额超过 5.9 亿元。

5 月

1 日　银川海关按照海关总署统一部署，正式启动丝绸之路经济带海关区域通关一体化改革。此次改革涉及银川、青岛、济南、郑州、太原、西安、兰州、西宁、乌鲁木齐、拉萨等 9 省区 10 个海关。

3 日　中卫市入围《国家智慧城市 2014 年度试点名单》。

17 日　宁夏中南部饮水工程 12 条隧洞全部贯通，为年内水源工程具备通水条件打下坚实基础，110 万中南部人民的祈水梦已实现一半。

27　六盘山特长隧道全线贯通。

28~30 日　2015 中阿博览会——中国（宁夏）国际节水展览会在银川举行。

30 日　从兰州铁路局获悉，按照《兰州铁路局现代物流发展规划》，该局将用 3 年时间实现由传统运输向现代物流的转变，实现铁路货物发送量占甘、宁两省区全社会货运总运量 10%以上的总体目标，形成现代物流发展体系，将兰州和银川建设成两大国际物流枢纽中心。

△　中国"一带一路"美食旅游联盟在宁成立，并同时发布了《中国"一带一路"美食旅游联盟宁夏宣言》。

6 月

2 日　国家发改委等五部委联合下达 2015 年全国退耕还林还草 1000 万亩的任务，其中宁夏将完成退耕还林还草任务 25 万亩。这标志着宁夏新一轮退耕还林还草工程正式启动。

3日 《全国流通节点城市布局规划（2015～2020年）》发布，银川市进入37个国家级流通节点城市，石嘴山市进入66个区域级流通节点城市。银川市同时成为全国"三纵五横"骨干流通大通道西北北部流通大通道上的节点城市。

△ 从自治区财政厅获悉，在财政部等开展的小微企业创业创新基地城市示范工作中，石嘴山市成功入围，成为首批"两创示范"城市之一。中央财政将从2015年起连续3年每年安排2亿元资金，支持该市小微企业创业创新。

4日 银川建发集团与中国林德国际物流集团、德国帕希姆国际机场保税区管理公司签订了战略合作协议。

△ 国家工商总局会同甘肃、新疆、陕西、宁夏、青海5省区工商部门，在兰州共同启动丝绸之路经济带商事制度国际合作课题研究。

8日 中阿博览会顾问委员会成立大会在银川举行，来自经济、外交、社科等领域的20余位专家学者组成智囊团，为中阿合作建言献策。

11日 国家民航局为宁夏货运航空公司颁发了"公共航空运输企业经营许可证"，标志着宁夏历史上第一家航空公司获准成立，自治区建设"中阿空中丝绸之路"的战略构想迈出了关键一步。

19日 宁夏股权托管交易中心在银川挂牌成立，首批243家企业挂牌。

24日 宁夏—甘肃合作交流座谈会在兰州举行。

27日 自治区政府与中国铁塔股份有限公司在银川签署了战略合作协议。

7月

7日 科技部与自治区政府在银川举行了2015年部区工作会商会议，双方签署了新一轮《会商合作议定书（2015～2020年）》。

△ 宁夏—广西经济社会发展交流座谈会在银川举行。

8日 举办全区农村电子商务专题培训会，正式叩启宁夏农村电商试点大门。

12日 银川开发区荣获"2015中国产业园区影响力百强"称号，银川IBI育成中心荣获"2015中国产业园区创新力百强"称号。

13日　宁夏—内蒙古合作交流座谈会在呼和浩特举行。

27日　自治区党委十一届六次全会在银川召开。全会由自治区党委常委会主持，自治区党委书记李建华代表自治区党委常委会做了《主动融入"一带一路"，加快开放宁夏建设》的讲话，对加快开放宁夏建设做出部署。全会审议通过了《关于加快开放宁夏建设的意见》，自治区党委副书记、自治区主席刘慧就《意见》做了说明。

28日　"宁夏新十景"评选结果揭晓，艾衣春晓、古堡新影、贺兰晴雪、黄河金岸、回乡风情、六盘烟雨、沙湖苇舟、沙坡鸣钟、神秘西夏、水洞兵沟被评为"宁夏新十景"。

29日　第七届海峡两岸旅游交流圆桌会议在银川举行。

31日　固原市荣获"全国十佳生态休闲旅游城市"和"2015中国绿色生态旅游城市"称号。

8月

3日　呼包银榆经济区第三届市长联席会议在陕西省榆林市召开，经济区13个市签署了《共建"一带一路"战略支点榆林行动纲领》等5个协议。

5日　宁夏葡萄与葡萄酒产业发展联盟正式成立。

6日　西北巡回旅游推介活动在银川举行。

10日　宁夏出台《关于进一步做好新形势下就业创业工作的实施意见》，围绕创业就业推出了一揽子优惠补贴政策。

26日　第二届宁夏互联网金融大会举行。

27日　宁夏—陕西合作交流座谈会在西安举行。

28日　宁夏中银绒业股份有限公司与中国恒天集团控制的恒天金石（深圳）投资管理有限公司在银川签署了宁夏恒天丝路产业投资基金合伙企业（有限合伙）合伙协议，中银绒业控股股东宁夏中银绒业国际集团有限公司与恒天金石签署了战略合作框架协议。

30日　宁夏宝塔石化集团有限公司和宁夏天元锰业有限公司入围"中国企业500强"。

28~30日　第十一届西部社科院院长联席会议暨首届中阿智库论坛在

银川阅海宾馆隆重举行。会议以"'一带一路'战略与新型智库建设"为主题，大会邀请吴思科、华黎明、杨光、张宇燕、林桂军、梅新育、吴弘毅、李虹、李东红等著名学者做主旨演讲，探讨了中阿新型智库建设问题。会上，宁夏社会科学院发布了《中阿蓝皮书：中国—阿拉伯国家经贸关系发展报告（2015）》，这是我国首部以中阿经贸关系为对象的蓝皮书。中国社科院、外交部、商务部等单位的代表，西部12省区市社科院领导及从事"一带一路"与中阿关系研究的200多位专家学者与会。会前，自治区党委副书记崔波会见了中国社会科学院院长助理郝时远教授等代表，自治区副主席姚爱兴出席开幕式并讲话。

8月31日~9月1日 全区扶贫开发现场观摩推进会召开，并在固原市召开总结交流会议。

9月

7~8日 第七届中国回商大会在吴忠举行。大会期间，举办了第二届中国清真小吃文化节、首届中国（宁夏）露营房车文化节、宁台纺织业发展高端论坛、"一带一路"战略下清真产业国际化发展与投资论坛、2015第二届中国与阿拉伯国家商品展、2015中国（宁夏）国际清真食品穆斯林用品交易会、2015台湾精品文化交流博览会等10项丰富多彩的活动。

8日 2015中国—阿拉伯国家旅行商大会和2015中国—阿拉伯国家旅行商大会旅游合作项目签约仪式在银川举行。签署《宁夏回族自治区旅游局与约旦哈希姆王国旅游促进局战略合作协议》等6个旅游合作项目，及开通银川至吉隆坡旅游包机航线协议。

△ 宁夏天元锰业集团与百灵达国际控股有限公司、香港景津国际控股集团有限公司、香港泰达国际控股集团有限公司在银川签订战略合作协议。

△ 宁夏旅游集团有限公司与巴勒克资本控股有限公司正式签署了《宁夏回族自治区国际清真旅游产业合作框架协议》。

9日 "'一带一路'战略与中阿发展高峰论坛"在银川举行。

10~13日 2015中国—阿拉伯国家博览会在银川举行。本届博览会秉持"传承友谊、深化合作、共同发展"的宗旨，以"弘扬丝路精神，深化中阿合作"为主题，通过举办高端论坛、专业展览、对接洽谈等活动，从中阿政府、企业、民间三个层面深化合作，促进多、双边的贸易及投资便利化，推动互联互通，实现合作共赢。大会期间，共签约项目163个，投资金额1712亿元人民币。其中，合同项目38个，投资金额269.9亿元；协议项目117个，投资金额1442.1亿元；合作备忘录6个；友好城市协议2个。

10日 2015中国—阿拉伯国家工商峰会在银川举行。其间，《中阿经贸关系发展进程2014年度报告》正式对外发布，自治区政府与中国贸促会签署了《宁夏回族自治区人民政府与中国国际贸易促进委员会战略合作框架协议》等7项合作协议，中阿联合商会联络办公室正式落户宁夏。

△ 中约经贸论坛暨企业对接洽谈会在银川举行。中约经贸论坛共签署11项合作协议，项目总金额达198.2亿元人民币。

△ 中毛合作项目签约仪式在银川举行。毛里塔尼亚总统阿齐兹、自治区主席刘慧出席签约仪式，并现场见证了中毛海洋综合产业园项目和毛里塔尼亚凯埃迪地区日处理5000吨甘蔗精炼糖厂项目的签约。

11日 2015中阿博览会网上丝绸之路论坛·新一代云计算分论坛在中卫市举行。

△ 2015年中国—阿拉伯国家技术转移暨创新合作大会在银川举行。

△ 2015中国—阿拉伯国家农业高端研讨会在银川召开。

△ 第二届中阿汽车论坛在银川举行。

△ 2015年中国（宁夏）国际清真（HALAL）食品认证合作论坛在银川举行。

12日 银川市与中联重科股份有限公司深化环境装备制造及环境综合治理战略合作项目签约暨启动仪式在银川举行。

△ 2015中阿博览会"一带一路"政策说明暨园区建设国际合作会议在银川举行。

16日 自治区主席刘慧主持召开第50次政府常务会议，研究审议《宁夏国有林场改革方案》。根据方案设定的时间表，宁夏将全面启动国有林场改革工作，到2020年，国有林场新增管理面积300万亩以上，总面积达到1800万亩以上，林场森林覆盖率由现在的34.33%提高到40.15%，森林蓄积量增长100万立方米。

17日　宁蒙陕甘毗邻地区共同发展联席会议第十二届年会暨第六届经洽会在中卫市召开。参会地级市代表共同发布《区域旅游合作中卫宣言》，举行经济技术合作签约仪式，共落实签约项目30个，总投资289.26亿元。

18日　自治区主席刘慧在全国"三西"扶贫开发现场会上介绍了宁夏扶贫经验；宁夏推进精准扶贫走在全国前列。

29日　全区产业发展和重点工作观摩总结会在银川举行。自治区党委书记李建华指出，要从严从实抓落实、大干实干100天，确保完成2015年目标任务。

10月

4日　中宁县荣获"2015中国循环经济优秀发展区（县）"称号。

8~10日　全国人大常委会副委员长、民建中央主席陈昌智率全国人大常委会考察组，就全国人大1715号重点建议落实情况来宁进行考察。

9日　宁夏大地循环发展有限公司神州轮胎项目二、三期工程，西北地区最大的轮胎项目在平罗同时开工，该项目年生产能力为2010万套轮胎。

10日　吴忠至中卫城际铁路在吴忠市利通区破土动工。铁路全长135公里，总投资149亿元，设计时速250公里/小时，它的建设实现了宁夏高速铁路和城际铁路零的突破，具有里程碑意义，标志着宁夏将步入高速铁路的新时期。

13日　从自治区发改委获悉，国家发改委批复宁夏沿黄经济区城际铁路建设规划（2015~2020年），同意宁夏沿黄经济区城际铁路网规划方案，线网规划包括5个项目，总里程达311公里。

17日　首届中国枸杞产业论坛暨中国（宁夏）枸杞及农产品订货大会在银川举行。

26日　自治区农牧厅与以色列外交部国际合作中心正式签署宁夏—以色列灌溉试验田谅解备忘录，双方将在宁夏共建200亩现代农业示范区，这也标志着宁夏与以色列农业合作进入实质阶段。

11月

1日　从自治区发改委获悉，环保部近日批复了中国铁路总公司《关于报送新建银川至西安铁路变更环境影响报告书的函》，原则同意中国铁路总公司工程变更报告书中所列建设项目的性质、规模、地点和拟采取的环境保护措施。

2日　自治区政府与国家能源局在银川签署合作备忘录，双方将加强合作，共同建设宁夏国家新能源综合示范区。

4日　自治区主席刘慧主持召开第52次政府常务会，研究审定《关于改善金融发展环境支持金融业健康发展的若干意见》。

8日　从自治区发改委获悉，自治区政府批复了《银川国际航空港综合交通枢纽规划方案》。宁夏将在建设银川河东国际机场的基础上，分步推进综合交通枢纽中心、空港商务区、航空港经济区3个圈层的梯度开发建设，打造银川国际航空港综合交通枢纽。

16~18日　中阿智库对话——贺兰山论坛暨中国中东学会年会国际研讨会在银川举行。来自巴林、沙特、埃及、科威特等国家及国内高等院校、科研院所的150多名学者齐聚一堂，围绕学界共同关心的话题，深入交流，为推动中阿合作交流贡献力量。

22日　宁夏—上海统一战线东西合作签约仪式在上海举行。

24日　闽宁互学互助对口扶贫协作第十九次联席会议在福建省福州市召开，共商"十三五"期间两省区对口扶贫协作大计。

12月

2日　从自治区政府第55次常务会议上了解到，宁夏最低工资标准第11次上调，一类区由每人每月1300元调整为1480元，二类区由每人每月1220元调整为1390元，三类区由每人每月1150元调整为1320元，平均增幅14%，新标准自2015年11月1日起执行。

9日　由国家发改委等11个部委联合参与评审的第二批国家新型城镇化综合试点地区名单出炉，宁夏宁东镇上榜。

10日　自治区政府办公厅印发《关于支持农民工等人员返乡创业的实施意见》。

11日　自治区金融工作局在银川揭牌成立，自治区金融工作办公室正式更名为自治区金融工作局，该局也由自治区政府办公厅的部门管理机构调整为自治区政府直属机构。

17日　宁夏环保厅和内蒙古环保厅在银川联合召开加强环境保护合作座谈会，双方协商签订环境保护合作备忘录，确定建立宁蒙生态环境保护、统一监测、统一环保标准、固废处理、联合执法检查等8项合作机制。

18日　自治区经信委起草制定了《宁夏节能标准体系》等3个节能地方标准，这3个标准的发布和实施，初步建立了宁夏节能降耗领域的激励约束机制，填补了宁夏节能地方标准空白，有利于发挥对产业转型升级和结构调整的倒逼作用。

24~25日　自治区党委十一届七次全体会议审议通过了《中共宁夏回族自治区委员会关于制定国民经济和社会发展第十三个五年规划的建议》。全会提出，以创新、协调、绿色、开放、共享发展理念统领"四个宁夏"建设，以创新发展转型为主线，以提高质量和效益为中心，大力实施开放引领、创新驱动、富民共享、生态优先战略，加快形成适应经济发展新常态的体制机制和发展方式，统筹推进经济建设、政治建设、文化建设、社会建设、生态文明建设和党的建设，确保实现与全国同步进入全面小康社会的目标。

30日　满载宝塔石化集团从俄罗斯进口的首批2600吨原油的列车，经蒙古国和中国二连浩特口岸，到达宁东基地。

根据《宁夏日报》整理所得